高等职业院校基础课程规划教材
GAODENG ZHIYE YUANXIAO JICHU KECHENG GUIHUA JIAOCAI

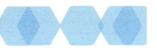

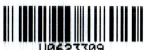

U0623309

经济数学

JINGJI SHUXUE

◆主　编　李坤琼　杨　威
◆副主编　高维彬　陈晓洁　李　倩
◆参　编　将　燕　陈虹燕　蒲秀琴　周　敏　李　可　梁修书
◆主　审　徐江涛

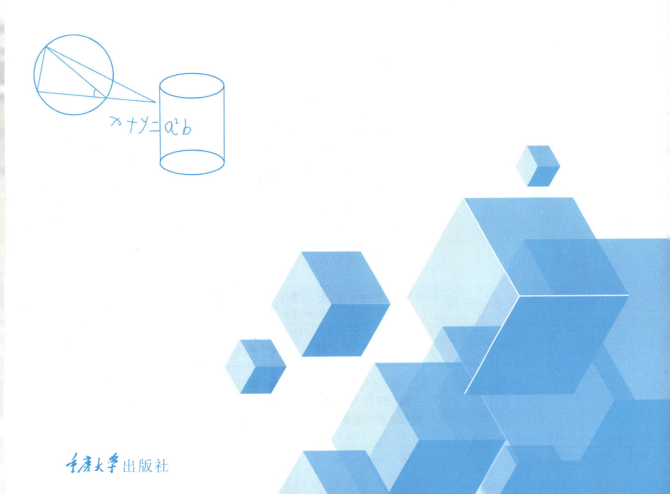

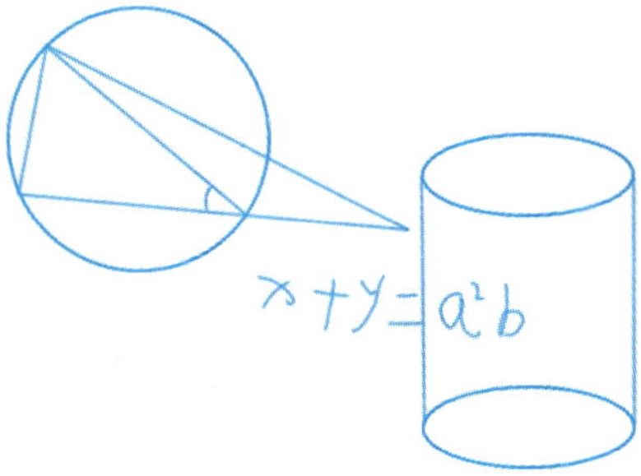

重庆大学出版社

内容提要

本书按照模块化的教学方式进行编写,共6个模块11章,主要内容包括:函数、极限与连续、导数与微分、导数的应用、不定积分、定积分、微分方程、行列式及其运算、矩阵、线性方程组、概率初步.书中每节均有一定量的随堂练习,每个模块配有综合练习题,以供学习者巩固所学知识.

本书可供三年制高职高专文经管类各专业教学使用,也可供高职专科层次的各类成人教育学校选用,同时也可作为"专升本"教材或参考书.

图书在版编目(CIP)数据

经济数学 / 李坤琼, 杨威主编. —重庆: 重庆大学出版社, 2019.8(2021.8 重印)

高等职业院校基础课程规划教材

ISBN 978-7-5689-1742-1

Ⅰ. ①经… Ⅱ. ①李… ②杨… Ⅲ. ①经济数学—高等职业教育—教材 Ⅳ. ①F224.0

中国版本图书馆 CIP 数据核字(2019)第163543号

高等职业院校基础课程规划教材

经济数学

主 编 李坤琼 杨 威

副主编 高维彬 陈晓洁 李 倩

主审 徐江涛

责任编辑:刘颖果 版式设计:范春青

责任校对:万清菊 责任印制:赵 晟

*

重庆大学出版社出版发行

出版人:饶帮华

社址:重庆市沙坪坝区大学城西路21号

邮编:401331

电话:(023) 88617190 88617185(中小学)

传真:(023) 88617186 88617166

网址:http://www.cqup.com.cn

邮箱:fxk@cqup.com.cn (营销中心)

全国新华书店经销

重庆华林天美印务有限公司印刷

*

开本:787mm×1092mm 1/16 印张:15.25 字数:354千

2019年8月第1版 2021年8月第3次印刷

印数:8 001—11 000

ISBN 978-7-5689-1742-1 定价:45.00元

编审委员会

学术顾问　何光辉（重庆大学）

唐继红（重庆工程职业技术学院）

曾乐辉（重庆市数学学会高职高专委员会）

知识架构　徐江涛　余　英　胡春健　李坤琼　杨　威

编写团队

重庆工程职业技术学院：

徐江涛　郭　思　南晓雪　陈虹燕　蒲秀琴　燕长轩　罗淑君　徐　敏

管　哲　周　敏　李　可

重庆航天职业技术学院：

余　英　杨　俊　高维彬　梁修惠　梁修书

重庆财经职业学院：

胡春健　杨　旭　韩　曙　张　瑜　程　鹏　李长友　游波平

重庆工业职业技术学院：

李坤琼　刘　双　李　倩　熊　斌

重庆建筑工程职业学院：

杨　威　蒋　燕　洪　川　刘瑞娟　张　帆

四川外国语大学国际教育学院：

陈晓洁

前　言

为落实职业院校着力培养高素质技能型人才的需要，更好地贯彻《国家职业教育改革实施方案》，根据经济类、管理类专业对高等数学课程的要求，在认真研究、总结全国高职高专数学教学改革的经验的基础上，我们编写了这本《经济数学》教材。

经济与数学息息相关。在经济发展中，数学作为基础和工具，描述经济现象，反映经济数量的关系和特征，揭示经济变化规律，对经济活动的指导作用越来越大。在多年高职高专财经类院校数学课程的教学改革和探索中，我们认识到职业教育经济类专业教学中基础数学教育应着力培养学生以下两个方面的能力：一是运用数学的思想、概念和方法，去消化、吸收经济实践中的概念和原理的能力；二是将经济实践问题转化为数学模型的能力。

本教材充分体现了以上教学思想，主要具有以下几个特点：

(1)有机融合，注重素质培养。加强数学课程与生产生活实际和专业课间的相互融通及配合，注重学生思维能力、科学素养、可持续发展能力的培养。从典型的经济问题出发，引出基本概念，然后运用系统化的方法去解决更多的经济问题，最终将一些经济问题用数学模型的方法进行计算和分析。本书将数学素质的培养有机地融入课程教学中，突出数学思想的介绍，突出数学方法的应用。

(2)有效整合，强化知识应用。根据经济类专业对数学的要求，精选内容，构建新的课程体系，强调数学知识的应用，理论与实践相结合。本书用大量篇幅介绍了数学的应用，而不是公式的推导或定理的证明，使学生了解经济实践中数学的应用背景、经济意义，知道应用的方法，学会运用数学知识来解决实际问题。

(3)问题导向，提升学习成效。在介绍数学概念时，从学生熟悉的生活实例或与自然科学相结合的实例中引出，让学生更容易接受，进而激发学生的学习兴趣，提高学习的主动性。在教学内容中加入与专业知识和实际生活联系紧密的案例进行互动分析，培养学生解决实际问题的能力，提高整体教学效果，让学生能学以致用，提高学习的兴趣和热情。

本教材由重庆工业职业技术学院李坤琼、重庆建筑工程职业学院杨威担任主编；重庆航天职业技术学院高维彬、四川外国语大学国际教育学院陈晓洁、重庆工业职业技术学院李倩担任副主编。重庆工程职业技术学院徐江涛担任主审。

具体编写分工如下：模块1由重庆工业职业技术学院李坤琼编写；模块2由重庆航天职业技术学院高维彬、梁修书编写；模块3由重庆建筑工程职业学院杨威编写；模块4由重庆工业职业技术学院李倩、重庆建筑工程职业学院蒋燕编写；模块5由四川外国语大学国际教育学院陈晓洁、重庆工程职业技术学院蒲秀琴编写；模块6由重庆工程职业技术学院陈虹燕、周敏、李可编写。主审徐江涛老师对内容提出了很多修改意见；陈晓洁和蒲秀琴两位老师对本书的全部例题进行了计算校核。在此，对他们的付出表示衷心感谢。

由于水平有限，本书难免有不足之处，衷心地希望广大读者给予批评指正。

编　者

2019年6月

目　录

模块 1　函数、极限与连续

第 1 章　函数 …… 2
1.1　集合 …… 2
1.2　函数及其性质 …… 6
1.3　初等函数 …… 11
1.4　经济中常用的函数 …… 15

第 2 章　极限与连续 …… 19
2.1　极限的概念 …… 19
2.2　极限的运算 …… 24
2.3　无穷小量与无穷大量 …… 27
2.4　两个重要极限 …… 30
2.5　极限在经济中的应用 …… 33
2.6　函数的连续性 …… 36
综合练习题 1 …… 40

模块 2　一元函数的导数与微分及其应用

第 3 章　导数与微分 …… 44
3.1　导数的概念 …… 44
3.2　基本求导公式及运算 …… 48
3.3　复合函数的求导法则 …… 50
3.4　隐函数的求导法则 …… 52
3.5　其他求导法则 …… 55
3.6　高阶导数 …… 57
3.7　函数的微分 …… 58

第 4 章　导数的应用 …… 63
4.1　中值定理 …… 63
4.2　洛必达法则 …… 65
4.3　函数的单调性与极值 …… 69
4.4　函数的凹凸性及作图 …… 74
4.5　函数的最值及其应用 …… 78
4.6　导数在经济中的应用 …… 81
综合练习题 2 …… 87

模块 3　积分学

第 5 章　不定积分 …… 92
5.1　不定积分的概念与积分公式 …… 92
5.2　不定积分的积分方法 …… 95

第 6 章　定积分 …… 103
6.1　定积分的概念与性质 …… 103
6.2　定积分的计算 …… 108
6.3　定积分的应用 …… 110
6.4*　无限区间上的广义积分 …… 115
综合练习题 3 …… 118

模块 4　常微分方程

第 7 章　微分方程 …… 122
7.1　微分方程的概念 …… 122
7.2　一阶微分方程 …… 123
7.3　一阶微分方程在经济中的应用 …… 126
综合练习题 4 …… 131

模块 5　线性代数基础

第 8 章　行列式及其运算 …… 134
8.1　行列式的定义 …… 134

8.2 行列式的性质及应用 …… 139
8.3 克莱姆法则 …… 142

第 9 章 矩阵 …… 145
9.1 矩阵的概念 …… 145
9.2 矩阵的运算 …… 147
9.3 逆矩阵 …… 154
9.4 矩阵的初等变换 …… 157
9.5 矩阵的秩 …… 165
9.6 投入产出模型 …… 168

第 10 章 线性方程组 …… 174
10.1 向量组的线性相关性 …… 174
10.2 线性方程组的解 …… 179
10.3 运输问题 …… 185
综合练习题 5 …… 188

模块 6 概率初步

第 11 章 概率初步 …… 192
11.1 概率基本知识 …… 192
11.2 随机变量与分布函数 …… 196
11.3 离散型随机变量 …… 198
11.4 连续型随机变量 …… 201
11.5 随机变量的数字特征 …… 206
11.6 风险分析 …… 211
综合练习题 6 …… 215

附 录 …… 218

参考文献 …… 232

模块 1

函数、极限与连续

模块 1 主要介绍函数的概念、性质，函数的极限以及函数的连续性，几种常用的经济函数. 在高等数学中，函数是其研究的对象，极限是导数与微分、积分及其应用等的研究工具，因此模块 1 的知识是整本书的基础.

第 1 章　函数

在实际问题的研究过程中，会出现各种各样的变量，它们不是相互孤立的，其中一个量发生变化会引起另一个量的变化，这反映了一个量对另一个量的依赖关系，在数学中把这种依赖关系抽象为函数关系. 函数是高等数学中最重要的基本概念之一，也是数学分析的主要研究对象. 本章在介绍完集合的基本知识后，主要介绍函数的定义、基本性质、初等函数以及常用的几种经济函数.

1.1　集合

1.1.1　集合的基础知识

1）集合的概念

在学习和生活中，我们习惯把要研究的对象按照特殊性质进行分类，这样在处理问题时不用一个一个单独分析，就能直接了解事物的本质. 例如，把所有的实数归为一类，把所有的正整数归为一类. 在数学中，把由一个或者多个确定对象构成的总体称为集合，其中每个对象称为集合中的一个元素. 由集合的定义可知，集合具有确定性（给定元素属不属于集合必须是确定的），如“体重比较胖的人”不能构成集合，因为它的元素不是确定的；互异性（给定集合中的元素互不相同）；无序性（给定集合中的元素没有先后顺序）.

通常用大写字母 $A,B,C,\cdots$ 表示集合，用小写字母 $a,b,c,\cdots$ 表示集合中的元素. 如果 a 是集合 A 中的元素，就称 a 属于 A，记作 $a\in A$；否则，就称 a 不属于 A，记作 $a\notin A$.

常用的数集有：

（1）全体整数组成的集合称为整数集，记作 $\mathbf{Z}$.

（2）全体有理数组成的集合称为有理数集，记作 $\mathbf{Q}$.

（3）全体实数组成的集合称为实数集，记作 $\mathbf{R}$.

2）集合的表示方法

集合的常用表示方法有列举法和描述法.

（1）列举法：把集合中的元素一一列举出来，并用“{ }”括起来.

【例 1.1】　集合 A 为不大于 10 且能被 3 整除的所有自然数.

【解】　用列举法表示：$A=\{0,3,6,9\}$

（2）描述法：用集合中所有元素的共同属性来表示集合.

【例 1.2】 小于 10 的所有整数构成的集合 A.

【解】 用描述法表示:$A=\{a \mid a<10 \text{且} a\in \mathbf{Z}\}$.

3)集合间的关系

集合与集合之间的基本关系有子集、相等、真子集、空集.

(1)子集:设有两个集合 A,B,如果集合 A 中的元素都是集合 B 的元素,则称集合 A 为集合 B 的子集,记作 $A\subseteq B$(或 $B\supseteq A$).

(2)相等:设有两个集合 A,B,若集合 A 中的元素与集合 B 中的元素完全相同,则称集合 A 与集合 B 相等,记作 $A=B$.

(3)真子集:如果集合 A 是集合 B 的子集,并且集合 B 中至少存在一个元素不属于集合 A,则称集合 A 是集合 B 的真子集,记作 $A\subsetneqq B$.

(4)空集:若一个集合不含任何元素,则称这个集合为空集,记作 $\varnothing$. 并规定:空集是任何集合的子集.

1.1.2 集合的基本运算

集合间有 3 种运算,下面分别进行介绍.

1)交集

由所有既属于集合 A 又属于集合 B 的元素组成的集合,称为 A 与 B 的交集,记作 $A\cap B$,即 $C=A\cap B=\{x \mid x\in A \text{ 且 } x\in B\}$,如图 1.1 所示.

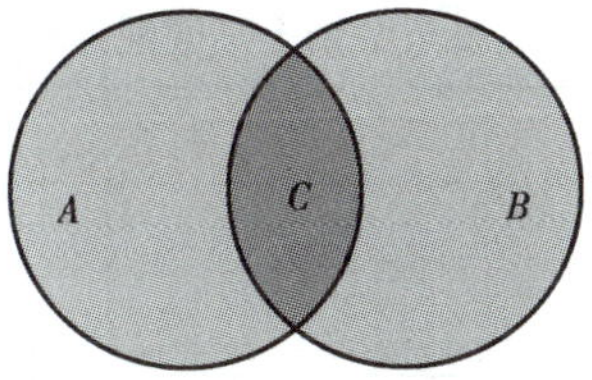

图 1.1

2)并集

设有两个集合 A,B,由集合 A,B 的所有元素组成的集合,称为 A 与 B 的并集,记作 $A\cup B$,即 $A\cup B=\{x \mid x\in A \text{ 或 } x\in B\}$,如图 1.2 所示.

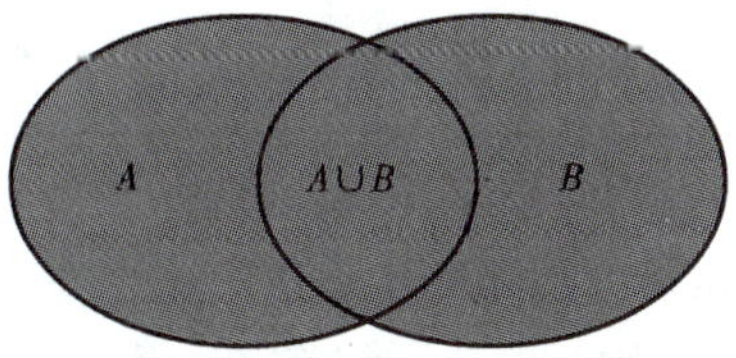

图 1.2

3)补集

(1)全集:如果一个集合含有我们所研究问题中涉及的所有元素,那么就称这个集合为全集,通常记作 U.

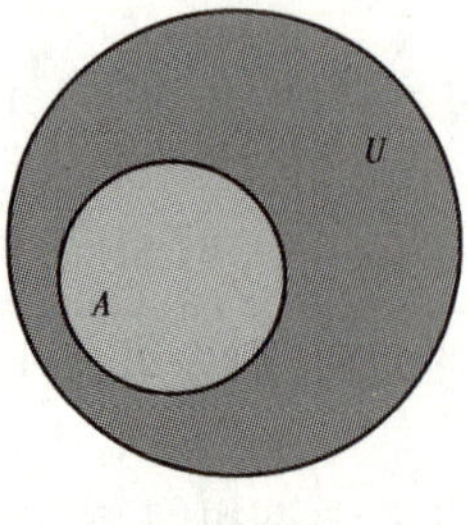

图 1.3

(2)补集：对于一个集合 A，由全集 U 中不属于集合 A 的所有元素组成的集合，称为集合 A 相对于全集 U 的补集，简称集合 A 的补集，记作 $C_U A$，即 $C_U A=\{x \mid x\in U 且 x\notin A\}$，如图1.3所示.

按照集合中元素的个数是否有限，将集合分为有限集和无限集. 把含有有限个元素的集合称为有限集，含有无限个元素的集合称为无限集. 并用 card 来表示有限集中元素的个数，例如 $A=\{-1,1,-2,2\}$，则 $\text{card}(A)=4$. 整数集和实数集都是无限集.

实数集上的任意一个元素都可以在数轴上找到一点与之对应，那么除了这种对应关系外，数轴与数集还有没有其他对应关系呢？下面就引入区间的概念.

1.1.3　区间和邻域

1)区间

区间：$\forall a,b\in\mathbf{R}$，其中 $a<b$，称数集 $\{x \mid a\leqslant x\leqslant b\}$ 为一闭区间，记为 $[a,b]$，a 为闭区间的左端点，b 为闭区间的右端点；称数集 $\{x \mid a<x<b\}$ 为一开区间，记为 (a,b).

半开区间：$\forall a,b\in\mathbf{R}$，其中 $a<b$，称数集 $\{x \mid a<x\leqslant b\}$ 为一左开右闭区间，记为 $(a,b]$；同样，称数集 $\{x \mid a\leqslant x<b\}$ 为左闭右开区间，记为 $[a,b)$.

数集与数轴上某区间的对应关系如表 1.1 所示.

表 1.1　数集与数轴上某区间的对应关系

区间满足的不等式	区间的记号	区间在数轴上的表示
$a\leqslant x\leqslant b$	$[a,b]$	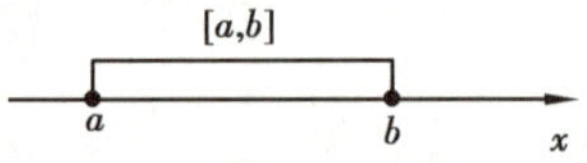
$a<x<b$	(a,b)	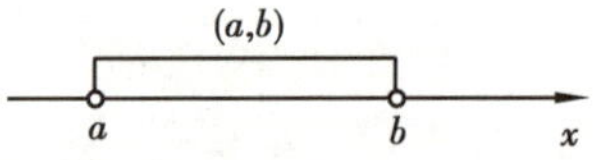
$a<x\leqslant b$ 或 $a\leqslant x<b$	$(a,b]$或$[a,b)$	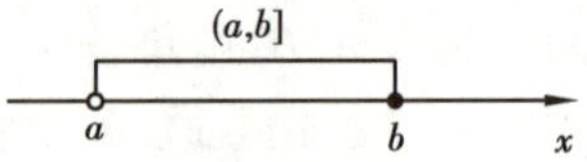 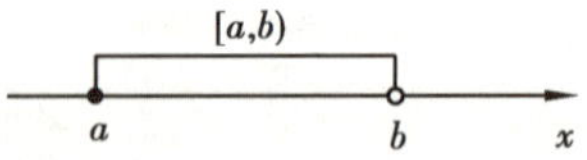

以上都是有限区间，其区间长度都等于 $b-a$. 除此之外，还有无限区间：

$[a,+\infty)$表示不小于 a 的全体实数组成的集合，也可记为 $\{x \mid x\geqslant a\}$；

$(a,+\infty)$表示大于 a 的全体实数组成的集合，也可记为 $\{x \mid x>a\}$；

$(-\infty,b]$表示不大于 b 的全体实数组成的集合，也可记为 $\{x \mid x\leqslant b\}$；

$(-\infty,b)$表示小于 b 的全体实数组成的集合，也可记为 $\{x \mid x<b\}$；

$(-\infty,+\infty)$表示全体实数组成的集合，也可记为 $\{x \mid -\infty<x<+\infty\}$.

注意

$-\infty$ 和 $+\infty$ 分别读作“负无穷大”和“正无穷大”，它们表示的不是某一实数.

2)邻域

实心邻域：设 x_0 与 δ 是两个实数，其中 $\delta>0$，把满足不等式 $|x-x_0|<\delta$ 的实数 x 的全体，称为以点 x_0 为中心、以 δ 为半径的实心邻域，记为 $U(x_0,\delta)$；满足不等式 $|x-x_0|<\delta$ 的所有 x 的集合 $A=\{x_0-\delta<x<x_0+\delta\}$ 即为一开区间 $(x_0-\delta,x_0+\delta)$. 所有以点 x_0 为中心、以 δ 为半径的邻域可以与数轴上的区间 $(x_0-\delta,x_0+\delta)$ 建立对应关系，如图 1.4 所示.

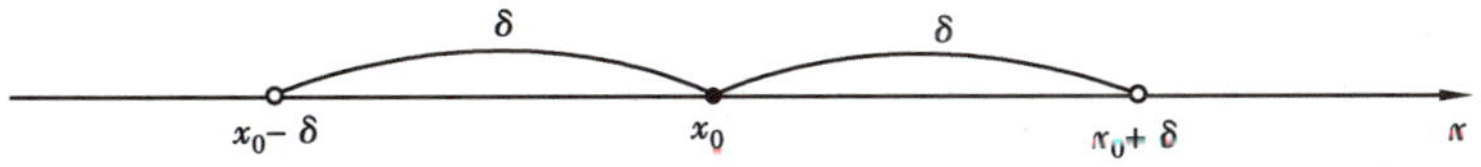

图 1.4

去心邻域：把满足不等式 $0<|x-x_0|<\delta$ 的实数 x 的全体，称为点 x_0 的去心邻域，记为 $\overset{0}{U}(x_0,\delta)$，即 $\overset{0}{U}(x_0,\delta)=\{x\,|\,0<|x-x_0|<\delta\}=(x_0-\delta,x_0)\cup(x_0,x_0+\delta)$.

其中，把区间 $(x_0-\delta,x_0)$ 称为点 x_0 的左邻域，区间 $(x_0,x_0+\delta)$ 称为点 x_0 的右邻域.

【同步训练 1.1】

1. 分别用列举法和描述法表示不大于 5 的所有自然数构成的集合.

2. 用恰当的符号（$\in,\notin,\subseteq,\supseteq,=$）填空.

(1) a __ $\{a,b,c\}$

(2) 0 __ $\varnothing$

(3) $\{x\,|\,x^2-9=0\}$ __ $\{-3\}$

(4) $\{0\}$ __ $\varnothing$

(5) $\{-1,1\}$ __ $\{x\,|\,x^2-1=0\}$

(6) $\{1,2\}$ __ $\{x\,|\,x^2-3x+2\leqslant 0\}$

3. 设全集 $U=\{x\,|\,x\leqslant 10$ 且 $x\in\mathbf{N}\}$，$A=\{1,3,4,5\}$，$B=\{2,4,6,8,10\}$，求 $A\cup B$ 和 $A\cap B$.

4. $A=\{x\,|\,x^2-2x-8<0\}$，$B=\{x\,|\,|x-1|\geqslant 1\}$，求 $A\cup B$（并用区间表示）.

5. 用区间表示下列变量的变化范围.

(1) $x^2\leqslant 25$　　(2) $|x|>3$

(3) $-2<x<5$　　(4) $|x-2|\leqslant 1$

(5) $|x+1|>2$

1.2　函数及其性质

1.2.1　函数的概念

1）函数的定义

在日常生活或科学研究中，常常会遇到各种不同的量，其中有的量在研究过程中不发生变化，称为常量，例如某学校食堂牛肉面的价格；有的量在研究过程中是变化的，即取不同的数值，称为变量，例如某学校食堂牛肉面的销售量. 这些变量并不是相互孤立的，而是相互联系的，例如圆的半径 r 与面积 S 之间的关系 $S=\pi r^2$，其中 $r>0$，它反映了面积 S 对半径 r 的依赖关系. 像这种按照某种关系，一个变量随着另一个变量的变化而变化的过程，就是下面提出的函数关系.

定义 1.1　如果当变量 x 在其变化范围 D 内任意取定一个数值时，按照一定的法则 f 总有唯一确定的数值 y 与它对应，则称 y 是 x 的函数，记作

$$y=f(x)$$

其中，D 称为函数的定义域，x 称为自变量，y 称为函数（或因变量），函数值的全体组成的集合称为函数的值域.

从函数的定义可知，构成一个函数的二要素是定义域与对应法则，因此判断两个函数相等与否，只需证明这两个函数的定义域和对应法则是否相等，与变量用什么符号表示无关.

【例 1.3】　判断下列函数是否相等？

$$f(x)=\sqrt{x^2}\text{ 和 }g(x)=|x|$$

【解】　要使函数 $f(x)=\sqrt{x^2}$ 有意义，则 $x^2\geqslant 0$，即 $-\infty<x<+\infty$，故函数 $f(x)=\sqrt{x^2}$ 的定义域为 **R**. 同时，函数 $g(x)=|x|$ 的定义域为全体实数，且 $f(x)=\sqrt{x^2}=|x|$，因此这两个函数的对应法则和定义域都相同，即为相等函数.

2）函数的表示方法

函数的表示方法主要有 3 种，即表格法、图像法、公式法（或解析式法）.

【引例 1】　正弦函数值与角度的对应关系如表 1.2 所示.

表 1.2　正弦函数值与角度的对应关系

角度 x	0	$\frac{\pi}{6}$	$\frac{\pi}{4}$	$\frac{\pi}{3}$	$\frac{\pi}{2}$
$\sin x$	0	$\frac{1}{2}$	$\frac{\sqrt{2}}{2}$	$\frac{\sqrt{3}}{2}$	1

从表 1.2 可以看出，每个角度都有确定的一个三角函数值与之对应. 这种通过表格表示两个变量之间函数关系的方法称为表格法.

【引例2】　是汽车开得快耗油量大,还是开得慢耗油量大?图1.5是汽车的耗油量图,横坐标表示车速(单位:km/h),纵坐标表示耗油量(单位:L/100 km).

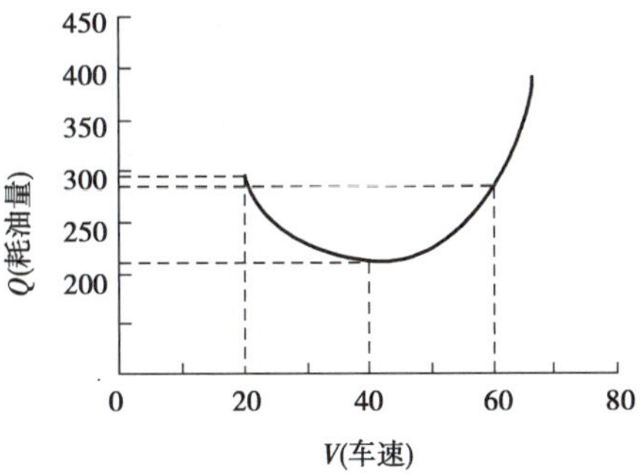

图1.5

从图1.5所示耗油量曲线图可以看出,每一个车速 V 都可以对应一个唯一的耗油量 Q,因此耗油量 Q 是车速 V 的函数.这里 V 与 Q 的对应关系是靠图像来完成的,这就是函数的图像法.

自变量与函数的对应关系如果是靠公式来完成的,则称为函数的公式法(或解析式法).

3)函数的定义域

构成函数的二要素是定义域和对应法则,在研究函数的过程中,一定要考虑函数的定义域.定义域即使函数成立或者有意义的一切自变量 x 的取值范围.求函数的定义域主要考虑如下几个方面:

(1)分式:分母必须不等于零;

(2)偶次根式:被开方式必须大于等于0;

(3)对数函数:真数必须大于零,底必须大于零且不等于1;

(4)正切函数自变量不等于 $k\pi+\dfrac{\pi}{2},k\in\mathbf{Z}$;

(5)余切函数自变量不等于 $k\pi,k\in\mathbf{Z}$;

(6)反正弦、反余弦函数自变量的绝对值必须小于等于1.

【例1.4】　求下列函数的定义域.

(1)$y=\dfrac{4x}{x^2-2x}$　　(2)$y=\sqrt{9-x^2}$

(3)$y=\ln(2x+4)$　　(4)$y=\tan\left(2x-\dfrac{\pi}{4}\right)$

【解】　(1)要使函数有意义,那么解析式的分母不能为零,即 $x^2-2x\neq0$,解得 $x\neq0$ 且 $x\neq2$,因此函数的定义域为 $(-\infty,0)\cup(0,2)\cup(2,+\infty)$.

(2)因为解析式为偶次开根,所以 $9-x^2\geqslant0$,解得 $-3\leqslant x\leqslant3$,则函数的定义域为 $[-3,3]$.

(3)要使函数有意义，其真数必须大于零，即 $2x+4>0$，解得 $x>-2$，则函数的定义域为 $(-2,+\infty)$.

(4)由于正切函数的定义域不等于 $k\pi+\frac{\pi}{2},k\in\mathbf{Z}$，即 $2x-\frac{\pi}{4}\neq k\pi+\frac{\pi}{2}$，解得 $x\neq\frac{3\pi}{8}+k\frac{\pi}{2},k\in\mathbf{Z}$，则使函数有意义的集合为 $A=\{x\mid x\neq\frac{3\pi}{8}+k\frac{\pi}{2},k\in\mathbf{Z}\}$

注　意

(1)如果解析式中同时有以上几种情况，需同时考虑，并求它们的交集.
(2)实际应用中的函数，其定义域由问题的实际意义来决定.

【例1.5】 求下列函数的定义域.

(1) $f(x)=\sqrt{x+5}-\frac{4}{3-x}$　　　(2) $f(x)=\ln(x^2-9)$

【解】 (1)要使函数有意义，则

$$\begin{cases}x+5\geqslant 0\\3-x\neq 0\end{cases}\qquad 解得\begin{cases}x\geqslant -5\\x\neq 3\end{cases}$$

因此函数的定义域为 $[-5,3)\cup(3,+\infty)$.

(2)要使函数有意义，对数的真数部分必须大于0，即 $x^2-9>0$，解得 $x<-3$ 或 $x>3$，因此函数的定义域为 $(-\infty,-3)\cup(3,+\infty)$.

【例1.6】 生产成本是产量的函数. 某化肥厂生产氮肥的成本函数为 $C(x)=1.5+2x-2x^2+4x^3$(千元)，其中 x 为产量，单位为t，求此函数的定义域.

【解】 由常理可知，产量 x 不可能为负数，因此 x 的取值范围为 $x\geqslant 0$ 的一切实数，则函数的定义域为 $[0,+\infty)$.

对于函数 $y=f(x)$，如果当 $x=x_0\in D$ 时，对应的函数值为 y_0，则称 y_0 为函数 $f(x)$ 在点 $x=x_0$ 处的函数值，记作 $y\big|_{x=x_0}=y_0$ 或 $f(x_0)=y_0$，这时称函数在点 $x=x_0$ 处有定义. 如果函数在某个区间上每一点都有定义，则称函数在该区间上有定义.

【例1.7】 设 $f(x)=x^2-2x-7$，求 $f(10)$，$f(-1)$，$f(a)$，$f\left(\frac{1}{x}\right)$.

【解】 $f(10)=10^2-2\times 10-7=73$

$f(-1)=(-1)^2-2\times(-1)-7=-4$

$f(a)=a^2-2a-7$

$f\left(\frac{1}{x}\right)=\left(\frac{1}{x}\right)^2-2\times\frac{1}{x}-7=\frac{1}{x^2}-\frac{2}{x}-7$

需要指出的是，当函数不能用一个解析式表达时，即需用两个或者两个以上的解析式来表达，称这样的函数为分段函数.

对于分段函数,要注意以下两点:

(1)分段函数的定义域是各段解析式的定义域的“并集”;

(2)分段函数是用几个解析式表示一个函数,而不是几个函数.

【例 1.8】 求分段函数$f(x)=\begin{cases}x+1 & x<0\\ x^2 & 0\leqslant x<2\\ \ln x & 2\leqslant x\leqslant 5\end{cases}$的定义域,以及$f(0)$,$f(2)$和$f(-1)$.

【解】 分段函数的定义域为每个分段区间的并集,即为$(-\infty,0)\cup[0,2)\cup[2,5]=(-\infty,5]$.

当$x=0$时,$f(x)=x^2$,因此$f(0)=0$;

当$x=2$时,$f(x)=\ln x$,因此$f(2)=\ln 2$;

当$x=-1$时,$f(x)=x+1$,因此$f(-1)=-1+1=0$.

4)反函数

函数$y=f(x)$表示变量y随着变量x的变化关系,但是在实际应用中,有时需要反过来研究变量x随着变量y的变化关系.例如,半径r与圆的面积S的函数关系为$S=\pi r^2$,$r>0$,若已知面积为S,则可以由关系式$r=\sqrt{\dfrac{S}{\pi}}$得出对应的半径r,我们把$r=\sqrt{\dfrac{S}{\pi}}$称为$S=\pi r^2$的反函数,或者说它们互为反函数.

定义 1.2 一般地,对于函数$y=f(x)$,设它的定义域为D,值域为A.如果对A中任意一个值y,在D中总有唯一确定的x值与它对应,且满足$y=f(x)$.这样得到的x关于y的函数称为$y=f(x)$的反函数,记作$x=f^{-1}_{(y)}$.

习惯上,把函数$y=f(x)$的反函数记作$y=f^{-1}(x)$.

由定义 1.2 可知:

(1)在区间(a,b)内严格单调的函数一定存在反函数;

(2)函数$y=f(x)$与其反函数$y=f^{-1}(x)$的图形关于直线$y=x$对称.

一般,求反函数的过程可以分为以下两步:

第 1 步:反解,从$y=f(x)$中求$x=f^{-1}(y)$;

第 2 步:互换字母x和y,得$y=f^{-1}(x)$.

【例 1.9】 求$y=2x+1$,$x\in\mathbf{R}$的反函数.

【解】 反解:$x=\dfrac{y-1}{2}$

互换x,y得:$y=\dfrac{x-1}{2}$,$x\in\mathbf{R}$

因此,函数$y=2x+1$的反函数是$y=\dfrac{x-1}{2}$,$x\in\mathbf{R}$.

1.2.2 函数的基本性质

1)函数的单调性

定义 1.3 设函数 $y=f(x)$ 在区间 (a,b) 内有定义,在区间 (a,b) 内任意两点 x_1 及 x_2,当 $x_1<x_2$ 时,有 $f(x_1)<f(x_2)$,则称函数 $f(x)$ 在区间 (a,b) 内单调增加,且区间 (a,b) 称为函数的单调递增区间;当 $x_1<x_2$ 时,有 $f(x_1)>f(x_2)$,则称函数 $f(x)$ 在区间 (a,b) 内单调减少,且区间 (a,b) 称为函数 $f(x)$ 的单调递减区间.

从定义 1.3 可知,函数的单调性具有局部性,且与函数的定义区间的选取密切相关.

2)函数的奇偶性

定义 1.4 设函数 $y=f(x)$ 的定义域为 D,且 D 关于原点对称,对任意的 $x\in D$,若 $f(-x)=f(x)$,则称 $f(x)$ 为偶函数;若 $f(-x)=-f(x)$,则称 $f(x)$ 为奇函数;既不是奇函数也不是偶函数的函数,称为非奇非偶函数.

由定义 1.4 可知,偶函数的图形关于 y 轴对称,奇函数的图形关于原点对称.

【例 1.10】 判断函数 $y=x\sin x$ 的奇偶性.

【解】 函数 $y=x\sin x$ 的定义域为 $\mathbf{R}$,即定义域关于原点对称,对任意 $x\in\mathbf{R}$,有 $f(-x)=(-x)\sin(-x)=-x(-\sin x)=x\sin x=f(x)$,因此函数 $y=x\sin x$ 是偶函数.

3)函数的周期性

定义 1.5 设函数 $y=f(x)$ 的定义域为 D,若存在一个不为零的常数 T,使得对任意的 $x\in D$,恒有 $f(x+T)=f(x)$ 成立,则称函数 $f(x)$ 为定义域 D 上的周期函数,使得 $f(x+T)=f(x)$ 成立的最小的常数 T 称为函数 $f(x)$ 的一个周期(周期函数的周期通常是指最小正周期).

由于 $\sin(x+2\pi)=\sin x$ 且 2π 为使这个表达式成立的最小常数 T,所以正弦函数的周期为 2π.

4)函数的有界性

定义 1.6 设函数 $f(x)$ 的定义域为 D,若对任意的 $x\in D$,存在正整数 M,恒有 $|f(x)|\leqslant M$,则称 $f(x)$ 在其定义域上有界,函数 $f(x)$ 称为有界函数,否则称为无界函数.

【同步训练 1.2】

1. 判断下列函数是否相等.

(1) $y=\sqrt{9x}$ 与 $y=3x$　　(2) $y=x+2$ 与 $y=\dfrac{x^2-4}{x-2}$

(3) $y=\ln x^2$ 与 $y=2\ln x$　　(4) $y=x$ 与 $y=(\sqrt{x})^2$

(5) $y=\sqrt{1-\sin^2 x}$ 与 $y=\cos x$　　(6) $y=e^{\ln x}$ 与 $y=x$

2. 设 $f(x)=x^2-2x+7$,求 $f(10)$, $f(2)$, $f(-1)$, $f(a)$, $f(x+1)$.

3. 设 $f(x)=\begin{cases}1+x & -\infty<x\leqslant 0\\ 2^x & 0<x<+\infty\end{cases}$，求 $f(-2)$，$f(-1)$，$f(1)$，$f(2)$，$f(0)$.

4. 设 $f(x)=ax+b$，若 $f(1)=2$，$f(2)=5$，求 a 和 b 的值.

5. 求下列函数的反函数.

(1) $y=3x+5$　　(2) $y=\sqrt[3]{x+1}$

(3) $y=\mathrm{e}^{x-1}$　　(4) $y=3+\lg(2x-1)$

1.3　初等函数

1.3.1　基本初等函数

高等数学研究的对象主要是常值函数、幂函数、指数函数、对数函数、三角函数和反三角函数以及它们的组合. 为了更好地对函数进行分类研究，有必要把上述6类函数系统地整理在一起，这6类函数统称为基本初等函数.

基本初等函数的图像与性质如表1.3所示.

表1.3　基本初等函数

函　数	图　像	性　质
常值函数 $y=C$ （C 为常数）	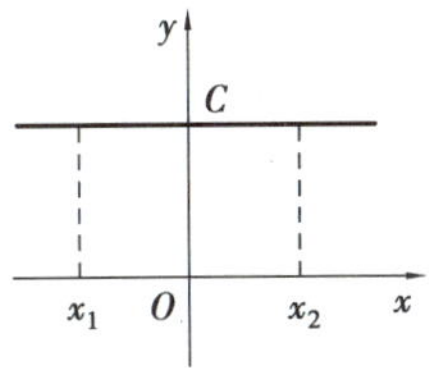	有界，偶函数
幂函数 $y=x^\alpha$ （α 为任意实数）	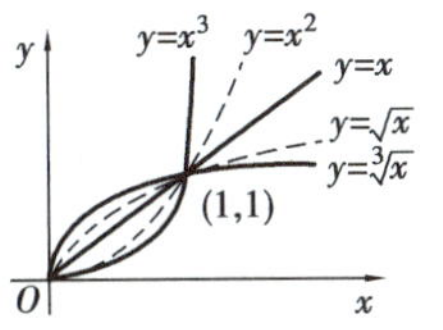 （$\alpha>0$的情况）	图像都过 $(0,0)$ 和 $(1,1)$ 点，在 $[0,+\infty)$ 内单调增加
	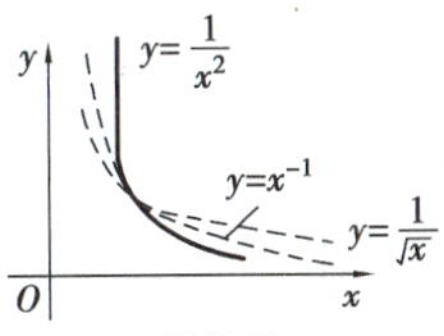 （$\alpha<0$的情况）	图像都过 $(1,1)$ 点，在 $[0,+\infty)$ 内单调减少

续表

函　数	图　像	性　质
指数函数 $y=a^x$ $(a>0,a\neq 1)$	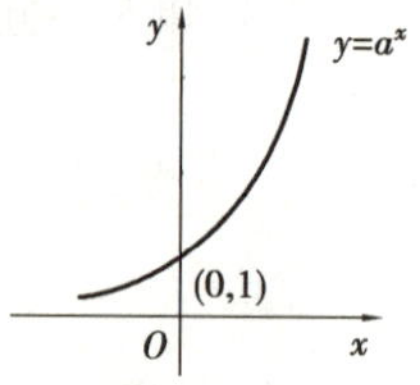 (a>1的情况)	图像均在 x 轴上方,均过(0,1)点,是单调递增函数
	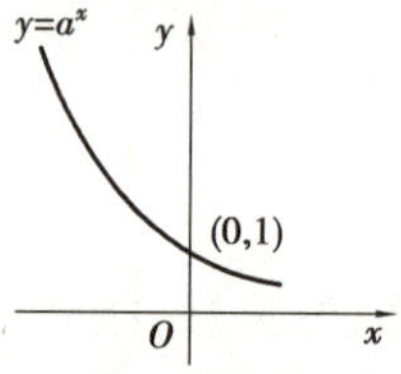 (0<a<1的情况)	图像均在 x 轴上方,均过(0,1)点,是单调递减函数
对数函数 $y=\log_a x$ $(a>0,a\neq 1)$	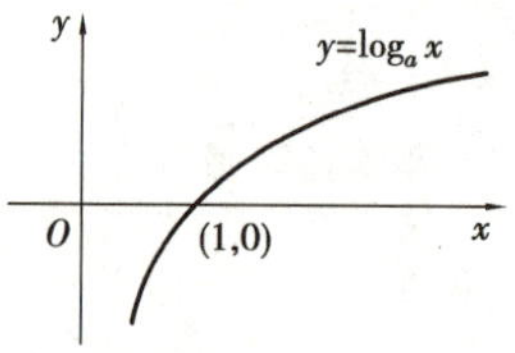 (a>1的情况)	图像均在 y 轴右方,均过(1,0)点,是单调递增函数
	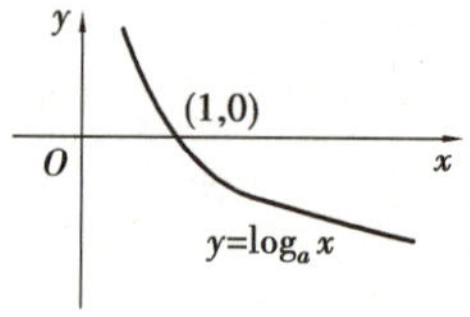 (0<a<1的情况)	图像均在 y 轴右方,均过(1,0)点,是单调递减函数
正弦函数 $y=\sin x$	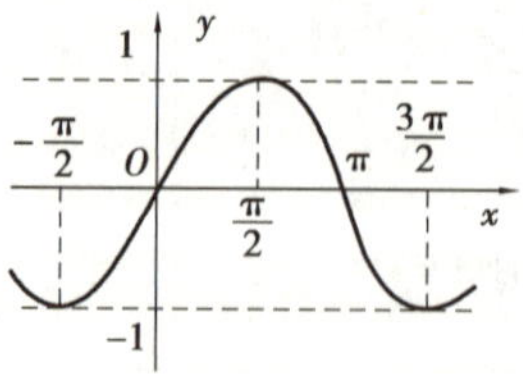	周期为 2π,有界,奇函数,在区间 $\left[-\frac{\pi}{2}+2k\pi,\frac{\pi}{2}+2k\pi\right](k\in\mathbf{Z})$ 上单调增加;在区间 $\left(\frac{\pi}{2}+2k\pi,\frac{3\pi}{2}+2k\pi\right](k\in\mathbf{Z})$ 上单调减少
余弦函数 $y=\cos x$	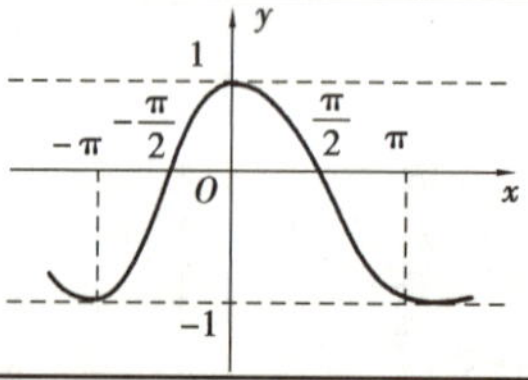	周期为 2π,有界,偶函数,在区间 $[(2k-1)\pi,2k\pi](k\in\mathbf{Z})$ 上单调增加;在区间 $(2k\pi,(2k+1)\pi](k\in\mathbf{Z})$ 上单调减少

续表

函 数	图 像	性 质
正切函数 $y=\tan x$	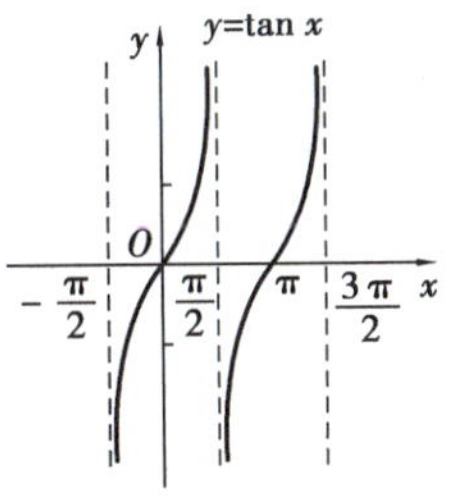	周期为 π，奇函数，在区间 $\left(-\frac{\pi}{2}+k\pi,\frac{\pi}{2}+k\pi\right)(k\in\mathbf{Z})$ 上单调增加
余切函数 $y=\cot x$	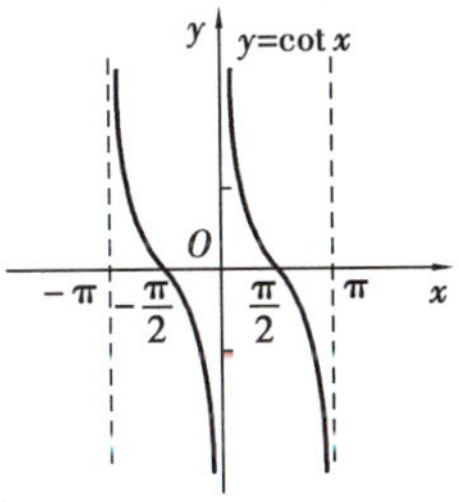	周期为 π，奇函数，在区间 $(k\pi,k\pi+\pi)(k\in\mathbf{Z})$ 上单调减少
反正弦函数 $y=\arcsin x$	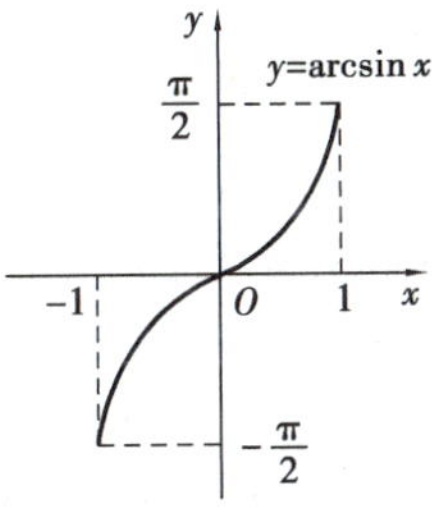	单调增加，奇函数
反余弦函数 $y=\arccos x$	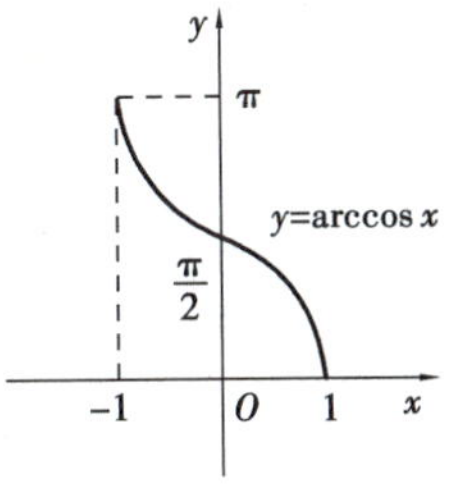	单调递减函数
反正切函数 $y=\arctan x$	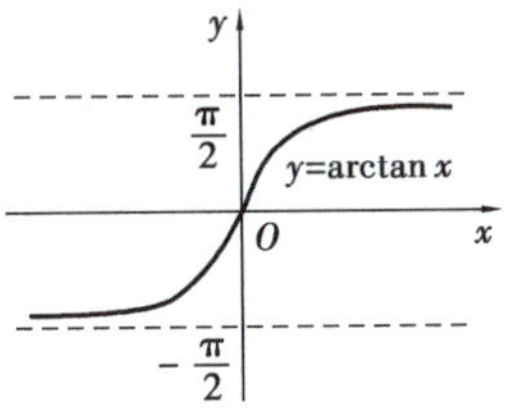	有界，单调增加，奇函数

续表

函　数	图　像	性　质
反余切函数 $y=\operatorname{arccot} x$	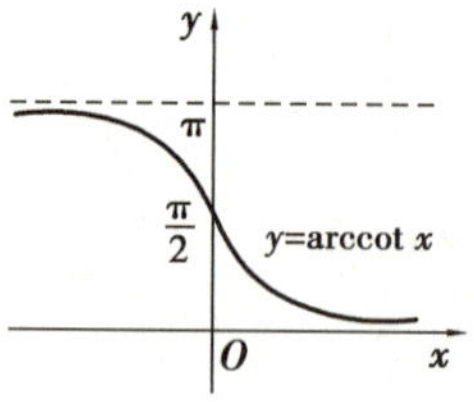	有界，单调递减函数

【例 1.11】 计算反正弦 $y=\arcsin x$ 在 $x=-1,1$ 时对应的函数值.

【解】 在$\left[-\frac{\pi}{2},\frac{\pi}{2}\right]$内，$\sin\left(-\frac{\pi}{2}\right)=-1$，因此 $y(-1)=\arcsin(-1)=-\frac{\pi}{2}$；$\sin\frac{\pi}{2}=1$，因此 $y(1)=\arcsin 1=\frac{\pi}{2}$.

1.3.2　复合函数

定义 1.7　设 $u=\varphi(x)$，其值域为 E，而 $y=f(u)$，其定义域为 M，且 $E\cap M\neq\varnothing$，通过变量 u 建立起一个新的函数 $y=f[\varphi(x)]$，称为由 $y=f(u)$ 和 $u=\varphi(x)$ 复合而成的函数，简称复合函数，其中 u 称为中间变量，$y=f(u)$ 称为外函数，$u=\varphi(x)$ 称为内函数.

注　意

并不是任意两个函数都能复合成一个函数. 例如，$y=\arccos u$，$u=2+x^2$，因为外函数的定义域为$[-1,1]$，内函数的值域为$[2,+\infty]$，它们的交集为空集，所以不能复合.

【例 1.12】 已知下列函数，把它们复合成 y 关于 x 的函数.

(1) $y=\sin u$，$u=3^x$　　(2) $y=\ln u$，$u=\tan v$，$v=x^6$

【解】 (1) 将 $u=3^x$ 代入 $y=\sin u$ 中，得到 $y=\sin 3^x$.

(2) 将 $v=x^6$ 代入 $u=\tan v$ 中，得 $u=\tan x^6$，再代入 $y=\ln u$ 中，得 $y=\ln\tan x^6$.

【例 1.13】 将下列复合函数分解成基本初等函数或简单函数.

(1) $y=\cos\ln x$　(2) $y=\sqrt{\arctan(x+1)}$　(3) $y=\tan^2 x$　(4) $y=\ln\sqrt{x-1}$

【解】 (1) 由 $y=\cos u$，$u=\ln x$ 组成.

(2) 由 $y=\sqrt{u}$，$u=\arctan v$，$v=x+1$ 组成.

(3) 由 $y=u^2$，$u=\tan x$ 组成.

(4) 由 $y=\ln u$，$u=\sqrt{v}$，$v=x-1$ 组成.

1.3.3　初等函数的概念

一般地，由基本初等函数和常数经有限次四则运算或有限次复合构成的，能用一个式子表示的函数称为初等函数. 例如，$y=\tan^2 x$，$y=\ln\sqrt{x-1}$，$y=\cos\ln x$ 等都是初等函数. 函数 $y=1+x+x^2+\cdots$ 和函数 $f(x)=\begin{cases}1 & x<0\\1+x & x\geqslant 0\end{cases}$ 不是初等函数.

【同步训练 1.3】

1. 将下列函数复合成复合函数.

(1) $y=u^3$，$u=\log_5 x$

(2) $y=u^2$，$u=2x+1$

(3) $y=e^u$，$u=\cos x$

(4) $y=\sqrt{u}$，$u=3+v^5$，$v=\lg x$

2. 指出下列函数的复合过程.

(1) $y=\ln(4-x)$

(2) $y=\sqrt{2x+\cos x}$

(3) $y=5^{\sin 3x}$

(4) $y=\arcsin\lg\dfrac{3x-x^2}{4}$

(5) $y=\sqrt{5x-1}$

(6) $y=(3-\ln x)^2$

(7) $y=\sqrt[3]{\ln\sqrt{x}}$

(8) $y=e^{\tan(x^2+3)}$

1.4　经济中常用的函数

在社会经济活动中，经常会涉及一些经济变量，它们之间不是独立的，往往存在着各种各样的依存关系. 下面介绍经济中常用的几种函数. 在经济应用中，常用 Q 表示需求量，P 表示价格.

1.4.1　需求函数与供给函数

1）需求函数

在生活中，需求量 Q 是指在价格 P 一定的条件下，消费者愿意购买并且有能力购买的商品量. 一种商品在市场中的需求量与该商品的价格密切相关. 商品价格是影响需求的一个主要因素，在不考虑其他因素的条件下（消费者收入、消费个体数量、人们的习性、季节、其他代用品的价格等），只研究需求与价格的函数关系. 设 P 表示商品的价格，Q 表示需求量，称 $Q=f(P)$ 为需求函数.

在不考虑其他因素的条件下，通常商品价格越低，需求量越大；商品价格越高，需求量越小. 因此，需求函数 $Q=f(P)$ 一般是关于 P 的单调递减函数.

需求函数 $Q=f(P)$ 存在反函数，反函数表示为 $P=f^{-1}(Q)$，它也反映商品价格与市场需求量 Q 的关系，称为价格函数.

据统计，常见的需求函数有以下几种类型：

线性需求函数：　$Q=b-aP$　　$(a>0,b>0)$

二次需求函数：　$Q=a-bP-cP^2$　　$(a>0,b>0,c>0)$

指数需求函数：　$Q=ae^{-bP}$　　$(a>0,b>0)$

2)供给函数

在价格一定的条件下,生产者愿意提供并且有可供出售的商品量,称为供给量.供给量也受多种因素的影响,这里不考虑其他因素的影响,只考虑价格因素.

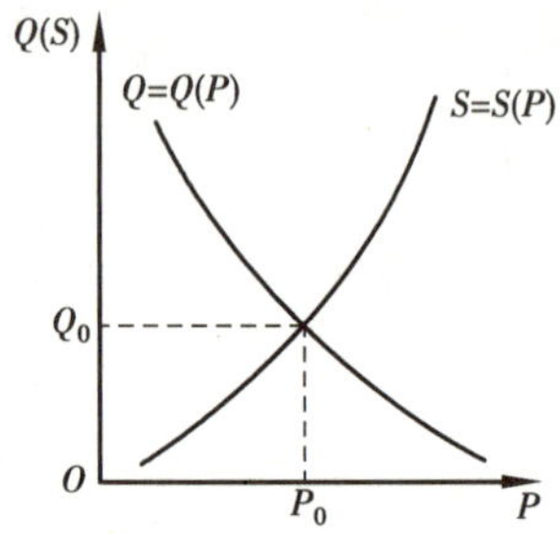

图 1.6

设 P 表示商品价格,S 表示供给量,S 随 P 变化而变化的函数关系可以表示为 $S=f(P)$,称为供给函数.在不考虑其他因素的条件下,通常商品价格越低,生产者不愿生产，供给量就越少；商品价格越高,刺激生产者生产，供给量就越多.因此,一般供给函数 $S=f(P)$ 是关于价格的单调递增函数.

常见的供给函数有线性函数、二次函数、指数函数、幂函数等.

当市场中提供的供给量和商品的销售量相等时(图 1.6),此时商品处于供需平衡状态.在同一坐标系中,需求曲线与供给曲线的交点 (P_0,Q_0) 称为供需平衡点,P_0 称为市场均衡价格,Q_0 称为市场均衡数量.需求函数与供给函数可以帮助人们分析市场规律.

【例 1.14】 已知某商品的供给函数是 $S=P-32$,需求函数是 $Q=100-P$,求该商品处于市场平衡状态下的均衡价格和均衡数量.

【解】 令 $S=Q$,解方程组 $P-32=100-P$,得

$$Q_0=34,P_0=66$$

因此市场均衡价格 $P_0=66$,市场均衡数量 $Q_0=34$.

1.4.2　总成本函数、总收入函数和总利润函数

在生产经营活动中,人们总希望最大程度地降低成本,从而提高收入和利润.成本、收入和利润这 3 个变量都与产量或销售量密切相关,可以构成函数关系。

1)总成本函数

生产某产品的总成本是指生产一定数量的产品所需的全部经济投入的费用总额,比如劳动力、原料、设备等.根据成本与生产量 Q 之间是否存在关系,可将总成本分为固定成本 C_1 与可变成本 $C_2(Q)$ 两部分，即

$$C(Q)=C_1+C_2(Q)$$

为了评价某企业的生产状况,需要计算该企业某产品的平均成本,用 $\overline{C(Q)}$ 表示.平均成本是指生产 Q 件产品时平均每个单位产品的成本,记为 $\overline{C(Q)}=\frac{C(Q)}{Q}$.

【例 1.15】 某工厂生产某产品，每天固定成本为 130 元,生产 1 个单位产品,其成本

增加3元.求该工厂每天的总成本函数及平均单位成本函数.

【解】 设每天总成本为 $C(Q)$,平均单位成本为$\overline{C(Q)}$,Q 为每天的产量,则

$$C(Q)=130+3Q \quad \overline{C(Q)}=\frac{C(Q)}{Q}=\frac{130}{Q}+3$$

2)总收入函数

总收入是指生产者销售一定量的产品时所获得的全部收入.生产者生产并销售 Q 个单位产品所得的收入为 $R(Q)=PQ$,其中 P 为商品价格.

商品价格 P 依赖于需求量(即商品的销售量 Q),即价格 P 是销售量 Q 的函数,记为 $P=P(Q)$.因此,总收入函数可以表示为

$$R(Q)=P(Q)\cdot Q$$

【例1.16】 设某产品的价格(单位:元/台)与销售量 Q(单位:台)的关系为 $P=10-\frac{Q}{5}$,求销量售为20的总收入.

【解】 总收入函数为 $R(Q)=P\cdot Q=10Q-\frac{Q^2}{5}$,因此

$$R(20)=10\times 20-\frac{20^2}{5}=120(\text{元})$$

3)总利润函数

总利润函数等于总收入函数减去总成本函数,记为 $L(Q)$.

$$L(Q)=R(Q)-C(Q)$$

盈亏平衡点又称零利润点、盈亏临界点、保本点,通常指总收入与总成本相等时对应的产量,即 $L(Q)=R(Q)-C(Q)=0$ 时对应的产量 Q_0.

【例1.17】 已知某产品的价格函数 $P=100-\frac{Q^2}{6}$,Q 为销售量.固定成本为500元,每生产1个单位产品,其成本增加20元,并假设生产的产品能够全部销售出去,求产量 $Q=12$ 个单位时的总利润.

【解】 总成本函数为 $C(Q)=500+20Q$,总收入函数为

$$R(Q)=P\cdot Q=(100-\frac{Q^2}{6})Q$$

因此总利润函数为

$$L(Q)=R(Q)-C(Q)=-\frac{Q^3}{6}+80Q-500$$

当 $Q=12$ 时,$L(12)=172$.因此,产量为12个单位时的总利润为172元.

【例1.18】 某种商品的收入函数与成本函数分别是 $R(Q)=11Q$,$C(Q)=12+3Q+Q^2$.请计算商品的盈亏平衡点,并分析该商品的盈亏情况.

【解】 利润函数 $L(Q)=R(Q)-C(Q)=-Q^2+8Q-12$

由于求盈亏平衡点,所以令 $L(Q)=0$,得 $Q_1=2$,$Q_2=6$,即当产量为2和6时不赚不亏.

当 $Q<2$ 时，$L(Q)<0$，即产量小于 2 时，商品处于亏本状态；当 $2<Q<6$ 时，$L(Q)>0$，即当产量在 2 与 6 之间时，商品处于盈利状态；当 $Q>6$ 时，$L(Q)<0$，即当产量大于 6 时，商品又处于亏本状态.

【同步训练 1.4】

1. 某厂生产产品 1 000 t，定价为 130 元/t，当销售量不超过 500 t 时，按原订价出售；超过 500 t 的，按原价的 9 折出售. 试将销售收入表示成销售量的函数.

2. 某厂每生产 1 个产品，成本增加 15 元，其中每天的固定成本为 2 000 元. 如果每个产品的出厂价为 20 元，为了不亏本，该厂每天至少应生产多少个产品？

3. 某种品牌的电视机每台售价为 500 元时，每月可销售 2 000 台；每台售价为 450 元时，每月可多销售 400 台. 试求该电视机的需求函数.

第 2 章　极限与连续

极限和连续都是高等数学中的基本概念,同时极限也是微积分学研究的基本工具. 本章首先介绍极限的概念,进而介绍求极限的方法,在这一过程中引导读者用极限的思想去解决或者思考生活中的常见问题.

2.1　极限的概念

2.1.1　数列的极限

【引例 1】　魏晋时期,我国数学家刘徽撰写的著作《九章算术注》中这样描述"割圆术"——割之弥细,所失弥少,割之又割,以至于不可割,则与圆合体,而无所失矣. 这句话的意思是有一个圆,首先在圆内作一个正六边形,设正六边形的面积为 A_1,然后再内接一个正十二边形,设其面积为 A_2,依次分下去,就得到一列有次序的数 $A_1,A_2,\cdots,A_n$,当边数无限增加时,正多边形的面积就无限趋近于圆的面积.

【引例 2】　《庄子 · 天下篇》一书中著有"一尺之锤,日取其半,万事不竭"这句话. 它的意思是有一尺长的木棒,第一天截取它的一半,即 $a_1=\frac{1}{2}$尺;第二天截取它剩下的一半的一半,即 $a_2=\frac{1}{2^2}$尺;这样一天天地无限截取下去,木棒是永远无法截取完的,把它们表示为数列,即为$\frac{1}{2},\frac{1}{2^2},\frac{1}{2^3},\cdots,\frac{1}{2^n},\cdots$,可以看出,当 n 无限增大时,$\frac{1}{2^n}$无限趋近于 0.

根据图 2.1,观察以下无穷数列当 n 无限增大时的变化趋势:

(1)数列$\left\{\frac{1}{n}\right\}$,当 n 的取值从 1,2,3,4,5,…无限增大时,数列$\left\{\frac{1}{n}\right\}$无限趋近于 0.

(2)数列$\{(-1)^n\}$,当 n 的取值从 1,2,3,4,5,…无限增大时,数列$\{(-1)^n\}$的取值为 1,-1,1,-1…,取值在 1 和 -1 之间来回摆动,即不趋近一个常数.

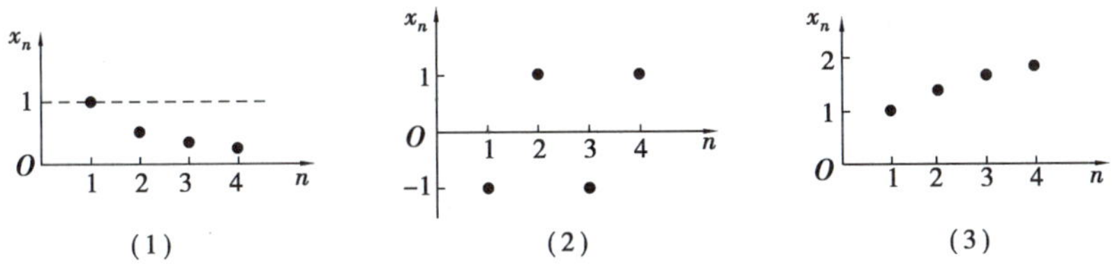

图 2.1

(3)数列$\{\sqrt{n}\}$,当 n 的取值从 1,2,3,4,5,…无限增大时,数列$\{\sqrt{n}\}$无限趋于无穷大.

从以上数列的变化趋势可以看出,当数列的项数 n 无限增大时,数列 x_n 的变化趋势分两种:第一种是无限趋近于某个常数 A;第二种是不能趋近于一个唯一的常数,这样就产生了数列极限的描述性定义.

定义 2.1 对于数列$\{x_n\}$,若当 n 无限增大时,x_n 无限趋近于一个确定的常数 A,则称常数 A 为当 n 趋于无穷大时数列$\{x_n\}$的极限. 记为

$$\lim_{n\to\infty} x_n = A \text{ 或 } x_n \to A(n\to\infty)$$

如果数列$\{x_n\}$有极限,则称当 $n\to\infty$ 时数列$\{x_n\}$收敛,且收敛于常数 A;若数列$\{x_n\}$的极限不存在,则称数列$\{x_n\}$发散.

由定义 2.1 可知,数列$\left\{\frac{1}{n}\right\}$的极限为 0,记为$\lim\limits_{n\to\infty}\frac{1}{n}=0$.

【例 2.1】 下列数列是否有极限,如果有,请写出它的极限.

(1) $-1,-\frac{1}{4},-\frac{1}{9},\cdots,(-1)\frac{1}{n^2},\cdots$　　(2) $-1,-1,-1,-1,\cdots,-1,\cdots$

【解】 (1)当 n 无限增大时,数列$\left\{(-1)\frac{1}{n^2}\right\}$的分母无限增大,分子为常数,因此整个分式无限趋近于 0,即$\lim\limits_{n\to\infty}(-1)\frac{1}{n^2}=0$.

(2)这个数列是常数数列$\{-1\}$,即数列的极限是 -1,即$\lim\limits_{n\to\infty}(-1)=-1$.

常用数列极限结论如下:

$\lim\limits_{n\to\infty} C = C$($C$ 为常数)

$\lim\limits_{n\to\infty} q^n = 0(|q<1|)$

【例 2.2】 判断下列数列是否有极限,如果有,请写出它的极限.

(1) $\left\{(-1)^n\frac{n+1}{n-1}\right\}$　　(2) $0,2,0,2,\cdots,1+(-1)^n,\cdots$

【解】 (1)可以看出当 n 无限增大时,$\frac{n+1}{n-1}$无限趋近于 1. 当 n 取偶数且无限增大时,$\left\{(-1)^n\frac{n+1}{n-1}\right\}$无限趋近于 1;当 n 取奇数且无限增大时,$\left\{(-1)^n\frac{n+1}{n-1}\right\}$无限趋近于 -1. 也就是说,当 n 无限增大时,$\left\{(-1)^n\frac{n+1}{n-1}\right\}$不趋近于一个确定的常数,因此这个数列没有极限,是发散数列.

(2)当 n 无限增大时,数列的通项 $1+(-1)^n$ 始终在 0 与 2 之间跳动,不趋近一个唯一的常数,因此数列$\{1+(-1)^n\}$为发散数列.

【例 2.3】 求下列数列的极限.

(1) $\lim\limits_{n\to\infty}\left(\frac{1}{n^2}+\frac{2}{n^2}+\frac{3}{n^2}+\cdots+\frac{n}{n^2}\right)$　　(2) $\lim\limits_{n\to\infty}\frac{2n-1}{2n+1}$

【解】 (1) 对于有限个数列和的极限,先求和,再计算.

$$\lim_{n\to\infty}\left(\frac{1}{n^2}+\frac{2}{n^2}+\frac{3}{n^2}+\cdots+\frac{n}{n^2}\right)=\lim_{n\to\infty}\frac{1+2+3+\cdots+n}{n^2}=\lim_{n\to\infty}\frac{n(n+1)}{2n^2}=\frac{1}{2}$$

(2) $\lim\limits_{n\to\infty}\frac{2n-1}{2n+1}=\lim\limits_{n\to\infty}\frac{2n+1-2}{2n+1}=\lim\limits_{n\to\infty}(1-\frac{2}{2n+1})=1$

2.1.2 函数的极限

数列$\{x_n\}$是一个特殊的函数,它可以看作是定义在自然数集上的函数,即$x_n=f(n)$. 类似于数列极限的定义,下面讨论函数的自变量在某个变化过程中,函数$y=f(x)$的变化趋势.

(1) 观察函数$y=\frac{1}{x}$当自变量$x\to\infty$时的变化趋势. 如图2.2所示,当自变量x正方向无限增大时,分母无限趋近$+\infty$,分子为常数,因此函数$y=\frac{1}{x}$无限减小并趋近于0;当自变量x负方向无限增大时,函数$y=\frac{1}{x}$无限趋近于0. 此时,我们称当$|x|$无限增大时,函数$y=\frac{1}{x}$的极限为0.

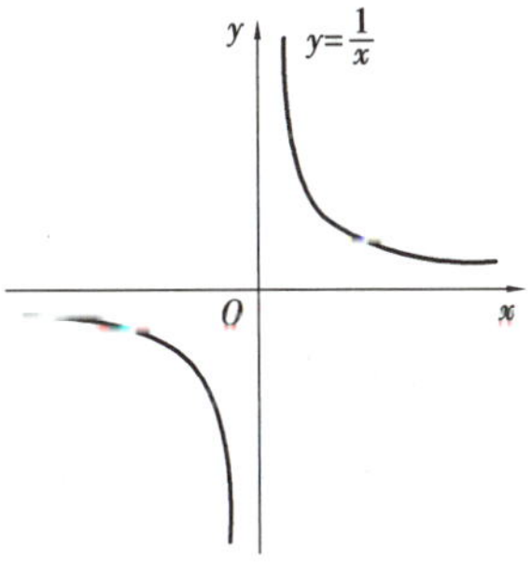

图 2.2

定义 2.2 自变量x从x轴的正方向无限增大,函数$f(x)$的值无限趋近于一个确定的常数A,则称常数A为函数$f(x)$当$x\to+\infty$时的极限,记作

$$\lim_{x\to+\infty}f(x)=A \quad 或 \quad f(x)\to A(x\to+\infty)$$

例如,$\lim\limits_{x\to+\infty}\arctan x=\frac{\pi}{2}$, $\lim\limits_{x\to+\infty}\operatorname{arccot} x=0$.

定义 2.3 当自变量x取负值并且它的绝对值无限增大时,函数$f(x)$的值无限趋近于一个确定的常数A,则称常数A为函数$f(x)$当$x\to-\infty$时的极限,记作

$$\lim_{x\to-\infty}f(x)=A \quad 或 \quad f(x)\to A(x\to-\infty)$$

例如,$\lim\limits_{x\to-\infty}\arctan x=-\frac{\pi}{2}$, $\lim\limits_{x\to-\infty}\operatorname{arccot} x=\pi$.

定义 2.4 当自变量x的绝对值无限增大时,函数$f(x)$的值无限趋近于一个确定的常数A,则称常数A为函数$f(x)$当$x\to\infty$时的极限,记作

$$\lim_{x\to\infty}f(x)=A \quad 或 \quad f(x)\to A(x\to\infty)$$

定理 2.1 当$x\to\infty$时函数$f(x)$的极限为A的充分必要条件是函数$f(x)$在$x\to+\infty$和$x\to-\infty$的极限都存在且相等,即$\lim\limits_{x\to\infty}f(x)=A\Leftrightarrow\lim\limits_{x\to+\infty}f(x)=\lim\limits_{x\to-\infty}f(x)=A$.

【例 2.4】 求$\lim\limits_{x\to\infty}\arctan x$的极限.

【解】 根据定理2.1,需要讨论$x\to+\infty$和$x\to-\infty$时的极限. 由图2.3可以看出,当$x\to+\infty$时,函数$y=\arctan x$无限趋近于$\frac{\pi}{2}$;当$x\to-\infty$时,函数$y=\arctan x$无限趋近于

$-\frac{\pi}{2}$. 因此,根据定理2.1,$y=\arctan x$ 当 $x\to\infty$ 的极限不存在.

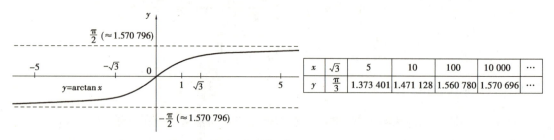

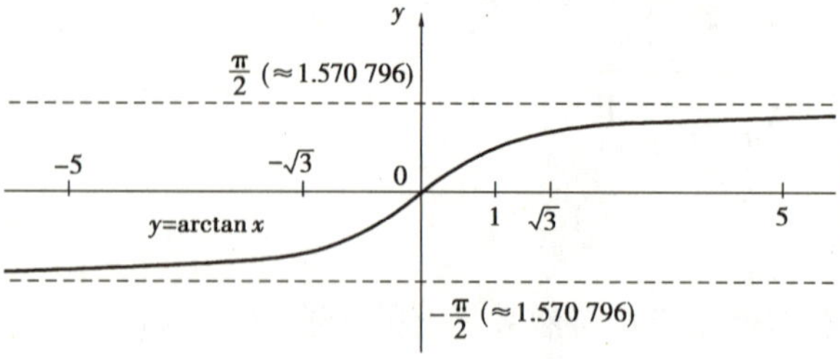

x	$\sqrt{3}$	5	10	100	10 000	…
y	$\frac{\pi}{3}$	1.373 401	1.471 128	1.560 780	1.570 696	…

图 2.3

【例 2.5】 讨论下列函数的变化趋势,并写出函数的极限.

(1) $\lim\limits_{x\to\infty}\frac{3}{x}$　　(2) $\lim\limits_{x\to+\infty}0.3^x$　　(3) $\lim\limits_{x\to-\infty}3^x$

【解】 (1)当 $x\to\infty$ 时,分母无限增大,分子为常数,因此整个函数无限趋近于0,即 $\lim\limits_{x\to\infty}\frac{3}{x}=0$.

(2) $x\to+\infty$ 时,0.3^x 无限减小且趋近于0,即 $\lim\limits_{x\to+\infty}0.3^x=0$.

(3) $x\to-\infty$ 时,3^x 无限减小且趋近于0,即 $\lim\limits_{x\to-\infty}3^x=0$.

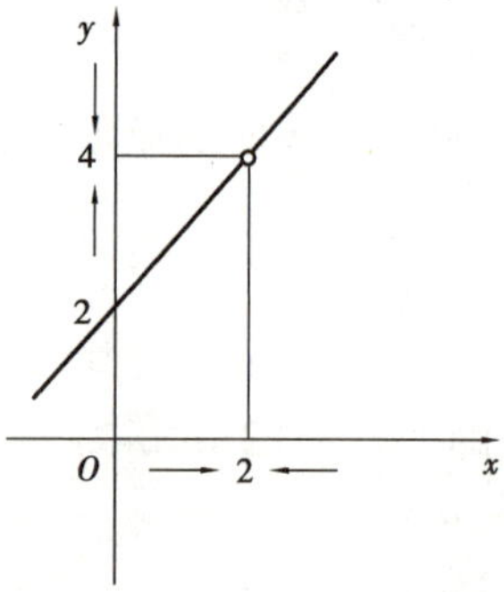

图 2.4

(2)观察函数 $f(x)=\frac{x^2-4}{x-2}$ 的图像,如图2.4所示.当自变量 x 从2的左侧无限趋近于2时,对应的函数 $f(x)$ 的值无限趋近于4,即 $x\to2^-$ 时,$f(x)\to4$;当自变量 x 从2的右侧无限趋近于2时,对应的函数 $f(x)$ 的值无限趋近于4,即 $x\to2^+$ 时,$f(x)\to4$. 因此,当 x 无限趋近于2($x\to2$)时,函数 $f(x)$ 的值无限趋近于4($f(x)\to4$). 称当 $x\to2$ 时,函数 $f(x)$ 以4为极限.

定义 2.5 设函数 $y=f(x)$ 在点 x_0 的某领域内(不包括 x_0)有定义,如果当自变量 x 无限趋近于 x_0($x\neq x_0$)时,函数 $f(x)$ 的值无限趋近于一个确定的常数 A,则称常数 A 为函数 $f(x)$ 当 $x\to x_0$ 时的极限,记作

$$\lim_{x\to x_0}f(x)=A \quad 或 \quad f(x)\to A(x\to x_0)$$

【例 2.6】 观察下列函数的变化,并写出函数的极限.

(1) $\lim\limits_{x\to2}C$　　(2) $\lim\limits_{x\to2}x^2$

【解】 (1)观察函数 $y=C$,如图2.5所示,当 $x\to2$ 时,函数 $y=C$ 无限趋近于常数 C,即 $\lim\limits_{x\to2}C=C$.

(2)观察函数 $y=x^2$,如图2.6所示,当 $x\to2$ 时,函数 $y=x^2$ 无限趋近于常数4,即 $\lim\limits_{x\to2}x^2=4$.

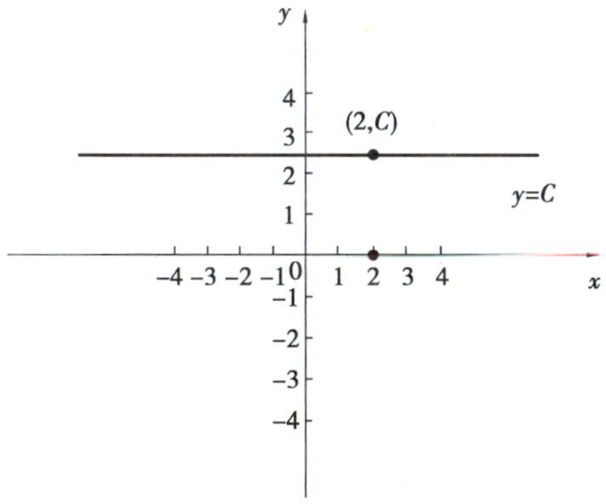

图 2.5

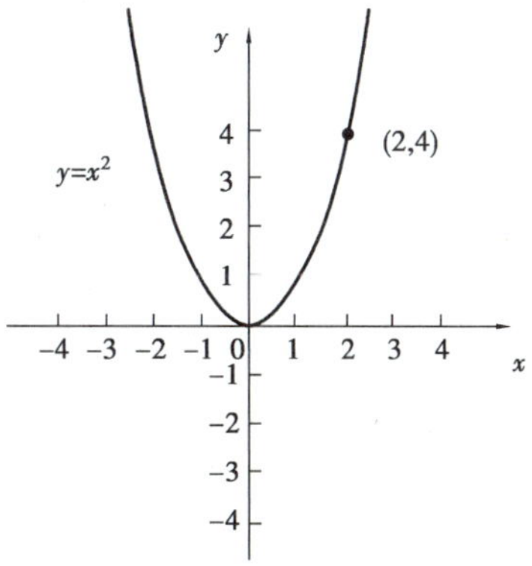

图 2.6

注　意

函数在一点的极限是否存在，仅与它在该点附近有没有定义有关，而与它在该点处有无定义无关.

定义 2.6　设函数 $y=f(x)$ 在点 x_0 的左邻域内有定义，如果当自变量 x 从 x_0 左侧无限趋近于 x_0 时，函数 $f(x)$ 的值无限趋近于一个确定的常数 A，则称常数 A 为函数 $f(x)$ 在 x_0 处的左极限，记作

$$\lim_{x\to x_0^-} f(x)=A \quad 或 \quad f(x)\to A(x\to x_0^-)$$

定义 2.7　设函数 $y=f(x)$ 在点 x_0 的右邻域内有定义，如果当自变量 x 从 x_0 右侧无限趋近于 x_0 时，函数 $f(x)$ 的值无限趋近于一个确定的常数 A，则称常数 A 为函数 $f(x)$ 在 x_0 处的右极限，记作

$$\lim_{x\to x_0^+} f(x)=A \quad 或 \quad f(x)\to A(x\to x_0^+)$$

例如，符号函数 $f(x)=\mathrm{sgn}(x)=\begin{cases}1 & x>0\\ 0 & x=0\\ -1 & x<0\end{cases}$，如图 2.7 所示，求 $\lim\limits_{x\to 0^+} f(x)$，$\lim\limits_{x\to 0^-} f(x)$.

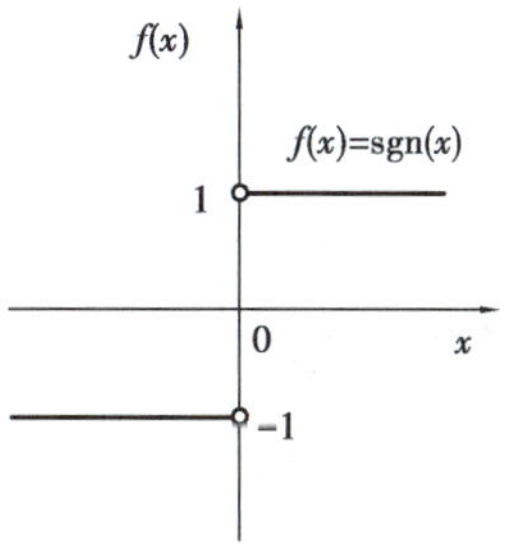

图 2.7

$$\lim_{x\to 0^+} f(x)=\lim_{x\to 0^+} 1=1.$$

$$\lim_{x\to 0^-} f(x)=\lim_{x\to 0^-} (-1)=-1.$$

定理 2.2　当 $x\to x_0$ 时函数 $f(x)$ 的极限为 A 的充分必要条件是函数 $f(x)$ 的左极限和右极限都存在且相等，即 $\lim\limits_{x\to x_0} f(x)=A \Leftrightarrow \lim\limits_{x\to x_0^+} f(x)=\lim\limits_{x\to x_0^-} f(x)=A$.

【例 2.7】　设函数 $f(x)=\begin{cases}x+1 & x>0\\ x-1 & x\leqslant 0\end{cases}$，判断函数当 $x\to 0$ 是否有极限.

【解】　根据定理 2.2 可知，需要讨论 $x\to 0^+$，$x\to 0^-$ 时函数 $f(x)$ 的极限. 因为 $\lim\limits_{x\to 0^+} f(x)=$

$\lim\limits_{x\to0^+}(x+1)=1$, $\lim\limits_{x\to0^-}f(x)=\lim\limits_{x\to0^-}(x-1)=-1$,所以函数在 $x\to0$ 处没有极限.

【同步训练 2.1】

1. 写出下列数列的前五项.

(1) $x_n=\dfrac{1}{2n-1}$　　(2) $x_n=(-1)^n\dfrac{n}{2n+1}$

2. 观察下列数列 $\{x_n\}$ 当 $n\to\infty$ 时的变化趋势,有极限的写出其极限.

(1) $x_n=\dfrac{1}{2n}$　　(2) $x_n=1-\dfrac{1}{\sqrt{n}}$　　(3) $x_n=\dfrac{1-n}{n}$

(4) $x_n=(-1)^n n$　　(5) $x_n=1-\dfrac{1}{2n}$　　(6) $x_n=(-1)^n\dfrac{n}{2n+1}$

3. 由函数的大致图形以及函数的极限定义,判断下列函数的极限是否存在,若存在,求其极限值.

(1) $\lim\limits_{x\to\infty}\dfrac{1}{2^x}$　　(2) $\lim\limits_{x\to\infty}\operatorname{arccot} x$

2.2 极限的运算

1) 极限的四则运算法则

在某一变化过程中, $\lim f(x)=A$ 与 $\lim g(x)=B$ 都存在,则

① $\lim[f(x)+g(x)]=\lim f(x)+\lim g(x)=A+B$.

② $\lim[f(x)\cdot g(x)]=\lim f(x)\cdot\lim g(x)=A\cdot B$.

特例:

$\lim Cf(x)=C\lim f(x)=CA$(C 为常数);

$\lim[f(x)]^n=[\lim f(x)]^n=A^n$($n$ 为正整数).

③当 $\lim g(x)\neq0$ 时, $\lim\dfrac{f(x)}{g(x)}=\dfrac{\lim g(x)}{\lim f(x)}=\dfrac{A}{B}$.

注　意

(1) ①和②还可推广到任意有限个函数的形式.

(2) 以上性质对数列极限也成立.

(3) $\lim f(x)=A$ 下面没有标明自变量的变化过程,是指对 $x\to x_0$ 及 $x\to\infty$ 均适用.

2) 极限的几种常见运算

① $y=f(x)$ 在 $x=x_0$ 处有定义,则 $\lim\limits_{x\to x_0}f(x)=f(x_0)$.

【例2.8】　求下列极限.

(1) $\lim\limits_{x\to1}(2x^3-x^2+1)$　　(2) $\lim\limits_{x\to2}\dfrac{x+1}{x-3}$

【解】　(1) $\lim\limits_{x\to1}(2x^3-x^2+1)=\lim\limits_{x\to1}2x^3-\lim\limits_{x\to1}x^2+1=2\times1^3-1^2+1=2$

(2) $\lim\limits_{x\to2}\dfrac{x+1}{x-3}=\dfrac{\lim\limits_{x\to2}(x+1)}{\lim\limits_{x\to2}(x-3)}=-3$

②分子极限为常数 A,分母极限为0,即"$\dfrac{A}{0}$"型极限.

【例2.9】　求 $\lim\limits_{x\to2}\dfrac{5}{x-2}$ 的极限.

【解】　当 $x\to2$ 时,分母无限减小并趋近于0,而分子为常数,因此整个分式无限增大趋近于∞.

③分子、分母的极限值均为零,即"$\dfrac{0}{0}$"型极限.

【例2.10】　求下列极限.

(1) $\lim\limits_{x\to3}\dfrac{x^2-9}{x-3}$　　(2) $\lim\limits_{x\to3}\dfrac{x^2+x-2}{x-1}$

【解】　(1) $\lim\limits_{x\to3}\dfrac{x^2-9}{x-3}=\lim\limits_{x\to3}\dfrac{(x+3)(x-3)}{x-3}=\lim\limits_{x\to3}(x+3)=6$

(2) $\lim\limits_{x\to3}\dfrac{x^2+x-2}{x-1}=\lim\limits_{x\to3}\dfrac{(x-1)(x+2)}{x-1}=\lim\limits_{x\to3}(x+2)=5$

【例2.11】　求 $\lim\limits_{x\to0}\dfrac{\sqrt{1+x}-1}{x}$ 的极限.

【解】　当 $x\to0$ 时,分子、分母的极限均为零,不能直接使用商的极限法则,这时可先对分子有理化,然后再求极限,即

$$\lim_{x\to0}\frac{\sqrt{1+x}-1}{x}=\lim_{x\to0}\frac{(\sqrt{1+x}-1)(\sqrt{1+x}+1)}{x(\sqrt{1+x}+1)}=\lim_{x\to0}\frac{x}{x(\sqrt{1+x}+1)}=\lim_{x\to0}\frac{1}{(\sqrt{1+x}+1)}=\frac{1}{2}$$

④分子、分母均趋向于∞,即"$\dfrac{\infty}{\infty}$"型极限.

当 $x\to\infty$ 时,分子、分母都是无穷大,没有极限,将这种极限记作"$\dfrac{\infty}{\infty}$"型极限.

【例2.12】　求下列极限.

(1) $\lim\limits_{x\to\infty}\dfrac{4x^3+2x+1}{2x^3-3}$　　(2) $\lim\limits_{x\to\infty}\dfrac{2x^2-3}{4x^3+2x+1}$　　(3) $\lim\limits_{x\to\infty}\dfrac{4x^3+2x+1}{2x^2-3}$

【解】　"$\dfrac{\infty}{\infty}$"型极限不能直接使用法则,应先将有理分式恒等变形,再求极限.

(1) $\lim\limits_{x\to\infty}\dfrac{4x^3+2x+1}{2x^3-3}=\lim\limits_{x\to\infty}\dfrac{4+\dfrac{2}{x^2}+\dfrac{1}{x^3}}{2-\dfrac{3}{x^3}}=2$

$$(2)\lim_{x\to\infty}\frac{2x^2-3}{4x^3+2x+1}=\lim_{x\to\infty}\frac{\frac{2}{x}-\frac{3}{x^3}}{4+\frac{2}{x^2}+\frac{1}{x^3}}=0$$

$$(3)\lim_{x\to\infty}\frac{4x^3+2x+1}{2x^2-3}=\lim_{x\to\infty}\frac{4+\frac{2}{x^2}+\frac{1}{x^3}}{\frac{2}{x}-\frac{3}{x^3}}=\infty$$

⑤$f(x)-g(x)$，当f,g均趋向于∞时，即"$\infty-\infty$"型极限.

【例 2.13】 求$\lim\limits_{x\to1}\left[\frac{1}{1-x}-\frac{3}{1-x^3}\right]$的极限.

【解】 当$x\to1$时，上式两项极限均不存在(为"$\infty-\infty$"型极限)，可以先通分再求极限.

$$\begin{aligned}\lim_{x\to1}\left(\frac{1}{1-x}-\frac{3}{1-x^3}\right)&=\lim_{x\to1}\frac{1+x+x^2-3}{1-x^3}\\&=\lim_{x\to1}\frac{(2+x)(x-1)}{(1-x)(1+x+x^2)}\\&=-\lim_{x\to1}\frac{(2+x)}{(1+x+x^2)}=-1\end{aligned}$$

⑥分段函数的极限.

【例 2.14】 讨论极限$\lim\limits_{x\to-2}\frac{x+2}{|x+2|}$.

【解】 因为$\lim\limits_{x\to-2^-}\frac{x+2}{-(x+2)}=-1$

又 $\lim\limits_{x\to-2^+}\frac{x+2}{x+2}=1$

所以$\lim\limits_{x\to-2}\frac{x+2}{|x+2|}$不存在.

【同步训练 2.2】

1. 求下列极限.

(1)$\lim\limits_{n\to\infty}\frac{2n}{n+1}$ (2)$\lim\limits_{n\to\infty}\frac{2}{\sqrt{n}}$

(3)$\lim\limits_{n\to\infty}\left[1+\frac{(-1)^n}{n}\right]$ (4)$\lim\limits_{n\to\infty}\frac{7^n}{7^n+1}$

2. 求下列极限.

$$\lim_{n\to\infty}\left[\frac{1}{1\times3}+\frac{1}{3\times5}+\cdots+\frac{1}{(2n-1)(2n+1)}\right]$$

3. 求下列极限.

(1) $\lim\limits_{x\to 2}\dfrac{x^2-4}{x-2}$　　(2) $\lim\limits_{x\to 2}(3x^3+2x-7)$

(3) $\lim\limits_{x\to 1}\dfrac{x^2-4}{x-1}$　　(4) $\lim\limits_{x\to 1}\dfrac{x-4}{x-5}$

(5) $\lim\limits_{x\to 1}\dfrac{x^2+x-2}{x-1}$　　(6) $\lim\limits_{x\to\infty}\dfrac{x^2+6x-2}{3x-1}$

(7) $\lim\limits_{x\to\infty}\dfrac{x-1}{x+1}$　　(8) $\lim\limits_{x\to\infty}\dfrac{2x+3}{6x-1}$

(9) 设 $f(x)=\dfrac{1}{x}$，求 $\lim\limits_{h\to 0}\dfrac{f(x+h)-f(x)}{h}$

(10) $\lim\limits_{x\to 1}\left(\dfrac{x}{x-1}-\dfrac{1}{x^2-x}\right)$　　(11) $\lim\limits_{x\to 0}\dfrac{\sqrt{x^2+1}-1}{x^2}$

(12) $\lim\limits_{n\to\infty}\dfrac{(-3)^n+4^n}{(-3)^{n+1}+4^{n+1}}$　　(13) $\lim\limits_{x\to\infty}\dfrac{(2x-1)^{10}(3x+5)^{20}}{(7x-1)^{30}}$

4. 已知函数 $f(x)=\begin{cases} x-1 & x>1 \\ 5 & x=1 \\ -x+1 & x<1 \end{cases}$，求 $\lim\limits_{x\to 1}f(x)$ 及 $f(1)$.

5. $f(x)=\begin{cases} 2x+1 & x\leqslant 1 \\ 2x & x>1 \end{cases}$，求 $\lim\limits_{x\to 1}f(x)$.

2.3　无穷小量与无穷大量

2.3.1　无穷小量

【引例3】 (1) 当 $x\to\infty$，$\dfrac{1}{x^3}\to 0$；

(2) 当 $x\to 0$，$x^2\to 0$；

(3) 当 $n\to\infty$，$\dfrac{1}{n^2}\to 0$；

(4) $x\to 1$，$x^2-1\to 0$.

分析【引例3】可知，在各自的变化过程中，函数这个变量均以零为极限，我们把这一类变量称为无穷小量.

定义 2.8　若当 $x\to x_0$（或 $x\to\infty$）时，函数 $f(x)$ 的极限为 0，那么称 $f(x)$ 是当 $x\to x_0$（或 $x\to\infty$）时的无穷小量（简称无穷小），记作 $\lim f(x)=0$，常用 α,β,γ 表示.

例如，$\lim\limits_{x\to\infty}\dfrac{1}{x^3}=0$，称 $\dfrac{1}{x^3}$ 为 $x\to\infty$ 时的无穷小量；$\lim\limits_{n\to\infty}\dfrac{1}{n^2}=0$，称 $\dfrac{1}{n^2}$ 为 $n\to\infty$ 时的无穷小量；$\lim\limits_{x\to 1}(x^2-1)=0$，称 x^2-1 为 $x\to 1$ 时的无穷小量.

注 意

(1)无穷小量是一个变量,而不是一个很小的数,零是唯一可以看成无穷小量的常数.

(2)无穷小量是相对于自变量的某一个过程来说的.例如,函数 $f(x)=\frac{1}{x}$,当 $x\to\infty$ 时,$\frac{1}{x}$ 为无穷小量;当 $x\to 1$ 时,$\frac{1}{x}$ 就不是无穷小量.

无穷小的性质:

(1)有限个无穷小量的和、差、积仍是无穷小量;

(2)有界函数与无穷小量的积仍是无穷小量.(常数乘以无穷小量仍为无穷小量)

【例 2.15】 求下列极限.

(1) $\lim\limits_{x\to\infty}\frac{\sin 2x}{x}$ (2) $\lim\limits_{x\to 0}x\sin\frac{1}{x}$

【解】 (1) 因为 $\lim\limits_{x\to\infty}\frac{1}{x}=0$, $|\sin 2x|\leqslant 1$, 所以 $\lim\limits_{x\to\infty}\frac{\sin 2x}{x}=0$.

(2) 因为 $\lim\limits_{x\to 0}x=0$, $\left|\sin\frac{1}{x}\right|\leqslant 1$, 所以 $\lim\limits_{x\to 0}x\sin\frac{1}{x}=0$.

2.3.2 无穷大量

【引例 4】 (1)当 $x\to 0$, $\frac{1}{x^3}\to\infty$;

(2)当 $x\to 1$, $\frac{1}{x-1}\to\infty$.

分析【引例 4】可知,在各自的变化过程中,函数这个变量的绝对值都在无限增大,我们把这一类变量称为无穷大量.

定义 2.9 若当 $x\to x_0$(或 $x\to\infty$)时,函数 $f(x)$ 的绝对值无限增大,那么称 $f(x)$ 是当 $x\to x_0$(或 $x\to\infty$)时的无穷大量(简称无穷大),记作 $\lim f(x)=\infty$.

例如, $\lim\limits_{x\to 0^-}\frac{1}{x}=-\infty$, $\lim\limits_{x\to\infty}x^2=\infty$.

注 意

(1)无穷大量不是很大的常数;

(2)无穷大量一定需注明在自变量的某个变化过程;

(3)无穷大量实际上是极限不存在的一种形式.

由无穷大量的定义可知,有限个无穷大量的积仍是无穷大量;同时,可以得到无穷大量与无穷小量的关系.

定理 2.3(无穷大与无穷小的关系)　在自变量的同一变化过程中,若 $f(x)$ 为无穷大量,那么 $\frac{1}{f(x)}$ 为无穷小量;反之,如果 $f(x)$ 为无穷小量,且 $f(x)\neq 0$,那么 $\frac{1}{f(x)}$ 为无穷大量.

定理 2.4(函数极限与无穷小的关系)　在某一变化过程中,函数 $f(x)$ 以常数 A 为极限的充分必要条件是函数 $f(x)$ 可以表示为常数 A 与一个无穷小量之和,即

$$\lim f(x)=A \Leftrightarrow f(x)=A+\alpha(\text{其中} \lim \alpha=0)$$

观察表 2.1,$\frac{1}{x}$,$\frac{2}{x}$,$\frac{1}{x^2}$ 都是 $x\to+\infty$ 的无穷小量,但是趋近于 0 的速度不一样.

表 2.1　函数取值无线增大趋势表

x	1	10	100	1 000	10 000	…	$\to+\infty$
$\frac{1}{x}$	1	0.1	0.01	0.001	0.000 1	…	$\to 0$
$\frac{2}{x}$	2	0.2	0.02	0.002	0.000 2	…	$\to 0$
$\frac{1}{x^2}$	1	0.01	0.000 1	0.000 001	0.000 000 01	…	$\to 0$

那么如何比较两个无穷小量趋近于 0 的速度快慢呢? 下面具体定义.

定义 2.10　设 α 与 $\beta(\beta\neq 0)$ 是同一变化过程中的无穷小量,如果有:

$\lim \frac{\alpha}{\beta}=0$,则称 α 是较 β 高阶的无穷小量,记作 $\alpha=o(\beta)$;

$\lim \frac{\alpha}{\beta}=\infty$,则称 α 是较 β 低阶的无穷小量;

$\lim \frac{\alpha}{\beta}=C(\neq 0)$,则称 α 是较 β 同阶的无穷小量. 特别地,当 $C=1$ 时,称 α 与 β 是等价的无穷小量,记作 $\alpha\sim\beta$.

【例 2.16】　试比较下列无穷小量.

(1)当 $x\to 3$ 时,x^2-9 与 $x-3$　　(2) 当 $x\to\infty$ 时,$\frac{1}{x^2}$ 与 $\frac{3}{x}$

【解】　(1)因为 $\lim\limits_{x\to 3}\frac{x^2-9}{x-3}=\lim\limits_{x\to 3}(x+3)=6$,所以当 $x\to 3$ 时,x^2-9 与 $x-3$ 是同阶的无穷小量.

(2)因为 $\lim\limits_{x\to\infty}\frac{\frac{1}{x^2}}{\frac{3}{x}}=\lim\limits_{x\to\infty}\frac{1}{3x}=0$,所以 $\frac{1}{x^2}$ 是比 $\frac{3}{x}$ 高阶的无穷小量.

【同步训练 2.3】

1. 下列变化中,哪些函数是无穷大,哪些函数是无穷小?

(1)$f(x)=100x^3(x\to 0)$　　(2)$f(x)=x^2+3x(x\to 0)$

(3) $f(x)=3^x(x\to+\infty)$

(4) $f(x)=\frac{1}{x^2}(x\to 0)$

(5) $f(x)=\ln x(x\to 0^+)$

(6) $f(x)=\tan x(x\to\frac{\pi}{2})$

2. 下列函数当自变量怎样变化时是无穷小？当自变量怎样变化时是无穷大？

(1) $f(x)=x^2-1$

(2) $f(x)=\frac{x+1}{x-2}$

(3) $f(x)=\lg(x)$

(4) $f(x)=e^{\frac{1}{x}}$

3. 用无穷小的性质求极限.

(1) $\lim\limits_{x\to 0} x\sin\frac{1}{x^2}$

(2) $\lim\limits_{x\to\infty}\frac{\sin x+\cos x}{x}$

2.4 两个重要极限

1) $\lim\limits_{x\to 0}\frac{\sin x}{x}=1$

观察函数 $f(x)=\frac{\sin x}{x}$ 的图像(图 2.8),可以看出,当 $x\to 0$ 时,函数 $f(x)=\frac{\sin x}{x}$ 无限接近于 1,即 $\lim\limits_{x\to 0}\frac{\sin x}{x}=1$.

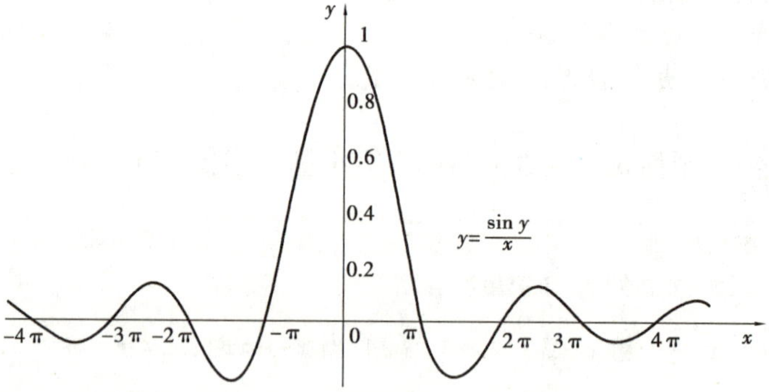

图 2.8

准则 1 若数列 $\{x_n\}$, $\{y_n\}$ 及 $\{z_n\}$ 满足下列条件:

(1) 存在 $N_0\in N$,当 $n>N_0$ 时,有 $y_n\leqslant x_n\leqslant z_n$;

(2) $\lim\limits_{n\to\infty} y_n=a$, $\lim\limits_{n\to\infty} z_n=a$.

那么数列 $\{x_n\}$ 的极限存在,且 $\lim\limits_{n\to\infty} x_n=a$.

数列极限存在准则可以推广到函数的极限.

准则 2 对于函数 $f(x)$,如果存在函数 $g(x)$ 和 $h(x)$,满足下列条件:

(1) 存在 x_0 的某去心邻域 $\mathring{u}(x_0,\delta')$,使得对一切 $x\in\mathring{u}(x_0,\delta')$ 都有 $g(x)\leqslant f(x)\leqslant h(x)$.

(2) $\lim\limits_{x \to x_0} g(x) = A$, $\lim\limits_{x \to x_0} h(x) = A$.

则 $\lim\limits_{x \to x_0} f(x) = A$.

准则 1 和准则 2 称为夹逼法则.

利用夹逼法则证明 $\lim\limits_{x \to 0} \dfrac{\sin x}{x} = 1$.

不妨设 $x > 0$, 如图 2.9 所示, 令圆心角 $\angle AOC = x$ $\left(0 < x < \dfrac{\pi}{2}\right)$, 则 $\triangle AOB$ 的面积 < 扇形 $\triangle AOB$ 的面积 < $\triangle AOC$ 的面积, 从而有 $\dfrac{1}{2}\sin x < \dfrac{x}{2} < \dfrac{1}{2}\tan x$, 于是 $1 < \dfrac{x}{\sin x} < \dfrac{1}{\cos x}$, 由于 $\lim\limits_{x \to 0} \cos x = 1$, $\lim\limits_{x \to 0} 1 = 1$, 因此根据夹逼法则可推得 $\lim\limits_{x \to 0} \dfrac{\sin x}{x} = 1$.

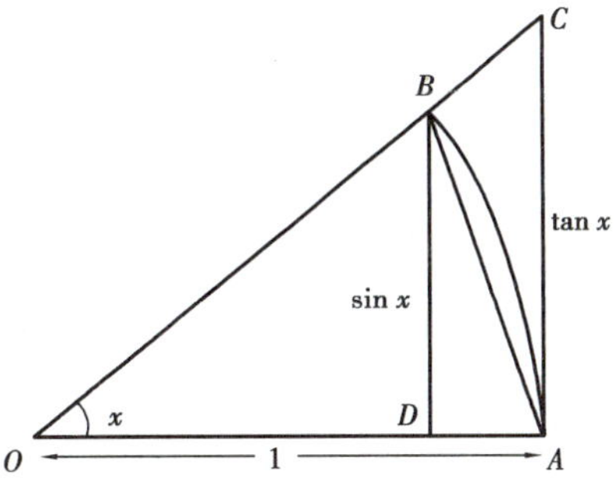

图 2.9

$\lim\limits_{x \to 0} \dfrac{\sin x}{x} = 1$ 的推广: 当 $x \to \Delta$ 时, Δ 可以为 $+\infty$, $-\infty$, ∞, x_0, x_0^+, x_0^-, 只要满足 $f(x) \to 0$, 那么都有 $\lim\limits_{x \to \Delta} \dfrac{\sin f(x)}{f(x)} = 1$, 且 $\lim\limits_{x \to \Delta} \dfrac{f(x)}{\sin f(x)} = 1$.

【例 2.17】 求下列极限.

(1) $\lim\limits_{x \to 0} \dfrac{\sin 5x}{2x}$　　(2) $\lim\limits_{x \to 0} \dfrac{\tan x}{x}$　　(3) $\lim\limits_{x \to 0} \dfrac{\sin 2x}{\sin 5x}$

(4) $\lim\limits_{x \to 1} \dfrac{\sin 3(x-1)}{x-1}$　　(5) $\lim\limits_{x \to \infty} \dfrac{\sin \frac{2}{x}}{\frac{1}{x}}$

【解】 (1) $\lim\limits_{x \to 0} \dfrac{\sin 5x}{2x} = \lim\limits_{x \to 0} \dfrac{\sin 5x}{5x} \cdot \dfrac{5x}{2x} = \dfrac{5}{2}$

(2) $\lim\limits_{x \to 0} \dfrac{\tan x}{x} = \lim\limits_{x \to 0} \dfrac{\frac{\sin x}{\cos x}}{x} = \lim\limits_{x \to 0} \dfrac{\sin x}{x} = 1$

(3) $\lim\limits_{x \to 0} \dfrac{\sin 2x}{\sin 5x} = \lim\limits_{x \to 0} \dfrac{\sin 2x}{2x} \cdot \dfrac{5x}{\sin 5x} \cdot \dfrac{2x}{5x} = \lim\limits_{x \to 0} \dfrac{\sin 2x}{2x} \cdot \lim\limits_{x \to 0} \dfrac{5x}{\sin 5x} \cdot \lim\limits_{x \to 0} \dfrac{2x}{5x} = \dfrac{2}{5}$

(4) $\lim\limits_{x \to 1} \dfrac{\sin 3(x-1)}{x-1} = \lim\limits_{x \to 1} \dfrac{\sin 3(x-1)}{3(x-1)} \cdot \dfrac{3}{1} = 3$

(5) $\lim\limits_{x \to \infty} \dfrac{\sin \frac{2}{x}}{\frac{1}{x}} = \lim\limits_{x \to \infty} \dfrac{\sin \frac{2}{x}}{\frac{2}{x}} \cdot \dfrac{2}{1} = 2$

【例 2.18】 求下列极限.

(1) $\lim\limits_{x \to 0} \dfrac{\sin^2 \frac{x}{4}}{x^2}$　　(2) $\lim\limits_{x \to 0} \dfrac{1-\cos x}{x^2}$

【解】 (1) $\lim\limits_{x\to 0}\dfrac{\sin^2\dfrac{x}{4}}{x^2}=\lim\limits_{x\to 0}\dfrac{\sin^2\dfrac{x}{4}}{\left(\dfrac{x}{4}\right)^2\times 16}=\dfrac{1}{16}\left(\lim\limits_{x\to 0}\dfrac{\sin\dfrac{x}{4}}{\dfrac{x}{4}}\right)^2=\dfrac{1}{16}$

(2) $\lim\limits_{x\to 0}\dfrac{1-\cos x}{x^2}=\lim\limits_{x\to 0}\dfrac{2\sin^2\dfrac{x}{2}}{x^2}=\lim\limits_{x\to 0}\dfrac{\sin^2\dfrac{x}{2}}{\left(\dfrac{x}{2}\right)^2}\cdot\dfrac{2}{4}=1^2\times\dfrac{1}{2}=\dfrac{1}{2}$

2) $\lim\limits_{x\to\infty}\left(1+\dfrac{1}{x}\right)^x=\mathrm{e}$(无理数 e = 2.718 281 828 45…)

可以函数 $f(x)=\left(1+\dfrac{1}{x}\right)^x$ 的图像(图 2.10),可以看出,当 $|x|$ 无限增大时,函数 $f(x)=\left(1+\dfrac{1}{x}\right)^x$ 的值无限趋近于无理数 e,即 $\lim\limits_{x\to\infty}\left(1+\dfrac{1}{x}\right)^x=\mathrm{e}$. 此结论同样适用于数列,即 $\lim\limits_{n\to\infty}\left(1+\dfrac{1}{n}\right)^n=\mathrm{e}$.

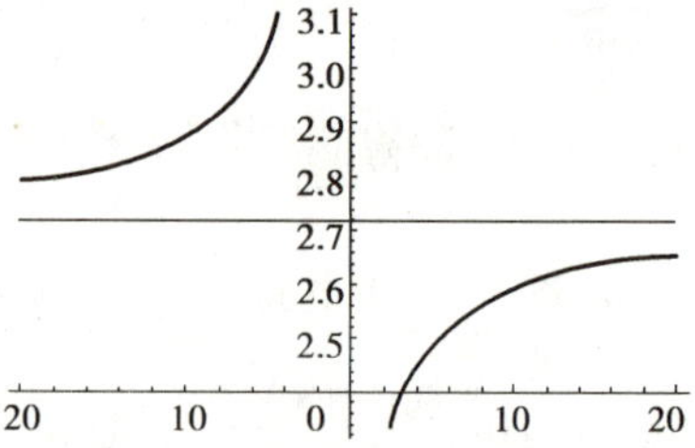

图 2.10

$\lim\limits_{x\to\infty}\left(1+\dfrac{1}{x}\right)^x=\mathrm{e}$ 的推广:

(1) $\lim\limits_{x\to\infty}\left(1+\dfrac{1}{x}\right)^x=\mathrm{e}$ 的特征:"1^∞"型;

(2)若 $x\to\Delta$ 时,Δ 可以为 $+\infty$,$-\infty$,∞,x_0,x_0^+,x_0^-,只要满足 $f(x)\to 0$,那么都有 $\lim\limits_{x\to\infty}(1+f(x))^{\frac{1}{f(x)}}=\mathrm{e}$.

【例 2.19】 求下列极限.

(1) $\lim\limits_{x\to\infty}\left(1+\dfrac{1}{x}\right)^{5x}$ (2) $\lim\limits_{x\to\infty}\left(1-\dfrac{3}{x}\right)^{6x}$ (3) $\lim\limits_{x\to 0}(1+3x)^{\frac{2}{x}}$

(4) $\lim\limits_{x\to 1}(1+\ln x)^{\frac{2}{\ln x}}$ (5) $\lim\limits_{x\to\infty}\left(\dfrac{2x+3}{2x-4}\right)^{x}$

【解】 (1) $\lim\limits_{x\to\infty}\left(1+\dfrac{1}{x}\right)^{5x}=\lim\limits_{x\to\infty}\left[\left(1+\dfrac{1}{x}\right)^x\right]^5=\left[\lim\limits_{x\to\infty}\left(1+\dfrac{1}{x}\right)^x\right]^5=\mathrm{e}^5$

(2) $\lim\limits_{x\to\infty}\left(1-\dfrac{3}{x}\right)^{6x}=\lim\limits_{x\to\infty}\left(1-\dfrac{3}{x}\right)^{-\frac{x}{3}(-18)}=\lim\limits_{x\to\infty}\left[\left(1-\dfrac{3}{x}\right)^{-\frac{x}{3}}\right]^{-18}=\mathrm{e}^{-18}$

(3) $\lim\limits_{x\to 0}(1+3x)^{\frac{2}{x}}=\left[\lim\limits_{x\to 0}(1+3x)^{\frac{1}{3x}}\right]^{3\cdot 2}=\mathrm{e}^6$

(4) $\lim\limits_{x\to 1}(1+\ln x)^{\frac{2}{\ln x}}=\lim\limits_{x\to 1}\left[(1+\ln x)^{\frac{1}{\ln x}}\right]^2=\left[\lim\limits_{x\to 1}(1+\ln x)^{\frac{1}{\ln x}}\right]^2=\mathrm{e}^2$

(5) $\lim\limits_{x\to\infty}\left(\dfrac{2x+3}{2x-4}\right)^{x+1}=\lim\limits_{x\to\infty}\left(\dfrac{2x+3}{2x-4}\right)^x\left(\dfrac{2x+3}{2x-4}\right)=\lim\limits_{x\to\infty}\left(\dfrac{2x+3}{2x-4}\right)^x\lim\limits_{x\to\infty}\left(\dfrac{2x+3}{2x-4}\right)$

$=\lim\limits_{x\to\infty}\left(\dfrac{2x-4+4+3}{2x-4}\right)^x=\lim\limits_{x\to\infty}\left(1+\dfrac{7}{2x-4}\right)^x=\lim\limits_{x\to\infty}\left(1+\dfrac{7}{2x-4}\right)^{\frac{2x-4}{7}\cdot\frac{7}{2x-4}\cdot x}$

$=\mathrm{e}^{\lim\limits_{x\to\infty}\frac{7x}{2x-4}}=\mathrm{e}^{\frac{7}{2}}$

【例 2.20】 求极限$\lim\limits_{x\to\infty}\left(\dfrac{x+1}{x-1}\right)^{2x}$.

【解】 $\lim\limits_{x\to\infty}\left(\dfrac{x+1}{x-1}\right)^{2x}=\lim\limits_{x\to\infty}\left(\dfrac{1+\dfrac{1}{x}}{1-\dfrac{1}{x}}\right)^{2x}=\lim\limits_{x\to\infty}\dfrac{\left(1+\dfrac{1}{x}\right)^{2x}}{\left(1-\dfrac{1}{x}\right)^{2x}}=\dfrac{e^2}{e^{-2}}=e^4$

【同步训练 2.4】

1. 求下列极限.

(1) $\lim\limits_{x\to 0}\dfrac{\sin 3x}{x}$　(2) $\lim\limits_{x\to 0}\dfrac{\sin ax}{\sin bx}$　(3) $\lim\limits_{x\to 0}x\cot 2x$

(4) $\lim\limits_{x\to 0}\dfrac{\tan 2x}{2}$　(5) $\lim\limits_{n\to\infty}n\sin\dfrac{4}{n}$　(6) $\lim\limits_{x\to 1}\dfrac{\sin(x-1)}{x^2-1}$

(7) $\lim\limits_{x\to 0}\dfrac{\sin x}{\sqrt{x}}$

2. 求下列极限.

(1) $\lim\limits_{x\to\infty}\left(1+\dfrac{1}{x}\right)^{-x}$　(2) $\lim\limits_{x\to\infty}\left(1+\dfrac{k}{x}\right)^{x}$（$k$ 为常数）　(3) $\lim\limits_{x\to\infty}\left(1-\dfrac{1}{x}\right)^{2x}$

(4) $\lim\limits_{x\to 0}(1-3x)^{\frac{1}{x}}$　(5) $\lim\limits_{x\to\infty}\left(\dfrac{x-1}{x+3}\right)^{x+1}$　(6) $\lim\limits_{x\to 0}\left(\dfrac{2}{2-x}\right)^{\frac{1}{x}}$

3. 已知$\lim\limits_{x\to\infty}\left(\dfrac{x-2}{x}\right)^{kx}=e^{-1}$,求常数 k.

2.5 极限在经济中的应用

在企业的经营管理以及个人的投资理财活动中,都需要对不同时期的资金进行价值比较,本节主要介绍资金时间价值的计算.

常用符号:r 代表利率,P 代表现值,F 代表终值.

1)复利终值

复利终值是指一定量的本金按照复利计算若干期后的本利和.一般情况下,假设本金为 P_0 元,年利率为 r,计算 n 年后的本利和.

一年后的本利和:$F_1=P_0+P_0r=P_0(1+r)$

两年后的本利和:$F_2=F_1+F_1r=F_1(1+r)=P_0(1+r)(1+r)=F_1(1+r)^2$

类推 n 年后的本利和:$F_n=P_0(1+r)^n$　　(1)

在 $F_n=P_0(1+r)^n$ 里面,是以一年分期结息,年利率为 r,如果按照每期结息 m 次,则此时的分期利率可以认为是$\dfrac{r}{m}$,可以得到第 n 期期末的本利和为:

$$F_n=P_0\left(1+\frac{r}{m}\right)^{mn}$$

当 $m\to\infty$ 时,第 n 期期末的复利终值为:

$$\lim_{m\to\infty}P_0\left(1+\frac{r}{m}\right)^{mn}=P_0\lim_{m\to\infty}\left[\left(1+\frac{r}{m}\right)^{\frac{m}{r}}\right]^{rn}=P_0\mathrm{e}^{\lim\limits_{m\to\infty}rn}=P_0e^{rn} \tag{2}$$

表达式(2)为连续复利公式. 显然,式(2)要比式(1)增长的速度更快.

【例 2.21】 某公司将 10 000 元存入银行,存款年利率为 5%,则 3 年后本利和为多少?

【解】 $P_0=10\ 000,r=5\%,n=3$,因此 $F_3=P_0(1+0.05)^3\approx 115\ 760$(元).

2)复利现值

复利现值相当于原始本金,指在今后某一特定时间内收到或者支付的预付款. 根据复利终值的计算公式 $F_n=P_0(1+r)^n$,可得

$$P_0=\frac{F_n}{(1+r)^n}$$

【例 2.22】 某人想将一笔闲置资金一次性存入银行,准备 3 年后买一部价值 500 000 元的小汽车,假设银行的存款年利率为 5%,按照复利计算,他应该存入多少资金?

【解】 已知 $r=5\%,n=3,F_3=500\ 000$ 元,则

$$P_0=\frac{500\ 000}{(1+0.05)^3}\approx 431\ 900(\text{元})$$

3)普通年金的计算

年金是一定时期内每次等额收付的系列款项,通常记为 A. 年金有两个特点:一是每期收入(或者支出)的金额相同;二是每期相隔时间相同. 年金的形式多样,如租金、保险费、等额分期付款等,都属于年金. 年金按照每次收付发生的时间点不同,分为普通年金、即付年金、递延年金、永续年金. 其中,普通年金的使用最广泛. 普通年金是指从第一期起,在一定时期内每期期末等额发生的系列收付款项,也称为后付年金. 下面介绍普通年金的终值和偿债基金的计算.

(1)普通年金终值的计算(已知 A,求 F)

在一个时间序列中,在利率为 r 的情况下,连续在每个计息期的期末支出(或收入)一笔等额的资金 A,求 n 期后每期期末收入(或者支出)等额资金 A 的复利终值之和 F. 即已知 A,r,n,计算 F. 各期期末收入(或者支出)等额资金 A 按复利折算到第 n 期期末的终值计算如表 2.2 所示.

表 2.2 各期期末年金终值表

期　数	1	2	3	…	$n-1$	n
每期期末年金	A	A	A	…	A	A
n 期期末年金终值	$A(1+r)^{n-1}$	$A(1+r)^{n-2}$	$A(1+r)^{n-3}$	…	$A(1+r)$	A

由表 2.2 可得,n 期后每期期末收入(或者支出)等额资金 A 的复利终值之和 F 的公式为:

$$
\begin{aligned}
F &= A(1+r)^{n-1}+A(1+r)^{n-2}+\cdots+A(1+r)+A \\
&= A+A(1+r)+A(1+r)^2+\cdots+A(1+r)^{n-1} \\
&= A\frac{(1+r)^n-1}{r}
\end{aligned}
$$

【例 2.23】 小张想在 10 年后买一部自己喜欢的汽车，决定从现在起合理规划自己的收入，计划在未来 10 年每年年末存入银行 1 万元，银行的存款年利率为 6%，问 10 年后一共有多少资金预算去买一部汽车？

【解】 $r=6\%$，$n=10$，$A=10\ 000$ 元，则

$$F=10\ 000\times\frac{(1+0.06)^{10}-1}{0.06}\approx 131\ 808(\text{元})$$

(2)偿债基金的计算(已知 F，求 A)

偿债基金是指为了在约定的未来某一时点清偿某种债务或者集聚一定数额的资金而必须分次等额形成的存款准备金. 在这里债务实际上等于年金终值，每次形成的等额准备金类似于年金存款，因此偿债基金的计算是年金终值的逆运算.

根据普通年金终值的计算公式，可得

$$A=F\frac{r}{(1+r)^n-1}$$

【例 2.24】 赵先生资金比较紧张，特向朋友借了 100 000 元周转，并约定 5 年后还清，从现在起计划每年要等额存入银行一笔款项，其中银行的存款利率为 5%，问每年需要存入多少钱才能按时还款？

【解】 $F=100\ 000$ 元，$r=5\%$，$n=5$，则

$$A=F\frac{r}{(1+r)^n-1}=100\ 000\times\frac{0.05}{(1+0.05)^5-1}\approx 18\ 097(\text{元})$$

【同步训练 2.5】

1. 某公司将 50 000 元存入银行，存款年利率为 5%，则 3 年后的本利和为多少？

2. 某人想将一笔闲置资金一次性存入银行，准备 4 年后买一部价值 100 000 元的汽车，假设银行的存款年利率为 5%，按照复利计算，他应该存入多少资金？

3. 某人资金比较紧张，特向朋友借了 200 000 元周转，并约定 5 年后还清，从现在起计划每年要等额存入银行一笔款项，其中银行的存款利率为 5%，问每年需要存入多少钱才能按时还款？

4. 小张为了 10 年后可以在市区买套房子，决定从现在起合理规划自己的收入，计划于未来 10 年每年年末存入银行 5 万元，银行的存款年利率为 6%，问 10 年后一共有多少资金预算去买一套房子？

5. 某人想将一笔闲置资金一次性存入银行，准备 5 年后买一部价值 400 000 元的汽车，假设银行的存款年利率为 5%，按照复利计算，他应该存入多少资金？

2.6 函数的连续性

2.6.1 函数连续的定义

在自然界中，一些物质的变化过程是连续不断的，如空气和水的流动、气温的变化及动植物的生长等. 而在二维坐标平面上，表现为一条连绵不断的曲线. 当然这只是直观上的认识，那么如何给出这种变化在数学上的精确定义，并由精确定义进一步研究连续函数的性质呢？本小节先定义函数在某点的连续性.

在学习函数在某点的连续性之前，先来理解增量的概念.

变量 U 从初值 U_0 变化到终值 U_1 时，变量 U 的增量等于变量 U 的终值减去变量 U 的初值，记为 $\Delta U=U_1-U_0$. 在函数 $y=f(x)$ 中，当自变量 x 从初值 x_0 变化到终值 x_1 时，自变量的增量 $\Delta x=x_1-x_0$，相应地 $x_1=x_0+\Delta x$，函数值由 $f(x_0)$ 变化到 $f(x_0+\Delta x)$，则因变量的增量记作 $\Delta y=f(x_0+\Delta x)-f(x_0)$.

如图 2.11 所示，从直观上看，函数 $y=f(x)$ 在点 x_0 处连续，通过观察发现当自变量 x 在点 x_0 处取得极其微小的改变量 Δx 时，函数 $y=f(x)$ 相应的改变量 Δy 也极其微小，即 $\lim\limits_{\Delta x\to 0}\Delta y=0$. 于是可得下面的定义：

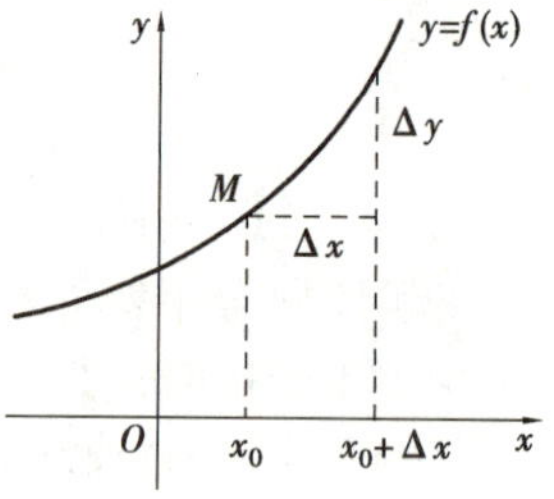

图 2.11

定义 2.11 设函数 $y=f(x)$ 在点 x_0 处及某邻域内有定义，如果当自变量的增量 Δx 趋近于 0 时，相应函数的增量 Δy 也趋近于 0，即 $\lim\limits_{\Delta x\to 0}\Delta y=0$，则称函数 $y=f(x)$ 在点 x_0 处连续.

【例 2.25】 证明函数 $f(x)=x^2+1$ 在 $x_0=1$ 处连续.

【证明】 $\Delta y=f(1+\Delta x)-f(1)=(1+\Delta x)^2+1-(1^2+1)=2\Delta x+\Delta x^2$

则

$$\lim_{\Delta x\to 0}\Delta y=\lim_{\Delta x\to 0}(2\Delta x+\Delta x^2)=0$$

因此函数 $f(x)=x^2+1$ 在 $x_0=1$ 处连续.

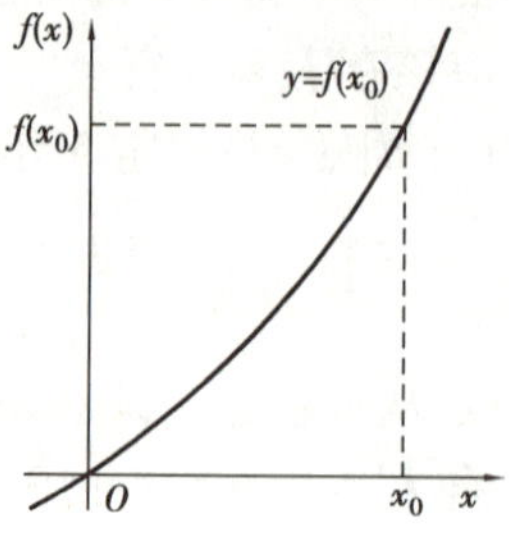

(a)

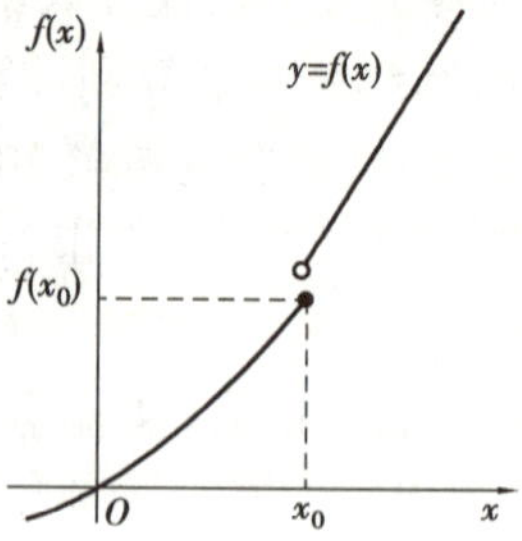

(b)

图 2.12

观察图 2.12 所示函数图形，(a) 中的函数图像在点 x_0 处是连续的，满足 $\lim\limits_{x\to x_0}f(x)=f(x_0)$；(b) 中的函数图像在点 x_0 处是断开的，在此处不连续，且 $\lim\limits_{x\to x_0}f(x)\neq f(x_0)$. 因此，得到函数在某点连续的定义：

定义 2.12　设函数 $y=f(x)$ 在点 x_0 处及其附近有定义，若 $\lim\limits_{x\to x_0}f(x)=f(x_0)$，则称函数在点 x_0 处连续，x_0 称为函数 $f(x)$ 的连续点.

定理 2.5（连续与极限的关系）　若函数 $y=f(x)$ 在点 x_0 处连续，则 $y=f(x)$ 在点 x_0 处的极限一定存在；反之，不一定成立.

例如，函数 $y=\dfrac{x^2-4}{x-2}$ 在 $x=2$ 处的极限存在，但在 $x=2$ 处不连续.

若 $\lim\limits_{x\to x_0^-}f(x)=f(x_0)$，则称函数 $f(x)$ 在 x_0 处左连续；若 $\lim\limits_{x\to x_0^+}f(x)=f(x_0)$，则称函数 $f(x)$ 在 x_0 处右连续.

根据极限的性质可知：$\lim\limits_{x\to x_0}f(x)=f(x_0)\Leftrightarrow\lim\limits_{x\to x_0^-}f(x)=f(x_0)=\lim\limits_{x\to x_0^+}f(x)$，所有函数在 x_0 处连续的充分必要条件是函数在 x_0 处既左连续又右连续.

【例 2.26】　设函数 $f(x)=\begin{cases}\dfrac{\sin x}{x} & x>0\\ 1-x & x\leqslant 0\end{cases}$，讨论 $f(x)$ 在点 $x=0$ 处的连续性.

【解】　因为 $\lim\limits_{x\to 0^-}f(x)=\lim\limits_{x\to 0^-}(1-x)=1$，$\lim\limits_{x\to 0^+}f(x)=\lim\limits_{x\to 0^-}\dfrac{\sin x}{x}=1$，所以 $\lim\limits_{x\to 0}f(x)=1$. 而 $f(0)=1$，则 $\lim\limits_{x\to 0}f(x)=f(0)=1$. 因此，$f(x)$ 在点 $x=0$ 处连续.

定理 2.6（函数在区间连续的条件）　若函数 $y=f(x)$ 在区间 (a,b) 内任何一点处都连续，则称函数 $f(x)$ 在区间 (a,b) 内连续. 若函数 $y=f(x)$ 在区间 (a,b) 内连续，且在左端点 a 处右连续，在右端点 b 处左连续，则称函数 $f(x)$ 在闭区间 $[a,b]$ 上连续.

【例 2.27】　设 $f(x)=\begin{cases}\dfrac{\sin 3x}{x} & x<0\\ 2x+k & x\geqslant 0\end{cases}$，试讨论：

(1) k 为何值时，函数在点 $x=0$ 处连续？

(2) 函数在点 $x=1$ 处是否连续？

【解】　(1) 因为 $f(0)=k$，$\lim\limits_{x\to 0^-}\dfrac{\sin 3x}{x}=3$，$\lim\limits_{x\to 0^+}(2x+k)=k$，又函数在点 $x=0$ 处连续，所以 $\lim\limits_{x\to 0^-}\dfrac{\sin 3x}{x}=3=\lim\limits_{x\to 0^+}(2x+k)=k=f(0)$，即 $k=3$.

(2) 因为 $x=1$ 不是函数的分段点，且 $\lim\limits_{x\to 1}f(x)=\lim\limits_{x\to 1}(2x+3)=f(1)=5$，所以函数在 $x=1$ 处连续.

2.6.2　连续函数的性质

性质 1　若函数 $f(x)$ 与 $g(x)$ 在点 x_0 处连续，那么它们的和、差、积、商（分母在 x_0 处的极限值不等于 0）也都在 x_0 处连续.

性质 2　若函数 $u=\varphi(x)$ 在点 x_0 处连续，且 $\varphi(x_0)=u_0$，而函数 $y=f(u)$ 在点 u_0 处连续，那么复合函数 $y=f[\varphi(x)]$ 在点 x_0 处也连续，并有 $\lim\limits_{x\to x_0}f[\varphi(x)]=f[\lim\limits_{x\to x_0}\varphi(x)]$.

性质3 基本初等函数在定义域内都是连续的;初等函数在其定义区间上都是连续的.

性质4(最大值、最小值定理) 如果函数$f(x)$在闭区间$[a,b]$上连续,则$f(x)$在$[a,b]$上一定有最大值与最小值.

性质5(根的存在定理) 若函数$f(x)$在闭区间$[a,b]$上连续,且$f(a)$与$f(b)$异号,则至少存在一点$\xi\in(a,b)$,使得$f(\xi)=0$,即方程$f(x)=0$至少存在一个根$x=\xi$.

性质6(介值定理) 若函数$f(x)$在闭区间$[a,b]$上连续,且$f(a)\neq f(b)$,μ为介于$f(a)$与$f(b)$之间的任意一个数,则至少存在一点$\xi\in(a,b)$,使得$f(\xi)=\mu$,如图2.13所示.

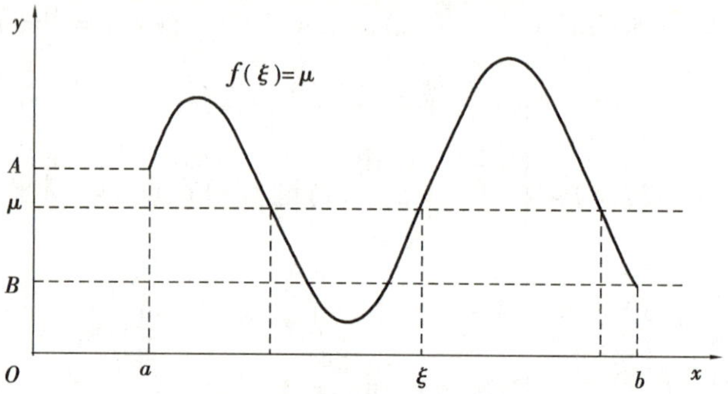

图2.13

【例2.28】 求$\lim\limits_{x\to 0}\dfrac{e^x+5x^2-3}{\sqrt{3x^3-2x+9}}$的极限.

【解】 由于$\dfrac{e^x+5x^2-3}{\sqrt{3x^3-2x+9}}$是初等函数,$x=0$是定义区间内一点,所以

$$\lim_{x\to 0}\frac{e^x+5x^2-3}{\sqrt{3x^3-2x+9}}=\frac{e^0+0-3}{\sqrt{9}}=-\frac{2}{3}$$

【例2.29】 求$\lim\limits_{x\to 0}\dfrac{\ln(1+x)}{x}$的极限.

【解】 $\lim\limits_{x\to 0}\dfrac{\ln(1+x)}{x}=\lim\limits_{x\to 0}\ln(1+x)^{\frac{1}{x}}=\ln\lim\limits_{x\to 0}(1+x)^{\frac{1}{x}}=\ln e=1.$

2.6.3 间断点及其分类

由定义2.12可知,函数$f(x)$在点x_0处连续应同时满足3个条件:

(1)函数在点x_0处及其附近有定义;

(2)极限$\lim\limits_{x\to x_0}f(x)$存在;

(3)$\lim\limits_{x\to x_0}f(x)=f(x_0)$.

如果函数$f(x)$在点x_0处不满足连续的条件,则称函数$f(x)$在点x_0处不连续(或称间断),称点x_0是函数的一个不连续点或间断点.

函数的间断点只需满足下列条件之一：

(1)使得函数无定义的点；

(2)使得函数在 x_0 处有定义，但极限 $\lim\limits_{x \to x_0} f(x)$ 不存在的点；

(3)使得函数在 x_0 处有定义，且极限 $\lim\limits_{x \to x_0} f(x)$ 存在，但 $\lim\limits_{x \to x_0} f(x) \neq f(x_0)$ 的点.

满足以上3个条件之一的点都是函数的间断点，按照间断点的定义以及极限与连续的关系，对间断点作如下分类.

1)可去间断点

若 $\lim\limits_{x \to x_0} f(x) = A$，而函数 $f(x)$ 在 x_0 处没有定义，或者有定义，但是 $f(x_0)$ 不等于 A，则称 x_0 为函数 $f(x)$ 的可去间断点.

【例 2.30】 $f(x) = \begin{cases} \dfrac{\sin x}{x} & x > 0 \\ 3 & x = 0 \\ 2x + 1 & x < 0 \end{cases}$，在 $x = 0$ 处 $\lim\limits_{x \to 0^+} \dfrac{\sin x}{x} = 1$，$\lim\limits_{x \to 0^-}(2x + 1) = 1$，即 $\lim\limits_{x \to 0} f(x) = 1 \neq f(0) = 3$，因此 $x = 0$ 为可去间断点.

【例 2.31】 $f(x) = \dfrac{\sin 3x}{x}$ 在 $x = 0$ 处有极限，但是在该点函数没有定义，可以按照如下方法使得函数在这点连续，构造函数 $f(x) = \begin{cases} \dfrac{\sin 3x}{x} & x \neq 0 \\ 3 & x = 0 \end{cases}$，通过定义可验证函数 $f(x)$ 在 $x = 0$ 处连续.

2)跳跃间断点

若函数 $f(x)$ 在点 x_0 的左右极限都存在，但左右极限不相等，即 $\lim\limits_{x \to x_0^+} f(x) \neq \lim\limits_{x \to x_0^-} f(x)$，则称点 x_0 为跳跃间断点.

【例 2.32】 讨论函数 $f(x) = \begin{cases} 2x + 1 & x \geqslant 0 \\ 2x - 1 & x < 0 \end{cases}$ 的间断点.

【解】 因为 $\lim\limits_{x \to 0^+} f(x) = \lim\limits_{x \to 0^+}(2x + 1) = 1$，$\lim\limits_{x \to 0^-} f(x) = \lim\limits_{x \to 0^-}(2x - 1) = -1$，所以 $\lim\limits_{x \to 0^+} f(x) \neq \lim\limits_{x \to 0^-} f(x)$，即 $\lim\limits_{x \to 0} f(x)$ 不存在. 因此，$x = 0$ 为函数的间断点，且为跳跃间断点.

【例 2.33】 求下列函数的间断点.

(1) $f(x) = \dfrac{x^2 - 7}{x^2 - 3x + 2}$　　　　(2) $f(x) = \dfrac{\sin x + x^2}{x}$

【解】 (1) $f(x) = \dfrac{x^2 - 7}{x^2 - 3x + 2} = \dfrac{x^2 - 7}{(x - 2)(x - 1)}$

在 $x_1 = 1$，$x_2 = 2$ 处，$f(x)$ 没有定义，因此 $x_1 = 1$，$x_2 = 2$ 是函数 $f(x) = \dfrac{x^2 - 7}{x^2 - 3x + 2}$ 的间断点.

(2)在 $x=0$ 处,函数 $f(x)=\frac{\sin x+x^2}{x}$ 没有定义,因此点 $x=0$ 是 $f(x)=\frac{\sin x+x^2}{x}$ 的间断点.

【同步训练 2.6】

1. 设函数 $y=x^2+1$,当自变量 x 从 $x_0=1$ 变到 $x_1=1.01$ 时,求自变量 x 的增量 Δx 和函数 y 的增量 Δy.

2. 讨论下列函数在 $x=0$ 处的连续性.

(1)$f(x)=\begin{cases}1+x & x\leqslant 0\\1-x^2 & x>0\end{cases}$　　(2)$f(x)=\begin{cases}\sin x & x\leqslant 0\\x^2+1 & x>0\end{cases}$

3. 指出下列函数的间断点.

(1)$f(x)=\frac{x^2-1}{x^2-3x+2}$　　(2)$f(x)=\frac{1}{(x+1)^2}$

(3)$f(x)=(1+x)^{\frac{1}{x}}$　　(4)$f(x)=\frac{x}{\sin x}$

(5)$f(x)=\begin{cases}-1+2x & x\leqslant 1\\4-5x & x>1\end{cases}$　　(6)$f(x)=\begin{cases}x^2 & x\neq 0\\1 & x=0\end{cases}$

4. 用函数的连续性求下列极限.

(1)$\lim\limits_{x\to\frac{\pi}{2}}(\cos 2x)^3$　　(2)$\lim\limits_{x\to 0}\sqrt{1+2x-x^2}$

(3)$\lim\limits_{x\to 1}\sin\ln x$　　(4)$\lim\limits_{x\to 1}\arctan\sqrt{\frac{x^2+1}{x+1}}$

(5)$\lim\limits_{x\to\infty}\left[e^{\frac{1}{x}}+\ln\left(1+\frac{1}{x}\right)^x\right]$

5. 求函数 $f(x)=\frac{1}{\sqrt{x^2-3x+2}}$ 的连续区间,并求 $\lim\limits_{x\to 0}f(x)$.

6. 证明方程 $x^3-2x-5=0$ 在区间(2,3)内至少有一个根.

综合练习题 1

1. 单项选择题(每小题 3 分,共 18 分)

(1)下列数列中极限存在的是(　　).

A. $2,\frac{5}{2},\frac{10}{3},\cdots,\frac{n^2+1}{n},\cdots$　　B. $1,2,3,\cdots,n,\cdots$

C. $1,-1,1,\cdots(-1)^{n+1},\cdots$　　D. $2,\frac{3}{2},\frac{4}{3},\cdots,\frac{n+1}{n},\cdots$

(2)极限$\lim\limits_{x\to 1}\dfrac{x-1}{|x-1|}$的值为(　　).

A. 1　　B. 0　　C. −1　　D. 不存在

(3)下列各式中极限为 1 的是(　　).

A. $\lim\limits_{x\to\infty}\dfrac{\sin 2x}{2x}$　　B. $\lim\limits_{x\to 1}\dfrac{\sin x}{x}$　　C. $\lim\limits_{x\to\infty}x\sin\dfrac{1}{x}$　　D. $\lim\limits_{x\to 0}x\sin\dfrac{1}{x}$

(4)当 $x\to 0$ 时,下列为无穷小量的是(　　).

A. e^{x^2}　　B. $\dfrac{x-1}{x+1}$　　C. $\sin x$　　D. $\sin\dfrac{1}{x}$

(5)如果函数 $y=f(x)$ 在点 x_0 处间断,那么(　　).

A. $\lim\limits_{x\to x_0}f(x)$不存在　　B. $f(x_0)$不存在

C. $\lim\limits_{x\to x_0}f(x)\neq f(x_0)$　　D. 以上三种情况至少有一种发生

(6)函数$f(x)=\dfrac{x+7}{(x-1)(x-3)}$的连续区间是(　　).

A. $[1,+\infty)$　　B. $[1,3]$

C. $(-\infty,1)\cup(1,3)\cup(3,+\infty)$　　D. $(-\infty,1)\cup(1,3)\cup[3,+\infty)$

2. 填空题(每小题 3 分,共 18 分)

(1)极限$\lim\limits_{x\to 2}\dfrac{2x+5}{x-2}$的值为(　　).

(2)当 $x\to$(　　)时,$f(x)=\dfrac{1}{(x-1)^2}$是无穷大量.

(3)极限$\lim\limits_{x\to\infty}\dfrac{\sin 3x}{2x}$的值为(　　).

(4)极限$\lim\limits_{x\to\infty}\dfrac{(2x-7)^{10}(3x+2)^{10}}{(2x+1)^{20}}$的值为(　　).

(5)极限$\lim\limits_{x\to x_0}f(x)$存在的充分必要条件是(　　).

(6)如果函数 $y=f(x)$ 在点 x_0 处连续,那么极限$\lim\limits_{x\to x_0}[f(x)-f(x_0)]=$(　　).

3. 计算题(每小题 7 分,共 56 分)

(1)求极限$\lim\limits_{x\to 2}\left[\dfrac{x^3+2x}{2-x}+(x^2-4)\cos\dfrac{1}{x-2}\right]$.

(2)求极限$\lim\limits_{x\to -1}\left(\dfrac{1}{x+1}+\dfrac{2}{x^2-1}\right)$.

(3)设 $y=\sqrt{u}$,$u=2+v^2$,$v=\sin x$,将 y 表示成 x 的函数.

(4)设$f(x)=\dfrac{x}{1+x}$,求$f[f(x)]$.

(5)已知$\lim\limits_{x\to -1}\dfrac{-ax^2-x+4}{x+1}=k$,求 a 和 k.

(6)设$\lim\limits_{x\to\infty}\left(\dfrac{x+k}{x-2k}\right)^{x}=8$,求常数$k$.

(7)设$f(x)=\begin{cases}1+x & -\infty<x\leqslant 0\\ 3^{x} & 0<x<+\infty\end{cases}$,求$f(-2)$,$f(-1)$,$f(0)$,$f(1)$,$f(2)$.

(8)求函数$y=\log_3\dfrac{1}{1-x}+\sqrt{x+5}$的定义域.

4. 证明题(8 分)

证明方程 $e^{x}-2=x$ 只有一个不超过 2 的正根.

模块 2

一元函数的导数与微分及其应用

导数与微分是微分学的两个基本概念，主要研究函数的相对变化率及其应用. 模块 2 主要讨论导数与微分的概念、计算及导数在经济中的应用.

第 3 章　导数与微分

微分学是微积分的重要组成部分，它的基本概念是导数与微分. 导数的本质是研究具有函数关系的变量之间的瞬时变化率，反映自变量的增量趋于零的过程中函数的变化性态. 导数有着广泛的应用，物理学、几何学、经济学等学科中的一些重要概念都可以用导数来表示. 同时，在工程技术和经济活动中，有时还需要了解当自变量取得一个微小的增量时，函数相应增量的改变. 一般来说，计算函数增量的精确值比较困难，因此需要使用简便的方法计算其近似值，这就是函数的微分要解决的问题. 本章主要讨论导数的概念及其运算、导数的应用，微分的概念、运算法则与基本公式，并介绍微分在近似计算中的应用.

3.1　导数的概念

3.1.1　引例

下面先对几个具体的实例进行分析，从而引出导数的概念.

(1) 变速直线运动瞬时速度问题：物体产生的位移 s 是时间 t 的函数，设物体的运动方程为 $s=s(t)$，求物体在 t_0 时刻的瞬时速度.

物体在时间间隔 $[t_0,\ t_0+\Delta t]$ 内的平均速度

$$\bar{v}=\frac{\Delta s}{\Delta t}=\frac{s(t_0+\Delta t)-s(t_0)}{\Delta t}$$

因此，物体在 t_0 时刻的瞬时速度

$$v(t_0)=\lim_{\Delta t\to 0}\frac{\Delta s}{\Delta t}=\lim_{\Delta t\to 0}\frac{s(t_0+\Delta t)-s(t_0)}{\Delta t}$$

(2) 切线的斜率问题：求曲线 $y=f(x)$ 在点 $P_0(x_0,y_0)$ 处的切线的斜率.

如图 3.1 所示，在曲线 $y=f(x)$ 上点 $P_0(x_0,y_0)$ 的附近另取一点 $P_1(x,y)$，连接 P_1 和 P_0 得割线 P_1P_0，当点 P_1 沿曲线无限地趋近于点 P_0 时，割线 P_1P_0 的极限位置 P_0T 称为曲线在点 P_0 处的切线. 令 $x=x_0+\Delta x, y=y_0+\Delta y$，则 P_1P_0 的斜率为$\frac{\Delta y}{\Delta x}$，如果极限

$$\lim_{\Delta x\to 0}\frac{\Delta y}{\Delta x}=\lim_{\Delta x\to 0}\frac{f(x_0+\Delta x)-f(x_0)}{\Delta x}$$

存在，则此极限值就是曲线在点 $P_0(x_0,y_0)$ 处的切线的斜率.

设切线的倾斜角为 α，则 $\tan\alpha=\lim\limits_{\Delta x\to 0}\frac{f(x_0+\Delta x)-f(x_0)}{\Delta x}$.

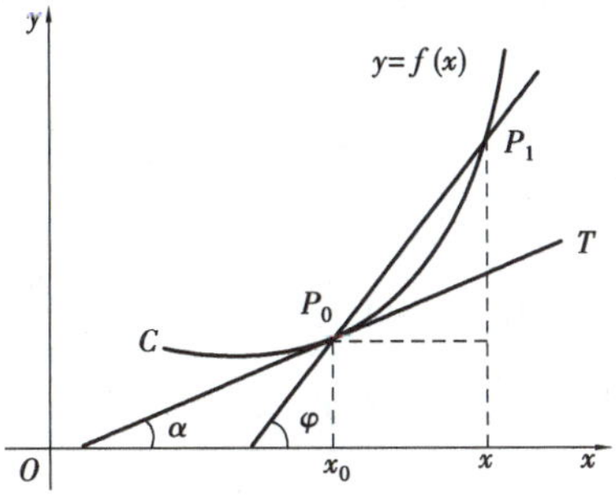

图 3.1

从另一角度，$\frac{\Delta y}{\Delta x}$表示 $y=f(x)$ 在区间 $[x_0,x_0+\Delta x]$（或 $[x_0+\Delta x,x_0]$）上的平均变化率，因此极限 $\lim\limits_{\Delta x\to 0}\frac{\Delta y}{\Delta x}$ 称为函数 $f(x)$ 在点 x_0 处的变化率.

（3）边际成本模型问题：边际成本是指在一定产量水平下，增加或减少 1 个单位产量所引起成本总额的变化数.

例如，生产某种产品 100 个单位时，总成本为 5 000 元，单位产品成本为 50 元. 若生产 101 个单位时，其总成本为 5 040 元，则所增加 1 个产品的成本为 40 元，即边际成本为 40 元.

设某企业生产 Q 件产品时总成本为 TC，边际成本为 MC，那么当产量增加 ΔQ 时，总成本增加 $\Delta \mathrm{TC}$，边际成本 $\mathrm{MC}=\frac{\Delta \mathrm{TC}}{\Delta Q}$. 若 $\Delta Q\to 0$，则

$$\mathrm{MC}=\lim_{\Delta Q\to 0}\frac{\Delta \mathrm{TC}}{\Delta Q}=\lim_{\Delta Q\to 0}\frac{\mathrm{TC}(Q_0+\Delta Q)-\mathrm{TC}(Q_0)}{\Delta Q}$$

3.1.2　导数的定义

上面只介绍了 3 个问题，类似的问题可以从物理、化学等学科中找到，例如比热问题、密度问题等. 它们虽分属于不同的学科领域，但是都能推导出和上面 3 个问题同样的数学运算，即当自变量的改变量趋于零时，函数的改变量和相应的自变量的改变量之比的极限. 我们把这种具有特殊意义的极限称为函数的导数.

定义 3.1　设函数 $y=f(x)$ 在点 x_0 及其附近有定义，当自变量 x 从 x_0 变到 $x_0+\Delta x$ 时，函数值取得相应的增量 $\Delta y=f(x_0+\Delta x)-f(x_0)$，如果极限

$$\lim_{\Delta x\to 0}\frac{\Delta y}{\Delta x}=\lim_{\Delta x\to 0}\frac{f(x_0+\Delta x)-f(x_0)}{\Delta x}$$

存在，则称函数 $y=f(x)$ 在点 x_0 处可导，并称此极限值为函数 $f(x)$ 在点 x_0 处的导数，记作 $f'(x_0)$，即

$$f'(x_0)=\lim_{\Delta x\to 0}\frac{\Delta y}{\Delta x}=\lim_{\Delta x\to 0}\frac{f(x_0+\Delta x)-f(x_0)}{\Delta x}$$

也可记为 $y'(x_0)$，$y'|_{x=x_0}$，$\left.\frac{\mathrm{d}y}{\mathrm{d}x}\right|_{x=x_0}$ 或 $\left.\frac{\mathrm{d}f(x)}{\mathrm{d}x}\right|_{x=x_0}$.

如果记 $x_0+\Delta x=x$，则

$$f'(x_0)=\lim_{x\to x_0}\frac{f(x)-f(x_0)}{x-x_0}$$

或记 $h=\Delta x$，则

$$f'(x_0)=\lim_{h\to 0}\frac{f(x_0+h)-f(x_0)}{h}$$

如果上述极限不存在，则称函数 $f(x)$ 在点 x_0 处不可导.

如果 $\lim\limits_{\Delta x\to 0^-}\dfrac{\Delta y}{\Delta x}$ 存在，则称此极限值为 $y=f(x)$ 在点 x_0 处的左导数，记作 $f'_-(x_0)$；如果 $\lim\limits_{\Delta x\to 0^+}\dfrac{\Delta y}{\Delta x}$ 存在，则称此极限值为 $y=f(x)$ 在点 x_0 处的右导数，记作 $f'_+(x_0)$.

显然，函数 $f(x)$ 在点 x_0 处可导的充分必要条件是函数 $f(x)$ 在点 x_0 处的左导数 $f'_-(x_0)$ 和右导数 $f'_+(x_0)$ 都存在且相等.

如果函数 $f(x)$ 在开区间 (a,b) 内每一点的导数都存在，则称函数 $y=f(x)$ 在开区间 (a,b) 内可导. 对于任意的 $x\in(a,b)$，都对应着唯一确定的导数值 $f'(x)$，即导数 $f'(x)$ 是 x 的函数，称为关于 x 的导函数，简称导数. 记为 $f'(x)$ 或 y'，$\dfrac{dy}{dx}$，$\dfrac{df(x)}{dx}$，即

$$y'=f'(x)=\lim_{\Delta x\to 0}\frac{\Delta y}{\Delta x}=\lim_{\Delta x\to 0}\frac{f(x+\Delta x)-f(x)}{\Delta x}\qquad x\in(a,b)$$

显然，函数 $f(x)$ 在点 x_0 处的导数正是其导函数 $f'(x)$ 在点 x_0 处的函数值 $f'(x_0)$，即

$$f'(x_0)=f'(x)\big|_{x=x_0}$$

如果函数 $f(x)$ 在开区间 (a,b) 内可导，且 $f'_+(a)$ 与 $f'_-(b)$ 都存在，则称 $f(x)$ 在闭区间 $[a,b]$ 上可导.

用导数的定义求函数 $f(x)$ 在点 x 处的导数，可分三步进行：

(1)求增量：$\Delta y=f(x+\Delta x)-f(x)$；

(2)求比值：$\dfrac{\Delta y}{\Delta x}=\dfrac{f(x+\Delta x)-f(x)}{\Delta x}$；

(3)求极限：$\lim\limits_{\Delta x\to 0}\dfrac{\Delta y}{\Delta x}$.

【例 3.1】 求函数 $y=x^2$(n 为正整数)的导数.

【解】 (1)求增量：$\Delta y=f(x+\Delta x)-f(x)=(x+\Delta x)^2-x^2=x^2+2x\cdot\Delta x+(\Delta x)^2-x^2=2x\cdot\Delta x+(\Delta x)^2$

(2)求比值：$\dfrac{\Delta y}{\Delta x}=\dfrac{f(x+\Delta x)-f(x)}{\Delta x}=\dfrac{2x\Delta x+(\Delta x)^2}{\Delta x}=2x+\Delta x$

(3)求极限：$f'(x)=\lim\limits_{\Delta x\to 0}\dfrac{\Delta y}{\Delta x}=\lim\limits_{\Delta x\to 0}(2x+\Delta x)=2x$

即 $f'(x)=2x$.

【例 3.2】 求函数 $f(x)=a^x(a>0,a\neq 1)$ 的导数.

【解】 $f'(x)=\lim\limits_{h\to 0}\dfrac{f(x+h)-f(x)}{h}=\lim\limits_{h\to 0}\dfrac{a^{x+h}-a^x}{h}$

$$= a^x \lim_{h\to 0}\frac{a^h - 1}{h} \xlongequal[h=\log_a(1+t)]{\text{令}a^h-1=t} a^x \lim_{t\to 0}\frac{t}{\log_a(1+t)}$$

$$= a^x \cdot \frac{1}{\lim\limits_{t\to 0}\frac{1}{t}\log_a(1+t)} = a^x \cdot \frac{1}{\log_a \mathrm{e}} = a^x \ln a$$

即 $(a^x)' = a^x\ln a$. 特别地 $(\mathrm{e}^x)' = \mathrm{e}^x$.

3.1.3　导数的几何意义

如图 3.2 所示,函数 $y=f(x)$ 在点 x 处的导数 $f'(x)$ 是曲线 $y=f(x)$ 在点 x 处的切线的斜率,这就是导数的几何意义. 因此,曲线 $y=f(x)$ 在点 (x_0,y_0) 处的切线方程为

$$y - y_0 = f'(x_0)(x - x_0)$$

法线方程为

$$y - y_0 = \frac{-1}{f'(x_0)}(x - x_0)$$

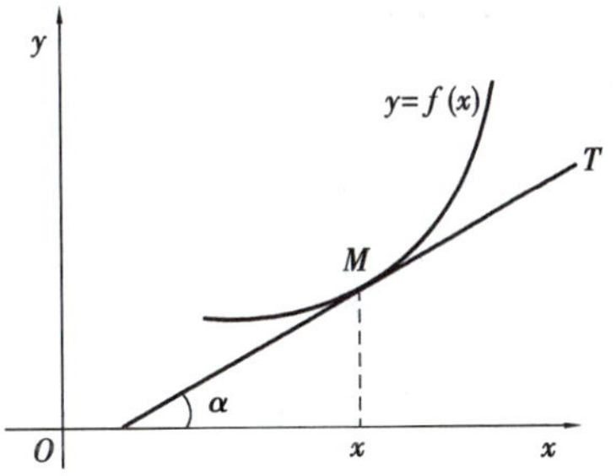

图 3.2

【例 3.3】　求抛物线 $y=x^2$ 在点(1,1)处的切线方程和法线方程.

【解】　由导数的几何意义可知,曲线 $y=x^2$ 在点(1,1)处的切线的斜率为 $y'|_{x=1} = 2x|_{x=1} = 2$,因此所求的切线方程为

$$y - 1 = 2(x - 1)$$

即

$$y = 2x - 1$$

法线方程为

$$y - 1 = -\frac{1}{2}(x - 1)$$

即

$$y = -\frac{1}{2}x + \frac{3}{2}$$

3.1.4　函数可导与连续的关系

定理 3.1　如果函数 $y=f(x)$ 在点 x 处可导,则 $y=f(x)$ 在点 x 处一定连续;反之,不一定成立.

设函数 $y=f(x)$ 在点 x 处可导,即有 $f'(x) = \lim\limits_{\Delta x\to 0}\frac{\Delta y}{\Delta x}$,则 $\frac{\Delta y}{\Delta x} = f'(x) + \alpha$,其中,$\alpha$ 为 $\Delta x\to 0$ 时的无穷小.

$$\lim_{\Delta x\to 0}\Delta y = \lim_{\Delta x\to 0}\frac{\Delta y}{\Delta x}\cdot\Delta x = \lim_{\Delta x\to 0}\frac{\Delta y}{\Delta x}\cdot\lim_{\Delta x\to 0}\Delta x = f'(x)\cdot 0 = 0$$

因此,当 $\Delta x\to 0$ 时,有 $\Delta y\to 0$,即 $f(x)$ 在 x 处连续.

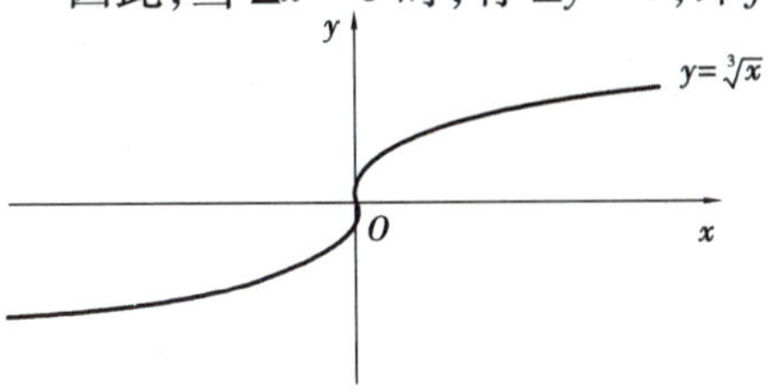

图 3.3

函数 $y=f(x)$ 在点 x 处可导则一定连续,但连续不一定可导. 例如,函数 $y=f(x)=\sqrt[3]{x}$ 在 $x=0$ 处连续,如图 3.3 所示. 但在 $x=0$ 处的导数 $f'(0) = \lim\limits_{x\to 0}\frac{f(x)-f(0)}{x-0} = \lim\limits_{x\to 0}\frac{\sqrt[3]{x}}{x} = \infty$(不存在),即函数 $f(x)$ 在 $x=0$ 处不可导.

【同步训练 3.1】

1. 已知 $f'(x_0)=2$，则 $\lim\limits_{x\to x_0}\dfrac{f(x_0+3\Delta x)-f(x_0)}{\Delta x}$ = ____________.

2. 函数 $f(x)$ 在 0 处可导，且 $f(0)=0$，则 $\lim\limits_{x\to 0}\dfrac{f(x)}{x}$ = ____________.

3. $(\ln 2)'$ = ____________.

4. 抛物线 $y=x^2$ 上点(2,4)处的切线方程为____________，法线方程为____________.

5. 讨论函数 $f(x)=\begin{cases}\cot x & x>0\\ x & x\leqslant 0\end{cases}$，在 $x=0$ 处的连续性.

3.2　基本求导公式及运算

3.2.1　导数的基本公式

利用导数的定义可以求出基本初等函数的导数.

【例 3.4】　求函数 $y=x^n$（n 为正整数）的导数.

【解】　(1)求增量：$\Delta y=(x+\Delta x)^n-x^n$（应用二项式定理）

$$=x^n+n\cdot x^{n-1}\cdot\Delta x+\frac{n(n-1)}{2!}x^{n-2}(\Delta x)^2+\cdots+(\Delta x)^n-x^n$$

$$=n\cdot x^{n-1}\cdot\Delta x+\frac{n(n-1)}{2!}x^{n-2}(\Delta x)^2+\cdots+(\Delta x)^n$$

(2)求比值：$\dfrac{\Delta y}{\Delta x}=n\cdot x^{n-1}+\dfrac{n(n-1)}{2!}x^{n-2}\Delta x+\cdots+(\Delta x)^{n-1}$

(3)求极限：$\lim\limits_{\Delta x\to 0}\dfrac{\Delta y}{\Delta x}=n\cdot x^{n-1}$，即 $(x^n)'=n\cdot x^{n-1}$

一般地，有 $(x^\alpha)'=\alpha x^{\alpha-1}$（$\alpha$ 为任意实数）.

【例 3.5】　求函数 $f(x)=\sin x$ 的导数.

【解】　(1)求增量：$\Delta y=f(x+\Delta x)-f(x)=\sin(x+\Delta x)-\sin x$

(2)求比值：$\dfrac{\Delta y}{\Delta x}=\dfrac{\sin(x+\Delta x)-\sin x}{\Delta x}=\dfrac{2\sin\dfrac{\Delta x}{2}\cos\left(x+\dfrac{\Delta x}{2}\right)}{\Delta x}$

(3)求极限：$f'(x)=\lim\limits_{\Delta x\to 0}\dfrac{\Delta y}{\Delta x}=\lim\limits_{\Delta x\to 0}\dfrac{2\sin\dfrac{\Delta x}{2}\cos\left(x+\dfrac{\Delta x}{2}\right)}{\Delta x}$

$$=\lim_{\Delta x\to 0}\cos\left(x+\frac{\Delta x}{2}\right)\lim_{\Delta x\to 0}\frac{\sin\dfrac{\Delta x}{2}}{\dfrac{\Delta x}{2}}=\cos x$$

即$(\sin x)'=\cos x$.

用类似的方法,可求得$(\cos x)'=-\sin x$.

【例3.6】 求函数$f(x)=\ln x$的导数.

【解】 (1)求增量:$\Delta y=f(x+\Delta x)-f(x)=\ln(x+\Delta x)-\ln x$

(2)求比值:$\dfrac{\Delta y}{\Delta x}=\dfrac{\ln(x+\Delta x)-\ln x}{\Delta x}=\dfrac{\ln\left(\dfrac{x+\Delta x}{x}\right)}{\Delta x}=\dfrac{\ln\left(1+\dfrac{\Delta x}{x}\right)}{\Delta x}$

(3)求极限:$f'(x)=\lim\limits_{\Delta x\to 0}\dfrac{\Delta y}{\Delta x}=\lim\limits_{\Delta x\to 0}\dfrac{\ln\left(1+\dfrac{\Delta x}{x}\right)}{\Delta x}=\dfrac{\dfrac{\Delta x}{x}}{\Delta x}=\dfrac{1}{x}$

为了进行导数的运算,下面归纳出基本初等函数的导数公式,请读者熟记运用.

(1)$C'=0$ (C为常数)

(2)$(x^\alpha)'=\alpha x^{\alpha-1}$ (α为常数)

(3)$(a^x)'=a^x\ln a$ ($a>0,a\neq 1$)

(4)$(e^x)'=e^x$

(5)$(\log_a x)'=\dfrac{1}{x\ln a}$ ($a>0,a\neq 1$)

(6)$(\ln x)'=\dfrac{1}{x}$

(7)$(\sin x)'=\cos x$

(8)$(\cos x)'=-\sin x$

(9)$(\tan x)'=\sec^2 x$

(10)$(\cot x)'=-\csc^2 x$

(11)$(\sec x)'=\sec x\tan x$

(12)$(\csc x)'=-\csc x\cot x$

(13)$(\arcsin x)'=\dfrac{1}{\sqrt{1-x^2}}$ ($-1<x<1$)

(14)$(\arccos x)'=-\dfrac{1}{\sqrt{1-x^2}}$ ($-1<x<1$)

(15)$(\arctan x)'=\dfrac{1}{1+x^2}$

(16)$(\text{arccot}\, x)'=-\dfrac{1}{1+x^2}$

例如,由$(x^a)'=\alpha x^{a-1}$,可得$(\sqrt{x})'=\dfrac{1}{2\sqrt{x}}$,$\left(\dfrac{1}{x}\right)'=-\dfrac{1}{x^2}$,$(x)'=1$,$(\sqrt[4]{x^3})'=\dfrac{3}{4\sqrt[4]{x}}$.

【例3.7】 求函数$y=\sqrt{x\sqrt{x}}$的导数.

【解】 $y'=\left(\sqrt{x\sqrt{x}}\right)'=\left(x^{\frac{1}{2}+\frac{1}{4}}\right)'=(x^{\frac{3}{4}})'=\dfrac{3}{4}x^{-\frac{1}{4}}$

3.2.2 导数的四则运算法则

定理3.2 设函数$u=u(x)$,$v=v(x)$在点x处可导,则$u\pm v$,uv,$\dfrac{u}{v}(v\neq 0)$在点x处也可导,并且有

(1)$(u\pm v)'=u'\pm v'$;

(2)$(uv)'=u'v+uv'$,特别地$(C\cdot u)'=C\cdot u'$;

(3)$\left(\dfrac{u}{v}\right)'=\dfrac{u'v-uv'}{v^2}$,特别地$\left(\dfrac{1}{v}\right)'=-\dfrac{v'}{v^2}$.

称它们为导数的四则运算法则,其中法则(1)和(2)可以推广到有限个函数的情形:

$$(u_1\pm u_2\pm\cdots\pm u_n)'=u_1'\pm u_2'\pm\cdots\pm u_n'$$

$$(u_1 \cdot u_2 \cdot \cdots \cdot u_n)' = u_1' u_2 \cdots u_n + u_1 u_2' \cdots u_n + \cdots + u_1 u_2 \cdots u_n'$$

法则(1)和(2)相结合有

$$(k_1 u_1 + k_2 u_2 + \cdots + k_n u_n)' = k_1 u_1' + k_2 u_2' + \cdots + k_n u_n'$$

【例 3.8】 求下列函数的导数.

(1)$y = x^2 + \cos x + 1$　　(2)$y = 2e^x + x\sqrt{x} + \ln 5$

(3) $y = \dfrac{1}{\cos x}$　　(4)$y = x^3 \sin x$

【解】 (1)$y' = (x^2 + \cos x + 1)' = (x^2)' + (\cos x)' + (1)' = 2x - \sin x$

(2)$y' = (2e^x + x\sqrt{x} + \ln 5)' = 2(e^x)' + (x\sqrt{x})' + (\ln 5)' = 2e^x + \dfrac{3}{2}x^{\frac{1}{2}}$

(3)$y' = \left(\dfrac{1}{\cos x}\right)' = \dfrac{1' \cdot \cos x - 1 \cdot (\cos x)'}{\cos^2 x} = \dfrac{\sin x}{\cos^2 x}$

(4)$y' = (x^3 \sin x)' = (x^3)' \sin x + x^3 (\sin x)' = 3x^2 \sin x + x^3 \cos x$

【例 3.9】 求下列函数的导数.

(1)$y = \dfrac{x\sin x + \sqrt{x}}{x}$　　(2)$y = e^x \sin x \ln x$　　(3)$y = 2e^x \sin x + \sqrt{x} \ln x$

【解】 (1)$y = \sin x + x^{-\frac{1}{2}}$　　$y' = \cos x - \dfrac{1}{2}x^{-\frac{3}{2}}$

(2)$y' = (e^x)' \sin x \ln x + e^x (\sin x)' \ln x + e^x \sin x (\ln x)'$

$= e^x \sin x \ln x + e^x \cos x \ln x + e^x \sin x \dfrac{1}{x}$

(3)$y' = 2[(e^x)' \sin x + e^x (\sin x)'] + (\sqrt{x})' \ln x + \sqrt{x} (\ln x)'$

$= 2e^x (\sin x + \cos x) + \dfrac{1}{2\sqrt{x}} \ln x + \dfrac{\sqrt{x}}{x}$

【同步训练 3.2】

1. 已知 $y = \sin x - x^3 + \log_3 x + e^2$，求 y'.
2. 已知 $y = (1 - x^2) \ln x$，求 y'.
3. 已知 $y = e^x (\sin x + \cos x)$，求 y' 及 $y'|_{x=\frac{\pi}{2}}$.
4. 已知 $y = \dfrac{5x^4 - 3x^2 + 8}{\sqrt{x}}$，求$\dfrac{dy}{dx}$.
5. 已知 $y = \tan x$，求 y'.
6. 已知$f(t) = \dfrac{\sin t}{1 + \cos t}$，求$f'\left(\dfrac{\pi}{4}\right)$.

3.3　复合函数的求导法则

由$(\sin x)' = \cos x$，能否得到$(\sin 2x)' = \cos 2x$？回答是否定的. 因为$(\sin 2x)' =$

$(2\sin x\cos x)'=2(\cos^2x-\sin^2x)=2\cos 2x\neq\cos 2x$，其原因在于 $y=\sin 2x$ 不是基本初等函数，而是 x 的复合函数. 下面建立复合函数的求导法则.

定理 3.3 若函数 $y=f(u)$ 在点 u 处可导，$u=\varphi(x)$ 在点 x 处可导，则复合函数 $y=f[\varphi(x)]$ 在点 x 处可导，并且有

$$\frac{dy}{dx}=\frac{dy}{du}\cdot\frac{du}{dx}$$

或记为

$$y'_x=y'_u\cdot u'_x \qquad y'=f'(u)\cdot u'$$

说 明

复合函数的求导法则可以推广到多个中间变量的情形. 例如，设 $y=f(u)$，$u=\varphi(v)$，$v=\phi(x)$，则由它们复合而成的复合函数 $y=f\{\varphi[\phi(x)]\}$ 的导数为：

$$\frac{dy}{dx}=\frac{dy}{du}\cdot\frac{du}{dv}\cdot\frac{dv}{dx} \quad 或 \quad y'_x=y'_u\cdot u'_v\cdot v'_x$$

【例 3.10】 求下列函数的导数.

(1) $y=\sin^2x$ (2) $y=\ln\cos x$ (3) $y=e^{\ln x^2}$ (4) $y=\sqrt{\arctan 2x}$

【解】 分析：这些函数是复合函数，因此用复合函数的求导法则求解，关键是分清楚复合层次.

(1) 因为 $y=\sin^2x$ 由 $y=u^2$ 与 $u=\sin x$ 复合而成，而 $y'_u=2u$，$u'_x=\cos x$，所以 $\frac{dy}{dx}=\frac{dy}{du}\cdot\frac{du}{dx}=2u\cdot\cos x=2\sin x\cos x=\sin 2x$.

(2) $y=\ln u$，$u=\cos x$

$$y'_x=(\ln u)'_u\cdot(\cos x)'=\frac{1}{u}\cdot(-\sin x)=\frac{-\sin x}{\cos x}$$

(3) $y=e^u$，$u=\ln v$，$v=x^2$

$$y'_x=(e^u)'_u\cdot(\ln v)'_v\cdot(x^2)'=e^u\cdot\frac{1}{v}\cdot 2x=e^{\ln x^2}\cdot\frac{1}{x^2}\cdot 2x=\frac{2e^{\ln x^2}}{x}=2x$$

(4) $y=\sqrt{u}$，$u=\arctan v$，$v=2x$

$$y'_x=(\sqrt{u})'_u\cdot(\arctan v)'_v\cdot(2x)'=\frac{1}{2\sqrt{u}}\cdot\frac{1}{1+v^2}\cdot 2$$

$$=\frac{1}{2\sqrt{\arctan 2x}}\cdot\frac{1}{1+4x^2}\cdot 2=\frac{1}{(1+4x^2)\sqrt{\arctan 2x}}$$

运算比较熟练后，就不用写出中间变量，按复合函数的求导法则，直接由外向内逐层求导.

【例 3.11】 求下列函数的导数.

(1) $y=\sqrt[3]{\sin x}$ (2) $y=\log_3\cos 2x$

【解】 (1) $y'=\frac{1}{3}(\sin x)^{-\frac{2}{3}}\cdot(\sin x)'=\frac{1}{3}(\sin x)^{-\frac{2}{3}}\cos x$

(2) $y'=\frac{1}{(\ln 3)(\cos 2x)}(\cos 2x)'=\frac{1}{(\ln 3)(\cos 2x)}(-\sin 2x)(2x)'=\frac{-2\sin 2x}{(\ln 3)(\cos 2x)}$

【例 3.12】 求下列函数的导数.

(1) $y=e^{x^2}\sin 3x$　　　　(2) $y=(\ln x+\sin^2 x)^2$

【解】 (1) $y'=(e^{x^2})'\sin 3x+e^{x^2}(\sin 3x)'=e^{x^2}(x^2)'\sin 3x+e^{x^2}\cos 3x(3x)'$

$=2xe^{x^2}\sin 3x+3e^{x^2}\cos 3x=e^{x^2}(2x\sin 3x+3\cos 3x)$

(2) $y'=2(\ln x+\sin^2 x)(\ln x+\sin^2 x)'=2(\ln x+\sin^2 x)\left[\frac{1}{x}+2\sin x(\sin x)'\right]$

$=2(\ln x+\sin^2 x)\left(\frac{1}{x}+\sin 2x\right)$

【同步训练 3.3】

1. 已知 $y=\cos 2x$,求$\frac{dy}{dx}$.
2. 已知 $y=\sin 2x$,求 y'.
3. 已知 $y=\ln(1+2x^2)$,求$\frac{dy}{dx}$.
4. 已知 $y=\ln\sin x$,求$\frac{dy}{dx}$.
5. 已知 $y=e^{\frac{x}{x+1}}$,求$\frac{dy}{dx}$.
6. 已知 $y=\tan^2\frac{x}{2}$,求$\frac{dy}{dx}$.
7. 求下列函数的导数.

(1) $y=(e^x+\sin^2 x)^3$　　　　(2) $y=e^{2x+1}(1-\ln x)^2$

3.4 隐函数的求导法则

3.4.1 隐函数的导数

前面看到的函数都是 $y=f(x)$ 的形式,即函数 y 由含有自变量 x 的式子直接表示出来,这种函数称为显函数,例如 $y=\cos x$, $y=\ln(2x+3)$ 等. 但有些函数的表达式由一个方程来表示,例如 $x+y^3-1=0$, $e^y-xy=0$ 等.

由方程 $F(x,y)=0$ 所确定的 y 与 x 的函数关系称为隐函数. 有些隐函数可以求出 $y=f(x)$,成为显函数;有些则不容易求出或不容易解出.

隐函数的求导方法:

(1) 将方程 $F(x,y)=0$ 两边同时对 x 求导. 值得注意的是,遇到 y 时,由于 y 是 x 的函数,应当采用复合函数的求导法则,先对 y 求导,再乘以 y 对 x 的导数 y'.

例如,$(y^2)'=2y\cdot y'$, $(e^y)'=e^y\cdot y'$, $(\ln y)'=\frac{1}{y}\cdot y'$.

(2)由(1)得到一个关于 y' 的方程，从方程中解出 y' 即可．在 y' 的表达式中，允许含有字母 y.

【例 3.13】　求方程 $x^2+y^2=1$ 所确定的函数的导数$\frac{dy}{dx}$.

【解】　将方程两边同时对 x 求导，得

$$2x+2y\cdot y'=0$$

则

$$\frac{dy}{dx}=y'=-\frac{x}{y}$$

【例 3.14】　求方程 $e^x+e^y+x^2y=0$ 所确定的函数的导数$\frac{dy}{dx}$.

【解】　将方程两边同时对 x 求导，得

$$e^x+e^y\cdot y'+(x^2)'\cdot y+x^2\cdot y'=0$$

$$e^x+e^y\cdot y'+2xy+x^2y'=0$$

则

$$\frac{dy}{dx}=y'=-\frac{e^x+2xy}{e^y+x^2}$$

【例 3.15】　已知隐函数方程 $e^{xy}+x^2+\ln y=2$，求函数在 $x=0$ 处的切线方程.

【解】

$$e^{xy}(xy)'+2x+\frac{1}{y}\cdot y'=0$$

$$e^{xy}(y+xy')+2x+\frac{1}{y}\cdot y'=0$$

解得

$$y'=-\frac{2x+ye^{xy}}{xe^{xy}+\frac{1}{y}}$$

将 $x=0$ 代入 $e^{xy}+x^2+\ln y=2$，得 $y(0)=e$.

再将 $x=0,y=e$ 代入 $y'=-\dfrac{2x+ye^{xy}}{xe^{xy}+\frac{1}{y}}$，得 $y'(0)=-e^2$.

故所求切线方程为

$$y-e=-e^2(x-0)$$

即

$$e^2x+y-e=0$$

3.4.2　反函数的导数

定理 3.4　如果函数 $x=f(y)$ 在区间 I_y 内单调、可导且 $f'(y)\neq 0$，则它的反函数 $y=f^{-1}(x)$ 在对应区间 $I_x=\{x\mid x=f(y),y\in I_y\}$ 内也可导，并且

$$\frac{dx}{dy}=\frac{1}{\frac{dy}{dx}}$$

即反函数的导数等于直接函数导数的倒数.

证明　由于 $x=f(y)$ 在区间 I_y 内单调、可导(从而连续)，所以 $x=f(y)$ 的反函数 $y=f^{-1}(x)$ 存在，且 $f^{-1}(x)$ 在对应区间 I_x 内也单调、连续.

任取 $x\in I_x$，取 x 的增量 $\Delta x(\Delta x\neq 0, x+\Delta x\in I_x)$，由 $y=f^{-1}(x)$ 的单调性可知

$$\Delta y=f^{-1}(x+\Delta x)-f^{-1}(x)\neq 0$$

于是

$$\frac{\Delta y}{\Delta x}=\frac{1}{\frac{\Delta x}{\Delta y}}$$

因为 $y=f^{-1}(x)$ 连续，故 $\lim\limits_{\Delta x\to 0}\Delta y=0$，从而

$$[f^{-1}(x)]'=\lim_{\Delta x\to 0}\frac{1}{\frac{\Delta x}{\Delta y}}=\frac{1}{f'(y)}$$

【例 3.16】 求函数 $y=\arcsin x$ 的导数.

【解】 函数 $y=\arcsin x(-1\leqslant x\leqslant 1)$ 的反函数是 $x=\sin y, y\in\left[-\frac{\pi}{2},\frac{\pi}{2}\right]$. 函数 $x=\sin y$ 在开区间 $\left(-\frac{\pi}{2},\frac{\pi}{2}\right)$ 内单调、可导，且 $(\sin y)'=\cos y>0$.

因此，由反函数的求导法则，在对应区间 $x\in(-1,1)$ 内有

$$(\arcsin x)'=\frac{1}{(\sin y)'}=\frac{1}{\cos y}=\frac{1}{\sqrt{1-\sin^2 y}}=\frac{1}{\sqrt{1-x^2}}$$

类似地有 $(\arccos x)'=-\frac{1}{\sqrt{1-x^2}}$.

【例 3.17】 求反正切函数 $y=\arctan x$ 的导数.

【解】 因为 $y=\arctan x(-\infty<x<+\infty)$ 的反函数是 $x=\tan y, y\in\left(-\frac{\pi}{2},\frac{\pi}{2}\right)$，函数 $x=\tan y$ 在开区间 $\left(-\frac{\pi}{2},\frac{\pi}{2}\right)$ 内单调、可导，且 $(\tan y)'=\sec^2 y\neq 0$.

因此，由反函数的求导法则，在对应区间 $x\in(-\infty,+\infty)$ 内有

$$(\arctan x)'=\frac{1}{(\tan y)'}=\frac{1}{\sec^2 y}=\frac{1}{1+\tan^2 y}=\frac{1}{1+x^2}$$

类似的有 $(\text{arccot}\, x)'=-\frac{1}{1+x^2}$.

【例 3.18】 求 $y=\log_a x(a>0,a\neq 1)$ 的导数.

【解】 因为 $y=\log_a x(a>0)$ 是 $x=a^y, y\in(-\infty,+\infty)$ 的反函数，函数 $x=a^y$ 在区间 $y\in(-\infty,+\infty)$ 内单调、可导，且

$$(\log_a^x)'=\frac{1}{(a^y)'}=\frac{1}{a^y\ln a}=\frac{1}{x\ln a}$$

特殊地，当 $a=\mathrm{e}$ 时，有 $(\ln x)'=\frac{1}{x}$.

【同步训练 3.4】

1. 已知函数 $y=x+\ln y$，求 $\frac{\mathrm{d}y}{\mathrm{d}x}$.

2. 已知函数 $e^y+xy=e$，求函数在 $x=0$ 处的切线方程.

3. 求指数函数 $y=a^x(0<a\neq1)$ 的导数.

4. 求反余弦函数 $y=\arccos x(-1<x<1,0<y<\pi)$ 的导数.

3.5 其他求导法则

3.5.1 对数求导法

对于由几个因子通过乘、除、乘方、开方构成的比较复杂的函数(包括幂指函数)的求导，根据隐函数求导法则，可以得到一个简化的求导方法，即对函数先取对数，化乘除为加、减，化乘方、开方为乘除，再用隐函数求导法则求导，称这种方法为对数求导法.

【例3.19】 求函数 $y=x^x$ 的导数.

【解】 分析：该题没有办法直接求导，若两边同时取自然对数，可得 $\ln y=x\ln x$，再利用隐函数的求导法则求解.

两边同时取自然对数，得

$$\ln y=x\ln x$$

上式两边同时对 x 求导，得

$$\frac{1}{y}\cdot y'=\ln x+1$$

解出 y'，得

$$y'=x^x(\ln x+1)$$

【例3.20】 求函数 $y=\sqrt[3]{\dfrac{x^2}{x-1}}$ 的导数.

【解】 $\ln y=\ln\sqrt[3]{\dfrac{x^2}{x-1}}=\dfrac{1}{3}[\ln x^2-\ln(x-1)]=\dfrac{2}{3}\ln x-\dfrac{1}{3}\ln(x-1)$

$$\frac{1}{y}\cdot y'=\frac{2}{3}\cdot\frac{1}{x}-\frac{1}{3}\cdot\frac{1}{x-1}=\frac{2}{3x}-\frac{1}{3x-3}$$

即

$$y'=\sqrt[3]{\frac{x^2}{x-1}}\left(\frac{2}{3x}-\frac{1}{3x-3}\right)$$

【例3.21】 求函数 $y=(x-1)\sqrt[3]{(3x+1)(2x-1)}$ 的导数.

【解】

$$\begin{aligned}\ln y&=\ln[(x-1)\sqrt[3]{(3x+1)(2x-1)}]\\&=\ln(x-1)+\frac{1}{3}\ln(3x+1)+\frac{1}{3}\ln(2x-1)\end{aligned}$$

$$\frac{1}{y}\cdot y'=\frac{1}{x-1}+\frac{1}{3}\cdot\frac{3}{3x+1}+\frac{1}{3}\cdot\frac{2}{2x-1}$$

即

$$\begin{aligned}y'&=y\left[\frac{1}{x-1}+\frac{1}{3}\cdot\frac{3}{3x+1}+\frac{1}{3}\cdot\frac{2}{2x-1}\right]\\&=(x-1)\sqrt[3]{(3x+1)2x-1}\left[\frac{1}{x-1}+\frac{1}{3x+1}+\frac{2}{3(2x-1)}\right]\end{aligned}$$

从例 3.19 至例 3.21 可以看出,取对数求导法适合于下列类型函数的求导:

(1)形如$[f(x)]^{g(x)}$($f(x)>0$)的幂指函数;

(2)由若干个初等函数以及幂指函数经过乘、除、乘方、开方等运算组合而成的函数.

3.5.2 参数方程求导

定理 3.5 如果 $x=\phi(t)$, $y=\varphi(t)$ 都是可导的,且 $\phi(t)\neq0$,则参数方程$\begin{cases}x=\phi(t)\\y=\varphi(t)\end{cases}$所确定的函数 $y=y(x)$ 也可导,且$\dfrac{dy}{dx}=\dfrac{\frac{dy}{dt}}{\frac{dx}{dt}}=\dfrac{\varphi'(t)}{\phi'(t)}$.

【例 3.22】 求摆线的参数方程$\begin{cases}x=a(t-\sin t)\\y=a(1-\cos t)\end{cases}$所表示的函数 $y=y(x)$ 的导数.

【解】 $\dfrac{dy}{dx}=\dfrac{\frac{dy}{dt}}{\frac{dx}{dt}}=\dfrac{a\sin t}{a(1-\cos t)}=\cot\dfrac{t}{2}$

【例 3.23】 求椭圆$\begin{cases}x=a\cos t\\y=b\sin t\end{cases}$在 $t=\dfrac{\pi}{4}$处的切线方程.

【解】 当 $t=\dfrac{\pi}{4}$时,椭圆上的相应点 M_0 的坐标为

$$x_0=a\cos\frac{\pi}{4}=\frac{a\sqrt{2}}{2},y_0=b\sin\frac{\pi}{4}=\frac{b\sqrt{2}}{2}$$

曲线在点 M_0 的切线斜率为

$$\left.\frac{dy}{dx}\right|_{t=\frac{\pi}{4}}=\left.\frac{(b\sin t)'}{(a\cos t)'}\right|_{t=\frac{\pi}{4}}=\left.\frac{b\cos t}{-a\sin t}\right|_{t=\frac{\pi}{4}}=-\frac{b}{a}$$

故切线方程为

$$y-\frac{b\sqrt{2}}{2}=-\frac{b}{a}\left(x-\frac{a}{2}\sqrt{2}\right)$$

化简后得

$$bx+ay-\sqrt{2}ab=0$$

【同步训练 3.5】

1. 求由方程 $xy+3x^2-5y-7=0$ 确定的隐函数 $y=f(x)$ 的导数.
2. 设函数 $y=\sqrt[3]{\dfrac{(x+1)(x+2)}{x^2}}$,求 y'.
3. 求由方程 $x^{\frac{2}{3}}-y^{\frac{2}{3}}=a^{\frac{2}{3}}$确定的隐函数 $y=f(x)$ 的导数.
4. 设函数 $y=\sqrt[x]{\dfrac{1-x}{1+x}}$,求 y'.
5. 设函数 $y=\dfrac{x^2}{1-x}\sqrt[3]{\dfrac{3-x}{(3+x)^2}}$,求 y'.

6. 求由下列参数方程确定的函数 $y=y(x)$ 的导数.

(1) $\begin{cases} x=\dfrac{1}{t} \\ y=\left(\dfrac{t}{t+1}\right)^2 \end{cases}$

(2) $\begin{cases} x=a\ \cos^2 t \\ y=b\ \sin^2 t \end{cases}$

3.6　高阶导数

一般地,函数 $y=f(x)$ 的导数称为一阶导数,$y'=f'(x)$ 仍然是 x 的函数,再对其求导数(如果存在)

$$(y')'=[f'(x)]'$$

称它为 $y=f(x)$ 的二阶导数,记为

$$y'',\ f''(x) \text{或} \frac{d^2y}{dx^2}$$

同时称 $f(x)$ 二阶可导.

类似地,把 $y=f(x)$ 的二阶导数 y'' 的导数称为函数 $y=f(x)$ 的三阶导数,记为

$$y''',\ f'''(x) \text{或} \frac{d^3y}{dx^3}$$

一般地,把 $y=f(x)$ 的 $n-1$ 阶导数的导数称为函数 $y=f(x)$ 的 n 阶导数,记为

$$y^{(n)},\ f^{(n)}(x) \text{或} \frac{d^ny}{dx^n}$$

二阶及二阶以上的导数统称为高阶导数.

【例 3.24】　求函数 $y=3x^3+e^x$ 的二阶导数.

【解】　$y'=(3x^3+e^x)'=9x^2+e^x$

$y''=(9x^2+e^x)'=18x+e^x$

【例 3.25】　求函数 $y=x^3\ln x$ 的二阶导数.

【解】　$y'=(x^3\ln x)'=3x^2\ln x+x^2$

$y''=(3x^2\ln x+x^2)'=6x\ln x+3x+2x=6x\ln x+5x$

【例 3.26】　已知 $y=\sin x$,求 $y^{(n)}$.

【解】　$y'=\cos x=\sin\left(x+\dfrac{\pi}{2}\right)$

$y''=\left[\sin\left(x+\dfrac{\pi}{2}\right)\right]'=\cos\left(x+\dfrac{\pi}{2}\right)=\sin\left(x+\dfrac{\pi}{2}+\dfrac{\pi}{2}\right)=\sin\left(x+\dfrac{2\pi}{2}\right)$

$y'''=\left[\sin\left(x+\dfrac{2\pi}{2}\right)\right]'=\cos\left(x+\dfrac{2\pi}{2}\right)=\sin\left(x+\dfrac{2\pi}{2}+\dfrac{\pi}{2}\right)=\sin\left(x+\dfrac{3\pi}{2}\right)$

设 $n=k$ 时,$y^{(k)}=\sin\left(x+\dfrac{k\pi}{2}\right)$成立. 则当 $n=k+1$ 时有

$$y^{(k+1)}=\sin\left(x+\frac{k\pi}{2}\right)'=\cos\left(x+\frac{k\pi}{2}\right)=\sin\left(x+\frac{k\pi}{2}+\frac{\pi}{2}\right)=\sin\left(x+\frac{k+1}{2}\pi\right)$$

用数学归纳法可得 $$y^{(n)}=\sin\left(x+\frac{n\pi}{2}\right)$$

同理可得 $$\cos^{(n)}x=\cos\left(x+\frac{n\pi}{2}\right)$$

【同步训练 3.6】

1. 求函数的高阶导数.

(1)设 $y=\sin^2 x$,求 y''.

(2)设 $y=x^3+2\sin x-e^x$,求 y'''.

2. 设函数 $y=x\cos x$,求 $y'''(0)$.

3.7 函数的微分

3.7.1 微分的概念

我们先考察一个具体问题,一块正方形铁板,受热后边长由 x_0 增加到 $x_0+\Delta x$,如图 3.4 所示,问它的面积增加了多少?

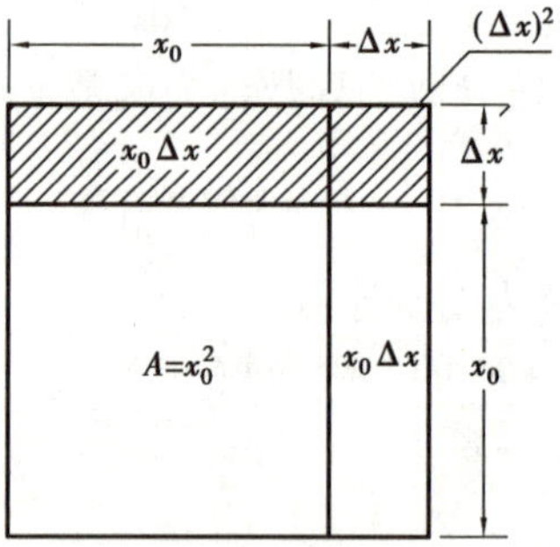

图 3.4

设正方形的边长为 x,则面积 $S(x)=x^2$. 显然,铁板受热后面积的增量 ΔS 为

$$\Delta S=(x_0+\Delta x)^2-x_0^2=2x_0\Delta x+(\Delta x)^2$$

从此式可知 ΔS 由两部分组成:第一部分 $2x_0\Delta x$ 是 Δx 的线性函数,它的系数 $2x_0$ 是函数 $S(x)=x^2$ 在 x_0 处的导数,即 $2x_0=S'(x_0)$;第二部分 $(\Delta x)^2$,当 $\Delta x\to 0$ 时是 Δx 的高阶无穷小,即 $(\Delta x)^2=o(\Delta x)(\Delta x\to 0)$. 此时 $\Delta S=S'(x_0)\Delta x+o(\Delta x)$. 由此可见,当给边长一微小改变量 Δx 时,面积改变量为 $\Delta S\approx S'(x_0)\Delta x$.

这个结论具有一般性,即如果函数 $y=f(x)$ 在 x 处可导,当给自变量一个改变量 Δx 时,相应地函数有改变量 $\Delta y=f'(x)\Delta x+o(\Delta x)$,其中 $f'(x)\Delta x$ 是 Δx 的线性函数,$o(\Delta x)$是 Δx 的高阶无穷小.

当 $|\Delta x|$ 很小时,在取值方面起主要作用的是第一项 $f'(x)\Delta x$,称为 Δy 的线性主部,并

称为函数 $f(x)$ 在点 x 处的微分，且有 $\Delta y \approx f'(x)\Delta x$.

定义 3.2　设函数 $y=f(x)$ 在点 x 处可导，则增量 $\Delta y=f(x+\Delta x)-f(x)$ 的线性主部 $f'(x)\Delta x$ 称为函数 $f(x)$ 在点 x 处的微分，记作

$$\mathrm{d}y \text{ 或 } \mathrm{d}f(x)$$

此时称函数 $f(x)$ 在点 x 处可微.

若 $y=x$，则 $\mathrm{d}x=(x)'\Delta x=\Delta x$，即自变量 x 的微分 $\mathrm{d}x$ 等于自变量 x 的改变量 Δx. 于是，当 x 是自变量时，可用 $\mathrm{d}x$ 代替 Δx. 因此，函数 $y=f(x)$ 在点 x 处的微分为 $\mathrm{d}y=f'(x)\mathrm{d}x$；函数 $f(x)$ 在点 x_0 处的微分为 $\mathrm{d}y=f'(x_0)\mathrm{d}x$.

若将 $\mathrm{d}y=f'(x)\mathrm{d}x$ 变形为 $\frac{\mathrm{d}y}{\mathrm{d}x}=f'(x)$，则左边是函数微分 $\mathrm{d}y$ 与自变量的微分 $\mathrm{d}x$ 之商，因此导数也称为微商.

注　意

(1) 函数 $f(x)$ 在点 x 处可导和可微是等价的；

(2) 当 $|\Delta x|$ 很小时，有 $\Delta y \approx \mathrm{d}y$.

【例 3.27】　求函数 $y=x^2$，当 $x=1$，$\Delta x=0.01$ 时函数的增量 Δy 与微分 $\mathrm{d}y$ 的值.

【解】　当 $x=1$，$\Delta x=0.01$ 时，

$$\Delta y=(1+0.01)^2-1^2=1.020\,1-1=0.020\,1$$

$$\mathrm{d}y=(x^2)'\Delta x=2x\Delta x$$

则

$$\mathrm{d}y\Big|_{\substack{x=1\\ \Delta x=0.01}}=2\times 1\times 0.01=0.02$$

如图 3.5 所示，取曲线 $y=f(x)$ 上的点 $M(x_0,y_0)$，当变量 x 有增量 Δx 时，可得曲线上另一点 $N(x_0+\Delta x, y_0+\Delta y)$，并有 $MQ=\Delta x$，$NQ=\Delta y$.

过点 M 作曲线的切线 MT，它的倾角为 α，则 $QP=MQ\cdot\tan\alpha=f'(x_0)\Delta x$，即 $QP=\mathrm{d}y$.

因此，当 Δy 是曲线 $y=f(x)$ 上点的纵坐标的增量时，$\mathrm{d}y$ 就是曲线过该点的切线的纵坐标的增量，这就是微分的几何意义.

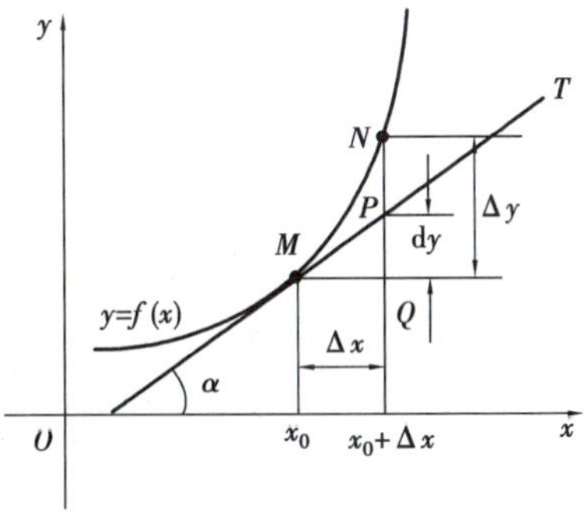

图 3.5

3.7.2　微分的计算

由函数 $y=f(x)$ 的微分 $\mathrm{d}y=f'(x)\mathrm{d}x$ 及导数公式和求导法则，可得微分基本公式和微分运算法则.

1) 微分基本公式

(1) $\mathrm{d}C=0$（C 为常数）　　(2) $\mathrm{d}(x)^\alpha=\alpha x^{\alpha-1}\mathrm{d}x$

(3) $\mathrm{d}(a^x)=a^x\ln a\,\mathrm{d}x$　　(4) $\mathrm{d}(\mathrm{e}^x)=\mathrm{e}^x\mathrm{d}x$

(5) $d(\log_a x)=\frac{1}{x\ln a}dx$　　(6) $d(\ln x)=\frac{1}{x}dx$

(7) $d(\sin x)=\cos x dx$　　(8) $d(\cos x)=-\sin x dx$

(9) $d(\tan x)=\sec^2 x dx$　　(10) $d(\cot x)=-\csc^2 x dx$

(11) $d(\sec x)=\sec x\tan x dx$　　(12) $d(\csc x)=-\csc x\cot x dx$

(13) $d(\arcsin x)=\frac{1}{\sqrt{1-x^2}}dx$　　(14) $d(\arccos x)=-\frac{1}{\sqrt{1-x^2}}dx$

(15) $d(\arctan x)=\frac{1}{1+x^2}dx$　　(16) $d(\text{arccot}\, x)=-\frac{1}{1+x^2}dx$

2)函数的和、差、积、商的微分运算法则

设 $u(x)$,$v(x)$均可微,则

(1) $d(u\pm v)=du\pm dv$

(2) $d(uv)=vdu+udv$,$d(Cu)=Cdu$(C 为常数)

(3) $d\left(\frac{u}{v}\right)=\frac{vdu-udv}{v^2}$

【例 3.28】 已知 $y=x-\frac{1}{2}x^2+\frac{1}{3}x^3-\frac{1}{4}x^4$,求 dy.

【解】 $dy=dx-d(\frac{1}{2}x^2)+d(\frac{1}{3}x^3)-d(\frac{1}{4}x^4)=(1-x+x^2-x^3)dx$

【例 3.29】 已知 $y=x\sin 2x$,求 dy.

【解】 $dy=(x\sin 2x)'dx=\sin 2xdx+xd(\sin 2x)$

$=\sin 2xdx+x\cos 2xd(2x)=\sin 2xdx+2x\cos 2xdx$

【例 3.30】 已知 $y=\ln(2x^2+1)$,求 dy.

【解】 $dy=[\ln(2x^2+1)]'dx=\frac{1}{2x^2+1}(2x^2+1)'dx=\frac{4x}{2x^2+1}dx$

【例 3.31】 已知 $y=\sqrt{1+\cos^2 x}$,求 dy.

【解】 $dy=(\sqrt{1+\cos^2 x})'dx=\frac{1}{2\sqrt{1+\cos^2 x}}(1+\cos^2 x)'dx$

$=\frac{-2\cos x\sin x}{2\sqrt{1+\cos^2 x}}dx=\frac{-\sin 2x}{2\sqrt{1+\cos^2 x}}dx$

3)复合函数的微分法则

设 $y=f(u)$可微,若

(1)当 u 为自变量时,$dy=f'(u)du$;

(2)当 $u=\varphi(x)$时,$y=f[\varphi(x)]$,则 $dy=f'[\varphi(x)]\varphi'(x)dx=f'(u)du$.

也就是说,对于函数 $y=f(u)$,不论 u 为自变量或是 x 的可导函数,函数 $y=f(u)$的微分形式都是 $dy=f'(u)du$,微分的这一性质称为一阶微分形式的不变性.

【例 3.32】 已知 $y=\sin\sqrt{x}$，求 dy.

【解】 $dy=(\sin\sqrt{x})'dx=\cos\sqrt{x}\,d(\sqrt{x})=\dfrac{\cos\sqrt{x}}{2\sqrt{x}}dx$

【例 3.33】 已知 $y=\ln(1-2x)$，求 dy.

【解】 $dy=[\ln(1-2x)]'dx=\dfrac{1}{1-2x}d(1-2x)=-\dfrac{2}{1-2x}dx=\dfrac{2}{2x-1}dx$

【例 3.34】 在下列等式的括号中填入适当函数(不加任意常数)使等式成立.

(1) $d(\quad)=xdx$　　　　(2) $d(\quad)=\sin 2xdx$

【解】 (1)因为 $d(x^2)=2xdx$，所以 $xdx=d\left(\dfrac{x^2}{2}\right)$，即 $d\left(\dfrac{x^2}{2}\right)=xdx$.

一般地，$d\left(\dfrac{x^2}{2}+C\right)=xdx$（$C$ 为任意常数）.

(2)因为 $d(-\cos 2x)=2\sin 2xdx$，所以 $\sin 2xdx=d\left(-\dfrac{1}{2}\cos 2x\right)$，即 $d\left(-\dfrac{1}{2}\cos 2x\right)=\sin 2xdx$.

一般地，$d\left(-\dfrac{1}{2}\cos 2x+C\right)=\sin 2xdx$（$C$ 为任意常数）.

3.7.3 微分在近似计算中的应用

根据微分的定义，当 $|\Delta x|$ 很小，且 $f'(x)\neq 0$ 时，$\Delta y\approx dy$，即

$$\Delta y=f(x_0+\Delta x)-f(x_0)\approx f'(x_0)\Delta x$$

于是

$$f(x_0+\Delta x)\approx f(x_0)+f'(x_0)\Delta x$$

上式为函数值 $y=f(x)$ 在点 x_0 附近的近似计算公式.

【例 3.35】 求 $e^{-0.01}$ 的近似值.

【解】 设函数 $f(x)=e^x$，$x_0=0$，$\Delta x=-0.01$. 根据近似计算公式得

$$e^{-0.01}\approx e^0+e^0\cdot(-0.01)=1-0.01=0.99$$

【例 3.36】 有一批半径为 1 cm 的铁球，为减少表面的粗糙度，需镀上一层铜，厚度为 0.01 cm，估计每只球需要用铜多少克？（铜的密度为 $8.9\ g/cm^3$）

【解】 所镀铜的体积为球半径从 1 cm 增加 0.01 cm 时球体积的增量.

因为 $V=\dfrac{4}{3}\pi r^3$，所以 $dV=\left(\dfrac{4}{3}\pi r^3\right)'dr=4\pi r^2dr$.

由题意知，$r=1$，$dr=\Delta r=0.01$.

因此，所镀铜的体积为

$$\Delta V\approx dV=4\pi\times 1\times 0.01=0.04\pi(cm^3)$$

所镀铜的质量为

$$m=0.04\pi\times 8.9\approx 1.12(g)$$

【同步训练 3.7】

1. 求下列函数的微分.

(1) $y=\sin^2 x+3x+4$　　(2) $y=x^2\ln x-\tan 2$

(3) $y=\ln\sin 2x$　　(4) $y=e^{x^2}$

2. 将适当的函数填入下列括号中,使各等式成立.

(1) $\cos 2x\mathrm{d}x=\mathrm{d}(\quad)$　　(2) $3x^2\mathrm{d}x=\mathrm{d}(\quad)$

(3) $-x^{-2}\mathrm{d}x=\mathrm{d}(\quad)$　　(4) $\frac{1}{x-1}\mathrm{d}x=\mathrm{d}(\quad)$

3. 求下列近似值.

(1) $e^{-0.03}$　　(2) $\sqrt[3]{8.02}$　　(3) $\tan 31°$

第 4 章 导数的应用

在生产实践中，经常会遇到在一定条件下，怎样使“材料最省”“功率最大”等问题。实践中的这类“最省”“最大”问题，就是数学上求函数的最大值、最小值问题.较简单函数或者较特殊函数的最大值、最小值问题比较容易求得，那么一般函数的最大值、最小值问题又该怎样处理呢？下面将运用已经学习的导数来解决此类问题。本章首先介绍“洛必达法则”计算未定式的极限；其次用导数来讨论函数的单调性、极值、最值等问题，以及运用函数性质描绘函数的图像；最后讨论导数在经济中的应用。

4.1 中值定理

定理 4.1（拉格朗日中值定理） 如果函数 $y=f(x)$ 满足下列条件：

(1) 在闭区间 $[a,b]$ 上连续；

(2) 在开区间 (a,b) 内可导.

那么在 (a,b) 内至少存在一点 $\xi\in(a,b)$，使得

$$f'(\xi)=\frac{f(b)-f(a)}{b-a} \quad 或 \quad f(b)-f(a)=f'(\xi)(b-a)$$

几何解释：如果曲线 $y=f(x)$ 在除端点外的每一点都有不平行于 y 轴的切线，那么曲线上至少存在一点 C，使得该点处的切线平行于两端点的连线 AB，如图 4.1 所示.

拉格朗日中值定理表明，函数 $y=f(x)$ 在区间 $[a,b]$ 上的增量 $\Delta y=f(b)-f(a)$ 可用区间 (a,b) 内某点 ξ 处的导数 $f'(\xi)$ 与区间长度 $b-a$ 的乘积表示，即

$$f(b)-f(a)=f'(\xi)(b-a)$$

中值定理的不足之处在于只解决了点 ξ 的存在问题，点 ξ 的确切位置还是未知，但不影响其应用.

拉格朗日中值定理是导数应用的理论基础.

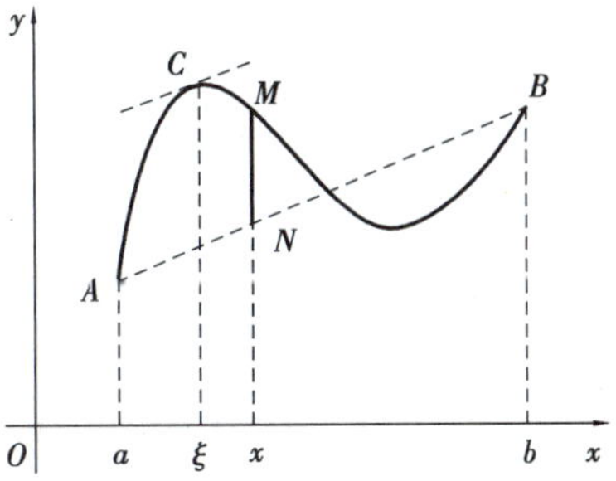

图 4.1

【例 4.1】 验证函数 $f(x)=\arctan x$ 在 $[0,1]$ 上满足拉格朗日中值定理，并由结论求 ξ 的值.

【解】 函数 $f(x)=\arctan x$ 在 $[0,1]$ 上连续，在 $(0,1)$ 内可导，故满足拉格朗日中值定理的条件，则 $f(1)-f(0)=f'(\xi)(1-0)\ (0<\xi<1)$.

$$\arctan 1-\arctan 0=\left.\frac{1}{1+x^2}\right|_{x=\xi}=\frac{1}{1+\xi^2}$$

即

$$\frac{1}{1+\xi^2}=\frac{\pi}{4}$$

得

$$\xi=\sqrt{\frac{4-\pi}{\pi}}(0<\xi<1)$$

由拉格朗日中值定理容易得到下面两个结论：

(1)若在(a,b)内的任一点处有$f'(x)=0$，则在(a,b)内$f(x)=C$(C为常数)；

(2)若两个函数$f(x)$和$g(x)$在(a,b)内的任一点处有$f'(x)=g'(x)$，则在(a,b)内$f(x)$与$g(x)$相差一个常数，即$f(x)=g(x)+C$(C为常数).

定理 4.2(罗尔中值定理) 如果函数$y=f(x)$满足下列条件：

(1)在闭区间$[a,b]$上连续；

(2)在开区间(a,b)内可导；

(3)$f(a)=f(b)$.

那么在(a,b)内至少存在一点ξ，使得

$$f'(\xi)=0$$

罗尔中值定理的几何意义：在每一点都可导的一段连续曲线上，如果曲线的两端点高度相等，那么至少存在一条水平切线，如图 4.2 所示.

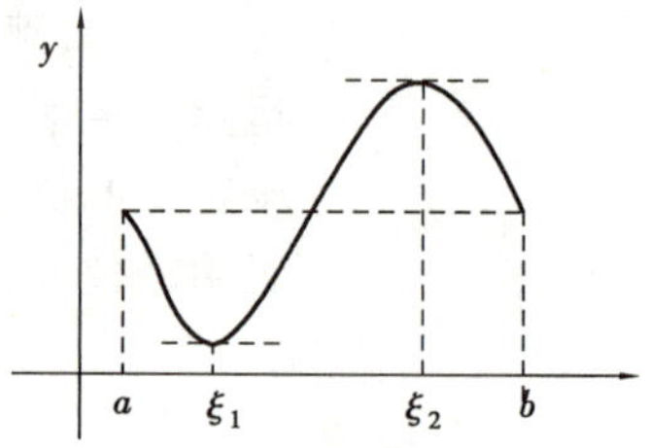

图 4.2

注 意

罗尔中值定理中的 3 个条件缺少任何一个，结论将不一定成立，如图 4.3 所示.

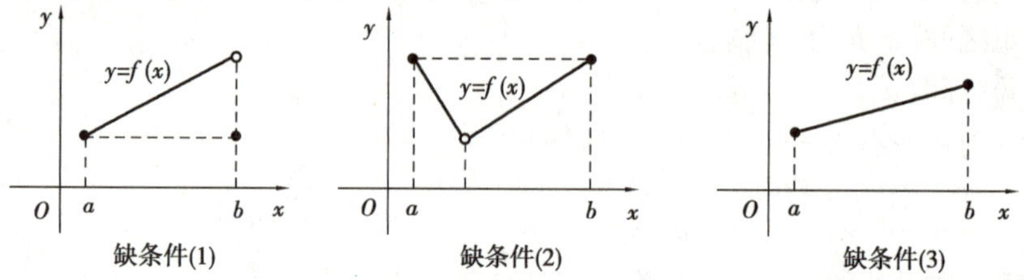

图 4.3

【例 4.2】 验证函数$f(x)=\sin x$在闭区间$[0,2\pi]$上满足罗尔中值定理.

【证明】 $f(x)=\sin x$的定义域为一切实数，且为基本初等函数，故函数在闭区间$[0,2\pi]$上连续.

又$f'(x)=(\sin x)'=\cos x$为基本初等函数，故函数满足罗尔中值定理的全部条件. 由罗尔中值定理知在$(0,2\pi)$内至少存在一点ξ，使$f'(\xi)=\cos\xi=0$.

事实上，$(0,2\pi)$内$\xi_1=\frac{\pi}{2}$，$\xi_2=\frac{3\pi}{2}$都可取为ξ.

定理 4.3(柯西中值定理) 如果函数$y=f(x)$和$g(x)$满足下列条件：

(1)在闭区间$[a,b]$上连续；

(2)在开区间(a,b)内可导；

(3)对任意$x\in(a,b)$，$g'(x)\neq 0$.

那么在(a,b)内至少存在一点ξ，使得

$$\frac{f'(\xi)}{g'(x)}=\frac{f(a)-f(b)}{g(a)-g(b)}$$

显然，当 $g(x)=x$ 时，柯西中值定理即为拉格朗日中值定理. 因此，柯西中值定理是拉格朗日中值定理的推广.

【同步训练 4.1】

1. 验证函数 $f(x)=x^2-4$ 在 $[-2,2]$ 上满足罗尔中值定理的条件，并求出定理中的 ξ.

2. 试证：当 $x>0$ 时，$\cos x>1-\frac{1}{2}x^2$.

4.2　洛必达法则

如果当 $x\to x_0$ 或 $x\to\infty$ 时，两个函数 $f(x)$ 与 $g(x)$ 都趋于零或都趋于无穷大，那么极限 $\lim\limits_{x\to x_0}\frac{f(x)}{g(x)}$ 可能存在，也可能不存在. 通常把这种极限称为未定式，并分别简记为 $\frac{0}{0}$ 或 $\frac{\infty}{\infty}$. 对于未定式的极限，下面给出一种以导数为工具的计算方法——洛必达法则.

4.2.1　$\frac{0}{0}$ 型未定式

定理 4.4　若函数 $f(x)$ 和 $g(x)$ 满足下列条件：

(1) $\lim\limits_{x\to x_0}f(x)=0$，$\lim\limits_{x\to x_0}g(x)=0$；

(2) 在点 x_0 的附近（点 x_0 可以除外）可导，且 $g'(x)\neq 0$；

(3) $\lim\limits_{x\to x_0}\frac{f'(x)}{g'(x)}$ 存在或为 ∞.

则
$$\lim_{x\to x_0}\frac{f(x)}{g(x)}=\lim_{x\to x_0}\frac{f'(x)}{g'(x)}$$

注　意

将定理 4.4 中的 $x\to x_0$ 换成其他的变化趋势，结论仍成立.

【例 4.3】　求 $\lim\limits_{x\to 0}\frac{x^2}{3e^x-3}$.

【解】　分析：当 $x\to 0$ 时，$x^2\to 0$，$3e^x-3\to 0$，这是 $\frac{0}{0}$ 型未定式，可用洛必达法则求解.

$$\lim_{x\to 0}\frac{x^2}{3e^x-3}=\lim_{x\to 0}\frac{(x^2)'}{(3e^x-3)'}=\lim_{x\to 0}\frac{2x}{3e^x}=0$$

【例 4.4】　求 $\lim\limits_{x\to 0}\frac{x-\sin x}{x^2}$.

【解】　$\lim\limits_{x\to 0}\frac{x-\sin x}{x^2}=\lim\limits_{x\to 0}\frac{(x-\sin x)'}{(x^2)'}=\lim\limits_{x\to 0}\frac{1-\cos x}{2x}=\lim\limits_{x\to 0}\frac{(1-\cos x)'}{(2x)'}=\lim\limits_{x\to 0}\frac{\sin x}{2}=0$

【例 4.5】 求$\lim\limits_{x\to1}\dfrac{3x^2-2x-1}{x^3-1}$.

【解】 $\lim\limits_{x\to1}\dfrac{3x^2-2x-1}{x^3-1}=\lim\limits_{x\to1}\dfrac{(3x^2-2x-1)'}{(x^3-1)'}=\lim\limits_{x\to1}\dfrac{6x-2}{3x^2}=\dfrac{4}{3}$

注 意

使用洛必达法则之前要先进行判断，如果$\lim\limits_{x\to x_0}\dfrac{f'(x)}{g'(x)}$仍为$\dfrac{0}{0}$型未定式，且$f'(x)$，$g'(x)$满足定理 4.4 的条件，那么可以继续使用洛必达法则，即$\lim\limits_{x\to x_0}\dfrac{f(x)}{g(x)}=\lim\limits_{x\to x_0}\dfrac{f'(x)}{g'(x)}=\lim\limits_{x\to x_0}\dfrac{f''(x)}{g''(x)}$. 且可以此类推，直到导数之比的极限不再满足定理的条件. 如【例 4.3】中$\dfrac{2x}{3e^x}$已经不是未定式了，如果继续利用洛必达法则就会出错.

【例 4.6】 求$\lim\limits_{x\to0}\dfrac{x^2\sin\dfrac{1}{x}}{\sin x}$.

【解】 $\lim\limits_{x\to0}\dfrac{x^2\sin\dfrac{1}{x}}{\sin x}$是$\dfrac{0}{0}$型未定式的极限问题. 如果使用洛必达法则，分子与分母分别求导数后，将转化为

$$\lim_{x\to0}\frac{x^2\sin\dfrac{1}{x}}{\sin x}=\lim_{x\to0}\frac{2x\sin\dfrac{1}{x}-\cos\dfrac{1}{x}}{\cos x}$$

其中的$\cos\dfrac{1}{x}$，当$x\to0$时，振荡无极限，因此洛必达法则失效.

但是原极限是存在的，可用以下方法求得

$$\lim_{x\to0}\frac{x^2\sin\dfrac{1}{x}}{\sin x}=\lim_{x\to0}\left(\frac{x}{\sin x}\cdot x\sin\frac{1}{x}\right)=1\times0=0$$

注 意

当洛必达法则失效时，并不能断定极限$\lim\dfrac{f(x)}{g(x)}$不存在.

4.2.2 $\dfrac{\infty}{\infty}$型未定式

定理 4.5 若函数$f(x)$和$g(x)$满足以下条件：

(1) $\lim\limits_{x\to x_0}f(x)=\infty$，$\lim\limits_{x\to x_0}g(x)=\infty$；

(2) 在点x_0的附近（点x_0可以除外）可导，且$g'(x)\neq0$；

(3) $\lim\limits_{x\to x_0}\frac{f'(x)}{g'(x)}$存在或为$\infty$.

则
$$\lim_{x\to x_0}\frac{f(x)}{g(x)}=\lim_{x\to x_0}\frac{f'(x)}{g'(x)}$$

说　明

(1)对于定理4.4与定理4.5,若当$|x|$足够大时,$f'(x)$与$g'(x)$都存在,且$g'(x)\neq0$,则当$x\to\infty$时,结论仍然成立.

(2)若$\lim\limits_{x\to x_0}\frac{f'(x)}{g'(x)}\left(\text{或}\lim\limits_{x\to\infty}\frac{f'(x)}{g'(x)}\right)$仍是$\frac{0}{0}$或$\frac{\infty}{\infty}$型,且$f'(x)$与$g'(x)$满足定理的条件,则可以继续使用洛必达法则,即有

$$\lim_{x\to x_0}\frac{f(x)}{g(x)}=\lim_{x\to x_0}\frac{f'(x)}{g'(x)}=\lim_{x\to x_0}\frac{f''(x)}{g''(x)}$$

(3)使用洛必达法则前,必须判断函数极限是否属于$\frac{0}{0}$或$\frac{\infty}{\infty}$型未定式,因为洛必达法则只能用于求$\frac{0}{0}$或$\frac{\infty}{\infty}$型未定式的极限.

【例4.7】　求$\lim\limits_{x\to+\infty}\frac{\ln x}{x}$.

【解】　$\lim\limits_{x\to+\infty}\frac{\ln x}{x}=\lim\limits_{x\to+\infty}\frac{(\ln x)'}{x'}=\lim\limits_{x\to+\infty}\frac{1}{x}=0$

【例4.8】　求$\lim\limits_{x\to+\infty}\frac{3^x}{x^2}$.

【解】　$\lim\limits_{x\to+\infty}\frac{3^x}{x^2}=\lim\limits_{x\to+\infty}\frac{(3^x)'}{(x^2)'}=\lim\limits_{x\to+\infty}\frac{3^x\ln 3}{2x}=\lim\limits_{x\to+\infty}\frac{(3^x\ln 3)'}{(2x)'}=\lim\limits_{x\to+\infty}\frac{3^x\ln^2 3}{2}=\infty$

【例4.9】　求$\lim\limits_{x\to0^+}\frac{\ln\sin x}{\ln x}$.

【解】　$\lim\limits_{x\to0^+}\frac{\ln\sin x}{\ln x}=\lim\limits_{x\to0^+}\frac{(\ln\sin x)'}{(\ln x)'}=\lim\limits_{x\to0^+}\frac{x\cos x}{\sin x}=\lim\limits_{x\to0^+}\frac{\cos x}{\frac{\sin x}{x}}=1$

注　意

洛必达法则虽然是求未定式极限的一种有效方法,但它不是万能的,有时也会失效.此时,应考虑用其他方法求解.

4.2.3　其他类型的未定式

对于其他类型的未定式,如“$0\cdot\infty$”“$\infty-\infty$”“0^0”“1^∞”“∞^0”等,先将它们转化为

“$\frac{0}{0}$”与“$\frac{\infty}{\infty}$”型的未定式，再使用洛必达法则.

【例 4.10】 求$\lim\limits_{x\to0^+} x\ln x$.

【解】 因为$\lim\limits_{x\to0^+} x=0$，$\lim\limits_{x\to0^+} \ln x=\infty$，所以$\lim\limits_{x\to0^+} x\ln x$是无穷小量乘无穷大量的未定式，不能直接使用洛必达法则.

$$\lim_{x\to0^+} x\ln x=\lim_{x\to0^+}\frac{\ln x}{\frac{1}{x}}=\lim_{x\to0^+}(-x)=0$$

【例 4.11】 求$\lim\limits_{x\to0}(\csc x-\cot x)$.

【解】 $\lim\limits_{x\to0}(\csc x-\cot x)=\lim\limits_{x\to0}\left(\frac{1}{\sin x}-\frac{\cos x}{\sin x}\right)=\lim\limits_{x\to0}\frac{1-\cos x}{\sin x}=\lim\limits_{x\to0}\frac{\sin x}{\cos x}=0$

【例 4.12】 求$\lim\limits_{x\to0^+} x^{\tan x}$.

【解】 这是0^0型未定式极限. 因为$x^{\tan x}=e^{\tan x\ln x}$，且

$$\begin{aligned}\lim_{x\to0^+}\tan x\ln x&=\lim_{x\to0^+}\frac{\ln x}{\cot x}\quad\left(\frac{\infty}{\infty}\text{型}\right)\\&=\lim_{x\to0^+}\frac{\frac{1}{x}}{-\csc^2 x}=-\lim_{x\to0^+}\frac{\sin^2 x}{x}\\&=-\lim_{x\to0^+}2\sin x\cos x=0\end{aligned}$$

所以

$$\lim_{x\to0^+}x^{\tan x}=e^0=1$$

【例 4.13】 求$\lim\limits_{x\to0^+}\left(\frac{1}{x}\right)^{\sin x}$.

【解】 这是∞^0型未定式极限. 因为$\left(\frac{1}{x}\right)^{\sin x}=e^{\sin x\ln\frac{1}{x}}$，且

$$\begin{aligned}\lim_{x\to0^+}\sin x\ln\frac{1}{x}&=-\lim_{x\to0^+}\frac{\ln x}{\csc x}\quad\left(\frac{\infty}{\infty}\text{型}\right)\\&=-\lim_{x\to0^+}\frac{\frac{1}{x}}{-\csc x\cot x}=\lim_{x\to0^+}\frac{\sin^2 x}{x\cos x}\\&=\lim_{x\to0^+}\frac{2\sin x\cos x}{\cos x-x\sin x}=0\end{aligned}$$

所以

$$\lim_{x\to0^+}\left(\frac{1}{x}\right)^{\sin x}=e^{\lim\limits_{x\to0^+}\sin x\ln\frac{1}{x}}=e^0=1.$$

【例 4.14】 求$\lim\limits_{x\to1}x^{\frac{1}{1-x}}$.

【解】 这是1^∞型未定式极限. 因为$x^{\frac{1}{1-x}}=e^{\frac{1}{1-x}\ln x}$，且

$$\lim_{x\to1}\frac{1}{1-x}\ln x=\lim_{x\to1}\frac{\ln x}{1-x}=\lim_{x\to1}\frac{\frac{1}{x}}{-1}=-1$$

所以

$$\lim_{x\to1}x^{\frac{1}{1-x}}=e^{-1}$$

【同步训练 4.2】

求下列极限.

(1) $\lim\limits_{x\to1}\dfrac{x^3-3x+2}{x^3-x^2-x+1}$　　(2) $\lim\limits_{x\to0}\dfrac{\ln(1+x)}{2x^2}$

(3) $\lim\limits_{x\to0}\dfrac{e^x-e^{-x}-2x}{x-\sin x}$　　(4) $\lim\limits_{x\to+\infty}\dfrac{\dfrac{\pi}{2}-\arctan x}{\dfrac{1}{x}}$

(5) $\lim\limits_{x\to0^+}\dfrac{\ln\cot x}{\ln x}$　　(6) $\lim\limits_{x\to\frac{\pi}{2}}\dfrac{\tan x}{\tan 3x}$

(7) $\lim\limits_{x\to\frac{\pi}{2}}(\sec x-\tan x)$

4.3　函数的单调性与极值

4.3.1　函数的单调性

如图 4.4(a)所示,如果在区间(a,b)内,曲线上每一点处的切线的倾斜角都是锐角,即切线的斜率都为正值$[k=\tan\alpha=f'(x)>0]$,则曲线是上升的,即函数$f(x)$在(a,b)内单调增加. 如图 4.4(b)所示,如果在区间(a,b)内,曲线上每一点处的切线的斜率都为负值$[k=\tan\alpha=f'(x)<0]$,则曲线是下降的,即函数$f(x)$在(a,b)内单调减少.

对于上升或下降的曲线,它的切线在个别点处可能平行于 x 轴(即导数等于零),如图 4.4(b)中的点 c.

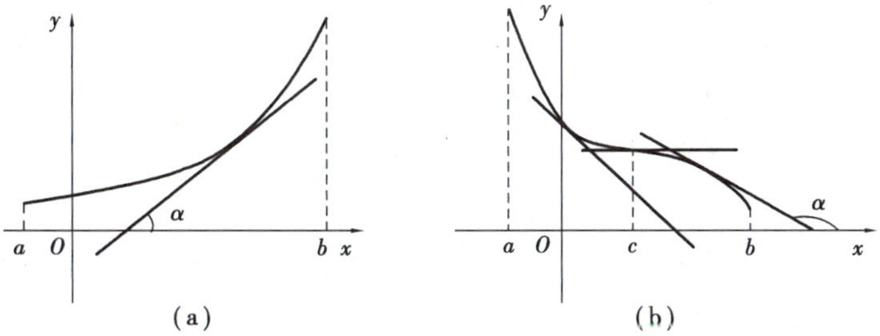

图 4.4

定理 4.6　设函数$f(x)$在$[a,b]$上连续,在(a,b)内可导,对任意的$x\in(a,b)$,有

(1) 函数$f(x)$在(a,b)内单调增加的充分必要条件是$f'(x)\geqslant0$;

(2) 函数$f(x)$在(a,b)内单调减少的充分必要条件是$f'(x)\leqslant0$.

说明

(1) $f'(x)\geqslant0$ 或 $f'(x)\leqslant0$,等号只是在个别点处成立;

(2) 此定理中的闭区间换成其他各种区间(包括无穷区间),结论仍成立.

【例 4.15】 判断函数$f(x)=\sqrt[3]{x}$的单调性.

【解】 该函数的定义域是$(-\infty,+\infty)$,且

$$f'(x)=\frac{1}{3}x^{-\frac{2}{3}}$$

显然$x=0$为函数的不可导点,该点将定义域划分成了两个区间$(-\infty,0)$,$(0+\infty)$.

当$x<0$时,$f'(x)>0$,则区间$(-\infty,0)$为函数的单调递增区间;

当$x>0$时,$f'(x)>0$,则区间$(0,+\infty)$为函数的单调递增区间.

即$f(x)$在定义区间上单调递增.

【例 4.16】 判断函数$f(x)=x^2-2\ln x$的单调性.

【解】 该函数的定义域为$(0,+\infty)$,$f'(x)=2x-\dfrac{2}{x}$,令$f'(x)=0$,得$x=1$. 该点把定义域划分成了两个区间$(0,1)$,$(1,+\infty)$. 讨论函数的单调性,如表4.1所示。由表可知,函数在区间$(0,1)$内单调递减,在区间$(1,+\infty)$内单调递增.

表 4.1 单调性讨论表

x	$(0,1)$	1	$(1,+\infty)$
$f'(x)$	$-$	0	$+$
$f(x)$	↓		↑

由定理4.6可知,函数的单调性由导数的符号决定. 当函数$f(x)$连续时,$f'(x)$符号的分界点是$f'(x)$不存在的点或$f'(x)=0$的点. 我们把$f'(x_0)=0$的点称为函数$f(x)$的驻点.

由上述例题可以得出讨论函数单调性的步骤:

(1)求函数$f(x)$的定义域;

(2)求导数$f'(x)$并得出驻点或$f'(x)$不存在的点;

(3)用(2)中求出的点将定义域划分为若干个子区间;

(4)判断$f'(x)$在每个开区间内的符号,并得出结果.

【例 4.17】 在校读书的小明一直有一个创业梦想,为了探索创业的途径,他在校园内的一家面包店打工. 经过统计,他得出某种面包的生产成本函数为$C(q)=50+0.02q^2$(q为面包的产量),收益函数为$R(q)=4q$. 请分析:生产不同产量的这种面包时,利润的变化趋势.

【解】 由成本函数$C(q)=50+0.02q^2$,收益函数$R(q)=4q$,得利润函数为

$$L(q)=R(q)-C(q)=4q-50-0.02q^2$$

利润函数的定义域为$[0,+\infty)$.

$$L'(q)=4-0.04q$$

令$L'(q)=0$,得驻点$q=100$.

该点将定义域划分成两个区间(0,100),(100, +∞),列表讨论见表4.2.由表可知,产量在(0,100)时利润单调递增,产量在(100, +∞)时利润单调递减.

表4.2　单调性讨论表

q	(0,100)	100	(100, +∞)
$L'(q)$	+	0	−
$L(q)$	↑		↓

应用函数的单调性判别法可证明一些函数的不等式.

【例4.18】　证明对任意 $x>0$,有不等式 $\frac{1}{1+x}<\ln(1+x)$.

【证明】　设 $f(x)=\ln(1+x)-\frac{1}{1+x}$,则 $f'(x)=\frac{x+2}{(1+x)^2}$.对任意 $x>0$,有 $f'(x)>0$,因此函数 $f(x)$ 在 $(0,+\infty)$ 单调递增,且函数在 $[0,+\infty)$ 连续,又 $f(0)=0$.于是对任意 $x>0$,有 $f(x)=\ln(1+x)-\frac{1}{1+x}>0$,即对任意 $x>0$,有不等式 $\frac{1}{1+x}<\ln(1+x)$.

4.3.2　函数的极值

定义4.1　设函数 $f(x)$ 在 $[a,b]$ 上连续,如果对于 x_0 附近内的任意一点 $x(x\neq x_0)$,恒有 $f(x)<f(x_0)$ [或 $f(x)>f(x_0)$],那么称 $f(x_0)$ 是函数 $f(x)$ 的一个极大值(或极小值),称 x_0 为函数 $f(x)$ 的极大值点(或极小值点).

函数的极大值与极小值统称为函数的极值,极大值点与极小值点统称为极值点.

由定义4.1可知,函数的极值是在一点的近旁这样一个小范围内的最大值或最小值,是一个局部性质,因此这样的极值也称为局部极值.极值并不意味着它在函数的整个定义区间为最大或最小,一个定义在 $[a,b]$ 上的函数可以有许多个极大值或极小值,且其中的极大值不一定都大于每一个极小值.

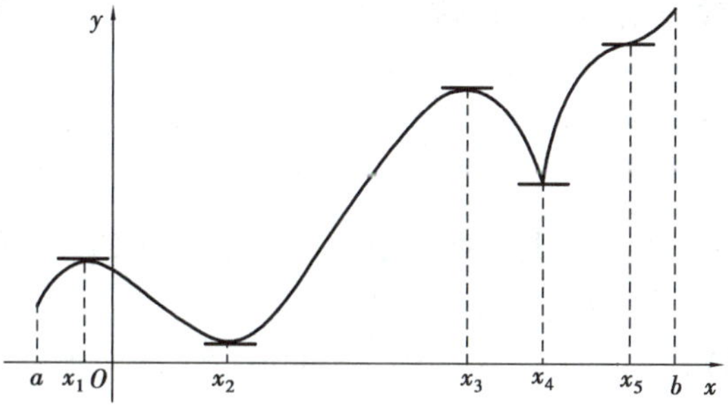

图4.5

如图4.5所示,设函数 $f(x)$ 在 $[a,b]$ 上有定义,函数 $f(x)$ 在点 x_1 和 x_3 处各取得极大值,在点 x_2 和 x_4 处各取得极小值,极大值 $f(x_1)$ 还小于极小值 $f(x_4)$.这些极大值都不是函数在定义区间上的最大值,极小值也不是函数在定义区间上的最小值.

由图 4.5 可以看出，在极值点处如果曲线有切线存在，那么切线平行于 x 轴，即切线的斜率为零. 但是，曲线在某点处有平行于 x 轴的切线，这一点却不一定是极值点，如图 4.5 中的点 x_5.

定理 4.7（极值存在的必要条件） 如果函数 $f(x)$ 在点 x_0 处可导，且在点 x_0 处取得极值，那么 $f'(x_0)=0$.

说 明

（1）定理 4.7 的逆命题不成立，即导数为 0 的点不一定是极值点.

使 $f'(x)=0$ 的点称为函数 $f(x)$ 的驻点. 驻点可能是极值点，也可能不是极值点. 例如，$y=x^3$ 在点 $x=0$ 处的导数等于零，但 $x=0$ 不是 $y=x^3$ 的极值点.

（2）定理 4.7 的条件之一是函数在点 x_0 处可导，而导数不存在（但连续）的点也有可能是极值点. 例如，函数 $f(x)=|x|$ 在点 $x=0$ 处不可导，但函数在该点取得极小值.

（3）函数的极值点一定出现在区间的内部.

因此，函数所有可能的极值点是导数为 0 的点（驻点）和导数不存在的点.

怎么判定函数在驻点或不可导的点处是否取得极值？如果是，取得极大值还是极小值？下面给出两个判定极值的充分条件.

定理 4.8（极值的一阶导数判定法） 设函数 $f(x)$ 在点 x_0 处连续，并且在点 x_0 的附近可导（点 x_0 可除外），x 在 x_0 的附近由小增大经过 x_0 时，如果

（1）$f'(x)$ 由正变负，那么 $f(x_0)$ 是 $f(x)$ 的极大值；

（2）$f'(x)$ 由负变正，那么 $f(x_0)$ 是 $f(x)$ 的极小值；

（3）$f'(x)$ 不改变符号，那么 $f(x_0)$ 不是 $f(x)$ 的极值.

简单地说，若 $f(x)$ 在点 x_0 左增右减，则 $f(x_0)$ 是极大值；若 $f(x)$ 在点 x_0 左减右增，则 $f(x_0)$ 是极小值；若 $f(x)$ 在点 x_0 左右增减性一致，则 $f(x_0)$ 不是极值. 或者说增减区间的分界点即为极值点.

用函数的一阶导数讨论连续函数的单调性与极值时，可按以下步骤进行：

（1）求函数的定义域及一阶导数 $f'(x)$；

（2）求函数所有可能的极值点，即导数为 0 的点和导数不存在的点，这些点将定义域划分为若干个子区间；

（3）列表讨论，在每个子区间上根据导数 $f'(x)$ 的正负来确定函数的单调性，从而判断这些点的函数值是否为极值，或是极大值与极小值.

【例 4.19】 求函数 $f(x)=x^3-3x^2-9x+5$ 的单调区间与极值.

【解】 （1）函数 $f(x)$ 的定义域为 $(-\infty,+\infty)$，且

$$f'(x)=3x^2-6x-9=3(x+1)(x-3)$$

（2）令 $f'(x)=0$，得驻点 $x_1=-1$，$x_2=3$.

（3）列表讨论，见表 4.3.

表 4.3　单调性讨论表

x	$(-\infty,-1)$	-1	$(-1,3)$	3	$(3,+\infty)$
$f'(x)$	+	0	-	0	+
$f(x)$	↑	极大值 10	↓	极小值 -22	↑

(4) 函数 $f(x)$ 在区间 $(-\infty,-1)$ 及 $(3,+\infty)$ 内单调递增，在区间 $(-1,3)$ 内单调递减. 极大值为 $f(-1)=10$，极小值为 $f(3)=-22$.

【例 4.20】　求函数 $f(x)=3x^4-4x^3+1$ 的单调区间与极值.

【解】　(1) 函数 $f(x)$ 的定义域为 $(-\infty,+\infty)$，且

$$f'(x)=12x^3-12x^2=12x^2(x-1)$$

(2) 令 $f'(x)=0$，得驻点 $x_1=0, x_2=1$.

(3) 列表讨论，见表 4.4.

表 4.4　单调性讨论表

x	$(-\infty,0)$	0	$(0,1)$	1	$(1,+\infty)$
$f'(x)$	-	0	-	0	+
$f(x)$	↓	无极值	↓	极小值 0	↑

(4) 函数 $f(x)$ 在区间 $(1,+\infty)$ 内单调递增，在区间 $(-\infty,0)$ 及 $(0,1)$ 内单调递减. 无极大值，极小值为 $f(1)=0$.

若函数 $f(x)$ 在驻点处的二阶导数存在且不等于零时，也可以利用下述定理来判定 $f(x)$ 在驻点处取得极大值还是极小值.

定理 4.9（极值的二阶导数判定法）　设函数 $f(x)$ 在点 x_0 处有二阶导数，且 $f'(x_0)=0$，$f''(x_0)\neq 0$.

(1) 如果 $f''(x_0)<0$，则 $f(x_0)$ 为函数 $f(x)$ 的极大值；

(2) 如果 $f''(x_0)>0$，则 $f(x_0)$ 为函数 $f(x)$ 的极小值.

注　意

当 $f''(x_0)=0$ 时，不能判断函数 $f(x)$ 在点 x_0 处是否取得极值. 例如，函数 $f(x)=x^3$，有 $f'(0)=f''(0)=0$，但点 $x=0$ 不是极值点；而函数 $f(x)=2x^4$，有 $f'(0)=f''(0)=0$，而点 $x=0$ 却是极小值点. 因此，当 $f''(x_0)=0$ 时，极值的二阶导数判定法失效，从而采用一阶导数判定法.

【例 4.21】　求函数 $f(x)=-2x^3+3x^2+12x-1$ 的极值.

【解】　(1) 函数 $f(x)$ 的定义域为 $(-\infty,+\infty)$，且

$$f'(x)=-6x^2+6x+12$$

(2) 令 $f'(x)=0$，得驻点 $x_1=-1, x_2=2$.

(3)$f''(x)=-12x+6$,因为$f''(-1)=18>0$,所以函数$f(x)$在$x_1=-1$处取得极小值$f(-1)=-8$;因为$f''(2)=-18<0$,所以函数$f(x)$在$x_2=2$处取得极大值$f(2)=19$.

【同步训练 4.3】

1. 下列结论正确的是(　　).

A. 函数的极大值一定大于极小值

B. 函数的驻点一定是它的极值点

C. 函数的极值可能在它的区间端点处取得

D. 如果函数$f(x)$在点x_0处取得极值,那么必有$f'(x_0)=0$

2. 确定下列函数的单调区间.

(1)$f(x)=x^2-8\ln x$　　(2)$f(x)=2x^3-9x^2+12x-3$

3. 利用函数的单调性,证明下列不等式.

(1)$\dfrac{2x}{\pi}<\sin x<x\left(0<x<\dfrac{\pi}{2}\right)$　　(2)$x-\dfrac{1}{2}x^2<\ln(1+x)<x(x>0)$

4. 求下列函数的极值.

(1)$f(x)=2+x-x^2$　　(2)$f(x)=\dfrac{1}{3}x^3-x^2-3x+5$

5. 求函数$f(x)=2x^2-x^4$的单调性、极值点和极值.

4.4　函数的凹凸性及作图

4.4.1　函数的凹凸性

讨论函数$y=f(x)$的形态,仅仅知道函数在区间内的增减性还不够,还不能完全反映函数图像的变化规律. 如图4.6所示,曲线在区间(a,b)内虽然都是增加,但是它们增加的方式却有所不同,从图像可以看到,曲线在区间(a,p)上是向上弯曲的,在(p,b)上是向下弯曲的. 因此,在研究函数的图像时,考察曲线的弯曲方向及改变弯曲方向的分界点是很有必要的.

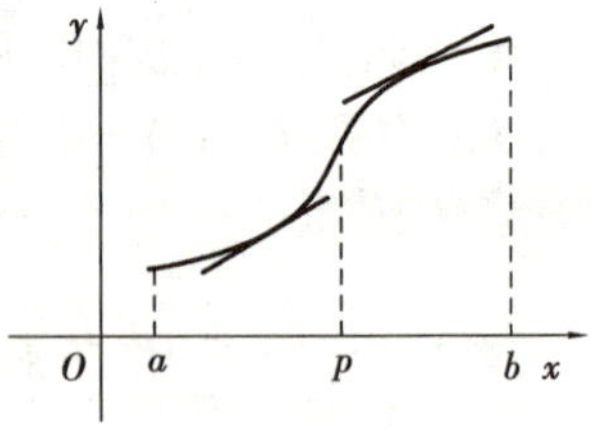

图4.6

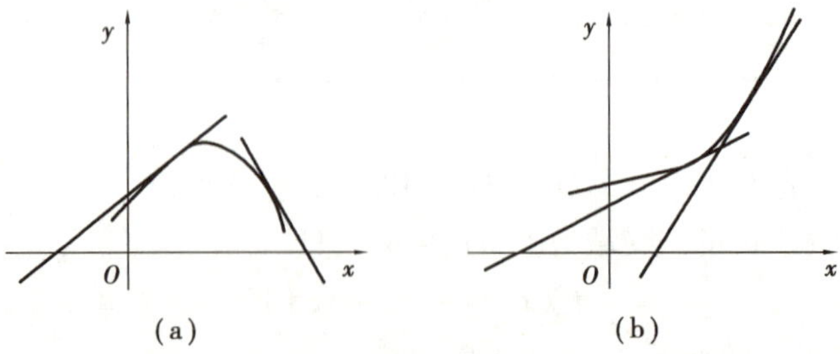

图4.7

定义 4.2　设函数 $y=f(x)$ 在 (a,b) 内可导，如果曲线弧总位于其上任一点的切线下方，则称曲线弧在 (a,b) 内是凸的[图 4.7(a)]；如果曲线弧总位于其上任一点的切线上方，则称曲线弧在 (a,b) 内是凹的[图 4.7(b)]．连续曲线凹弧与凸弧的分界点称为曲线的拐点.

下面给出曲线凹凸性的二阶导数判定法.

定理 4.10(曲线凹凸性的二阶导数判定法)　设函数 $f(x)$ 在 $[a,b]$ 上连续，在 (a,b) 内二阶可导.

(1)若在 (a,b) 内，$f''(x)<0$，则曲线弧 $y=f(x)$ 在 (a,b) 内为凸的；

(2)若在 (a,b) 内，$f''(x)>0$，则曲线弧 $y=f(x)$ 在 (a,b) 内为凹的.

注　意

定理 4.10 中的区间若为无穷区间，结论仍成立.

由于曲线的拐点是曲线凹弧与凸弧的分界点，所以在拐点的邻域内 $f''(x)$ 必然异号．因此，在拐点处有 $f''(x)=0$ 或 $f''(x)$ 不存在，但是 $f''(x)=0$ 或 $f''(x)$ 不存在的点不一定是曲线的拐点.

求曲线的凹凸区间与拐点的一般步骤：

(1)确定函数 $f(x)$ 的定义域，并求 $f''(x)$；

(2)求出 $f''(x)=0$ 及 $f''(x)$ 不存在的点，这些点将定义域划分为若干个子区间；

(3)在每一个子区间内，考察 $f''(x)$ 的符号，从而判定曲线的凹凸区间与拐点.

【例 4.22】　判断曲线 $y=\ln x$ 的凹凸性.

【解】　因为 $y'=\frac{1}{x}, y''=-\frac{1}{x^2}<0$，所以 $y=\ln x$ 在其定义域 $(0,+\infty)$ 内为凸的.

【例 4.23】　判断曲线 $y=\sin x$ 在 $(0,2\pi)$ 内的凹凸性.

【解】　$y'=\cos x, y''=-\sin x$，令 $y''=0$，得 $x=\pi\in(0,2\pi)$.

当 $x\in(0,\pi)$ 时，$y''=-\sin x<0$，因此曲线 $y=\sin x$ 为凸的；

当 $x\in(\pi,2\pi)$ 时，$y''=-\sin x>0$，因此曲线 $y=\sin x$ 为凹的.

【例 4.24】　判断函数 $f(x)=\frac{1}{4}x^4-\frac{3}{2}x^2+\frac{1}{2}$ 的凹凸性并求拐点.

【解】　函数 $f(x)$ 的定义域为 $(-\infty,+\infty)$.

$$f'(x)=x^3-3x,\ f''(x)=3x^2-3$$

令 $f''(x)=0$，得：$x_1=-1, x_2=1$.

列表讨论，见表 4.5(∪表示凹弧，∩表示凸弧)．由表可知，曲线在区间 $(-\infty,-1)$ 与 $(1,+\infty)$ 内为凹的，在区间 $(-1,1)$ 内为凸的．曲线的拐点为 $(-1,-\frac{3}{4})$ 与 $(1,-\frac{3}{4})$.

表 4.5　曲线性态分析表

x	$(-\infty,-1)$	-1	$(-1,1)$	1	$(1,+\infty)$
y''	+	0	-	0	+
y	∪	拐点$\left(-1,-\frac{3}{4}\right)$	∩	拐点$\left(1,-\frac{3}{4}\right)$	∪

4.4.2　曲线的渐近线

为了比较准确地描绘函数的图像，除了知道函数的单调性与极值、凹凸性与拐点外，还应了解曲线的渐近线. 渐近线可以帮助我们定性地了解曲线的走向.

定义 4.3　如果曲线 $y=f(x)$ 上的动点 M 沿着曲线无限远离坐标原点时，它与某直线 L 的距离趋于零，则称此直线 L 为曲线 $y=f(x)$ 的渐近线.

渐近线分为水平渐近线、铅直渐近线和斜渐近线 3 种.

定义 4.4　(1)如果 $\lim\limits_{x\to\infty}f(x)=b$，则称直线 $y=b$ 为曲线 $y=f(x)$ 的水平渐近线.

(2)如果 $\lim\limits_{x\to x_0}f(x)=\infty$，则称直线 $x=x_0$ 为曲线 $y=f(x)$ 的铅直渐近线.

(3)如果 $\lim\limits_{x\to\infty}[f(x)-(ax+b)]=0$，则称直线 $y=ax+b$ 为曲线 $y=f(x)$ 的斜渐近线，并由此可推得

$$a=\lim_{x\to\infty}\frac{f(x)-b}{x}=\lim_{x\to\infty}\frac{f(x)}{x}\qquad b=\lim_{x\to\infty}[f(x)-ax]$$

显然，当 $a=0$ 时，斜渐近线 $y=b$ 就成了水平渐近线.

【例 4.25】　求曲线 $y=x+\dfrac{1}{x}$ 的渐近线.

【解】　因为 $\lim\limits_{x\to\infty}\left(x+\dfrac{1}{x}\right)=\infty$，所以曲线 $y=x+\dfrac{1}{x}$ 无水平渐近线.

因为 $\lim\limits_{x\to 0}\left(x+\dfrac{1}{x}\right)=\infty$，所以直线 $x=0$ 为曲线 $y=x+\dfrac{1}{x}$ 的铅直渐近线.

因为 $a=\lim\limits_{x\to\infty}\dfrac{f(x)}{x}=\lim\limits_{x\to\infty}\dfrac{\left(x+\dfrac{1}{x}\right)}{x}=1$，$b=\lim\limits_{x\to\infty}[f(x)-ax]=\lim\limits_{x\to\infty}\left[\left(x+\dfrac{1}{x}\right)-1\cdot x\right]=\lim\limits_{x\to\infty}\dfrac{1}{x}=0$，所以直线 $y=x$ 为曲线 $y=x+\dfrac{1}{x}$ 的斜渐近线.

4.4.3　函数作图

初等数学里学过的描点作图法，对于简单的平面曲线(如直线，抛物线)比较适用，但对于一般的平面曲线就不适用了. 因为我们既不能保证所取的点是曲线上的关键点(最高点或最低点)，又不能通过取点来判断曲线的增减与凹凸性. 为了更准确、更全面地描绘平面曲线，我们必须确定出反映曲线主要特征的点与线. 一般遵循如下几个步骤：

(1)确定函数的定义域,考察函数的周期性和奇偶性;

(2)求出$f'(x)$和$f''(x)$,并求出$f'(x)=0$的点和$f'(x)$不存在的点、$f''(x)=0$的点和$f''(x)$不存在的点;

(3)根据(2)求出的点将定义域划分成若干个子区间,讨论$f'(x)$和$f''(x)$在各区间内的符号,从而得到函数的单调区间、凹凸区间、极值点及拐点;

(4)求出曲线的渐近线;

(5)作出函数图像上的特殊点(如与坐标轴的交点);

(6)综上分析,描绘出函数的图像.

【例4.26】　描绘函数$y=\dfrac{e^x}{1+x}$的图像.

【解】　函数$y=\dfrac{e^x}{1+x}$的定义域为$x\neq-1$的全体实数,且当$x<-1$时,有$\dfrac{e^x}{1+x}<0$,即$x<-1$时,图像在x轴下方;当$x>-1$时,有$\dfrac{e^x}{1+x}>0$,即$x>-1$时,图像在x轴的上方.

因为$\lim\limits_{x\to-1}\dfrac{e^x}{1+x}=\infty$,所以$x=-1$为该曲线的铅直渐近线.

又因为$\lim\limits_{x\to-\infty}\dfrac{e^x}{1+x}=0$,所以$y=0$为该曲线的水平渐近线.

$$y'=\frac{xe^x}{(1+x)^2},y''=\frac{e^x(x^2+1)}{(1+x)^3}$$

令$y'=0$,得$x=0$,又$x=-1$时,y'和y''不存在.列表讨论,见表4.6.

由表可知,极小值为$f(0)=1$。根据以上讨论,画出函数图像,如图4.8所示.

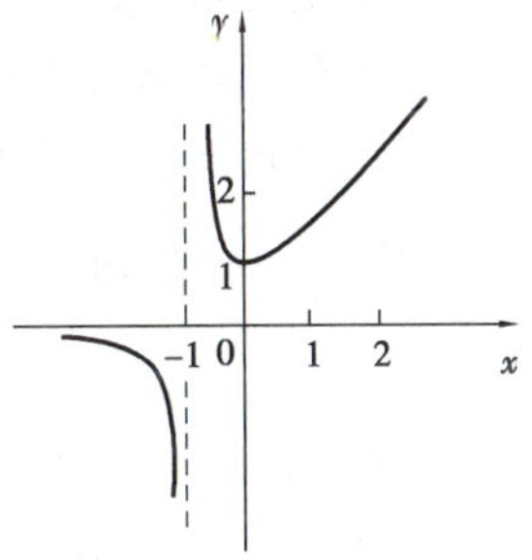

图4.8

表4.6　函数性态分析表

x	$(-\infty,-1)$	-1	$(-1,0)$	0	$(0,+\infty)$
y'	$-$	不存在	$-$	0	$+$
y''	$-$	不存在	$+$	1	$+$
y	↓		↓	极小值1	↑

【同步训练4.4】

1. 求曲线$y=x^4-2x^3+1$的凹凸区间与拐点.

2. 求曲线$y=\dfrac{1}{x-5}$的水平渐近线和铅直渐近线.

3. 描绘函数$y=3x^2-x^3$的图像.

4.5 函数的最值及其应用

函数的极值是一个局部性概念,而最大值、最小值是一个整体性概念,是函数在所考察的整个区间上全部数值中的最大者、最小者.最大值与最小值都只有一个.在实际应用中,常常会遇到这样一类问题:在一定条件下,怎样使"产品最多""用料最省""成本最低""效率最高"等,这类问题可归结为函数(通常称为目标函数)的最大值或最小值问题.

4.5.1 函数的最大值与最小值

设函数 $y=f(x)$ 在闭区间 $[a,b]$ 上连续,则函数 $f(x)$ 在闭区间 $[a,b]$ 上一定存在最大值和最小值,并且最大值和最小值只可能在极值点或闭区间的端点处取得.因此,求连续函数 $f(x)$ 在闭区间 $[a,b]$ 上最值的步骤如下:

(1)求出函数 $f(x)$ 在开区间 (a,b) 内的所有使得 $f'(x)=0$ 和 $f'(x)$ 不存在的点;

(2)计算上述各点及两个端点的函数值;

(3)比较这些函数值的大小,其中最大者即为最大值,最小者即为最小值.

【例 4.27】 已知函数 $f(x)=\frac{1}{3}x^3+\frac{3}{2}x^2-4x$,求 $f(x)$ 在 $[-1,2]$ 上的最大值和最小值.

【解】 $f(x)$ 在 $[-1,2]$ 上连续,$f'(x)=x^2+3x-4$.令 $f'(x)=0$,得驻点 $x_1=1$,$x_2=-4$(舍).因为 $f(-1)=\frac{31}{6}$,$f(1)=-\frac{13}{6}$,$f(2)=\frac{2}{3}$,所以 $f(x)$ 在 $[-1,2]$ 上的最大值点为 $x=-1$,最大值为 $f(-1)=\frac{31}{6}$;最小值点为 $x=1$,最小值为 $f(1)=-\frac{13}{6}$.

4.5.2 最值问题应用举例

如果连续函数 $f(x)$ 在开区间 (a,b) 内有且仅有一个极大值,而无极小值,那么这个极大值就是函数 $f(x)$ 在开区间 (a,b) 内的最大值;如果连续函数 $f(x)$ 在开区间 (a,b) 内有且仅有一个极小值,而无极大值,那么这个极小值就是函数 $f(x)$ 在开区间 (a,b) 内的最小值.在求最大值或最小值的实际应用问题中常遇到这样的情形,对于这样的问题可以用求极值的方法来解决.

1)最优问题

(1)最大利润问题

【例 4.28】 设某产品的价格为 $P=20-\frac{Q}{2}$,P 为价格,Q 为销售量,问产品的销售量为何值时,收益达到最大?

【解】 收益函数为 $R(Q)=P\cdot Q=20Q-\frac{Q^2}{2}$,定义域为 $[0,+\infty)$.$R'(Q)=20-Q$,令

$R'(Q)=0$，得驻点 $Q=20$，分定义域为$[0,20)$，$(20,+\infty)$. 列表讨论，见表4.7. 由表可知，收益函数在销售量为20时，其收益达到最大，最大收益为 $R(20)=200$.

表4.7 单调性讨论表

Q	$(0,20)$	20	$(20,+\infty)$
$R'(Q)$	+	0	−
$R(Q)$	↑	极大值	↓

【例4.29】 设某商店以每双200元的价格购进一批鞋子，据统计此种鞋子的需求函数为 $Q=1\,000-2P$，Q 为需求量（单位：双），P 为价格（单位：元）. 问鞋子的售价为何值时，商店能获得最大利润.

【解】 总成本函数为：$C(P)=200\cdot Q=200\,000-400P$

总收入函数为：$R(P)=P\cdot Q=1\,000P-2P^2$

因此总利润函数为 $L(P)=R(P)-C(P)=1\,000P-2P^2-200\,000+400P=1\,400P-2P^2-200\,000$，定义域为$[0,+\infty)$. $L'(P)=1\,400-4P$，令 $L'(P)=0$，得唯一的驻点 $P=350$. 又因为 $L''(P)=-4<0$，所以唯一的驻点 P 就是极大值点. 因此，要使商店获得最大利润，鞋子的售价应定为350元.

(2)最小平均成本问题

【例4.30】 某工厂生产某种产品的总成本函数为 $C(Q)=2\,500+20Q+Q^2$，Q 为产量（单位：件），问产量为多少件时，每件产品的平均成本最低？

【解】 平均成本函数为$\overline{C(Q)}=\dfrac{C(Q)}{Q}=\dfrac{2\,500}{Q}+Q+20$. 因为$\overline{C'(Q)}=-\dfrac{2\,500}{Q^2}+1$，$\overline{C'(Q)}=0$，得 $Q_1=50$，$Q_2=-50$（舍），于是有唯一的驻点；又因为$\overline{C''(Q)}=\dfrac{5\,000}{Q^3}$，得$\overline{C''(50)}=0.04>0$，所以 $Q_1=50$ 就是该问题的最小值点，即当产量为50件时，每件产品的平均成本最低.

2)经济批量问题

【例4.31】 商场的某商品年销售量为50万件，假设：(1)这些商品分成若干批进购，每批需要进购费500元（与批量大小无关）；(2)商品均匀销售（即商品的平均库存量为批量的1/2）且每件商品库存一年需库存费0.002元. 试求使每年的进购费与库存费之和为最小的最佳批量.

【解】 设每年的进购费与库存费之和为 C，批量为 x，则

$$C=C(x)=500\times\frac{500\,000}{x}+0.002\times\frac{x}{2}=\frac{2.5\times10^8}{x}+\frac{x}{1\,000}(0\leqslant x\leqslant500\,000)$$

由 $C'(x)=\dfrac{1}{1\,000}-\dfrac{2.5\times10^8}{x^2}=0$，得驻点：$x_1=5\times10^5$，$x_2=-5\times10^5$（舍）.

又因为 $C''(x)=\dfrac{5\times10^8}{x^3}>0$，可知驻点 x_1 为最小值点. 因此，最佳批量为50万件.

【例 4.32】 某集团每年需用乙材料 6 000 件,每次订货成本为 150 元,每件材料年储存成本为 5 元,该种材料的采购价为 20 元/件. 供货方为了开拓市场提出了一次订货量在 2 000件以上时可获得 2% 的折扣,在 3 000 件以上时可获得 5% 的折扣,那么该条件是否优惠? 该集团应如何抉择?

【解】 该集团全年花在乙材料上的总费用 $C(x)$ 包含原料费、库存费及手续费. 设该集团每批进购乙材料 x 件,则全年需采购 $\frac{6\ 000}{x}$ 次,从而支付的手续费为

$$150\times\frac{6\ 000}{x}=\frac{900\ 000}{x}$$

另外,根据经济订货量基本模型下存货的库存动态可知,平均库存等于进货批量的一半,则库存为 $\frac{x}{2}$ 件,故全年的库存费为 $5\times\frac{x}{2}=\frac{5x}{2}$ 元. 于是,

$$C(x)=20\times6\ 000+\frac{5x}{2}+\frac{900\ 000}{x}(0\leqslant x\leqslant6\ 000)$$

令 $C'(x)=\frac{5}{2}-\frac{900\ 000}{x^2}=0$,可得唯一的驻点为 $x=600$.

再由 $x<600$ 时,$C'(x)<0$;$x>600$ 时,$C'(x)>0$ 可知,$x=600$ 是极小值点,也是最小值点,即当该集团每批进购乙材料 600 件时,可使全年花在乙材料上的总费用最低,此时不难算得总费用为 12.3 万元,全年采购次数为 10 次.

当单次订货量提高到 2 000 件时,全年采购次数变成了 3 次,平均库存量变成了 1 000 件,因此全年的总费用变为

$$C=20\times6\ 000\times0.98+\frac{5\times2\ 000}{2}+\frac{900\ 000}{2\ 000}=12.305(\text{万元})$$

当单次订货量提高到 3 000 件时,全年的采购次数变成了 2 次,平均库存量变成了 1 500件,因此全年的总费用变为

$$C=20\times6\ 000\times0.95+\frac{5\times3\ 000}{2}+\frac{900\ 000}{3\ 000}=12.18(\text{万元})$$

通过比较可知,该集团应选择单次订货量为 3 000 件.

【同步训练 4.5】

1. 求下列函数在给定区间上的最值.

(1) $f(x)=x^4-8x^2+6,[-1,3]$　　(2) $f(x)=\frac{1}{2}x^2+\frac{8}{x},(0,+\infty)$

(3) $f(x)=\frac{x-1}{x+1},[0,4]$　　(4) $f(x)=2x^3-3x^2-12x+5,(-\infty,+\infty)$

2. 设某产品的总成本为 $C(Q)=100+5Q+Q^2$,Q 为产量(单位:件),问产量为多少件时,每件产品的平均成本最低?

3. 已知某产品的成本函数为 $C(Q)=5Q+200$(万元),收益函数为 $R(Q)=10Q-0.01Q^2$(万元),问产量为多少时,该产品的利润最大? 并求最大利润.

4.6　导数在经济中的应用

4.6.1　边际问题

边际概念是经济学中的重要概念，通常指经济问题的变化率. 函数$f(x)$的变化率，即导数$f'(x)$，称为函数$f(x)$的边际函数. 利用函数的导数研究边际问题是经济应用中的一个重要方法.

案例：从重庆飞往北京的飞机就要出发了，这时候系统仍在售票，但票价是原价的两折，请问航空公司在飞机临飞前打折售票的行为理性吗？

分析：乍一看，航空公司将票价打两折出售是亏了，但如果用边际分析法分析，航空公司的确很“精明”.

“边际”可以理解为“增加的”意思，“边际量”也就是“增量”的意思. 确切来说就是自变量的增量为1个单位时，因变量的增量就是边际量. 例如，生产要素（自变量）增加1个单位，产量（因变量）的增量为2个单位，因变量改变的这2个单位量就是边际产量. 边际分析法就是分析自变量变动1个单位时，因变量会变动多少的方法.

在本案例中，当我们考虑机票是否打折出售时，实际应该考虑的是边际成本和边际收益. 边际成本是增加1名乘客（自变量）所增加的成本. 在这个案例中，增加1名乘客，所需增加的飞机的磨损、燃油费，工作人员工资等都无须增加，对飞机来说多乘载一人，所增加的成本仅仅是发给乘客的食物和饮料，假设这些东西值50元，边际成本也就是50元. 边际收益是增加1名乘客（自变量）所增加的收益，假设飞机的两折票价是300元，边际收益就是300元，因为边际收益大于边际成本，所以航空公司在飞机起飞前打折售票的行为是理性的.

1）边际成本

定义 4.5　总成本函数$C(Q)$的导数$C'(Q)$称为边际成本函数，简称边际成本，记作MC，即

$$\mathrm{MC}=\frac{\mathrm{d}C}{\mathrm{d}Q}=C'(Q)$$

它表示总成本C对产量Q的变化率（单位成本/单位产量）. 例如，当产量$Q=Q_0$时的边际成本为$C'(Q_0)$，其经济意义可以理解为：在产量为Q_0的基础上，再增加（或减少）生产1个单位产品，其总成本大约增加（或减少）的量为$C'(Q_0)$.

2）边际收入

定义 4.6　总收入函数$R(Q)$的导数$R'(Q)$称为边际收入函数，简称边际收入，记作MR，即

$$\mathrm{MR}=\frac{\mathrm{d}R}{\mathrm{d}Q}=R'(Q)$$

它表示总收益R对产量Q的变化率（单位收益/单位产量）. 例如，当产量$Q=Q_0$时的

边际收益为 $R'(Q_0)$，其经济意义可以理解为：在产量为 Q_0 的基础上，再增加（或减少）生产1个单位产品，其总收益大约增加（或减少）的量为 $R'(Q_0)$.

3）边际利润

定义 4.7 总利润函数 $L(Q)$ 的导数 $L'(Q)$ 称为边际利润函数，简称边际利润，记作ML，即

$$\mathrm{ML}=\frac{\mathrm{d}L}{\mathrm{d}Q}=L'(Q)$$

它表示总利润 L 对产量 Q 的变化率（单位利润/单位产量）. 例如，当产量 $Q=Q_0$ 时的边际利润为 $L'(Q_0)$，其经济意义可以理解为：在产量为 Q_0 的基础上，再增加（或减少）生产1个单位产品，其总利润大约增加（或减少）的量为 $L'(Q_0)$.

【例 4.33】 设某蛋糕店生产蛋糕的总成本函数为 $C(Q)=150+3Q+0.02Q^2$（单位：元），Q 为产量.

（1）求产量为100个时的平均成本、边际成本，并说明其经济意义；

（2）如果对该店征收租金，问征收的租金对蛋糕的边际成本是否有影响？为什么？

【解】 （1）平均成本 $\overline{C}(100)=\dfrac{C(100)}{100}=\dfrac{150+3\times100+0.02\times100^2}{100}=6.5$（元）

边际成本函数为 $C'(Q)=3+0.04Q$，又 $C'(100)=3+4=7$（元）.

经济意义：当产量达到100个时，再多生产1个蛋糕，总成本大约增加7元.

（2）因对该店征收的租金为固定成本，与产量 Q 无关，因此对边际成本没有影响. 例如，租金征收300元，则总成本为 $C(Q)=(150+300)+3Q+0.02Q^2=450+3Q+0.02Q^2$，边际成本仍为 $C'(Q)=3+0.04Q$.

【例 4.34】 据统计某蛋糕店生产的蛋糕需求函数为 $Q=100-2P$，其中 P 为价格，Q 为需求量. 求边际收入函数，及需求量为50和100个时的边际收入，并解释其经济意义.

【解】 由 $Q=100-2P$，得 $P=\dfrac{100-Q}{2}$，则总收入函数为：

$$R(Q)=P\cdot Q=\frac{100-Q}{2}\cdot Q=\frac{1}{2}(100Q-Q^2)$$

又边际收入函数为 $R'(Q)=\dfrac{1}{2}(100-2Q)$，则需求量为50的边际收入为 $R'(50)=0$，经济意义：当销售量为50个时，多销售1个蛋糕产品，其收入大约增加0元；需求量为100的边际收入为 $R'(100)=-50$，经济意义：当销售量为100个时，多销售1个蛋糕产品，其收入大约减少50元.

【例 4.35】 面包店生产的某种面包的总成本函数和总收益函数分别为：

$$C(Q)=60+3Q+0.03Q^2\text{（元）}\qquad R(Q)=5Q+0.02Q^2\text{（元）}$$

求边际利润函数以及当产量分别是50，100，200个时的边际利润，并说明其经济意义.

【解】 总利润函数为 $L(Q)=R(Q)-C(Q)=-0.01Q^2+2Q-60$，则边际利润函数 $L'(Q)=-0.02Q+2$. 当产量分别是50，100，200个时的边际利润分别为 $L'(50)=1$（元），$L'(100)=0$（元），$L'(200)=-2$（元）.

经济意义:在面包产量为50个的基础上,再多生产1个面包,其总利润大约增加1元;在面包产量为100个的基础上,再多生产1个面包,其总利润几乎没有变化;在面包产量为200个的基础上,再多生产1个面包,其总利润大约减少2元.

4)边际需求

定义4.8　总需求函数$Q(P)$的导数$Q'(P)$称为边际需求函数,简称边际需求,记作MQ,即

$$\mathrm{MQ}=\frac{\mathrm{d}Q}{\mathrm{d}P}=Q'(P)$$

它表示总利润Q对价格P的变化率(单位利润/单位产量).例如,当价格$P=P_0$时的边际利润为$Q'(P_0)$,其经济意义可以理解为:在价格为P_0的基础上,再增加(或减少)生产1个单位产品,其总利润大约增加(或减少)的量为$Q'(P_0)$.

【例4.36】　商场内某商品的需求函数为$Q=Q(P)=50-0.5P^2$,求价格$P=5$时的边际需求,并说明它的经济意义.

【解】　因为$Q'(P)=-P$,所以$Q'(5)=-5$,经济意义:当价格为5时,价格每上涨1个单位价格时,其需求量大约减少5个单位.

4.6.2　弹性问题

你可曾想过这样一个问题,为什么汽车、计算机、电视等商品一旦降价,销售量就会大增,而粮食、食盐等商品即使提价,销售量也不会减少呢?在经济领域中,汽车、计算机、电视这些商品是富有弹性的商品,商品的需求量对价格变化的反应很敏感,价格稍有变动就会引起需求量很大的变化;而像粮食、食盐等商品是缺乏弹性的商品,商品的需求量对价格的变化不那么敏感,即使价格有较大变动,也不会引起需求量很大的变化.为了对这种现象作定量描述,下面引入弹性的概念.

1)函数的相对变化率——函数的弹性

函数$y=f(x)$的改变量$\Delta y=f(x+\Delta x)-f(x)$称为函数在点$x$处的绝对改变量,$\Delta x$称为自变量在点$x$处的绝对改变量.$f'(x)=\lim\limits_{\Delta x\to 0}\frac{\Delta y}{\Delta x}$称为函数$f(x)$在点$x$处的绝对变化率.在实际问题中,有时仅知道绝对改变量及绝对变化率是不够的.例如,商品A的单价为10元,涨价1元;商品B的单价为1 000元,也涨价1元.虽然这两种商品的单价的绝对改变量相同,但是它们各自与原价10元和1 000元相比,两种商品涨价的百分数大不相同.商品A的涨价百分数为$\frac{1}{10}\times 100\%=10\%$,而商品$B$的涨价百分数为$\frac{1}{1\ 000}\times 100\%=0.1\%$.前者是后者的100倍.因此,有必要研究相对改变量与相对变化率问题.

定义4.9　设函数$y=f(x)$可导,在点x处函数$f(x)$和自变量x的绝对改变量分别为Δy和Δx,则比值$\frac{\Delta y}{y}$与$\frac{\Delta x}{x}$分别称为在点x处函数$f(x)$的相对改变量和自变量x的相对改变

量. 当 $\Delta x\to 0$ 时,若极限 $\lim\limits_{\Delta x\to 0}\dfrac{\frac{\Delta y}{y}}{\frac{\Delta x}{x}}$ 存在,则称此极限是函数 $y=f(x)$ 在点 x 处的相对变化率,又称为函数 $y=f(x)$ 在点 x 处的弹性,记作 $\dfrac{E_y}{E_x}$,即

$$\frac{E_y}{E_x}=\lim_{\Delta x\to 0}\frac{\frac{\Delta y}{y}}{\frac{\Delta x}{x}}=\frac{x}{y}\lim_{\Delta x\to 0}\frac{\Delta y}{\Delta x}=\frac{x}{y}\cdot y'$$

简记为 η,即 $\eta=\dfrac{x}{y}\cdot y'$. 由于 η 是 x 的函数,所以也称 $\eta=\dfrac{x}{y}\cdot y'$ 为 $f(x)$ 的弹性函数.

$\eta=\dfrac{x}{y}\cdot y'$ 反映函数 $f(x)$ 随 x 的变化而变化的幅度大小,也就是 $f(x)$ 对 x 变化反应的强烈程度或灵敏度.

函数 $y=f(x)$ 在点 x_0 处的弹性为 $\eta|_{x=x_0}$,反映自变量 x 在 x_0 处产生 1% 的改变时,函数近似改变 $(\eta|_{x=x_0})\%$.

【例 4.37】 求函数 $f(x)=\dfrac{x}{x+1}$ 在 $x=3$ 处的弹性,并说明其意义.

【解】因为 $y'=\dfrac{1}{(x+1)^2}$,所以

$$\eta=\frac{x}{y}\cdot y'=\frac{1}{(x+1)^2}\cdot\frac{x(x+1)}{x}=\frac{1}{x+1}$$

当 $x=3$ 时,$\eta|_{x=3}=0.25$. 它表示在 $x=3$ 处,自变量增加 1% 时,函数值便在 $f(3)=0.75$ 的基础上近似地增加 0.25%.

2)经济中常见的几种弹性

(1)需求弹性

设需求函数 $Q=Q(P)$ 在 P 处可导,称 $-\dfrac{P}{Q(P)}Q'(P)$ 为价格 P 时的需求弹性,记为 $\dfrac{E_Q}{E_P}$,即

$$\frac{E_Q}{E_P}=-\frac{P}{Q(P)}Q'(P)$$

它表示在价格 P 的基础上,当商品价格上涨 1% 时,需求量大约会减少 $\dfrac{E_Q}{E_P}\%$.

(2)收益弹性

设收益函数 $R=R(Q)$ 在 Q 处可导,称 $\dfrac{Q}{R(Q)}R'(Q)$ 为产量 Q 时的收益弹性,记为 $\dfrac{E_R}{E_Q}$,即

$$\frac{E_R}{E_Q}=\frac{Q}{R(Q)}R'(Q)$$

它表示在产量 Q 的基础上，当商品产量增加1%时，总收益大约会增加$\frac{E_R}{E_Q}\%$.

【例4.38】　设某商品的需求函数为 $Q(P)=27-P^2$，求 $P=2,3,4$ 个时的需求弹性，并说明其经济意义.

【解】
$$\frac{E_Q}{E_P}=-\frac{P}{Q(P)}Q'(P)=-\frac{P}{27-P^2}(-2P)=\frac{2P^2}{27-P^2}$$

$$\left.\frac{E_Q}{E_P}\right|_{P=2}=\frac{8}{23}\approx 0.347\,8\qquad \left.\frac{E_Q}{E_P}\right|_{P=3}=1\qquad \left.\frac{E_Q}{E_P}\right|_{P=4}=\frac{32}{11}\approx 2.909\,1$$

经济意义：在价格为2个单位时，价格上涨1%，需求量大约会减少0.347 8%，此时需求量减少的速度比增长的速度慢；在价格为3个单位时，价格上涨1%，需求量大约会减少1%，此时需求量减少的速度与价格上涨的速度一样；在价格为4个单位时，价格上涨1%，需求量大约会减少2.909 1%，此时需求量减少的速度比价格上涨的速度快.

一般地，当$\frac{E_Q}{E_P}>1$时，商品需求量变化的百分比高于价格变化的百分比，价格的变动对需求量的影响较大，此时称为高弹性；当$0<\frac{E_Q}{E_P}<1$时，商品需求量变化的百分比低于价格变化的百分比，价格的变动对需求量的影响不大，此时称为低弹性；当$\frac{E_Q}{E_P}=1$时，商品需求量变化的百分比等于价格变化的百分比，此时称为单位弹性.

3）需求弹性与收益弹性的关系

设需求函数 $Q=Q(P)$，则收益函数为 $R=P\cdot Q(P)$，有

$$R'=Q(P)+PQ'(P)=Q(P)\cdot\left[1+P\frac{Q'(P)}{Q(P)}\right]=Q(P)\cdot\left(1-\frac{E_Q}{E_P}\right)$$

若$\frac{E_Q}{E_P}>1$，则 $R'<0$，即当需求为高弹性时，收益为减函数，此时价格上涨时，总收益会减少.

若$\frac{E_Q}{E_P}<1$，则 $R'>0$，即当需求为低弹性时，收益为增函数，此时价格上涨时，总收益会增加.

若$\frac{E_Q}{E_P}=1$，则 $R'=0$，此时总收益 R 取得最大值.

并由 $R'=Q(P)\cdot\left(1-\frac{E_Q}{E_P}\right)$，可得

$$\frac{1}{Q}\cdot R'=1-\frac{E_Q}{E_P}\qquad 即\frac{P}{R}R'=1-\frac{E_Q}{E_P}$$

所以

$$\frac{E_R}{E_P}=1-\frac{E_Q}{E_P}$$

上式反映了需求弹性与收益弹性的关系.

【例 4.39】 设某商品的需求函数为 $Q(P)=600-50P$,求:

(1)需求弹性函数;

(2)当 $P=1,6,8$ 时的需求弹性,并说明其经济意义;

(3)在 $P=1$ 时,若价格上涨 1%,总收益增加还是减少?变化幅度是多少?

【解】 (1)需求弹性函数为

$$\frac{E_Q}{E_P}=-\frac{P}{600-50P}\cdot(-50)=\frac{50P}{600-50P}$$

(2) $\left.\frac{E_Q}{E_P}\right|_{P=1}=\frac{50}{600-50}=\frac{1}{11}\approx 0.09$,说明此时为低弹性,收益为增函数,表明价格上涨 1% 时,商品的需求量大约减少 0.09%;

$\left.\frac{E_Q}{E_P}\right|_{P=6}=\frac{50\times 6}{600-50\times 6}=1$,说明此时为单位弹性,总收益 R 取得最大值;

$\left.\frac{E_Q}{E_P}\right|_{P=8}=\frac{50\times 8}{600-50\times 8}=2$,说明此时为高弹性,收益为减函数,表明价格上涨 1% 时,商品的需求量大约减少 2%.

(3) 因为 $\left.\frac{E_Q}{E_P}\right|_{P=1}<1$,所以当 $P=1$ 时,收益函数 R 是随着价格 P 单调递增的. 即价格上涨,总收益将增加.

由于 $R(P)=PQ=600P-50P^2$,所以

$$\left.\frac{E_Q}{E_P}\right|_{P=1}=\left.\frac{P}{R(P)}R'(P)\right|_{P=1}=\left.\frac{P}{600P-50P^2}\cdot(600-100P)\right|_{P=1}=\frac{10}{11}\approx 0.91$$

或可另解如下:

$$\left.\frac{E_Q}{E_P}\right|_{P=1}=1-\left.\frac{E_Q}{E_P}\right|_{P=1}=1-\frac{1}{11}=\frac{10}{11}\approx 0.91$$

即 $P=1$ 时,价格上涨 1%,总收益大约增加 0.91%.

【同步训练 4.6】

1. 设产品的总成本函数为 $C(Q)=1\ 000+5Q+0.02Q^2$(元),则该产品在产量为 500 个单位时的边际成本为多少?其经济意义是什么?

2. 设某商品的总利润函数为 $R(Q)=-100+40Q-0.01Q^2$(元),则该商品销售量为 100 个单位时的边际利润为多少?其经济意义是什么?

3. 已知某商品的需求函数为 $Q=12-\frac{P}{2}$, 求:(1)需求弹性函数;(2)$P=6$ 时的需求弹性,并说明其经济意义.

综合练习题 2

1. 填空题

(1)设$f(x)=\sqrt{2x}$,则$f'(5)=$__________.

(2)已知函数$f(x)=x^3+\sqrt{x}$,则$f'(1)=$__________.

(3)已知$f(x)=\ln x$,则$f'(x)=$__________.

(4)求曲线$f(x)=\frac{1}{x}$在点$x=2$处的切线方程为__________,法线方程为__________.

(5)已知函数$y=\frac{x^2+1}{4x}$,则$\mathrm{d}y=$__________.

(6)设产品的总利润函数为$L(Q)=Q^2+2Q+100$(元),则当该产品产量为50时,总利润的变化率为__________.

(7)若函数$f(x)=\ln\sin x$在区间$\left[\frac{\pi}{4},\frac{3\pi}{4}\right]$上,满足罗尔中值定理条件的$\xi=$________.

(8)函数$f(x)=x-\ln x$的单调递增区间为__________,单调递减区间为__________.

(9)函数$f(x)=x^4-x^2$的极大值为__________,极小值为__________.

(10)函数$f(x)=x^3-12x+1$,在$[1,3]$上的最大值为________,最小值为________.

(11)函数$y=x^3+2x+5$的凹凸区间分别为__________________,拐点为__________.

(12)某化工厂日生产能力为2 000 t,每日产品的总成本C(单位:万元)是日产量x(单位:t)的函数,即$C(x)=1\,000+5x+2\sqrt{x}$,$x\in[0,1\,000]$.求当日产量为100 t时的边际成本为__________.

2. 选择题

(1)设函数$f(x)$在点x_0处可导,且$f'(x_0)=2$,则$\lim\limits_{\Delta x\to 0}\frac{f(x_0+3\Delta x)-f(x_0)}{\Delta x}=$(　　).

A. 2　　B. 6　　C. 3　　D. 0

(2)函数$y=\frac{x^2}{4}$在点$(2,2)$处的切线方程为(　　).

A. $x-y=0$　　B. $x-2y+2=0$　　C. $x-y-4=0$　　D. $-x+y=0$

(3)曲线$y=f(x)$在任意点x处的切线斜率为$3x$,且过点$(0,-4)$,则曲线方程为(　　).

A. $y=3x+4$　　B. $y=\frac{3}{2}x^2+4$　　C. $y=3x-4$　　D. $y=\frac{3}{2}x^2-4$

(4)下列各式中错误的是(　　).

A. $(x^\alpha)'=\alpha x^{\alpha-1}$　　B. $\ln 3=\frac{1}{3}$

C. $(a^x)'=a^x\ln a$　　D. $x^x=x^x(1+\ln x)$

(5)已知 $y=e^{g(x)}$，则 $y''=$(　　).

A. $e^{g(x)}g''(x)$　　B. $e^{g(x)}$

C. $e^{g(x)}[g'(x)^2+g''(x)]$　　D. $e^{g(x)}[g'(x)+g''(x)]$

(6)已知函数 $y=4x^3-2x^2-x+1$，当自变量 x 由 1 变到 0.998 时，函数的微分 $dy=$(　　).

A. -0.014　　B. 0.14　　C. 0.014　　D. -0.14

(7)下列函数在区间$[-1,1]$上满足罗尔中值定理条件的是(　　).

A. $y=\ln x$　　B. $y=x^2-1$　　C. $y=|x|$　　D. $y=x^3$

(8)已知函数 $f(x)=x-e^x$，则 $f(x)$ 的单调递增区间为(　　).

A. $(-\infty,0)$　　B. $(0,+\infty)$　　C. $(1,+\infty)$　　D. $(-\infty,-1)$

(9)已知函数 $y=x^3-3x^2+1$，则 y 的极大值、极小值分别为(　　).

A. 3，-1　　B. 1，-3　　C. 3，1　　D. -1，-3

(10)曲线 $y=\ln x+\frac{1}{2}x^2$ 的拐点为(　　).

A. ±1　　B. $\left(-1,\frac{1}{2}\right)$　　C. $(-1,1)$　　D. $\left(1,\frac{1}{2}\right)$

(11)某商场购进一批 100 元/件的衬衫，已知该衬衫的需求函数为 $Q=600-30P$，Q 为需求量，P 为价格，则价格为(　　)元时利润达到最大.

A. 600　　B. 500　　C. 400　　D. 200

3. 解答题

(1)函数 $f(x)=\begin{cases}-x & x\leq 0\\ \sqrt{x} & x>0\end{cases}$ 在点 $x=0$ 处连续吗？可导吗？为什么？

(2)求下列函数的导数.

①$y=\sqrt[3]{\sqrt[3]{x}}$　　②$y=\frac{1}{x^2}$　　③$y=3^{-x}$

(3)求下列函数的导数.

①$y=(2x^3+5)(3x+6)$　　②$y=\frac{\cos 2x}{\sin x-\cos x}$

③$y=\frac{4x}{1+x^2}$　　④$y=\frac{x^2e^2}{1+x}$

⑤$y=(2x+2)^5$　　⑥$y=\arctan\sqrt{2x}$

⑦$y=\sqrt{3x^2+1}$　　⑧$y=x^2e^{-3x}\sin 2x$

(4)已知函数 $y=e^x\ln x$，求 $f'(1)$.

(5)求下列隐函数的导数.

①$x^3+y^2-2xy=0$　　②$xy-e^x+e^y=0$

(6)用对数求导法求下列函数的导数.

①$y=(\cos x)^{\ln x}$　　②$y=x^{\sqrt{x}}$

③$y=\sqrt{\frac{x-1}{x(x+3)}}$　　④$y=\frac{x^3}{1-x}\sqrt{\frac{2+x}{(2-x)^2}}$

(7)求下列函数的二阶导数.

①$y=3x^5+\cos x$　　②$y=x\sin x$

③$y=\frac{1}{3}x^3+\ln x$　　④$y=(1+x^2)e^x$

(8)求下列函数的微分.

①$y=(x^3-x)^6$　　②$y=\ln\frac{x}{1-x}$

③$y=e^x-\ln x$　　④$y=x^2\sin 2x$

⑤$y=x^2\sin\frac{1}{x}$　　⑥$y=\log_3(2+3x^2)$

(9)利用微分求下列函数的近似值.

①$\sqrt{2}$　　②$e^{-0.02}$　　③$\sin 31°$

(10)立方体的体积从27 cm^3扩大到27.3 cm^3,问它的边长近似地改变了多少?

(11)判断下列函数的单调性.

①$f(x)=x^3-12x+3$　　②$f(x)=x^3-3x^2-9x+5$

(12)用函数的单调性证明下列不等式成立.

①证明:$x>0$时,$x>\arctan x$　　②证明:$x>1$时,$\frac{1}{2}\ln x>\frac{x-1}{x+1}$

(13)求下列函数的极值.

①$f(x)=x^3-\frac{5}{2}x^2-12x+3$

②$f(x)=x-\ln(1+2x)$

③$f(x)=x^2e^{-x}$

(14)求下列函数在给定区间上的最值.

①$f(x)=x\ln x,(0,+\infty)$

②$f(x)=x^4-2x^2+5,[-2.2]$

③$f(x)=3-(x-1)^{\frac{2}{3}},[0,9]$

(15)利用洛必达法则求下列极限.

①$\lim\limits_{x\to 0}\frac{\tan x-x}{x-\sin x}$　　②$\lim\limits_{x\to 0}\frac{e^x-e^{-x}}{\sin x}$

③$\lim\limits_{x\to+\infty}\frac{\ln x}{x^\alpha}$　　④$\lim\limits_{x\to+\infty}\frac{\ln x}{x}$

⑤$\lim\limits_{x\to 0^+}\frac{\ln\sin x}{\ln x}$　　⑥$\lim\limits_{x\to a}\frac{\sin x-\sin a}{x-a}$

⑦$\lim\limits_{x\to 0}\frac{\ln(1+x)}{x}$　　⑧$\lim\limits_{x\to 1}\frac{\ln x-x+1}{x^2-x}$

⑨$\lim\limits_{x\to 3}\frac{\ln(4-x)}{x^2-7x+12}$　　⑩$\lim\limits_{x\to\infty}x(e^{\frac{1}{x}}-1)$

4. 应用题

(1)某厂生产 Q 个单位产品的总成本为 $C(Q)=100+5Q+Q^2$(万元),问:Q 为多少个单位时平均成本最低?最低平均成本是多少?

(2)设某商品的需求量为 $Q=500-P$,Q 为需求量(单位:件),P 为价格(单位:元),问:价格为多少时总收益最高?最高收益为多少?

(3)设某厂生产某种产品的总成本为 $C(Q)=100+50Q+2Q^2$(元),Q 为产量,总收益为 $R(Q)=100Q-\frac{1}{2}Q^2$,问:当产量为多少时,产品利润达到最大?最大利润是多少?

(4)某商场销售一种商品的年销售量为 1 000 件,该商品由某公司以每件 2 000 元的价格进购,每次进货都要支付 300 元的手续费,每件商品每月的库存费为 5 元,如果年销售率是均匀的(此时商品的库存数为批量的 1/2),问:应该分几批进购才能使库存费之和最小?这笔费用是多少?

(5)某商品的需求函数为 $Q=100-2P$,其中 P 为价格,Q 为需求量,求边际收入函数以及当需求量为 80 和 100 时的边际收入,并解释它们的经济意义.

(6)某工厂生产某种产品,每天的收益 $R(Q)=80Q$(元),Q 为产量(单位:t),成本函数为 $C(Q)=5Q^2$,求当每天生产 6,8,10 t 时的边际利润,并解释其经济意义.

(7)设某商品的需求量 Q 与价格 P 的函数关系为 $Q=5\mathrm{e}^{-0.2P}$,求需求弹性函数.

(8)设某产品的价格 P 与需求量 Q 之间的函数关系为 $P=60-2\sqrt{Q}$,求价格为 20 元时的需求弹性,并解释它的经济意义.

模块 3

积分学

微分与积分是微积分学中的两大基本运算，微分运算的逆运算是不定积分的运算. 微分学的基本问题是：已知确定函数，求对应的导数或者微分. 但在诸多实际问题中常出现逆向问题，即已知某函数的导数或微分，求该函数. 这种由函数的已知导数或微分求原来函数的问题，是积分学的基本问题之一——不定积分. 不定积分的应用之一是全微分. 本模块主要介绍不定积分与定积分的概念、性质、积分方法及应用，特别是积分学在经济中的应用.

第5章　不定积分

在第3章我们学习了求已知函数的导数或微分问题，但在自然科学和社会科学中经常还需要研究相反的问题，即要寻求一个可导函数，使它的导函数等于已知函数，这就是本章要学习的积分学基本问题之一——不定积分. 本章将学习不定积分的概念、公式、运算性质、法则，不定积分的直接积分法、换元积分法、分部积分法等内容.

5.1　不定积分的概念与积分公式

5.1.1　不定积分的概念

1)原函数

定义5.1　定义在区间 I 上的函数 $F(x)$，$f(x)$，若满足 $F'(x)=f(x)$，则称 $F(x)$ 是 $f(x)$ 的一个原函数.

例如，$\frac{1}{4}x^4$ 是 x^3 在 $(-\infty,+\infty)$ 上的一个原函数，因为 $(\frac{1}{4}x^4)'=x^3$；又如 $\sin 2x+1$ 和 $\sin 2x+2$ 都是 $2\cos 2x$ 在 $(-\infty,+\infty)$ 的原函数，因为 $(\sin 2x+2)'=2\cos 2x$.

【例5.1】　求函数 $f(x)=x^2+3$ 定义在 $(-\infty,+\infty)$ 的原函数.

【解】　显然在该区间内存在原函数 $F(x)=\frac{1}{3}x^3+3x$，因为 $F'(x)=(\frac{1}{3}x^3+3x)'=x^2+3=f(x)$ 在 $(-\infty,+\infty)$ 都成立，所以 $F(x)=\frac{1}{3}x^3+3x$ 是 $f(x)=x^2+3$ 在 $(-\infty,+\infty)$ 的一个原函数.

【例5.2】　求函数 $f(x)=\frac{1}{x^2+1}$ 定义在 $(-\infty,+\infty)$ 的原函数.

【解】　显然在该区间内存在原函数 $F(x)=\arctan x$，因为 $F'(x)=(\arctan x)'=\frac{1}{x^2+1}=f(x)$ 在 $(-\infty,+\infty)$ 都成立，所以 $F(x)=\arctan x$ 是 $f(x)=\frac{1}{x^2+1}$ 在 $(-\infty,+\infty)$ 的一个原函数.

定理5.1(原函数存在定理)　若函数 $f(x)$ 在区间 I 上连续，则函数在区间 I 上存在原函数，即有 $F'(x)=f(x)$，其中 $x\in I$(证明略).

由于 $\sin 2x+1$ 和 $\sin 2x+2$，$\sin 2x+C$ 都是 $2\cos 2x$ 在 $(-\infty,+\infty)$ 的原函数，所以原

函数不唯一,即若函数 $F(x)$ 是 $f(x)$ 的一个原函数,则 $F(x)$ 有无穷多个,且 $f(x)$ 的任意两原函数之间只相差一个常数.那么 $f(x)$ 的全体原函数可以表示为 $F(x)+C$(任意常数).

定义 5.2 若 $F(x)+C$ 是函数 $f(x)$ 的全体原函数,则称 $F(x)+C$ 为 $f(x)$ 的不定积分,记为

$$\int f(x)\mathrm{d}x = F(x) + C$$

其中,$\int$ 称为积分符号,$f(x)$ 称为被积函数,$f(x)\mathrm{d}x$ 称为被积表达式,x 称为积分变量,C 称为积分常数.

显然,$\int f(x)\mathrm{d}x = F(x)+C$ 与 $F'(x)=f(x)$ 可以相互转化.

通过原函数和不定积分的定义可知,它们是总体与个体的关系.

例如,已知 $(\sin 2x)' = 2\cos 2x$,则 $\int(2\cos 2x)\mathrm{d}x = \sin 2x + C$.

【例 5.3】 用定义计算积分 $\int x^3\mathrm{d}x$.

【解】 已知 $\left(\frac{1}{4}x^4\right)' = x^3$,则 $\int x^3\mathrm{d}x = \frac{1}{4}x^4 + C$.

【例 5.4】 用定义计算积分 $\int\frac{1}{\sqrt{1-x^2}}\mathrm{d}x$.

【解】 已知 $(\arcsin x)' = \frac{1}{\sqrt{1-x^2}}$,则 $\int\frac{1}{\sqrt{1-x^2}}\mathrm{d}x = \arcsin x + C$.

【例 5.5】 用定义计算积分 $\int\frac{1}{x}\mathrm{d}x$.

【解】 显然 $x\neq 0$,由导数公式可知

当 $x>0$ 时,$(\ln x)' = \frac{1}{x}$,则 $\int\frac{1}{x}\mathrm{d}x = \ln x + C(x>0)$;

当 $x<0$ 时,$[\ln(-x)]' = \frac{1}{-x}\cdot(-x)' = \frac{1}{x}$,则 $\int\frac{1}{x}\mathrm{d}x = \ln(-x) + C(x<0)$.

综上所述,$\int\frac{1}{x}\mathrm{d}x = \ln|x| + C(x\neq 0)$.

2)不定积分的几何意义

若 $F(x)$ 是 $f(x)$ 的一个原函数,称曲线 $y=F(x)$ 是 $f(x)$ 的一条积分曲线.由 $\int f(x)\mathrm{d}x = F(x)+C$ 可知,$f(x)$ 的不定积分可由一条积分曲线 $y=F(x)+C$ 上下任意平行移动得到,称它为积分曲线族,积分曲线中各曲线上对应点的切线都平行,如图 5.1 所示.

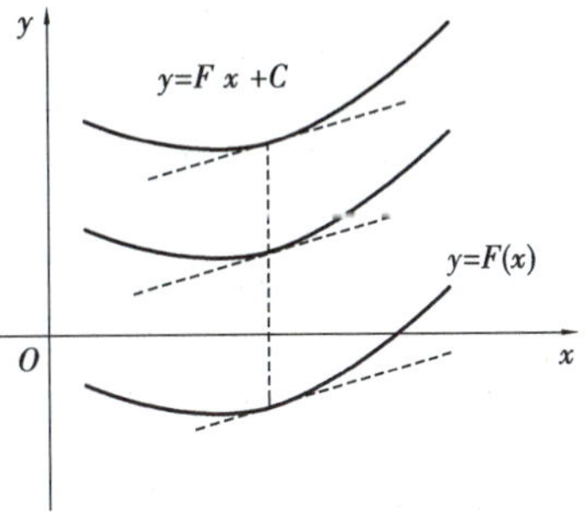

图 5.1

3)不定积分的性质

求不定积分可视为求导数或微分的逆运算,首先要求掌握不定积分的相关运算性质,即

(1) $[\int f(x)\mathrm{d}x]' = f(x)$ 或 $\mathrm{d}\left(\int f(x)\mathrm{d}x\right) = f(x)\mathrm{d}x$；

(2) $\int F'(x)\mathrm{d}x = F(x) + C$ 或 $\int \mathrm{d}F(x) = F(x) + C$；

(3) $\int[f(x) \pm g(x)]\mathrm{d}x = \int f(x)\mathrm{d}x \pm \int g(x)\mathrm{d}x$，此性质可以推广到有限多个函数代数和的情形；

(4) $\int kf(x)\mathrm{d}x = k\int f(x)\mathrm{d}x (k \in \mathbf{R}, k \neq 0)$，即计算不定积分时，非零常数因子可以提到积分号的前面.

5.1.2 基本初等函数积分公式

由于积分运算是微分运算的逆运算，因此根据求导公式可以得出相应的积分公式. 下面列出基本初等函数的积分公式，要求熟记并且会应用.

求导公式	积分公式
$F'(x) = f(x)$	$\int f(x)\mathrm{d}x = F(x) + C$
$(kx)' = k$	$\int k\mathrm{d}x = kx + C$
$\left(\frac{1}{\alpha+1}x^{\alpha+1}\right)' = x^{\alpha} (\alpha \neq -1)$	$\int x^{\alpha}\mathrm{d}x = \frac{1}{\alpha+1}x^{\alpha+1} + C (\alpha \neq -1)$
$(\ln\lvert x\rvert)' = \frac{1}{x}$	$\int \frac{1}{x}\mathrm{d}x = \ln\lvert x\rvert + C (x \neq 0)$
$(a^x)' = a^x\ln a$	$\int a^x\mathrm{d}x = \frac{a^x}{\ln a} + C (a > 0, a \neq 1)$
$(\mathrm{e}^x)' = \mathrm{e}^x$	$\int \mathrm{e}^x\mathrm{d}x = \mathrm{e}^x + C$
$(\sin x)' = \cos x$	$\int \cos x\mathrm{d}x = \sin x + C$
$(\cos x)' = -\sin x$	$\int \sin x\mathrm{d}x = -\cos x + C$
$(\tan x)' = \sec^2 x$	$\int \sec^2 x\mathrm{d}x = \tan x + C$
$(\cot x)' = -\csc^2 x$	$\int \csc^2 x\mathrm{d}x = -\cot x + C$
$(\sec x)' = \sec x \tan x$	$\int \sec x \tan x\mathrm{d}x = \sec x + C$
$(\csc x)' = -\csc x \cot x$	$\int \csc x \cot x\mathrm{d}x = -\csc x + C$
$(\arcsin x)' = \frac{1}{\sqrt{1-x^2}}$	$\int \frac{1}{\sqrt{1-x^2}}\mathrm{d}x = \arcsin x + C$
$(\arctan x)' = \frac{1}{1+x^2}$	$\int \frac{1}{1+x^2}\mathrm{d}x = \arctan x + C$

【例 5.6】 计算积分 $\int 2^x\mathrm{d}x$.

【解】 由基本初等函数积分公式可知

$$\int 2^x \mathrm{d}x = \frac{2^x}{\ln 2} + C$$

【例 5.7】 计算积分$\int x^{\frac{5}{3}} \mathrm{d}x$.

【解】 由基本初等函数积分公式可知

$$\int x^{\frac{5}{3}} \mathrm{d}x = \frac{3}{8} x^{\frac{8}{3}} + C$$

【同步训练 5.1】

1. 计算下列不定积分.

(1) $\int (x - x^5) \mathrm{d}x$　　(2) $\int \frac{x^4 - x^2 + 3}{x^2} \mathrm{d}x$　　(3) $\int \frac{x^2 - \mathrm{e}^x}{x^2 \mathrm{e}^x} \mathrm{d}x$

(4) $\int \frac{1}{x^2 + 1} \mathrm{d}x$　　(5) $\int \frac{2x^2}{1 + x^2} \mathrm{d}x$　　(6) $\int \cos x \mathrm{d}x$

(7) $\int \frac{2}{(x+1)(x-1)} \mathrm{d}x$　　(8) $\int \frac{1}{\sin^2 x} \mathrm{d}x$　　(9) $\int (\sin x + \cos x) \mathrm{d}x$

(10) $\int \mathrm{e}^{x+2} \mathrm{d}x$　　(11) $\int 4^x \mathrm{d}x$　　(12) $\int \mathrm{d}\sin x$

(13) $\int \sqrt{x \sqrt{x \sqrt{x}}} \mathrm{d}x$　　(14) $\int (x^2 - 1)(x + 1) \mathrm{d}x$

2. 已知一条曲线在任一点处的切线斜率等于该点纵坐标的平方，且曲线过点(1,1)，求此曲线方程.

5.2 不定积分的积分方法

本节主要学习直接积分法、凑微分法、分部积分法及积分表解法. 不定积分需要一定的运算技巧，需要读者发挥主观能动性，多动手训练，熟练掌握积分公式和求导以及微分公式.

5.2.1 直接积分法

直接积分法是直接利用基本初等函数的积分公式及不定积分的相关性质进行计算的一种方法. 在使用直接积分法时，需要判断被积函数是否属于基本初等函数.

【例 5.8】 计算$\int \frac{1}{x^3} \mathrm{d}x$.

【解】 $\int \frac{1}{x^3} \mathrm{d}x = \int (x^{-3}) \mathrm{d}x = -\frac{1}{2} x^{-2} + C = -\frac{1}{2x^2} + C$

【例 5.9】 计算$\int 3^x \mathrm{e}^x \mathrm{d}x$.

【解】 $\int 3^x \mathrm{e}^x \mathrm{d}x = \int (3\mathrm{e})^x \mathrm{d}x = \frac{(3\mathrm{e})^x}{\ln (3\mathrm{e})} + C = \frac{(3\mathrm{e})^x}{1 + \ln 3} + C$

【例 5.10】 计算$\int(\sin x+e^x)dx$.

【解】 $\int(\sin x+e^x)dx=\int\sin xdx+\int e^xdx$

$$=-\cos x+C_1+e^x+C_2=-\cos x+e^x+C$$

【例 5.11】 计算$\int\frac{3x^2+1}{x^2+1}dx$.

【解】 $\int\frac{3x^2+1}{x^2+1}dx=\int\frac{3(x^2+1)-2}{x^2+1}dx=\int\left(3-\frac{2}{x^2+1}\right)dx=3x-2\arctan x+C$

【例 5.12】 计算$\int\frac{\cos 2x}{\sin x-\cos x}dx$.

【解】 $\int\frac{\cos 2x}{\sin x-\cos x}dx=\int\frac{\cos^2x-\sin^2x}{\sin x-\cos x}dx=-\int(\cos x+\sin x)dx$

$$=-\sin x+\cos x+C$$

【例 5.13】 设曲线通过点(1,1),且其上任一点处的切线斜率等于这点横坐标的 2 倍,求此曲线的方程.

【解】 设曲线方程为$y=f(x)$,则$y'=2x$,有$y=\int 2xdx=x^2+C$. 把$x=1,y=1$代入得$C=0$,故所求曲线方程为$y=x^2$.

5.2.2 第一类换元积分法(凑微分法)

利用直接积分法,只能求出一些简单的积分,对于较复杂的积分,则需设法对被积函数进行变形,再利用积分公式进行求解,如$\int e^{2x}dx$,$\int\sin 5xdx$,$\int\frac{2x}{1\pm x^2}dx$等. 下面介绍换元积分法. 换元积分法分为第一类换元积分法和第二类换元积分法,本书主要介绍第一类换元积分法.

把基本积分公式中的积分变量x换成其他变量,如u,t,公式仍然成立,此性质称为积分形式不变性. 即:若$\int f(x)dx=F(x)+C$,则$\int f(u)du=F(u)+C,u=\varphi(x)$.

通过上式发现任意自变量x都可用复合函数$\varphi(x)$代替,同时换元会改变函数表达式的形式.

设$du=u'dx$,有$dx=\frac{du}{u'}=\frac{du}{\varphi'(x)}$,则

$$\int f[\varphi(x)]\cdot\varphi'(x)dx\overset{\text{凑微分}}{\Leftrightarrow}\int f(u)\cdot\varphi'(x)\frac{du}{\varphi'(x)}\overset{\text{换元}}{\Leftrightarrow}\int f(u)du\overset{\text{积分}}{\Leftrightarrow}F(u)+C\overset{\text{回代}}{\Leftrightarrow}F[\varphi(x)]+C$$

这种求积分的方法称为第一类换元积分法,也称为凑微分法.

【例 5.14】 计算$\int(2x+1)^5dx$.

【解】 $$\int(2x+1)^5dx=\int(2x+1)^5\frac{d(2x+1)}{2}$$

令$u=2x+1,du=2dx$,则

$$\int(2x+1)^5dx=\int u^5\frac{du}{2}=\frac{u^6}{12}+C=\frac{1}{12}(2x+1)^6+C$$

【例 5.15】　计算$\int\frac{x}{\sqrt{3x^2+2}}dx$.

【解】
$$\int\frac{x}{\sqrt{3x^2+2}}dx=\int\frac{x}{\sqrt{3x^2+2}}\frac{d(3x^2+2)}{6x}$$

令 $u=3x^2+2,du=6xdx$,则

$$\int\frac{x}{\sqrt{3x^2+2}}dx=\int\frac{1}{6\sqrt{u}}du=\frac{1}{6}\int u^{-\frac{1}{2}}du=\frac{1}{3}\sqrt{u}+C=\frac{1}{3}\sqrt{3x^2+2}+C$$

【例 5.16】　计算$\int\frac{\sin\sqrt{x}}{\sqrt{x}}dx$.

【解】　令 $u=\sqrt{x},du=\frac{1}{2\sqrt{x}}dx$,则

$$\int\frac{\sin\sqrt{x}}{\sqrt{x}}dx=\int 2\sin u du=-2\cos u+C=-2\cos\sqrt{x}+C$$

【例 5.17】　计算$\int\frac{1}{\sqrt{x}(1+x)}dx$.

【解】　令 $u=\sqrt{x},du=\frac{1}{2\sqrt{x}}dx$,则

$$\int\frac{1}{\sqrt{x}(1+x)}dx=\int\frac{2}{1+u^2}du=2\arctan u+C=2\arctan\sqrt{x}+C$$

【例 5.18】　计算$\int\sin^4x\cdot\cos^3xdx$

【解】
$$\int\sin^4x\cdot\cos^3xdx=\int\sin^4x(1-\sin^2x)\cos xdx$$

令 $u=\sin x,du=\cos xdx$,则

$$\begin{aligned}\int\sin^4x\cdot\cos^3xdx&=\int u^4(1-u^2)du\\&=\int(u^4-u^6)du=\frac{1}{5}u^5-\frac{1}{7}u^7+C\\&=\frac{1}{5}\sin^5x-\frac{1}{7}\sin^7x+C\end{aligned}$$

第一类换元积分法求解的关键是凑出复合函数$f[\varphi(x)]$的内函数的微分$d\varphi(x)$,即凑微分$\varphi'(x)dx=d\varphi(x)$.常用凑微分如下:

(1)$dx=\frac{1}{k}d(kx+C)$　　(2)$xdx=\frac{1}{2}dx^2=\frac{1}{2k}d(kx^2+C)$

(3)$x^2dx=\frac{1}{3}dx^3$　　(4)$\frac{1}{x}dx=d\ln|x|$

(5)$\frac{1}{x^2}dx=-d(\frac{1}{x})$　　(6)$e^xdx=de^x$

(7) $\sin x\mathrm{d}x=-\mathrm{d}\cos x$　　(8) $\cos x\mathrm{d}x=\mathrm{d}\sin x$

(9) $\sec^2 x\mathrm{d}x=\mathrm{d}\tan x$　　(10) $\csc^2 x\mathrm{d}x=-\mathrm{d}\cot x$

(11) $\sec x\tan x\mathrm{d}x=\mathrm{d}\sec x$　　(12) $\csc x\cot x\mathrm{d}x=-\mathrm{d}\csc x$

(13) $\frac{1}{\sqrt{1-x^2}}\mathrm{d}x=\mathrm{d}\arcsin x$　　(14) $\frac{1}{1+x^2}\mathrm{d}x=\mathrm{d}\arctan x$

(15) $\frac{1}{\sqrt{x}}\mathrm{d}x=2\mathrm{d}\sqrt{x}$　　(16) $x^\alpha\mathrm{d}x=\mathrm{d}\,\frac{x^{\alpha+1}}{\alpha+1}(\alpha\neq 1)$

下面对被积函数直接进行凑微分，方法熟练后，不必把 u 设出来，可直接计算.

【例 5.19】 计算 $\int\sin x\cos x\mathrm{d}x$.

【解】 方法 1：$\int\sin x\cos x\mathrm{d}x=\int\sin x\mathrm{d}\sin x=\frac{1}{2}\sin^2 x+C$

方法 2：$\int\sin x\cos x\mathrm{d}x=\int\cos x\mathrm{d}(-\cos x)=-\frac{1}{2}\cos^2 x+C$

方法 3：$\int\sin x\cos x\mathrm{d}x=\int\frac{1}{2}\sin 2x\mathrm{d}x=\frac{1}{4}\int\sin 2x\mathrm{d}(2x)=-\frac{1}{4}\cos 2x+C$

由【例 5.19】可知，三角函数的原函数虽然在形式上可能不同，但可以用三角函数公式进行转化.

【例 5.20】 计算 $\int\frac{1}{x+1}\mathrm{d}x$.

【解】 $\int\frac{1}{x+1}\mathrm{d}x=\int\frac{1}{x+1}\mathrm{d}(x+1)=\ln|x+1|+C$

【例 5.21】 计算 $\int\sin(2x+1)\mathrm{d}x$.

【解】 $\int\sin(2x+1)\mathrm{d}x=\frac{1}{2}\int\sin(2x+1)\mathrm{d}(2x+1)=-\frac{1}{2}\cos(2x+1)+C$

【例 5.22】 计算 $\int\frac{1}{a^2-x^2}\mathrm{d}x\ (a>0)$.

【解】
$$
\begin{aligned}
\int\frac{1}{a^2-x^2}\mathrm{d}x&=\int\frac{1}{(a+x)(a-x)}\mathrm{d}x=\frac{1}{2a}\int\left(\frac{1}{a+x}+\frac{1}{a-x}\right)\mathrm{d}x\\
&=\frac{1}{2a}\left(\int\frac{1}{a+x}\mathrm{d}x+\int\frac{1}{a-x}\mathrm{d}x\right)\\
&=\frac{1}{2a}\left[\int\frac{1}{a+x}\mathrm{d}(a+x)-\int\frac{1}{a-x}\mathrm{d}(a-x)\right]\\
&=\frac{1}{2a}[\ln|a+x|-\ln|a-x|]+C=\frac{1}{2a}\ln\left|\frac{a+x}{a-x}\right|+C
\end{aligned}
$$

【例 5.23】 计算 $\int\tan x\mathrm{d}x$.

【解】 $\int\tan x\mathrm{d}x=\int\frac{\sin x}{\cos x}\mathrm{d}x=-\int\frac{1}{\cos x}\mathrm{d}\cos x=-\ln|\cos x|+C$

类似地 $\int\cot x\mathrm{d}x=\ln|\sin x|+C$

【例 5.24】　计算$\int \frac{\sin\sqrt{x}}{\sqrt{x}}dx$.

【解】　$\int \frac{\sin\sqrt{x}}{\sqrt{x}}dx = \int \frac{\sin\sqrt{x}}{\sqrt{x}}dx = \int 2\sin\sqrt{x}\,d\sqrt{x} = -2\cos\sqrt{x} + C$

【例 5.25】　计算$\int \sin^4 x \cdot \cos^3 x dx$

【解】
$$\begin{aligned}\int \sin^4 x \cdot \cos^3 x dx &= \int \sin^4 x(1 - \sin^2 x)\cos x dx \\ &= \int (\sin^4 x - \sin^6 x)d\sin x \\ &= \frac{1}{5}\sin^5 x - \frac{1}{7}\sin^7 x + C\end{aligned}$$

5.2.3　分部积分法

通过前面的学习,我们可以解一些不定积分,但是如果出现如$\int x^2\ln x dx$,$\int \arctan x dx$等不定积分,该如何求解?我们会发现无法利用凑微分法求解. 针对这种类型的不定积分,下面介绍另外一种积分方法 —— 分部积分法.

设函数$u(x)$,$v(x)$具有连续导数,已知函数乘积的求导法则为

$$(uv)' = u'v + uv'$$

函数乘积的微分运算法则为

$$d(uv) = (uv)'dx = vu'dx + uv'dx = vdu + udv$$

等式左右两边同时对同一变量积分:

$$uv = \int vdu + \int udv$$

即
$$\int udv = uv - \int vdu$$

此式称为不定积分的分部积分公式. 利用分部积分公式计算不定积分的方法称为分部积分法.

注　意

在解题的过程中将被积表达式恰当地分成u与dv的形式是分部积分法的关键. 一般凑成dv的函数顺序为:指数函数 > 三角函数 > 幂函数 > 其他函数.

【例 5.26】　计算$\int \ln x dx$.

【解】　$\int \ln x dx = x\ln x - \int x d\ln x = x\ln x - \int dx = x\ln x - x + C$

【例 5.27】　计算$\int x\sin x dx$.

【解】 $\int x\sin x\mathrm{d}x=-\int x\mathrm{d}\cos x=-(x\cos x-\int\cos x\mathrm{d}x)=-(x\cos x-\sin x)+C$

【例 5.28】 计算$\int x^2\mathrm{e}^x\mathrm{d}x$.

【解】 $\int x^2\mathrm{e}^x\mathrm{d}x=\int x^2\mathrm{d}\mathrm{e}^x=x^2\mathrm{e}^x-\int\mathrm{e}^x\mathrm{d}x^2$

$=x^2\mathrm{e}^x-2\int x\mathrm{e}^x\mathrm{d}x$（对$\int x\mathrm{e}^x\mathrm{d}x$ 再使用一次分部积分公式）

$=x^2\mathrm{e}^x-2\int x\mathrm{d}\mathrm{e}^x=x^2\mathrm{e}^x-2(x\mathrm{e}^x-\int\mathrm{e}^x\mathrm{d}x)$

$=x^2\mathrm{e}^x-2x\mathrm{e}^x+2\mathrm{e}^x+C$

通过【例 5.28】可以发现，分部积分法可循环使用，直到不定积分完全解出.

$$\int f(x)g(x)\mathrm{d}x\overset{\text{凑微分}}{=\!=\!=}\int u\mathrm{d}v\overset{\text{用公式}}{=\!=\!=}uv-\int v\mathrm{d}u$$

使用分部积分法的关键在于适当选取 u,v. 方法熟练后，可不设 u,v. 在运算过程中如果发现和所求积分相同的表达式，只需列方程，解出所求积分即可.

【例 5.29】 计算$\int x^2\sin x\mathrm{d}x$.

【解】 $\int x^2\sin x\mathrm{d}x=-\int x^2\mathrm{d}\cos x=-x^2\cos x+\int\cos x\mathrm{d}x^2+C$

$=-x^2\cos x+\int 2x\cos x\mathrm{d}x+C=-x^2\cos x+\int 2x\mathrm{d}\sin x+C$

$=-x^2\cos x+2x\sin x-\int\sin x\mathrm{d}2x+C$

$=-x^2\cos x+2x\sin x-2\int\sin x\mathrm{d}x+C$

$=-x^2\cos x+2x\sin x+2\cos x+C$

【例 5.30】 计算$\int\arctan x\mathrm{d}x$.

【解】 $\int\arctan x\mathrm{d}x=x\arctan x-\int x\mathrm{d}\arctan x$

$=x\arctan x-\int\frac{x}{1+x^2}\mathrm{d}x$

$=x\arctan x-\frac{1}{2}\int\frac{1}{1+x^2}\mathrm{d}(x^2+1)$

$=x\arctan x-\frac{1}{2}\ln(1+x^2)+C$

5.2.4 积分表解法

不定积分的表达式非常丰富，仅仅用直接积分法、凑微分法和分部积分法 3 种方法解不定积分远远不够. 对于复杂的不定积分，本节给出一种较为直接的方法——积分表解法，积分表（见附录 2）是按被积函数的类型排列的，只要根据被积函数的类型或经过适当的变换将被积函数转化成表中所列类型,查阅相应公式即可得到结果.

【例 5.31】 查表计算 $\int \frac{x}{\sqrt{2x-5}}\mathrm{d}x$.

【解】 被积函数含有 $\sqrt{ax+b}$,查附录 2 积分表中公式(13). 其中 $a=2, b=-5$,得

$$\int \frac{x}{\sqrt{2x-5}}\mathrm{d}x = \frac{2}{12}(2x+10)\sqrt{2x-5}+C = \frac{1}{6}(2x+10)\sqrt{2x-5}+C$$

【例 5.32】 查表计算 $\int \frac{x}{x^2-x+1}\mathrm{d}x$.

【解】 被积函数含有 ax^2+bx+c,查附录 2 积分表公式(30)得

$$\int \frac{x}{x^2-x+1}\mathrm{d}x = \frac{1}{2}\ln|x^2-x+1| + \frac{1}{2}\int \frac{\mathrm{d}x}{x^2-x+1}$$

【例 5.33】 查表计算 $\int \sqrt{x^2+4}\,\mathrm{d}x$.

【解】 被积函数含有 $\sqrt{x^2+a^2}$,查附录 2 积分表公式(39)得

$$\int \sqrt{x^2+4}\,\mathrm{d}x = \frac{x}{2}\sqrt{x^2+4} + 2\ln(x+\sqrt{x^2+4})+C$$

5.2.5* 三角函数代换法

若被积函数中包含如下式子:$\sqrt{a^2-x^2}$ 或 $\sqrt{x^2 \pm a^2}$,要去掉根号,需要用到三角函数关系式中的平方关系来换元. 三角函数的关系式如下:

$$1-\sin^2 x=\cos^2 x \qquad 1+\tan^2 x=\sec^2 x \qquad \sec^2 x-1=\tan^2 x$$

【例 5.34】 计算 $\int \frac{\mathrm{d}x}{(a^2-x^2)^{\frac{3}{2}}}(a>0)$.

【解】 令 $x=a\sin t, t\in\left(0,\frac{\pi}{2}\right)$, $\mathrm{d}x = a\cos t\mathrm{d}t$.

$$\int \frac{\mathrm{d}x}{(a^2-x^2)^{\frac{3}{2}}} = \int \frac{a\cos t\mathrm{d}t}{a^3\cos^3 t} = \int \frac{\mathrm{d}t}{a^2\cos^2 t} = \frac{1}{a^2}\int \sec^2 t\mathrm{d}t = \frac{1}{a^2}\tan t + C$$

由 $x=a\sin t$ 作直角三角形,如图 5.2 所示.

因为 $$\tan t = \frac{x}{\sqrt{a^2-x^2}}$$

所以 $$\int \frac{\mathrm{d}x}{(a^2-x^2)^{\frac{3}{2}}} = \frac{x}{a^2\sqrt{a^2-x^2}}+C$$

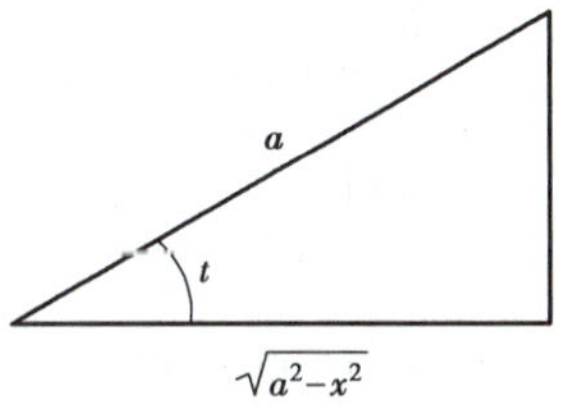

图 5.2

类似地,利用三角代换可得

$$\int \frac{\mathrm{d}x}{\sqrt{x^2 \pm a^2}} = \ln\left|x+\sqrt{x^2\pm a^2}\right| + C$$

一般地,若被积函数中含有根式 $\sqrt{a^2-x^2}$ 或 $\sqrt{x^2\pm a^2}$,在 $t\in\left(0,\frac{\pi}{2}\right)$ 时可作如下换元:

(1) 含有 $\sqrt{a^2-x^2}$ 时,令 $x=a\sin t$;

(2)含有 $\sqrt{x^2+a^2}$ 时，令 $x=a\tan t$；

(3)含有 $\sqrt{x^2-a^2}$ 时，令 $x=a\sec t$.

【同步训练 5.2】

1. 填空题

(1)设 x 是 $f(x)$ 的一个原函数，则 $f'(x)=$______

(2)设 $f(x)=x^2+3$，则 $\int f'(x)\mathrm{d}x=$______，$\int f(x)\mathrm{d}x=$______.

(3)若 $\int f(x)\mathrm{d}x=F(x)+C$，则 $\int \cos x f(\sin x)\mathrm{d}x=$______.

(4)不定积分 $\int x\cos x^2\mathrm{d}x=$______.

(5)不定积分 $\int \sin^2 x\cos x\mathrm{d}x=$______.

(6) $\int \mathrm{d}x=$______.

2. 求下列不定积分

(1) $\int(\sqrt{x}+1)(\sqrt{x}-1)\mathrm{d}x$　(2) $\int\frac{\sin^2 x}{1-\cos 2x}\mathrm{d}x$　(3) $\int\frac{1+x^2}{x^2(1+x^2)}\mathrm{d}x$

(4) $\int(\sin x+\cos x)^2\mathrm{d}x$　(5) $\int\frac{2x}{\sqrt{4-x^2}}\mathrm{d}x$　(6) $\int 2x\cos(x^2+3)\mathrm{d}x$

(7) $\int\frac{2}{\sqrt{1-4x^2}}\mathrm{d}x$　(8) $\int\frac{e^{\sqrt{x}}}{2\sqrt{x}}\mathrm{d}x$　(9) $\int x(x^2-1)\mathrm{d}x$

(10) $\int\frac{1}{x^2-4}\mathrm{d}x$　(11) $\int\csc^3 x\cot x\mathrm{d}x$　(12) $\int 2x\sin x^2\mathrm{d}x$

(13) $\int\sin^3 x\cos x\mathrm{d}x$　(14) $\int\cos^4 x\sin x\mathrm{d}x$　(15) $\int\frac{1}{x^2-5x+6}\mathrm{d}x$

(16) $\int\frac{1}{x^2+3x+2}\mathrm{d}x$　(17) $\int\frac{\sqrt{x}}{\sqrt{x}+1}\mathrm{d}x$　(18) $\int\frac{e^x}{\sqrt{1+e^x}}\mathrm{d}x$

(19) $\int\frac{2x}{\sqrt{9-x^2}}\mathrm{d}x$　(20) $\int\frac{1}{\sqrt{x}+1}\mathrm{d}x$　(21) $\int e^x\sin x\mathrm{d}x$

(22) $\int x^2\cos x\mathrm{d}x$　(23) $\int x\arcsin x\mathrm{d}x$　(24) $\int\sin\sqrt{x}\mathrm{d}x$

(25) $\int x\sin x\mathrm{d}x$　(26) $\int\arctan x\mathrm{d}x$　(27) $\int x\ln x\mathrm{d}x$

(28) $\int e^x\cos x\mathrm{d}x$　(29) $\int\ln x\mathrm{d}x$　(30) $\int x\arctan x\mathrm{d}x$

4. 查表计算下列不定积分.

(1) $\int x^2\sqrt{x+8}\,\mathrm{d}x$　(2) $\int\sqrt{\frac{x-1}{x-3}}\,\mathrm{d}x$

第 6 章　定积分

第 5 章学习了不定积分的相关知识以及相关性质. 在实际生活中,我们需要得到确定的函数值,或者在固定的区间内研究相关问题. 如在市场经济条件下,企业为获得最大经济利润,需要考察经济环境,决策产量、利润等问题. 这时候需要使用一种科学的工具——定积分.

6.1　定积分的概念与性质

6.1.1　定积分的概念与几何意义

1)曲边梯形的概念

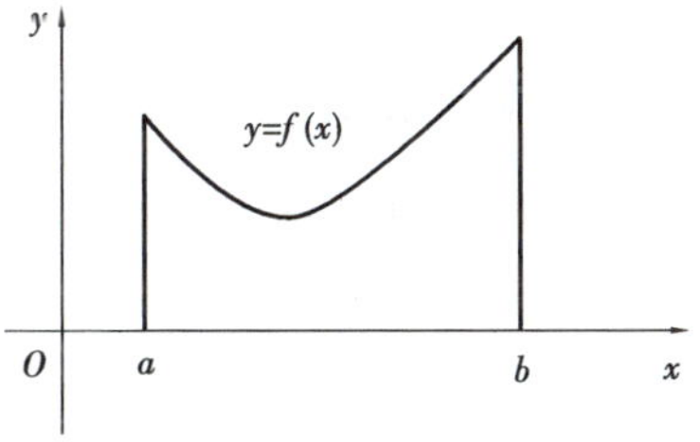

图 6.1

在直角坐标系中,由连续曲线 $y=f(x)\,(f(x)\geqslant 0)$,直线 $x=a$,$x=b$ 以及 x 轴所围成的平面图形称为曲边梯形,如图 6.1 所示.

曲边梯形是不规则图形,其高 $f(x)$ 在区间 $[a,b]$ 内是随 x 连续变化的,因此没有直接计算其面积的公式. 从整体上看,曲边梯形的高是变化的,但是局部高的变化是微小的,可以近似地看作不变. 因此,求曲边梯形面积的基本思路是:先把曲边梯形分割成若干个小曲边梯形,然后将每个小曲边梯形用一个小矩形近似代替,再把这些小矩形面积加起来作为曲边梯形面积的近似值. 显然分割越细密,小矩形面积之和就越接近曲边梯形的面积,当分割无限进行下去时,所有小矩形面积之和的极限值就是曲边梯形面积的精确值.

将上述分析过程形成数学语言,分为以下 4 个步骤进行:

(1)分割. 在区间 $[a,b]$ 内任取 $n-1$ 个分点:$a=x_0<x_1<\cdots<x_{i-1}<x_i<\cdots<x_{n-1}<x_n=b$,将区间 $[a,b]$ 分成 n 个子区间 $[x_{i-1},x_i]\,(i=1,2,\cdots,n)$,每个子区间的长度记为 $\Delta x_i=x_i-x_{i-1}\,(i=1,2,\cdots,n)$. 每取一个分点 $x_i\,(i=1,2,\cdots,n)$,则必有一个 $f(x_i)$ 与之对应,以此类推,把曲边梯形分割成 n 个小曲边梯形,如图 6.2 所示。将第 i 个小曲边梯形的面积记作 ΔS_i,则曲边梯形的面积 $S=\sum\limits_{i=1}^{n}\Delta S_i$.

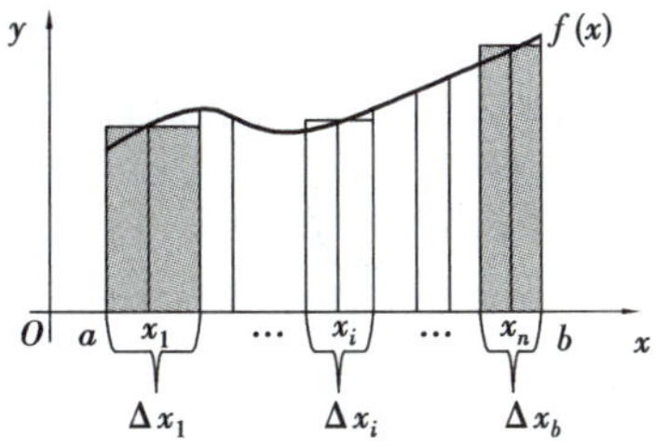

图 6.2

(2)近似替代——“以直代曲”. 在每一个子区间 $[x_{i-1},x_i]\,(i=1,2,\cdots,n)$ 上任取一点 $\xi_i\,(x_{i-1}\leqslant\xi_i\leqslant x_i)$,以 Δx_i 为宽, $f(\xi_i)$ 为高构造小矩形,以小矩形的面积

$f(\xi_i)\Delta x_i$作为对应的小曲边梯形面积 ΔS_i 的近似值,即 $\Delta S_i \approx f(\xi_i)\Delta x_i$.

(3)近似求和. 对 n 个小矩形的面积求和,其总和 S_n作为曲边梯形面积 S 的近似值,即

$$S \approx S_n = \sum_{i=1}^{n} f(\xi_i)\Delta x_i$$

(4)约等号变等号,即取极限. 记 $\lambda = \max\limits_{1\leqslant i\leqslant n}\{\Delta x_i\}$,且当 $\lambda \to 0$ 时,S_n的极限就是曲边梯形的面积,即

$$S = \lim_{\lambda \to 0} \sum_{i=1}^{n} f(\xi_i)\Delta x_i$$

2)定积分的定义

定义 6.1 设函数 $y = f(x)$ 在区间$[a,b]$上有定义. 在区间$[a,b]$内任取$n-1$个分点:$a = x_0 < x_1 < \cdots < x_{i-1} < x_i < \cdots < x_{n-1} < x_n = b$,将区间$[a,b]$分成$n$个子区间$[x_{i-1}, x_i]$$(i = 1,2,\cdots,n)$,即$n$个分割. 每个分割记为$\Delta x_i = x_i - x_{i-1}$,在每一个分割$[x_{i-1},x_i]$上任取一点$\xi_i(x_{i-1} \leqslant \xi_i \leqslant x_i)$,作乘积$f(\xi_i)\Delta x_i$,再求和$\sum\limits_{i=1}^{n} f(\xi_i)\Delta x_i$. 若记$\lambda = \max\limits_{1\leqslant i\leqslant n}\{\Delta x_i\}$,如果$\lambda \to 0$(此时$n\to\infty$),极限$\lim\limits_{\lambda\to 0}\sum\limits_{i=1}^{n} f(\xi_i)\Delta x_i$ 存在,且极限值与区间$[a,b]$的分法和ξ_i点的取法无关,则称函数$y = f(x)$在区间$[a,b]$上可积,此极限值称为函数$y = f(x)$在区间$[a,b]$上的定积分,记作$\int_a^b f(x)\mathrm{d}x$,即

$$\int_a^b f(x)\mathrm{d}x = \lim_{\lambda\to 0}\sum_{i=1}^{n} f(\xi_i)\Delta x_i$$

其中,$f(x)$称为被积函数,$f(x)\mathrm{d}x$称为积分表达式,x称为积分变量,$[a,b]$称为积分区间,a称为积分下限,b称为积分上限,$f(\xi_i)\Delta x_i$ 称为积分元素,$\sum\limits_{i=1}^{n} f(\xi_i)\Delta x_i$ 称为积分和式.

由连续曲线$y = f(x)(f(x)\geqslant 0)$,直线$x = a, x = b$以及$x$轴所围成的曲边梯形的面积为函数$y = f(x)$在区间$[a,b]$上的定积分,即

$$S = \int_a^b f(x)\mathrm{d}x$$

说 明

(1) 如果$\int_a^b f(x)\mathrm{d}x$ 存在,则$\int_a^b f(x)\mathrm{d}x$ 表示一个常数,它只与被积函数$f(x)$和积分区间$[a,b]$有关,而与积分变量用什么字母无关,即

$$\int_a^b f(x)\mathrm{d}x = \int_a^b f(u)\mathrm{d}u = \int_a^b f(t)\mathrm{d}t$$

(2) 定积分是一种极限,此极限值不一定存在.

(3) 规定$\int_a^b f(x)\mathrm{d}x = -\int_b^a f(x)\mathrm{d}x$,$\int_a^a f(x)\mathrm{d}x = 0$.

通过上述内容我们知道了定积分的定义,那么满足什么条件,函数可积?

定理 6.1 若函数$y = f(x)$在区间$[a,b]$上连续,或在区间$[a,b]$上只有有限个间断点

且有界,则 $y=f(x)$ 在区间$[a,b]$上可积.

3)定积分的几何意义

(1)若在区间$[a,b]$上,连续函数 $y=f(x)\geqslant 0$,则 $\int_a^b f(x)\,\mathrm{d}x$ 表示由曲线 $y=f(x)$,直线 $x=a$,$x=b$ 以及 x 轴所围成的图形的面积,如图 6.3(a) 所示,即

$$\int_a^b f(x)\,\mathrm{d}x = S$$

(2)若在区间$[a,b]$上,连续函数 $y=f(x)\leqslant 0$,则 $\int_a^b f(x)\,\mathrm{d}x$ 表示由曲线 $y=f(x)$,直线 $x=a$,$x=b$ 以及 x 轴所围成的图形面积的相反数,如图 6.3(b) 所示,即

$$\int_a^b f(x)\,\mathrm{d}x = -S$$

(3)若在区间$[a,b]$上,连续函数 $y=f(x)$ 有正也有负,如图 6.3(c) 所示,则 $\int_a^b f(x)\,\mathrm{d}x$ 表示 x 轴上方图形面积与下方图形面积之差,即有

$$\int_a^b f(x)\,\mathrm{d}x = S_1 - S_2 + S_3$$

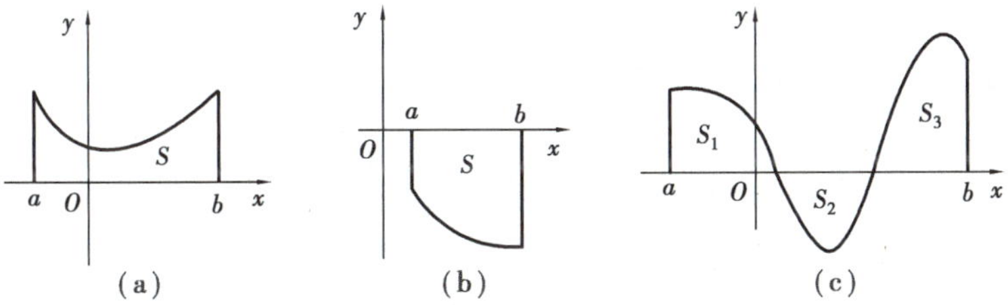

图 6.3

【例 6.1】　用定积分表示图 6.4 中阴影部分的面积.

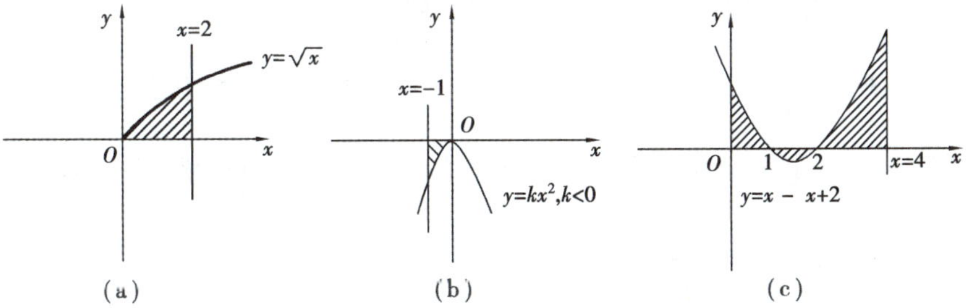

图 6.4

【解】　在图 6.4(a) 中,函数 $y=\sqrt{x}$ 在$[0,2]$上连续,且 $y=\sqrt{x}\geqslant 0$,根据定积分的几何意义可得阴影部分的面积为

$$S = \int_0^2 \sqrt{x}\,\mathrm{d}x$$

在图 6.4(b) 中,阴影部分的面积为

$$S = \int_{-1}^0 -kx^2\,\mathrm{d}x$$

在图 6.4(c)中,阴影部分的面积为

$$S=\int_0^1(x^2-3x+2)\mathrm{d}x-\int_1^2(x^2-3x+2)\mathrm{d}x+\int_2^4(x^2-3x+2)\mathrm{d}x$$

【例 6.2】 利用定积分的几何意义,作出几何图形并计算定积分.

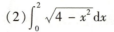

(1)$\int_a^b \mathrm{d}x$ (2)$\int_0^2\sqrt{4-x^2}\,\mathrm{d}x$

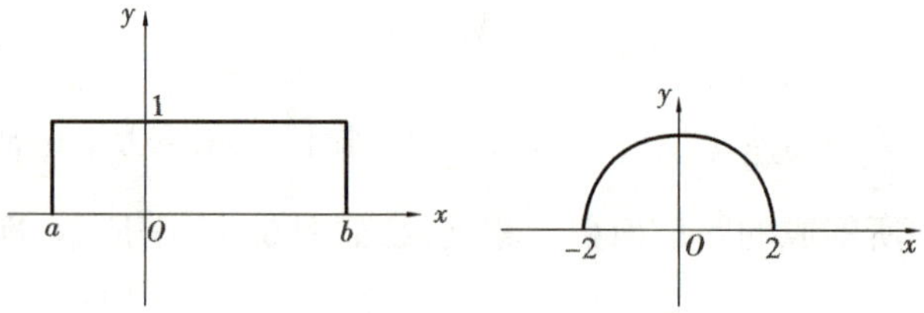

图 6.5

【解】 (1) 如图 6.5(a) 所示,$\int_a^b \mathrm{d}x = S_{矩形} = (b-a)\times 1=(b-a)$.

(2)如图 6.5(b)所示,函数 $y=\sqrt{4-x^2}$ 在坐标系中表示右上圆弧,因此

$$\int_0^2\sqrt{4-x^2}\,\mathrm{d}x=\frac{1}{4}\pi\times 2^2=\pi$$

6.1.2 定积分的性质

设以下给出的函数在所讨论的区间上都可积,则有

(1)$\int_a^b \mathrm{d}x=b-a$.

(2)$\int_a^b kf(x)\mathrm{d}x=k\int_a^b f(x)\mathrm{d}x(k\in\mathbf{R})$.

(3)$\int_a^b[f(x)\pm g(x)]\mathrm{d}x=\int_a^b f(x)\mathrm{d}x\pm\int_a^b g(x)\mathrm{d}x$.

(4)$\int_a^b f(x)\mathrm{d}x=\int_a^c f(x)\mathrm{d}x+\int_c^b f(x)\mathrm{d}x(c\in\mathbf{R})$,此性质称为定积分的区间可加性.

(5)设函数 $f(x)$ 在对称区间 $[-a,a]$ 上连续,若 $f(x)$ 为奇函数,则 $\int_{-a}^a f(x)\mathrm{d}x=0$;若 $f(x)$ 为偶函数,则 $\int_{-a}^a f(x)\mathrm{d}x=2\int_{-a}^0 f(x)\mathrm{d}x=2\int_0^a f(x)\mathrm{d}x$.

(6)(单调性)设在 $[a,b]$ 上有 $f(x)\leqslant g(x)$,则

$$\int_a^b f(x)\mathrm{d}x\leqslant\int_a^b g(x)\mathrm{d}x$$

(7)(估值定理)设 M 与 m 分别是 $f(x)$ 在 $[a,b]$ 上的最大值与最小值,则

$$m(b-a)\leqslant\int_a^b f(x)\mathrm{d}x\leqslant M(b-a)$$

(8)(积分中值定理)设函数 $y=f(x)$ 在 $[a,b]$ 上连续,则在 (a,b) 上至少存在一点 ξ,使得 $\int_a^b f(x)\mathrm{d}x=f(\xi)(b-a)$ 成立.

几何意义：由 $y=f(x)$，直线 $x=a,x=b$ 以及 x 轴所围成的曲边梯形的面积等于以 $[a,b]$ 为宽，$f(\xi)$ 为高的矩形面积，如图 6.6 所示.

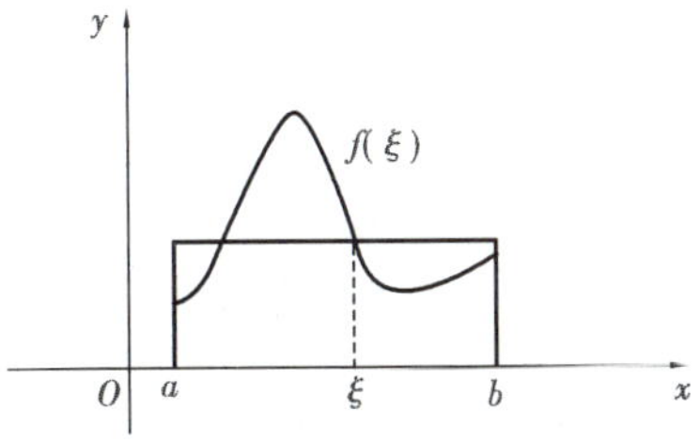

图 6.6

数值 $f(\xi)=\frac{1}{b-a}\int_a^b f(x)\mathrm{d}x$ 称为函数 $y=f(x)$ 在区间 $[a,b]$ 上的平均值.

【例 6.3】 计算下列定积分.

(1) $\int_{-1}^{1} x\mathrm{d}x$　　(2) $\int_{-\frac{\pi}{3}}^{\frac{\pi}{3}} \cos x\mathrm{d}x$

【解】 (1) 因为函数 $f(x)=x$ 在 $[-1,1]$ 上为奇函数，所以

$$\int_{-1}^{1} x\mathrm{d}x = 0$$

(2) 因为函数 $f(x)=\cos x$ 在 $[-\frac{\pi}{3},\frac{\pi}{3}]$ 上为偶函数，所以

$$\int_{-\frac{\pi}{3}}^{\frac{\pi}{3}} \cos x\mathrm{d}x = 2\int_0^{\frac{\pi}{3}} \cos x\mathrm{d}x$$

由于 $\int_0^{\frac{\pi}{3}} \cos x\mathrm{d}x = \frac{\sqrt{3}}{2}$，于是

$$\int_{-\frac{\pi}{3}}^{\frac{\pi}{3}} \cos x\mathrm{d}x = 2\int_0^{\frac{\pi}{3}} \cos x\mathrm{d}x = \sqrt{3}$$

【例 6.4】 已知 $f(x)=|x-2|$，计算 $\int_1^4 f(x)\mathrm{d}x$.

【解】 $f(x) = |x-2| = \begin{cases} x-2 & x\geqslant 2 \\ 2-x & x<2 \end{cases}$

$$\begin{aligned}\int_1^4 f(x)\mathrm{d}x &= \int_1^2 f(x)\mathrm{d}x + \int_2^4 f(x)\mathrm{d}x = \int_1^2 (2-x)\mathrm{d}x + \int_2^4 (x-2)\mathrm{d}x \\ &= (2x-\frac{1}{2}x^2)\Big|_1^2 + (\frac{1}{2}x^2-2x)\Big|_2^4 = \frac{5}{2}\end{aligned}$$

【同步训练 6.1】

1. 用定积分表示下列面积.

(1) 由曲线 $y=\sin x$，直线 $x=\frac{\pi}{6},x=\frac{\pi}{3}$ 以及 x 轴所围成的图形面积.

(2) 由曲线 $y=\mathrm{e}^x$，直线 $x=0,x=3$ 以及 x 轴所围成的图形面积.

(3) 由曲线 $y=\sqrt{x}$，直线 $x=0,x=4$ 以及 x 轴所围成的图形面积.

(4) 由曲线 $y=x^2+2x$，直线 $x=-1,x=0$ 和 x 轴所围成的图形面积.

2. 利用定积分的几何意义或性质计算下列定积分(提示：奇偶性).

(1) $\int_{-1}^{1} \sqrt{2}\mathrm{d}x$　　(2) $\int_0^1 (2-x^3)\mathrm{d}x$　　(3) $\int_{-1}^{0} \frac{1}{2}x\mathrm{e}^{\frac{x^2}{2}}\mathrm{d}x$

6.2 定积分的计算

6.2.1 牛顿-莱布尼兹公式

定理 6.1(积分第一中值定理) 设函数 $f(x)$ 在区间 $[a,b]$ 上连续，如果 $F'(x)=f(x)$，则

$$\int_a^b f(x)\mathrm{d}x = F(b) - F(a)$$

此公式称为牛顿-莱布尼兹公式.

若用 $F(x)\big|_a^b$ 表示 $F(b)-F(a)$，则上述公式可以表示为

$$\int_a^b f(x)\mathrm{d}x = F(x)\big|_a^b = F(b) - F(a)$$

注 意

此公式建立起了两种积分之间的联系：$\int_a^b f(x)\mathrm{d}x = \left[\int f(x)\mathrm{d}x\right]\Big|_a^b$，说明计算定积分实际上是先求不定积分，再代值求差.

由此公式可知，求定积分 $\int_a^b f(x)\mathrm{d}x$ 的步骤如下：

(1)先求不定积分，求出 $f(x)$ 的一个原函数 $F(x)$；

(2)再求这个原函数 $F(x)$ 在积分区间 $[a,b]$ 上的改变量 $F(b)-F(a)$.

【例 6.5】 计算 $\int_0^{\pi}\sin x\mathrm{d}x$.

【解】 $\int_0^{\pi}\sin x\mathrm{d}x = -\cos x\big|_0^{\pi} = -(\cos\pi - \cos 0) = 2$

【例 6.6】 计算 $\int_0^1 \frac{1}{1+x^2}\mathrm{d}x$.

【解】 $\int_0^1 \frac{1}{1+x^2}\mathrm{d}x = \arctan x\big|_0^1 = \frac{\pi}{4}$

【例 6.7】 计算 $\int_1^3 \frac{x}{4+x^2}\mathrm{d}x$.

【解】
$$\int_1^3 \frac{x}{4+x^2}\mathrm{d}x = \frac{1}{2}\int_1^3 \frac{1}{4+x^2}\mathrm{d}(x^2+4)$$
$$= \frac{1}{2}\ln(x^2+4)\Big|_1^3 = \frac{1}{2}(\ln 13 - \ln 5) = \frac{1}{2}\ln\frac{13}{5}$$

注 意

如果被积函数在所讨论的区间上不满足可积的条件,则不能用牛顿-莱布尼兹公式.

6.2.2 定积分的换元积分法

设函数 $y=f(x)$ 在区间 $[a,b]$ 上连续,令 $x=\varphi(t)$,如果:

(1) $x=\varphi(t)$ 在 $[\alpha,\beta]$ 上连续且单调,并有连续导数 $\varphi'(t)$;

(2) 当 t 从 α 变到 β 时,$x=\varphi(t)$ 从 $\varphi(\alpha)=a$ 变到 $\varphi(\beta)=b$.

则
$$\int_a^b f(x)\mathrm{d}x = \int_\alpha^\beta f[\varphi(t)]\varphi'(t)\mathrm{d}t$$
此公式称为定积分的换元积分公式.

注 意

应用此公式时"换元必须换限". 当 $x:a\to b$ 时,$t:\alpha\to\beta$,其中 $\varphi(\alpha)=a,\varphi(\beta)=b$. 注意上下限的对应关系. 在实际解题中,会出现巧合的情况(积分的区间不随着变量的替换而改变),但并不意味着不需要进行积分区间的换算.

【例 6.8】 计算 $\int_0^{\frac{\pi}{3}}\cos 2x\mathrm{d}x$.

【解】 令 $2x=u,\mathrm{d}u=2\mathrm{d}x$,此时的积分区间由 $\left[0,\dfrac{\pi}{3}\right]$ 变化至 $\left[0,\dfrac{2\pi}{3}\right]$,故
$$\int_0^{\frac{\pi}{3}}\cos 2x\mathrm{d}x = \frac{1}{2}\int_0^{\frac{2\pi}{3}}\cos u\mathrm{d}u = \frac{1}{2}\sin u\Big|_0^{\frac{2\pi}{3}} = \frac{\sqrt{3}}{4}$$

【例 6.9】 计算 $\int_0^1 x\mathrm{e}^{x^2}\mathrm{d}x$.

【解】 令 $x^2=u,\mathrm{d}u=2x\mathrm{d}x$,$\int_0^1 x\mathrm{e}^{x^2}\mathrm{d}x = \dfrac{1}{2}\int_0^1\mathrm{e}^u\mathrm{d}u = \dfrac{1}{2}\mathrm{e}^u\Big|_0^1 = \dfrac{1}{2}(\mathrm{e}-1)$

6.2.3 定积分的分部积分法

定积分的分部积分法与不定积分的分部积分法的推导过程一致,只需要将不定积分加上下限即可.

设可导函数 $u=u(x),v=v(x)$ 在 $[a,b]$ 上具有连续导数 u',v',则
$$\int_a^b u\mathrm{d}v = uv\Big|_a^b - \int_a^b v\mathrm{d}u$$
此公式称为定积分的分部积分公式.

【例 6.10】 计算 $\int_0^1 x\mathrm{e}^{-x}\mathrm{d}x$.

【解】 $\int_0^1 xe^{-x}dx = -\int_0^1 xd(e^{-x}) = -(xe^{-x}\big|_0^1 - \int_0^1 e^{-x}dx)$

$$= -(xe^{-x}\big|_0^1 + e^{-x}\big|_0^1) = 1 - 2e^{-1}$$

【例 6.11】 计算$\int_0^1 \arctan x dx$.

【解】 $\int_0^1 \arctan x dx = x\arctan x\big|_0^1 - \int_0^1 x d\arctan x = \frac{\pi}{4} - \int_0^1 \frac{x}{1+x^2}dx$

$$= \frac{\pi}{4} - \frac{1}{2}\int_0^1 \frac{1}{1+x^2}d(1+x^2)$$

$$= \frac{\pi}{4} - \frac{1}{2}\ln(1+x^2)\big|_0^1 = \frac{\pi}{4} - \frac{1}{2}\ln 2$$

【同步训练 6.2】

1. 计算下列定积分.

(1) $\int_0^1 (x-6)dx$　(2) $\int_1^2 \frac{2}{1+x^2}dx$　(3) $\int_0^1 \frac{x^3+x^2-3x}{x}dx$

(4) $\int_0^{\frac{\pi}{4}} \cos 4x d4x$　(5) $\int_0^{\frac{\pi}{3}} \tan x dx$　(6) $\int_2^{e^2} \frac{\ln x}{2x}dx$

(7) $\int_1^2 x\sqrt{4-x^2}dx$　(8) $\int_{-1}^1 \frac{\sqrt{9-x^2}}{9-x^2}dx$　(9) $\int_0^{\frac{\pi}{3}} 2\cos^2 x dx$

(10) $\int_0^1 \frac{x^2}{2}e^{\frac{x^3}{2}}dx$

2. 计算下列定积分.

(1) $\int_0^2 \frac{dx}{1+\sqrt{x}}$　(2) $\int_0^{\ln 2} \frac{1}{\sqrt{2+e^x}}dx$　(3) $\int_1^2 x(x-1)^8 dx$

(4) $\int_1^8 \frac{1}{\sqrt{x}(1+\sqrt[3]{x})}dx$

3. 计算下列定积分.

(1) $\int_1^{\ln 2} 2xe^{2x}dx$　(2) $\int_{\frac{\pi}{6}}^{\frac{\pi}{3}} x\cos x dx$　(3) $\int_0^{\frac{\sqrt{3}}{2}} \arcsin x dx$

(4) $\int_{e^2}^{e^3} \ln x dx$　(5) $\int_{\frac{\pi}{2}}^{\pi} e^x \sin x dx$　(6) $\int_0^{e+2} \ln x^2 dx$

6.3　定积分的应用

积分学作为解决实际问题的重要工具,在物理、化学、生物、经济中的应用非常广泛,如物理学中的临界值确定、化学中的定量分析、生物学中的衰减率、经济学中的商品在固定区间的变化量. 本节主要介绍定积分在几何和经济学中的应用.

6.3.1 定积分在几何中的应用

微元法是定积分在几何应用中最基本的方法.

平面上不规则图形的面积可以用定积分计算,下面将分两种情况分别进行讨论.

1)当积分变量为 x 时平面图形面积的计算方法

(1)由单曲线围成图形的面积.

连续曲线 $y=f(x)$ 在闭区间 $[a,b]$ 上所围成的阴影部分的面积,可用定积分表示为

$$S=\int_a^b f(x)\mathrm{d}x$$

在实际问题中,曲线围成的图形面积会出现两部分甚至更多部分的情形,如图 6.7 所示. 作出函数 $y=f(x)$ 的大致图形,求出函数与 x 轴的所有交点,令 $y=0,x=a,b,c,d$. 利用定积分几何意义表示所围成图形的面积,为

$$S=S_1+S_2+S_3=-\int_a^b f(x)\mathrm{d}x+\int_b^c f(x)\mathrm{d}x-\int_c^d f(x)\mathrm{d}x$$

(2)由两条曲线围成图形的面积.

在 $[a,b]$ 上,设 $f(x)\geqslant g(x)$,求由连续曲线 $y=f(x)$,$y=g(x)$ 与直线 $x=a$,$x=b$ 所围成的图形面积,如图 6.8 所示.

在 $[a,b]$ 内任取一个子区间 $[x,x+\mathrm{d}x]$,用宽为 $\mathrm{d}x$,高为 $f(x)-g(x)$ 的矩形面积近似代替对应图形的面积,得到面积微元 $\mathrm{d}S=[f(x)-g(x)]\mathrm{d}x$,则

$$S=\int_a^b[f(x)-g(x)]\mathrm{d}x$$

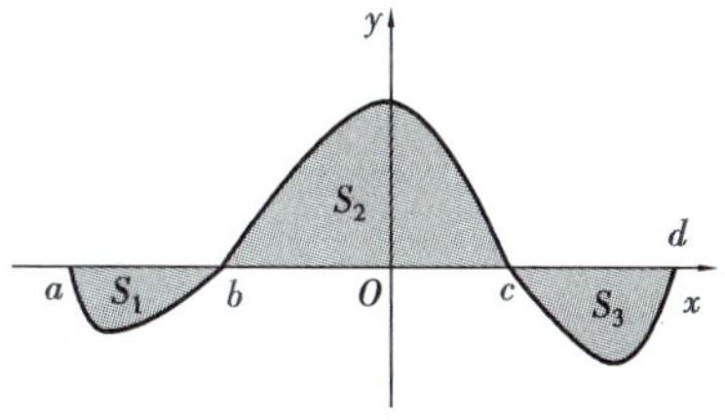

图 6.7

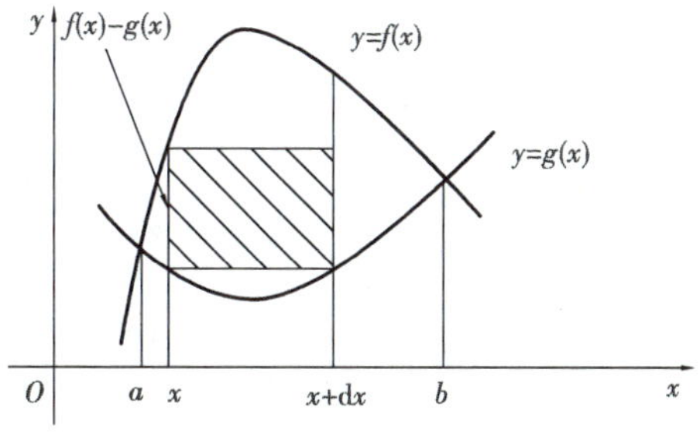

图 6.8

2)当积分变量为 y 时平面图形面积的计算方法

(1)由单曲线围成图形的面积.

连续曲线 $x=f(y)$ 在闭区间 $[c,d]$ 上所围成的阴影部分面积(图 6.9),可用定积分表示为

$$S=\int_c^d f(y)\mathrm{d}y$$

(2)由两条曲线围成图形的面积.

在区间 $[c,d]$ 上,由连续曲线 $x=\varphi(y)$,$x=\phi(y)$ [设 $\phi(y)\leqslant\varphi(y)$] 所围成的图形(图 6.10)面积,可用定积分表示为

$$S = \int_c^d [\varphi(y) - \phi(y)]\mathrm{d}y$$

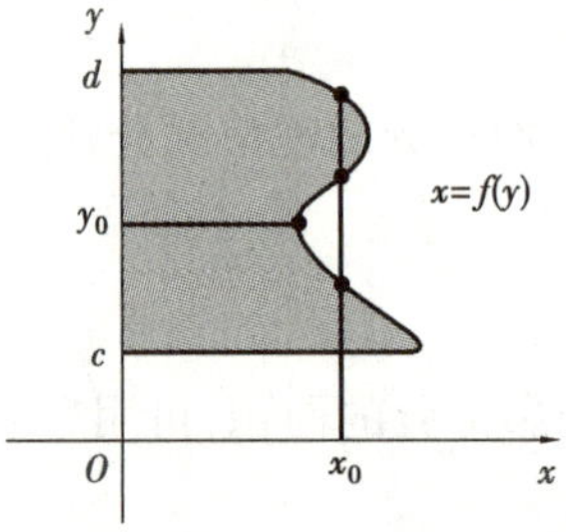

图 6.9

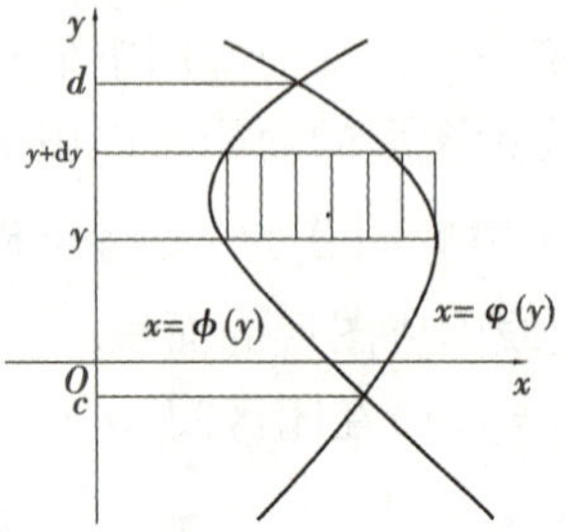

图 6.10

【例 6.12】 计算曲线 $y=x$ 与 $y=x^2$ 所围成的图形面积[图 6.11(a)].

【解】 解方程组$\begin{cases} y = x \\ y = x^2 \end{cases}$,得两曲线的交点(0,0),(1,1),则

$$S = \int_0^1 (x - x^2)\mathrm{d}x = \left(\frac{1}{2}x^2 - \frac{1}{3}x^3\right)\Big|_0^1 = \frac{1}{6}$$

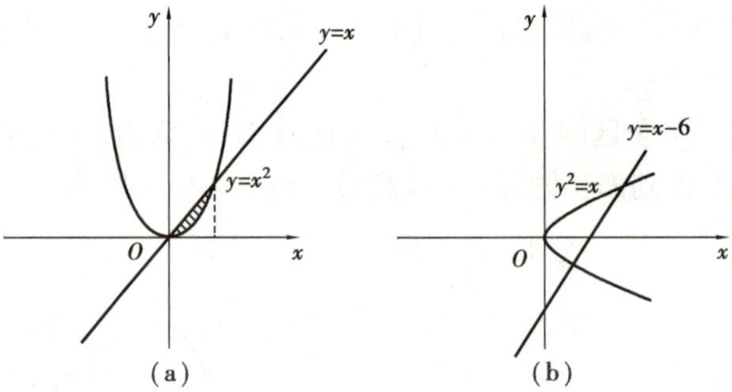

图 6.11

【例 6.13】 求曲线 $y^2=x$ 与直线 $y=x-6$ 所围成的图形面积[图 6.11(b)].

【解】 解方程组$\begin{cases} y^2 = x \\ y = x-6 \end{cases}$,得两曲线的交点(4,−2),(9,3),则

$$S = \int_{-2}^{3} [(y+6) - y^2]\mathrm{d}y = \frac{125}{6}$$

积分变量的选择要看围成图形的特点,灵活适当地选择面积计算公式,可以简化计算.

6.3.2 积分在经济中的应用

在经济问题中,经常要涉及总产量、总成本、总收入等经济变量,这些经济变量在给定的某些条件下,可由定积分求得. 微分与积分互为逆运算,那么积分在经济学中的应用就可对照导数与微分在经济学中的应用.

【例 6.14】 某商品的边际利润为 $L'(x)=3x^2+2x-1$,其中 x 为商品的产量,求这种商品的利润函数 $L(x)$.

【解】 由 $L'(x)=3x^2+2x-1$,得

$$L(x) = \int L'(x)\mathrm{d}x = \int (3x^2 + 2x - 1)\mathrm{d}x = x^3 + x^2 - x + C$$

故利润函数 $L(x) = x^3 + x^2 - x + C$.

通过【例 6.14】发现，若不给出一些固定的初始条件，则不定积分在经济分析中无法得出准确的经济定量模型，因此不定积分在经济学中的应用受限.

【例 6.15】　已知某商品在时刻 t 时的边际产量[总产量 $Q(t)$]对时间 t 的变化率，即商品的生产速度为 $v(t) = 20 - t - t^2$，求从 $t = 1$ 到 $t = 2$ 这段时间的总产量.

【解】　总产量 $Q(t)$ 是它的变化率(边际产量) $Q'(t) = v(t)$ 的原函数，因此从 $t = 1$ 到 $t = 2$ 这段时间的总产量为

$$Q = \int_1^2 v(t)\mathrm{d}t = \int_1^2 (20 - t - t^2)\mathrm{d}t = \frac{97}{6}$$

【例 6.16】　已知某商品的产量为 x 单位时，边际收入[总收入 $R(x)$ 对产量的变化率]为 $R'(x) = 200 - 3x^2$(万元/单位).

(1)求产量为 x 单位时的总收入；

(2)如果已经生产了 100 单位，求再生产 50 单位时的收入变化.

【解】　(1)总收入 $R(x)$ 是边际收入在 $[0, x]$ 上的定积分，因此产量为 x 单位时的总收入为

$$R(x) = \int_0^x (200 - 3t^2)\mathrm{d}t = 200x - x^3$$

(2)生产了 100 单位，再生产 50 单位时增加的收入为

$$R(x) = (200x - x^3)\Big|_{100}^{150} = -2\ 365\ 000$$

思考：为什么该题的计算结果为负数，负数代表什么经济含义？

【例 6.17】　某种商品每天生产 x 单位时，固定成本为 150 元，边际成本[总成本 $C(x)$ 对产量 x 的变化率] $C'(x) = 2x + 11$(元/单位).

(1)求总成本函数 $C(x)$.

(2)如果这种商品规定的销售价为每单位 90 元，且商品可以全部售出，求总利润函数 $L(x)$，并求每天生产的数量控制在多少时，厂家获利最大？

(3)从获得最大利润的生产量上，厂家又继续追加生产了 50 个单位，该做法是否合理？

【解】　(1)总成本包括可变成本和固定成本. 可变成本是边际成本在 $[0, x]$ 上的定积分，即 $\int_0^x C'(t)\mathrm{d}t$，固定成本为 $C(0) = 150$. 因此每天生产 x 单位时的总成本函数为

$$C(x) = \int_0^x C'(t)\mathrm{d}t + C(0) = \int_0^x (2t + 10)\mathrm{d}t + C(0) = x^2 + 10x + 150$$

(2)销售 x 单位商品所得到的总收入为 $R(x) = 90x$，因此销售 x 单位商品所得到的总利润为 $L(x) = R(x) - C(x)$，则

$$L(x) = 90x - (x^2 + 10x + 150) = -x^2 + 80x - 150$$

由 $L'(x) = -2x + 80 = 0$，得 $x = 40$，而 $L''(x) = -2 < 0$，因此每天生产 40 单位商品时，可获得最大利润，最大利润为 $L(40) = -40^2 + 80 \times 40 - 150 = 1\ 450$(元).

(3)生产 40 + 50 单位商品时获得的利润为 $L(90) = -1\ 050$(元)，减少的利润为 1 450

$-(-1\ 050)=2\ 500$(元)，因此做法不合理.

【例 6.18】 若生产某种商品的边际函数为 $C'(x)=50+5x+3x^2$，求当产量从 2 个单位提高到 5 个单位时的平均成本.

【解】 由连续函数的平均值公式 $\overline{f(x)}=\dfrac{1}{b-a}\int_a^b f(x)\mathrm{d}x$，有

$$\overline{C}=\frac{1}{5-2}\int_2^5(50+5x+3x^2)\mathrm{d}x=\frac{1}{3}\left(50x+\frac{5}{2}x^2+x^3\right)\Big|_2^5=\frac{639}{6}=\frac{213}{2}$$

导数在经济学中的应用非常广泛，如连续复利问题，那么积分学在经济学中又有哪些应用呢？若现有本金 x 元，以年利率 r 的连续复利计算，则 t 年后的本利和 $b(t)$ 为

$$b(t)=x\mathrm{e}^{rt}$$

反之，若期望某项投资资金 t 年后的本利和 b 为已知，则按连续复利计算，现在应有资金为 $x=b\mathrm{e}^{-rt}$，称 x 为资本现值.

若 x 为资本现值，则 $x\mathrm{e}^{rt}$ 为资本将来值；若 b 为资本将来值，则 $b\mathrm{e}^{-rt}$ 为资本现值.

单位时间内的收入称为收入率，或称为资金流量.

设在时间区间 $[0,T]$ 内，t 时刻的收入率为 $b(t)$，按年利率 r 的连续复利计算，则在时间区间 $[t,t+\mathrm{d}t]$ 内的收入现值为 $b(t)\mathrm{e}^{-rt}\mathrm{d}t$，在 $[0,T]$ 内得到的总收入现值为

$$x=\int_0^T b(t)\mathrm{e}^{-rt}\mathrm{d}t$$

特别地，当资金流量为常数 b（称为均匀流量）时，

$$x=\int_0^T b\mathrm{e}^{-rt}\mathrm{d}t=\frac{b}{r}(1-\mathrm{e}^{-rT})$$

进行某项投资后，将投资期内总收入的现值与总投资的差额称为该项投资纯收入的贴现值，即

纯收入的贴现值 = 总收入现值 - 总投资

【例 6.19】 某项目的投资金额为 c 万元，经测算这一项目可以按每年 a 万元获得收入，若年利率为 r，试求该投资的纯收入贴现值及收回该笔投资的时间.

【解】 投资 T 年后的总收入现值为

$$x=\int_0^T a\mathrm{e}^{-rt}\mathrm{d}t=\frac{a}{r}(1-\mathrm{e}^{-rT})$$

则投资所得的纯收入贴现值为

$$R=x-c=\frac{a}{r}(1-\mathrm{e}^{-rT})-c$$

收回投资所用的时间，也就是总收入的现值与总投资相等的时候，有

$$\frac{a}{r}(1-\mathrm{e}^{-rT})=c$$

即收回投资的时间为

$$T=\frac{1}{r}\ln\frac{a}{a-cr}$$

【同步训练 6.3】

1. 求在区间$\left[0,\frac{\pi}{6}\right]$上，由曲线 $y=\sin x$ 与 $y=x$ 所围成的平面图形的面积.

2. 求由曲线 $y=x^2$ 和 $y=-2x$ 所围成的平面图形的面积.

3. 求由曲线 $y^2=8x$ 与直线 $y=x^2$ 所围成的平面图形的面积.

4. 已知某商品的边际利润函数为$L'(Q)=Q^2+2Q+3$，求该商品的利润函数.

5. 已知某商品在时刻 t 时总产量的变化率为 $Q'(t)=10+2t$，求从 $t=2$ 到 $t=3$ 这段时间内该商品的总产量.

6. 已知某商品生产 x 单位时，边际收入为 $R'(x)=50+3x^2$（单位：元/单位）.

(1)求生产 x 单位时的总收入 $R(x)$ 及平均单位收入$\overline{R(x)}$；

(2)如果已经生产了 100 单位，求再生产 10 单位时增加的销售收入.

7. 某商品的边际成本 $C'(Q)=3-Q$，固定成本 $C_0=25$，边际收入 $R'(Q)=20-5Q$（单位：万元/台），求(1)总成本函数 $C(Q)$；(2)总收益函数 $R(Q)$；(3)生产量为多少台时总利润最小.

8. 已知某种商品的需求函数 $Q=100-5P$，其中 Q 为需求量（单位：件），P 为单位价格（单位：元/件）. 又已知此种商品的边际成本为 $C'(P)=10-2P$ ，且 $C(0)=5$. 试确定当销售单价为多少时，总利润最大，并求出最大总利润.

9. 有一大型投资项目，投资成本为 $A=10\ 000$ 万元，投资年利率为 5%，每年的均匀收入为 $b=1\ 000$ 万元，求该项投资为无限期时纯收入的贴现值.

6.4* 无限区间上的广义积分

在讨论积分区间时，会发现区间$[a,b]$，a,b 可取一切实数，本章前几节讨论的仅仅局限在有限区间范围，如果积分区间出现如下形式$[f(x),g(x)]$，$[-\infty,a]$，$[b,+\infty)$，$(-\infty,+\infty)$，积分的运算法则还成立吗？

设函数 $\varphi(x)$ 在$[a,b]$上连续，则对$[a,b]$上的任意一点 x，$\varphi(x)$ 在$[a,x]$上连续，由可积的充分条件可知，$\varphi(x)$ 在$[a,x]$上可积，即定积分 $\int_a^x \varphi(t)\mathrm{d}t$ 存在，如图 6.12 所示.

为了区别积分变量与积分上限，用 t 表示积分变量，则上面的定积分表示为

$$\int_a^x \varphi(t)\mathrm{d}t$$

任给一个 $x\in[a,b]$，被积函数也可用$f(t)$ 表示，即$\int_a^x f(t)\mathrm{d}t$ 都有唯一确定的值与之对应，因此它是一个定义在$[a,b]$ 上的函数，记作$\psi(x)$，即$\psi(x)=\int_a^x f(t)\mathrm{d}t,\ x\in[a,b]$. 把这个函数称为变上限积分函数.

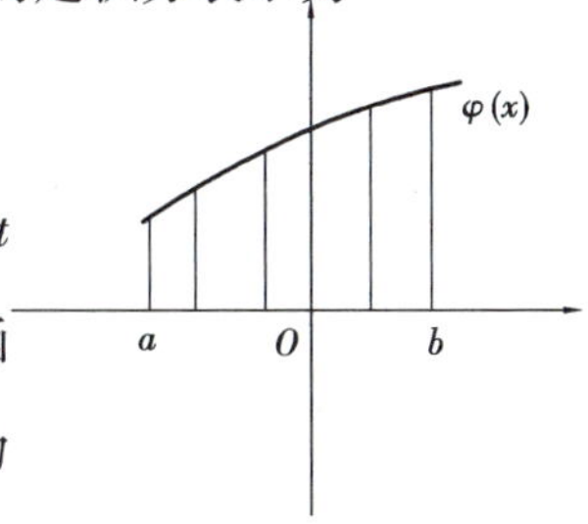

图 6.12

为了区别积分变量与积分上限,用 t 表示积分变量,则上面的定积分表示为 $\int_x^b f(t)\,dt$,任给一个 $x\in[a,b]$,都有唯一确定的值与之对应,因此它是一个定义在 $[a,b]$ 上的函数,记作 $\Phi(x)$,即 $\Phi(x)=\int_x^b f(t)\,dt,\ x\in[a,b]$,把这个函数称为变下限积分函数.

定理 6.2(变上限积分定理) 如果函数 $f(x)$ 在 $[a,b]$ 上连续,则函数 $\psi(x)=\int_a^x f(t)\,dt,\ x\in[a,b]$,在 $[a,b]$ 上可导,且

$$\psi'(x)=\left[\int_a^x f(t)\,dt\right]'=f(x)$$

定理 6.2 说明,任何连续函数都存在原函数,函数 $\psi(x)=\int_a^x f(t)\,dt$ 就是函数 $f(x)$ 在 $[a,b]$ 上的一个原函数.这一定理揭示了定积分与原函数之间的关系.

【例 6.20】 已知 $\psi(x)=\int_1^x t\tan t\,dt$,计算 $\psi'(x)$.

【解】 $\psi(x)=\left[\int_1^x t\tan t\,dt\right]'=x\tan x$

【例 6.21】 计算 $\lim\limits_{x\to0}\dfrac{\int_0^x \sin^2 3t\,dt}{x^2}$.

【解】 当 $x\to0$ 时,此极限是"$\dfrac{0}{0}$"型未定式,运用洛比达法则求解.

$$\lim_{x\to0}\frac{\int_0^x \sin^2 3t\,dt}{x^2}=\lim_{x\to0}\frac{\sin^2 3x}{2x}=\lim_{x\to0}\frac{9x^2}{2x}=0$$

前面讨论的积分都是在有限区间 $[a,b]$ 上,若 a,b 的值可以取到 $\pm\infty$ 时,则区间就可以扩充到 $(-\infty,+\infty)$,即可以扩展到无限区间.

定义 6.2 设函数 $f(x)$ 在无限区间 $[a,+\infty)$ 上连续.如果 $\lim\limits_{b\to+\infty}\int_a^b f(x)\,dx,\ b>a$ 存在,则称此极限值为函数 $f(x)$ 在无限区间 $[a,+\infty)$ 上的广义积分,记作 $\int_a^{+\infty} f(x)\,dx$,即

$$\int_a^{+\infty} f(x)\,dx=\lim_{b\to+\infty}\int_a^b f(x)\,dx,\ b>a$$

若此时极限存在,则称广义积分 $\int_a^{+\infty} f(x)\,dx$ 收敛;否则,称广义积分 $\int_a^{+\infty} f(x)\,dx$ 发散.

类似地,可以定义 $f(x)$ 在无限区间 $(-\infty,b]$ 及 $(-\infty,+\infty)$ 上的广义积分:

$$\int_{-\infty}^b f(x)\,dx=\lim_{a\to-\infty}\int_a^b f(x)\,dx,\ b>a$$

$$\int_{-\infty}^{+\infty} f(x)\,dx=\int_{-\infty}^c f(x)\,dx+\int_c^{+\infty} f(x)\,dx,\ c\in(-\infty,+\infty)$$

定义 6.3 设函数 $f(x)$ 在区间 $[a,b)$ 上连续,而 $\lim\limits_{x\to b^-} f(x)=\infty$,如果极限 $\lim\limits_{t\to b^-}\int_a^t f(x)\,dx$ 存在,则称此极限值为 $f(x)$ 在区间 $[a,b)$ 上的广义积分,记作 $\int_a^b f(x)\,dx$,即

$$\lim_{t\to b^-}\int_a^t f(x)\,\mathrm{d}x = \int_a^b f(x)\,\mathrm{d}x$$

若此时极限存在，则称广义积分收敛；反之，称广义积分发散. 发散点 $x=b$ 也称为瑕点，对应的积分称为瑕积分.

$x=a$ 的瑕积分的定义与 $x=b$ 的瑕积分的定义是类似的.

我们常用如下定理证明广义积分的敛散性以及计算瑕积分.

定理 6.3　$\int_{-\infty}^{+\infty} f(x)\,\mathrm{d}x$ 收敛的充分必要条件是：$\int_{-\infty}^{c} f(x)\,\mathrm{d}x$ 与 $\int_{c}^{+\infty} f(x)\,\mathrm{d}x$ 同时收敛.

如果 $F'(x)=f(x)$，并记 $F(+\infty)=\lim\limits_{x\to+\infty}F(x)$，$F(-\infty)=\lim\limits_{x\to-\infty}F(x)$，则

$$\int_a^{+\infty} f(x)\,\mathrm{d}x = F(x)\Big|_a^{+\infty} = \lim_{x\to+\infty}F(x) - F(a)$$

$$\int_{-\infty}^{b} f(x)\,\mathrm{d}x = F(x)\Big|_{-\infty}^{b} = F(b) - \lim_{x\to-\infty}F(x)$$

$$\int_{-\infty}^{+\infty} f(x)\,\mathrm{d}x = F(x)\Big|_{-\infty}^{+\infty} = \lim_{x\to+\infty}F(x) - \lim_{x\to-\infty}F(x)$$

【例 6.22】　计算 $\int_{-3}^{3}\frac{1}{\sqrt{9-x^2}}\mathrm{d}x$.

【解】　$\int_{-3}^{3}\frac{1}{\sqrt{9-x^2}}\mathrm{d}x = \frac{1}{3}\arcsin\frac{x}{3}\Big|_{-3}^{3} = \frac{1}{3}\lim\limits_{x\to3}\arcsin\frac{x}{3} - \frac{1}{3}\lim\limits_{x\to-3}\arcsin\frac{x}{3}$

$$= \frac{\pi}{6} - \left(-\frac{\pi}{6}\right) = \frac{\pi}{3}$$

【例 6.23】　计算 $-\int_{-\infty}^{+\infty} 2x\mathrm{e}^{-x^2}\mathrm{d}x$.

【解】　$-\int_{-\infty}^{+\infty} 2x\mathrm{e}^{-x^2}\mathrm{d}x = \int_{-\infty}^{+\infty}\mathrm{e}^{-x^2}\mathrm{d}(-x^2) = \mathrm{e}^{-x^2}\Big|_{-\infty}^{+\infty} = \lim\limits_{x\to+\infty}\mathrm{e}^{-x^2} - \lim\limits_{x\to-\infty}\mathrm{e}^{-x^2} = 0$

【同步训练 6.4】

1. 已知 $\varphi(x)=\int_2^x \arcsin t\,\mathrm{d}t$，计算 $\varphi'(x)$.

2. 已知 $\varphi(x)=\int_1^x \frac{1}{\sin t}\mathrm{d}t$，计算 $\varphi'(x)$.

3. 求下列极限.

(1) $\lim\limits_{x\to0}\dfrac{n\int_0^x \cos t\,\mathrm{d}t}{x^2}$　　　　(2) $\lim\limits_{x\to0}\dfrac{\int_0^x \arcsin t\,\mathrm{d}t}{x^2}$

4. 计算下列定积分.

(1) $f(x)=\begin{cases}2x-1 & x\leqslant 1\\ 1+x^2 & x>1\end{cases}$，求 $\int_{-1}^{3} f(x)\,\mathrm{d}x$

(2) $\int_0^{\frac{3\pi}{2}}|\sin x|\,\mathrm{d}x$　　　　(3) $\int_1^2 \max(x,2x)\,\mathrm{d}x$

5. 计算下列广义积分.

(1) $\int_{0}^{+\infty} e^{-3x}dx$　　(2) $\int_{-\infty}^{0} \ln 5 \cdot 5^x dx$

(3) $\int_{0}^{+\infty} \frac{12}{1+x^2}dx$　　(4) $\int_{2}^{+\infty} \frac{12}{x^2}dx$

(5) $-\int_{-\infty}^{+\infty} 2te^{-t^2}dt$

综合练习题 3

1. 选择题

(1) 若函数 3^x 为 $f(x)$ 的一个原函数,则函数 $f(x)=($　　$)$.

A. $x3^{x-1}$　　B. $\frac{1}{x+1}3^{x-1}$　　C. $3^x\ln 3$　　D. $\frac{3^x}{\ln 3}$

(2) 若 $F'(x)=f(x)$,则下列等式成立的是(　　).

A. $\int F'(x)dx = f(x)+C$　　B. $\int f(x)dx = F(x)+C$

C. $\int dF(x) = f(x)+C$　　D. $\int F'(x)dx = F'(x)+C$

(3) 设 $\int f(x)dx = \cos x + C$,则 $f(x) = ($　　$)$.

A. $\sin x + C$　　B. $-\sin x + C$　　C. $\sin(-x)+C$　　D. $\cos x + C$

(4) 已知 $f(x)$ 的一个原函数为 e^x,则 $\int xf'(x)dx = ($　　$)$.

A. $e^x + C$　　B. $e^{-x^2}+C$　　C. $xe^x - e^x + C$　　D. $e^x + xe^x + C$

(5) 若函数 $f(x)$ 是奇函数,则 $\int_{-\frac{\pi}{2}}^{\frac{\pi}{2}} f(x)dx = ($　　$)$.

A. 0　　B. 1　　C. $\frac{\pi}{4}$　　D. $\frac{\pi}{2}$

(6) 求 $\frac{d}{dx}\int_a^b f(x)dx = ($　　$)$.

A. $f(b)-f(a)$　　B. $f(a)$　　C. $f(b)$　　D. $f(a)+f(b)$

(7) $\int_0^K (1-4x)dx = 0$,K 取何值时成立?(　　)

A. 0　　B. $\frac{1}{2}$　　C. $-\frac{1}{2}$　　D. 0 和 $\frac{1}{2}$

2. 填空题

(1) $[\int f(x)dx]' =$ ______________.

(2) 若 $\int f(x)dx = F(x)+C$,则 $\int f(x+1)dx =$ ______________.

(3)牛顿-莱布尼茨表达式:______________________________.

(4)$\int xf''(x)\mathrm{d}x$ = ______________________________.

(5)$\int_0^1 \mathrm{e}^{5x}\mathrm{d}x$ = ______________________________.

(6)$\int_0^1 \frac{2}{1+x^2}\mathrm{d}x$ = ______________________________.

3. 计算题

(1)$\int (x-1)^2\mathrm{d}x$

(2)$\int \frac{\mathrm{d}x}{x^2-x-12}$

(3)$\int \sin x\cos^2 x\mathrm{d}x$

(4)$\int \frac{1}{\sqrt{1-9x^2}}\mathrm{d}x$

(5)$\int_{\frac{1}{2}}^{\frac{\sqrt{2}}{2}} \frac{1}{-\sqrt{1-x^2}}\mathrm{d}x$

(6)$\int_0^{\frac{\pi}{2}} \sin x\sqrt{\cos x}\,\mathrm{d}x$

(7)$\int_0^{\ln 2} \mathrm{e}^x\sqrt{\mathrm{e}^x-1}\,\mathrm{d}x$

(8)已知$f(x)=x^2-1$,求$\int_{-1}^0 f(x+2)\mathrm{d}x$.

(9)设函数$f(x)$在区间$[-a,a]$上连续,且为奇函数,求$\int_{-a}^a f(x)\mathrm{d}x$.

(10)求下列定积分.

①$\int_0^{\frac{1}{2}} \arcsin x\mathrm{d}x$

②$\int_0^{\frac{\pi}{2}} \sin x\mathrm{d}x$

4. 应用题

(1)求由曲线$y=(x-2)^2-1$与直线$x=3$,$x=4$以及x轴所围成的图形面积.

(2)求由曲线$y=x^2-4$,直线$x=-2$,$x=2$以及x轴所围成的图形面积.

(3)某产品在时刻t的总产量变化率为$Q'(t)=100t+t^2$,求从$t=1$到$t=2$这段时间内的平均产量.

(4)某产品的总成本$C(x)$(单位:万元)的边际成本$C'=1$,总收益R(单位:万元)的边际收益为生产量x(台)的函数:$R'(x)=5-x$.

①求生产量为多少时,总利润最大;

②达到最大利润的产量后又生产100台,总利润减少了多少?

(5)已知某企业生产某产品Q单位时,边际收入为$R'(Q)=100-2Q$(单位:万元),边际成本为$C'(Q)=3Q$(单位:万元),固定成本为3万元.

①若企业产品实行直销,求获得最大利润时的销售量及最大利润;

②若直销市场只有A,B,C3个地区,现企业在3个地区实行差别价格.已知A,B,C3个地区的边际收入分别为$R'_A(Q)=91-4Q$,$R'_B(Q)=100-Q$,$R'_C(Q)=72-2Q$,求实行差别价格后企业所获得的利润.

(6)有一投资项目,投资成本$A=10\ 000$万元,投资年利率为5%,以连续复利计算,若

每年按 $b=1\ 000$ 万元获得收入,求该项投资在 20 年后获得的纯利润值.(已知 $e^{-1}=0.367\ 9$)

(7)求下列广义积分.

①$\int_{-\infty}^{-1}\frac{1}{x^2}dx$　　②$\int_{-\infty}^{+\infty}\frac{1}{1+x^2}dx$

③$\int_{0}^{1}\frac{1}{x^2-1}dx$　　④$\int_{0}^{1}\frac{1}{\sqrt{1-x^2}}dx$

(8)讨论广义积分 $\int_{1}^{+\infty}\frac{dx}{x^p}$ 的敛散性.

模块 4

常微分方程

常微分方程在经济、物理、工程等领域应用非常广泛，许多实际问题可归结为解方程，验证方程解的存在性与唯一性. 前面模块学习了微积分，本模块将从实际问题出发，引入微分方程的概念，并重点研究可分离变量的微分方程和一阶线性常微分方程，同时简要介绍其在经济中的应用.

第 7 章　微分方程

微积分的主要研究对象是函数. 在电子、工程技术、经济等实际问题中,常常可以建立函数与函数变化率的某种关系式,要求利用数学方法从这些关系式中求出所研究的函数,这就是微分方程所要研究和解决的问题. 本章主要介绍微分方程的基本概念、几种常见的微分方程(可分离变量的微分方程、一阶线性微分方程)及基本解法.

7.1　微分方程的概念

7.1.1　概念引入

【例 7.1】　任取曲线上一点(1,2),曲线上任一点处的切线的斜率等于该点的横坐标的 2 倍,求此曲线方程.

【解】　设所求曲线方程为 $F(x,y)=0$,根据导数的几何定义和题设可知

$$\begin{cases}\dfrac{\mathrm{d}y}{\mathrm{d}x}=2x\\ y(1)=2\end{cases}$$

由 $\dfrac{\mathrm{d}y}{\mathrm{d}x}=2x$,两边同时对 x 积分,得

$$y=\int 2x\mathrm{d}x=x^2+C(C\text{ 为常数})$$

$y=x^2+C$ 为曲线族,且满足题目条件,将初始条件代入 $y(x)$,求得 $C=1$,则 $y=x^2+1$.

【例 7.2】　已知某商品的自身价格弹性恒为 -3,当价格 $P=5$ 时,需求量达到 $Q=250$,求需求函数的表达式.

【解】　根据本例中给出的初始条件及弹性需求函数公式,得出如下表达式:

$$\begin{cases}\dfrac{P}{Q}\cdot\dfrac{\mathrm{d}Q}{\mathrm{d}P}=-3\\ Q(5)=250\end{cases}$$

将 $\dfrac{P}{Q}\cdot\dfrac{\mathrm{d}Q}{\mathrm{d}P}=-3$ 变形为

$$\frac{\mathrm{d}Q}{Q}=-3\frac{\mathrm{d}P}{P}$$

等式两边积分得

$$\ln Q=-3\ln P+\ln C$$

化简得

$$Q=\frac{C}{P^3}\ (\text{其中 } P>0,Q>0,C\text{ 为任意常数})$$

由 $Q(5)=250$，求得 $C=2\ 250$，于是所求需求函数 $Q=\frac{2\ 250}{P^2}$.

我们发现上例求解的方程中出现微分算子，即导数微分作为单位，类似这样的方程称为微分方程.

7.1.2 微分方程的基本概念

定义 7.1 含有未知函数的导数或微分的方程，称为微分方程. 特别当未知函数为一元函数时，该微分方程称为常微分方程. 在微分方程中，未知函数及其各阶导数都是一次幂的，则称该方程为线性微分方程.

微分方程中出现的未知函数的最高阶导数的阶数，称为微分方程的阶. 如 $\frac{\mathrm{d}y}{\mathrm{d}x}=2x$ 和 $\frac{P}{Q}\cdot\frac{\mathrm{d}Q}{\mathrm{d}P}=-3$ 都是一阶常微分方程，而 $4y''-y'=x$ 是二阶常微分方程.

定义 7.2 如果将某个已知函数代入微分方程中，方程两端恒等，则称此函数为该微分方程的解.

从表现形式上看，微分方程的解可分为显式解和隐式解，显式解形如 $y=\varphi(x)$，隐式解形如 $\varphi(x,y)=0$. 如 $y=\mathrm{e}^{2x}$ 是微分方程 $y'=2y$ 的显式解，而 $x^2+y^2=1$ 是微分方程 $(y')^2+1=y^{-2}$ 的隐式解.

从结构形式上看，微分方程的解可分为通解和特解. 如果微分方程的解中所含独立任意常数的个数等于微分方程的阶数，则此解称为微分方程的通解，C 为独立的任意常数；确定了通解中任意常数的解，称为微分方程的特解. 一般通过给出微分方程的初始条件确定 C 的取值.

【例 7.3】 证明：$y=C\mathrm{e}^{-x}$ 是微分方程 $y'+y=0$ 的通解，并求方程满足初始条件 $y(0)=2$ 的特解.

【解】 (1)因为 $y'+y=(C\mathrm{e}^{-x})'+C\mathrm{e}^{-x}=-C\mathrm{e}^{-x}+C\mathrm{e}^{-x}=0$

即当 $y=C\mathrm{e}^{-x}$ 时，$y'+y=0$ 成立，所以 $y=C\mathrm{e}^{-x}$ 是微分方程 $y'+y=0$ 的通解.

(2)把 $y(0)=2$ 代入 $y=C\mathrm{e}^{-x}$，得 $C\mathrm{e}^0=2$，解得 $C=2$，因此满足初始条件 $y(0)=2$ 时，方程的特解为 $y=2\mathrm{e}^{-x}$.

【同步训练 7.1】

1. 验证 $y=C_1\mathrm{e}^{-x}+C_2\mathrm{e}^{-x}$（$C_1,C_2$ 为任意常数）是微分方程 $y'+y=\mathrm{e}^{-x}$ 的通解，并求 $y'+y=\mathrm{e}^{-x}$ 满足初始条件 $y(0)=2$ 的特解.

2. 验证 $y=\frac{C}{x}+\frac{\mathrm{e}^x}{x}$（$C$ 为任意常数）是微分方程 $xy'+y=\mathrm{e}^x$ 的通解，并求 $xy'+y=\mathrm{e}^x$ 满足初始条件 $y(1)=2$ 的特解.

7.2 一阶微分方程

本节主要介绍可分离变量的微分方程和一阶线性微分方程及其解法.

7.2.1 可分离变量的微分方程

定义 7.3 形如 $\varphi(y)\mathrm{d}y=\psi(x)\mathrm{d}x$ 的微分方程,称为可分离变量的微分方程.

可分离变量的微分方程的特点是,将方程两边的变量进行分离,使得等式的左右两边分别只含有一个未知量.

【例 7.4】 求微分方程$\frac{\mathrm{d}y}{\mathrm{d}x}=x^2y^3$ 的通解.

【解】 方程可变形为$\frac{1}{y^3}\mathrm{d}y=x^2\mathrm{d}x$,两边积分得

$$\int\frac{1}{y^3}\mathrm{d}y=\int x^2\mathrm{d}x$$

计算得 $-\frac{1}{2}y^{-2}=\frac{x^3}{3}+C$($C$ 为任意常数),此即为原微分方程$\frac{\mathrm{d}y}{\mathrm{d}x}=x^2y^3$ 的通解.

【例 7.5】 求微分方程$(1+x)\mathrm{d}y=(1+y^2)\mathrm{d}x$ 的通解.

【解】 这是一个可分离变量的微分方程,分离变量得

$$\frac{1}{1+y^2}\mathrm{d}y=\frac{1}{1+x}\mathrm{d}x$$

两边积分得

$$\int\frac{1}{1+y^2}\mathrm{d}y=\int\frac{1}{1+x}\mathrm{d}x$$

计算得 $\arctan y=\ln|1+x|+C$(C 为任意常数),此即为原微分方程$(1+x)\mathrm{d}y=(1+y^2)\mathrm{d}x$ 的通解.

7.2.2 一阶线性微分方程

定义 7.4 形如$\frac{\mathrm{d}y}{\mathrm{d}x}+P(x)y=Q(x)$的方程,称为一阶线性微分方程,其中 $P(x)$,$Q(x)$为关于 x 的已知函数.

当 $Q(x)=0$ 时,$\frac{\mathrm{d}y}{\mathrm{d}x}+P(x)y=Q(x)$变为$\frac{\mathrm{d}y}{\mathrm{d}x}+P(x)y=0$,称为一阶齐次线性微分方程,它是一个可分离变量的微分方程.

当 $Q(x)\neq0$ 时,$\frac{\mathrm{d}y}{\mathrm{d}x}+P(x)y=Q(x)$称为一阶非齐次线性微分方程.

求解一阶非齐次线性微分方程的一般步骤:

(1)需要先求出它所对应的齐次线性微分方程的通解;

(2)把通解中的常数 C 变换为关于自变量的函数 $C(x)$;

(3)把所对应的齐次线性微分方程的通解代入原微分方程,解出 $C(x)$,即可得原微分方程的通解.

具体过程如下:

(1)由$\frac{\mathrm{d}y}{\mathrm{d}x}+P(x)y=Q(x)$得相应的齐次线性微分方程为

$$\frac{dy}{dx}+P(x)y=0$$

移项得
$$\frac{dy}{dx}=-P(x)y$$

分离变量得
$$\frac{1}{y}dy=-P(x)dx$$

两边积分得
$$\int\frac{1}{y}dy=\int-P(x)dx$$

即
$$\ln|y|=\int-P(x)dx+C_1\quad(C_1\text{ 为任意常数})$$

$$|y|=e^{\int-P(x)dx+C_1}=e^{C_1}e^{\int-P(x)dx}$$

即
$$y=\pm e^{\int-P(x)dx+C_1}=Ce^{\int-P(x)dx}\quad(C\text{ 为任意常数})$$

(2)用 $C(x)$ 代替 C 可得 $y=C(x)e^{\int-P(x)dx}$. 将 $y=C(x)e^{\int-P(x)dx}$ 代入原微分方程得

$$C'(x)e^{\int-P(x)dx}-C(x)P(x)e^{\int-P(x)dx}+P(x)C(x)e^{\int-P(x)dx}=Q(x)$$

从而

$$C(x)=\int Q(x)e^{\int P(x)dx}dx+C\quad(C\text{ 为任意常数})$$

代入 $y=C(x)e^{\int-P(x)dx}$,得

$$y=\left(\int Q(x)e^{\int P(x)dx}+C\right)e^{\int-P(x)dx}$$

即
$$y=Ce^{\int-P(x)dx}+e^{\int-P(x)dx}\int Q(x)e^{\int P(x)dx}dx$$

此即为原非齐次线性微分方程 $\frac{dy}{dx}+P(x)y=Q(x)$ 的通解.

以上求非齐次线性微分方程 $\frac{dy}{dx}+P(x)y=Q(x)$ 的通解的方法称为常数变易法,而非齐次线性微分方程 $\frac{dy}{dx}+P(x)y=Q(x)$ 的通解公式为

$$y=Ce^{\int-P(x)dx}+e^{\int-P(x)dx}\int Q(x)e^{\int P(x)dx}dx$$

【例7.6】　求解一阶线性微分方程 $\frac{dy}{dx}-y\sin x=\sin x$.

【解】　采用常数变易法. 原方程所对应的齐次线性微分方程为

$$\frac{dy}{dx}-y\sin x=0$$

移项得
$$\frac{dy}{dx}=y\sin x$$

分离变量得
$$\frac{1}{y}dy=\sin x dx$$

两边积分得
$$\int\frac{1}{y}dy=\int\sin x dx$$

解得
$$\ln|y| = -\cos x + C_1$$
即
$$y = Ce^{-\cos x} \quad (C\text{ 为任意常数})$$
将 $y = Ce^{-\cos x}$ 代入原微分方程 $\frac{dy}{dx} - y\sin x = \sin x$，得
$$C'(x)e^{-\cos x} + C(x)\sin xe^{-\cos x} - C(x)\sin xe^{-\cos x} = \sin x$$
整理得
$$C'(x)e^{-\cos x} = \sin x$$
移项得
$$C'(x) = \sin xe^{\cos x}$$
两边积分得
$$\int C(x)dx = \int \sin xe^{\cos x}dx$$
从而
$$C(x) = -e^{\cos x} + C$$
则
$$y = (-e^{\cos x} + C)e^{-\cos x}$$

【例7.7】 解一阶微分方程 $y' - \frac{1}{x-1}y = (x-1)^3$，并求出满足初始条件 $y(0) = 1$ 的特解.

【解】 采用公式法. 令 $P(x) = -\frac{1}{x-1}$，$Q(x) = (x-1)^3$，代入公式得
$$y = Ce^{\int -P(x)dx} + e^{\int -P(x)dx}\int Q(x)e^{\int P(x)dx}dx$$
其中
$$e^{\int -P(x)dx} = e^{\ln(x-1)} = x - 1$$
$$\int Q(x)e^{\int P(x)dx}dx = \int (x-1)^4dx = \frac{1}{5}(x-1)^5 + C$$
将初始条件代入，可得
$$C = -\frac{4}{5}$$
则有
$$y = \frac{1}{5}(x-1)^6 - \frac{4}{5}(x-1)$$

【同步训练 7.2】

求下列可分离变量的常微分方程满足初始条件的特解.

(1) $\frac{dy}{dx} = -\frac{1}{y}$，初始条件：$y(0) = 2$

(2) $\frac{dy}{dx} = -2x$，初始条件：$y(0) = 1$

(3) $\frac{dy}{dx} = xy$，初始条件：$y(1) = 1$

(4) $y' = e^{x+y}$，初始条件：$y(0) = 2$

(5) $\frac{dy}{dx} = 3x^2y$，初始条件：$y(0) = 1$

7.3 一阶微分方程在经济中的应用

诸多经济问题可以转化为微分方程来求解. 本节将通过实际案例的学习，学会建立微

分方程，进而对实际经济问题进行定量分析. 对于实际经济问题，要熟悉解题过程：第一步，建立微分方程；第二步，求解.

7.3.1 在经济学中的基础应用

【例 7.8】 某集团公司向银行借贷 200 000 元，并以 5% 的年利率连续每年支付利息. 假设银行对利息不作调整，与集团公司保持相同的借贷关系. 求利息所满足的微分方程，并求该微分方程的解.

【解】 设银行贷款给集团公司的时间是 t 年，此时本息为 y，则本息 y 对时间 t 的变化率即为当年的利息，为

$$\frac{\mathrm{d}y}{\mathrm{d}t}=0.05y$$

分离变量得
$$\frac{1}{y}\mathrm{d}y=0.05\mathrm{d}t$$

两边积分得
$$\int\frac{1}{y}\mathrm{d}y=\int 0.05\mathrm{d}t$$

解得
$$\ln|y|=0.05t+C_1$$

因此，本息的微分方程为

$$y=\pm\mathrm{e}^{0.05t+C_1}=C\mathrm{e}^{0.05t}\quad(C\text{ 为任意常数})$$

已知初始条件为 $y(0)=200\ 000$，代入 $y=C\mathrm{e}^{0.05t}$ 得 $C=200\ 000$，因此原微分方程的解为：$y=200\ 000\mathrm{e}^{0.05t}$.

【例 7.9】 已知某服装店的 T 恤衫的供给价格弹性 $Q(P)$ 恒为 $P=3$ 时，供给量 $Q=12$，则求供给价格函数.

【解】 由供给价格弹性 $Q(P)$ 恒为 3 得

$$\frac{P}{Q}\cdot\frac{\mathrm{d}Q}{\mathrm{d}P}=3$$

分离变量得
$$\frac{1}{Q}\mathrm{d}Q=\frac{3}{P}\mathrm{d}P$$

两边积分得
$$\int\frac{1}{Q}\mathrm{d}Q=\int\frac{3}{P}\mathrm{d}P$$

解得
$$\ln Q=3\ln P=\ln P^3+\ln C=\ln CP^3$$

即
$$Q=CP^3\quad(C\text{ 为任意常数})$$

由价格 $P=3$ 时，供给量 $Q=12$，得 $12=C\cdot 27$，解得 $C=\frac{9}{4}$，因此供给函数为

$$Q=\frac{9}{4}P^3$$

【例 7.10】 设在某林区现有木材 40 万 m^3，若火灾造成的损失在任何时刻均满足木材的变化率与当时木材数成正比. 假设 15 年内该林区能有木材 80 万 m^3，试确定木材数 Q 与时间 t 的关系.

【解】 由题意列出方程

$$\begin{cases}\dfrac{\mathrm{d}Q}{\mathrm{d}t}=kQ\\Q(0)=40\\Q(15)=80\end{cases}$$

将微分方程$\dfrac{\mathrm{d}Q}{\mathrm{d}t}=kQ$分离变量,得

$$\frac{\mathrm{d}Q}{Q}=k\mathrm{d}t$$

两边积分得

$$\int\frac{\mathrm{d}Q}{Q}=\int k\mathrm{d}t$$

解得

$$\ln Q=kt+C_1$$

即

$$Q=\mathrm{e}^{kt+C_1}=\mathrm{e}_1^{C_1}\mathrm{e}^{kt}=C\mathrm{e}^{kt}\quad(C=\mathrm{e}^{C_1},C_1\text{ 为任意常数})$$

由 $Q(0)=40$,得 $C=40$,则

$$Q=40\mathrm{e}^{kt}$$

再由 $Q(15)=80$,得

$$80=40\mathrm{e}^{15k}$$

两边取自然对数得 $15k=\ln 2$,即 $k=\dfrac{\ln 2}{15}$,则

$$Q=40\mathrm{e}^{\frac{\ln 2}{15}t}$$

因此,木材数 Q 与时间 t 的关系为

$$Q=40\mathrm{e}^{\frac{\ln 2}{15}t}$$

实际生活中很少出现单独研究个体的情况,通常情况下是研究一个因素或者多个因素的影响,如边际成本函数、概率问题、复利问题等.因此,在经济应用方面,读者可参考经济管理类专业书籍,深入学习数学在经济学中的应用.

7.3.2* 在数学建模中的应用

1)道格拉斯生产模型

用 $P(x)$,$C(x)$,$L(x)$分别表示某一区域或主体在时刻 x 的产值、投入资金和劳动力,可以将它们的关系记为

$$P(x)=f[C(x),L(x)]\tag{1}$$

由于 f 是待定函数,在固定的时刻 x,上述关系可以写为

$$P=f(C,L)\tag{2}$$

为了寻找 f 的函数形式,引入标记

$$z=\frac{P}{L},y=\frac{C}{L}\tag{3}$$

z 是每个劳动力的产值,y 是每个劳动力的投资,且有:z 与 y 的增长显示正相关,但增长速度递减,进而可以将该条件简要表示为

$$z=b\cdot g(y),g(y)=y^a\quad(0<a<1)\tag{4}$$

显然函数 $g(y)$ 满足上面的假设. 常数 $b>0$ 可以看作技术的作用,通过式(3)与(4)可以得到式(2)中 f 的具体形式为

$$P=b\cdot C^{a}L^{1-a}\quad(0<a<1)\tag{5}$$

由式(5)可以知道 P 具有以下性质:

$$\frac{\partial P}{\partial C},\frac{\partial P}{\partial L}>0\qquad\frac{\partial^2 P}{\partial C^2},\frac{\partial^2 P}{\partial L^2}<0\tag{6}$$

记 $P_C=\frac{\partial P}{\partial C}$,$P_C$ 表示单位资金创造的产值;$P_L=\frac{\partial P}{\partial L}$,$P_L$ 表示单位劳动力创造的产值,则通过式(5)可得

$$\frac{CP_C}{P}=a\qquad\frac{LP_L}{P}=1-a\qquad CP_C+LP_L=P\tag{7}$$

式(7)可以解释为:a 是资金在产值中占有的份额,$1-a$ 是劳动力在产值中占有的份额,因此 a 的大小可以直接反映资金、劳动力对于创造产值的关系.

式(5)是经济学中著名的柯布-道格拉斯生产函数,它经受了实际数据的考验,一般的生产函数表示为

$$P=bC^{a}L^{k}\quad[a,k\in(0,1)]\tag{8}$$

2)资金和劳动力的最佳分配

这里根据式(5),讨论如何分配资金和劳动力,使生产创造的效益最大. 假定资金来源于贷款,利率为 i,每个劳动力需付的工资为 r,则当资金 C 和劳动力 L 产生产值 P 时,得到的效益为

$$S=P-iC-rL\tag{9}$$

问题转化为求资金和劳动力分配的比例 $\frac{C}{L}$(每个劳动力占有的资金),使效益 S 最大. 这个问题用微分可解得

$$\frac{P_C}{P_L}=\frac{i}{r}\tag{10}$$

再利用式(7),得

$$\frac{C}{L}=\frac{a}{1-a}\cdot\frac{r}{i}\tag{11}$$

这就是资金和劳动力的最佳分配,从式(11)中可以看出,当 a,r 变大,i 变小时,分配比例 $\frac{C}{L}$ 变大,这符合常识.

3)劳动生产增长的条件

常用的衡量经济增长的指标,一是总产值 $P(x)$,二是每个劳动力的产值 $z(x)=\frac{P(x)}{L(x)}$,这个模型讨论 $C(x)$,$L(x)$ 满足什么条件才能使 $P(x)$,$z(x)$ 保持增长.

首先需要对资金和劳动力的增长作出合理假设:

(1)投资增长率和产值成正比,比例系数 $\theta>0$,即用一定的比例扩大再生产;

(2)劳动力的相对增长率为常数 α,α 可以是负数,代表劳动力的减少.

这两个条件的数学表达式分别为

$$\frac{\mathrm{d}C}{\mathrm{d}x}=\theta P \quad (\theta>0) \tag{12}$$

$$\frac{\mathrm{d}L}{\mathrm{d}x}=\alpha L \tag{13}$$

式(13)的解是

$$L(x)=L_0\mathrm{e}^{\alpha x} \tag{14}$$

将式(4)和式(5)代入式(12),得

$$\frac{\mathrm{d}C}{\mathrm{d}x}=b\theta Ly^{a} \tag{15}$$

注意到式(3),有 $C=Ly$,再利用式(13)可得

$$\frac{\mathrm{d}C}{\mathrm{d}x}=L\frac{\mathrm{d}y}{\mathrm{d}x}+\alpha Ly \tag{16}$$

比较式(15)和式(16),得到关于 $y(x)$ 的方程

$$\frac{\mathrm{d}y}{\mathrm{d}x}+\alpha y=b\alpha y^{a} \tag{17}$$

这就是著名的伯努利方程,它的解是

$$y(x)=\left\{\frac{b\theta}{\alpha}\left[1-\left(1-\alpha\frac{C_0}{\dot{C}_0}\right)\mathrm{e}^{-(1-a)\alpha x}\right]\right\}^{\frac{1}{1-a}} \tag{18}$$

以下根据式(18)研究 $P(x)$,$z(x)$ 保持增长的条件,其中 $\frac{C_0}{\dot{C}_0}$ 为初始投资增长率.

(1)$P(x)$ 增长,即 $\frac{\mathrm{d}P}{\mathrm{d}x}>0$,由 $P=bLy^{a}$ 及式(13)、式(17)可解得

$$\frac{\mathrm{d}P}{\mathrm{d}x}=bLay^{a-1}\frac{\mathrm{d}y}{\mathrm{d}x}+b\alpha Ly^{a}=bLy^{2a-1}\left[b\theta a+\alpha(1-a)y^{1-a}\right] \tag{19}$$

将 y 以式(18)代入,可知条件 $\frac{\mathrm{d}P}{\mathrm{d}x}>0$ 等价于

$$(1-a)\left(1-\alpha\frac{C_0}{\dot{C}_0}\right)\mathrm{e}^{-1(1-a)\alpha x}<\frac{1}{1-a} \tag{20}$$

因为上式右端大于1,所以当 $\alpha\geqslant1$(劳动力不减少)时式(20)恒成立;而当 $\alpha<0$ 时,式(20)成立的条件是

$$x<\frac{1}{(1-a)\alpha}\ln\left[(1-a)\left(1-\alpha\frac{C_0}{\dot{C}_0}\right)\right] \tag{21}$$

说明如果劳动力减少,$P(x)$ 只能在有限时间内保持增长. 但应注意,如果式(21)中

$$(1-a)\left(1-\alpha\frac{C_0}{\dot{C}_0}\right)\geqslant1$$

则不存在这样的增长时段.

(2) $z(x)$ 增长，即 $\frac{dz}{dx}>0$，由 $z=by^{a}$ 可知，相当于 $\frac{dy}{dx}>0$. 由式(17)可知，当 $\alpha\leqslant 0$ 时，该条件恒成立；而当 $\alpha>0$ 时，由式(18)可得 $\frac{dy}{dx}>0$，等价于

$$\left(1-\alpha\frac{C_0}{\dot{C}_0}\right)e^{-(1-a)\alpha x}>0 \tag{22}$$

显然，这个式子成立的条件是 $\alpha\frac{C_0}{\dot{C}_0}<1$，即

$$\alpha<\frac{C_0}{\dot{C}_0} \tag{23}$$

这个条件的含义是劳动力增长率小于初始投资增长率.

【同步训练 7.3】

1. 已知某纺织品的自身价格弹性恒为 -2，当价格为 2 时，需求量 $Q=400$，求需求函数.

2. 已知某电子产品的需求量 S 对价格 P 的弹性为 $P\ln 2$. 如果该产品在市场上最大化的需求量是 20 000(即当 $P=0$ 时，$S=20\ 000$)，求需求量 S 对价格 P 的函数关系.

综合练习题 4

1. 选择题

(1) 微分方程 $y'-y'''-4x^2y=0$ 是(　　)阶方程.

A. 三　　B. 四　　C. 二　　D. 一

(2) 微分方程 $\frac{dy}{dx}=y+2x^2$ 是(　　)阶方程.

A. 三　　B. 四　　C. 二　　D. 一

(3) 微分方程 $\left(\frac{dy}{dx}\right)^2=5$ 是(　　)阶方程.

A. 三　　B. 四　　C. 二　　D. 一

(4) 微分方程 $y'+y=2\sin x$ 是(　　)方程.

A. 线性　　B. 非线性　　C. 齐次线性　　D. 非齐次非线性

2. 填空题

(1) 写出齐次微分方程的通解公式____________________.

(2) 写出非齐次线性微分方程的通解公式____________________.

(3) 利用分离变量的方法求解 $y'=e^{x+y}$，$y=$____________________.

3. 验证下列函数是否为相应微分方程的解.

(1) $2y'''-2y'+3y=0$，$y=e^{3x}$

(2) $2xy'-4y=0, y=x^2$

(3) $y''-4y'+4y=0, y=xe^x$

4. 求下列可分离变量的微分方程的通解.

(1) $2xy'+2y=y^2$　　(2) $y'-\frac{2y}{x+3}=0$　　(3) $y'=e^{x+y}$

5. 求下列一阶非齐次线性微分方程的通解.

(1) $y'=\frac{y}{2x}+x$　　(2) $y'-2xy=x$

(3) $y'+y=e^{-x}$　　(4) $2y'x=y$

(5) $y'-2y=3x$　　(6) $\frac{dy}{dx}-2\frac{y}{x}=\ln x$

(7) $y'+y=2\sin x$

6. 证明题

(1) 证明：$y^3+e^y=\sin x+C$ 是微分方程 $y'=\frac{\cos x}{3y^2+e^y}$ 的通解.

(2) 证明：$y=Cxe^{\frac{1}{x}}$ 是微分方程 $x^2y'=(x-1)y$ 的通解.

7. 求下列满足初始条件的微分方程的特解.

(1) $y'=2y\sin 2x, y|_{x=e}$　　(2) $\frac{dy}{dx}=\frac{1-y^2}{2}, y|_{x=0}$

8. 求下列齐次常微分方程的通解.

(1) $\frac{dy}{dx}=\frac{y}{x}+e^{\frac{y}{x}}$

(2) $(2x+y)dx-2xdy=0$

(3) $\frac{dy}{dx}=\frac{x^2+y^2}{2xy}$

9. 假设某公司净资产本身产生利息，并以4%的年利率增长，同时该公司每年支付职工工资5 000万元.

(1) 求出描述该公司净资产的微分方程.

(2) 假设该公司初始净资产是1亿元，求出 t 年后描述该公司净资产的函数.

10. 李先生在银行办理整存零取的业务，若一次性存入 P 万元人民币，年利率为6%，以连续复利方式计息. 计划连续5年每年取出10 000元作为养老费用. 请问一次性存入多少元时，5年后该账户余额为零？

模块 5

线性代数基础

线性代数是高等数学的一个重要分支，是一门以行列式、矩阵为基础知识，研究线性函数性质的数学学科. 它的研究对象是向量、向量空间（或称线性空间）、线性变换和有限维的线性方程组. 随着线性代数理论的发展，其应用范围已涉及工程科学及其他应用科学等诸多领域，成为工程研究、项目分析、科学决策等必不可少的数学工具. 本模块主要介绍行列式的概念与性质、矩阵的概念及其运算、矩阵的初等变换、矩阵的秩、逆矩阵的概念与计算、向量及其线性关系、线性方程组解的判定与解的结构.

第 8 章 行列式及其运算

行列式作为基本的数学工具,无论在线性代数、多项式理论,还是在微积分学中(比如在换元积分法中),都有着重要的应用。本章简要介绍行列式的概念、计算与性质,以及克莱姆法则的应用。

8.1 行列式的定义

8.1.1 引言

在初等代数里,我们知道二元一次方程组

$$\begin{cases} a_{11}x_1 + a_{12}x_2 = b_1 \\ a_{21}x_1 + a_{22}x_2 = b_2 \end{cases} \tag{1}$$

利用消元法,当 $a_{11}a_{22} - a_{12}a_{21} \neq 0$ 时,方程组有唯一解

$$\begin{cases} x_1 = \dfrac{b_1a_{22} - a_{12}b_2}{a_{11}a_{22} - a_{12}a_{21}} \\ x_2 = \dfrac{a_{11}b_2 - b_1a_{21}}{a_{11}a_{22} - a_{12}a_{21}} \end{cases} \tag{2}$$

8.1.2 二阶行列式

为了方便记忆与讨论式(2),我们给出以下定义.

定义 8.1 由 4 个数 $a_{11}, a_{12}, a_{21}, a_{22}$ 写成下面的式子

$$\begin{vmatrix} a_{11} & a_{12} \\ a_{21} & a_{22} \end{vmatrix} = a_{11}a_{22} - a_{12}a_{21}$$

上式的左端称为二阶行列式,右端称为二阶行列式的展开式,数 $a_{ij}(i=1,2;j=1,2)$ 称为行列式的元素,第 1 个下标 i 称为行标,表明该元素位于第 i 行;第 2 个下标 j 称为列标,表明该元素位于第 j 列.

二阶行列式的展开式可以用对角线法则来记忆,把 a_{11}, a_{22} 所在的直线称为主对角线(从左上角到右下角的直线),a_{12}, a_{21} 所在直线称为次(副)对角线(从右上角到左下角的直线),于是二阶行列式的展开式就是主对角线的两个元素之积与次对角线两个元素之积的差.

根据二阶行列式的定义,式(2)的分子部分可以表示为

$$b_1a_{22} - a_{12}b_2 = \begin{vmatrix} b_1 & a_{12} \\ b_2 & a_{22} \end{vmatrix}$$

$$a_{11}b_2-b_1a_{21}=\begin{vmatrix}a_{11}&b_1\\a_{21}&b_2\end{vmatrix}$$

用 D,D_1,D_2 分别表示上述各行列式,即 $D=\begin{vmatrix}a_{11}&a_{12}\\a_{21}&a_{22}\end{vmatrix}$,$D_1=\begin{vmatrix}b_1&a_{12}\\b_2&a_{22}\end{vmatrix}$,$D_2=\begin{vmatrix}a_{11}&b_1\\a_{21}&b_2\end{vmatrix}$.

于是,当 $D\neq0$ 时,线性方程组(1)的解可用二阶行列式表示为

$$\begin{cases}x_1=\dfrac{D_1}{D}\\x_2=\dfrac{D_2}{D}\end{cases}$$

其中 D 称为方程组(1)的系数行列式,D_1 和 D_2 是以 b_1,b_2 分别替代行列式 D 中的第 1 列、第 2 列元素所得到的两个二阶行列式.

【例 8.1】 解二元一次方程组 $\begin{cases}2x+y=7\\x-3y=-2\end{cases}$.

【解】 利用上面的结论可得方程组的解为

$$x=\frac{\begin{vmatrix}7&1\\-2&-3\end{vmatrix}}{\begin{vmatrix}2&1\\1&-3\end{vmatrix}}=\frac{19}{7}\qquad y=\frac{\begin{vmatrix}2&7\\1&-2\end{vmatrix}}{\begin{vmatrix}2&1\\1&-3\end{vmatrix}}=\frac{11}{7}$$

8.1.3　三阶行列式

对三元一次方程组

$$\begin{cases}a_{11}x_1+a_{12}x_2+a_{13}x_3=b_1\\a_{21}x_1+a_{22}x_2+a_{23}x_3=b_2\\a_{31}x_1+a_{32}x_2+a_{33}x_3=b_3\end{cases}\tag{3}$$

同样可以利用消元法得到其解的公式. 与二元线性方程组的情形类似,为了便于记忆它的求解公式,我们引入三阶行列式的概念.

定义 8.2　由 9 个数组成下面的式子

$$\begin{vmatrix}a_{11}&a_{12}&a_{13}\\a_{21}&a_{22}&a_{23}\\a_{31}&a_{32}&a_{33}\end{vmatrix}$$

称为三阶行列式,其展开式为

$$\begin{vmatrix}a_{11}&a_{12}&a_{13}\\a_{21}&a_{22}&a_{23}\\a_{31}&a_{32}&a_{33}\end{vmatrix}=a_{11}a_{22}a_{33}+a_{12}a_{23}a_{31}+a_{13}a_{21}a_{32}-a_{11}a_{23}a_{32}-a_{12}a_{21}a_{33}-a_{13}a_{22}a_{31}$$

三阶行列式的展开式为 6 项的代数和,其规律遵循图 9.1 所示的对角线法则,每一项均是位于不同行不同列的 3 个元素之积,实线相连的 3 个元素之积带"+"号,虚线相连的 3 个元素之积带"-"号.

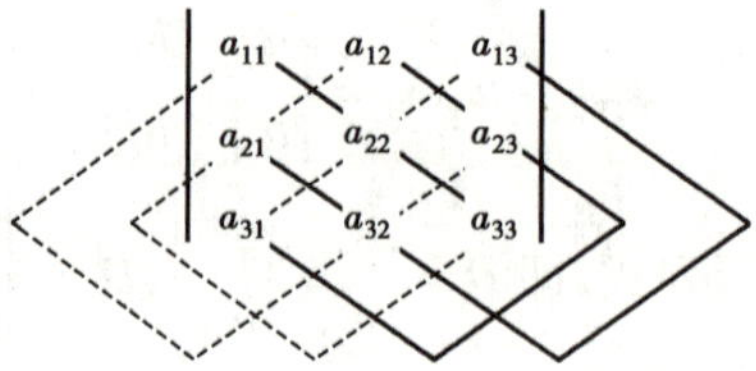

图 9.1

方程组(3)左边未知数的系数按原来相对位置构成的行列式称为方程组(3)的系数行列式. 设

$$D=\begin{vmatrix}a_{11}&a_{12}&a_{13}\\a_{21}&a_{22}&a_{23}\\a_{31}&a_{32}&a_{33}\end{vmatrix},D_1=\begin{vmatrix}b_1&a_{12}&a_{13}\\b_2&a_{22}&a_{23}\\b_3&a_{32}&a_{33}\end{vmatrix},D_2=\begin{vmatrix}a_{11}&b_1&a_{13}\\a_{21}&b_2&a_{23}\\a_{31}&b_3&a_{33}\end{vmatrix},D_3=\begin{vmatrix}a_{11}&a_{12}&b_1\\a_{21}&a_{22}&b_2\\a_{31}&a_{32}&b_3\end{vmatrix}$$

如果 $D\neq 0$,那么方程组(3)的解为

$$\begin{cases}x_1=\dfrac{D_1}{D}\\x_2=\dfrac{D_2}{D}\\x_3=\dfrac{D_3}{D}\end{cases}$$

【例 8.2】 解方程组$\begin{cases}2x_1-x_2+3x_3=1\\4x_1+2x_2+5x_3=4.\\2x_1+2x_3=6\end{cases}$

【解】 因为

$$D=\begin{vmatrix}2&-1&3\\4&2&5\\2&0&2\end{vmatrix}=2\times2\times2+4\times0\times3+2\times5\times(-1)-2\times2\times3-0\times5\times2-2\times(-1)\times4=-6\neq0$$

$$D_1=\begin{vmatrix}1&-1&3\\4&2&5\\6&0&2\end{vmatrix}=-54\qquad D_2=\begin{vmatrix}2&1&3\\4&4&5\\2&6&2\end{vmatrix}=6\qquad D_3=\begin{vmatrix}2&-1&1\\4&2&4\\2&0&6\end{vmatrix}=36$$

所以原方程组的解为

$$\begin{cases}x_1=\dfrac{D_1}{D}=9\\x_2=\dfrac{D_2}{D}=-1\\x_3=\dfrac{D_3}{D}=-6\end{cases}$$

如果重新组合三阶行列式的结果,则三阶行列式可用二阶行列式表示为

$$\begin{vmatrix} a_{11} & a_{12} & a_{13} \\ a_{21} & a_{22} & a_{23} \\ a_{31} & a_{32} & a_{33} \end{vmatrix} = a_{11}(a_{22}a_{33} - a_{23}a_{32}) - a_{12}(a_{21}a_{33} - a_{23}a_{31}) + a_{13}(a_{21}a_{32} - a_{22}a_{31})$$

$$= a_{11}(-1)^{1+1}\begin{vmatrix} a_{22} & a_{23} \\ a_{32} & a_{33} \end{vmatrix} + a_{12}(-1)^{1+2}\begin{vmatrix} a_{21} & a_{23} \\ a_{31} & a_{33} \end{vmatrix} + a_{13}(-1)^{1+3}\begin{vmatrix} a_{21} & a_{22} \\ a_{31} & a_{32} \end{vmatrix}$$

在这一结论中，3 个二阶行列式

$$\begin{vmatrix} a_{22} & a_{23} \\ a_{32} & a_{33} \end{vmatrix} \qquad \begin{vmatrix} a_{21} & a_{23} \\ a_{31} & a_{33} \end{vmatrix} \qquad \begin{vmatrix} a_{21} & a_{22} \\ a_{31} & a_{32} \end{vmatrix}$$

分别是三阶行列式中去掉元素 a_{11}, a_{12}, a_{13} 所在的行和列后余下的元素按原位置排列成的二阶行列式.

定义 8.3　一般地，称三阶行列式中去掉元素 a_{ij} 所在的行和列后余下的元素按原位置排列成的二阶行列式为元素 a_{ij} 的余子式，记为 M_{ij}，称 $(-1)^{i+j}M_{ij}$ 为元素 a_{ij} 的代数余子式，记为 A_{ij}，即 $A_{ij} = (-1)^{i+j}M_{ij}$.

由此可得，三阶行列式

$$\begin{vmatrix} a_{11} & a_{12} & a_{13} \\ a_{21} & a_{22} & a_{23} \\ a_{31} & a_{32} & a_{33} \end{vmatrix} = a_{11}A_{11} + a_{12}A_{12} + a_{13}A_{13}$$

同理，我们可以进一步验证：三阶行列式等于其任意一行（或列）的元素与其对应的代数余子式的乘积之和.

【例 8.3】　计算行列式 $\begin{vmatrix} 1 & 3 & 2 \\ 4 & 1 & 1 \\ 2 & -3 & 1 \end{vmatrix}$.

【解】

$$\begin{vmatrix} 1 & 3 & 2 \\ 4 & 1 & 1 \\ 2 & -3 & 1 \end{vmatrix} = 1 \times (-1)^{1+1}\begin{vmatrix} 1 & 1 \\ -3 & 1 \end{vmatrix} + 3 \times (-1)^{1+2}\begin{vmatrix} 4 & 1 \\ 2 & 1 \end{vmatrix} + 2 \times (-1)^{1+3}\begin{vmatrix} 4 & 1 \\ 2 & -3 \end{vmatrix}$$

$$= 4 - 6 - 28 = -30$$

8.1.4　n 阶行列式

定义 8.4　由 n^2 个数 $a_{ij}(i,j = 1,2,\cdots,n)$ 构成具有 n 行 n 列的式子

$$D_n = \begin{vmatrix} a_{11} & a_{12} & \cdots & a_{1n} \\ a_{21} & a_{22} & \cdots & a_{2n} \\ \vdots & \vdots & & \vdots \\ a_{n1} & a_{n2} & \cdots & a_{nn} \end{vmatrix}$$

称为 n 阶行列式.

n 阶行列式的展开式是一个算式，其算法定义如下：

当 $n = 1$ 时，$D_1 = |a_{11}| = a_{11}$.（注意区别 $D_1 = |a_{11}|$ 与绝对值）

当 $n \geqslant 2$ 时

$$D_n = a_{i1}A_{i1} + a_{i2}A_{i2} + \cdots + a_{in}A_{in} \quad (i = 1,2,\cdots,n)$$

或
$$D_n = a_{1j}A_{1j} + a_{2j}A_{2j} + \cdots + a_{nj}A_{nj} \quad (j = 1,2,\cdots,n)$$

其中,$A_{ij} = (-1)^{i+j}M_{ij}$,$M_{ij}$是去掉 n 阶行列式中元素 a_{ij}所在的行和列后余下的元素按原位置构成的 $n-1$ 阶行列式,即

$$M_{ij} = \begin{vmatrix} a_{1,1} & \cdots & a_{1,j-1} & a_{1,j+1} & \cdots & a_{1,n} \\ \vdots & \vdots & \vdots & \vdots & & \vdots \\ a_{i-1,1} & \cdots & a_{i-1,j-1} & a_{i-1,j+1} & \cdots & a_{i-1,n} \\ a_{i+1,1} & \cdots & a_{i+1,j-1} & a_{i+1,j+1} & \cdots & a_{i+1,n} \\ \vdots & \vdots & \vdots & \vdots & & \vdots \\ a_{n,1} & \cdots & a_{n,j-1} & a_{n,j+1} & \cdots & a_{n,n} \end{vmatrix} \quad (i=1,2,\cdots,n;\ j=1,2,\cdots,n)$$

称 M_{ij}为元素 a_{ij}的余子式,$A_{ij} = (-1)^{i+j}M_{ij}$为元素 a_{ij}的代数余子式.

也就是说,n 阶行列式等于其任意一行(或列)的元素与其对应的代数余子式的乘积之和.

【例 8.4】 计算行列式$\begin{vmatrix} 1 & -1 & 0 & 2 \\ 2 & 1 & 0 & 3 \\ 1 & 2 & 3 & 1 \\ 3 & 1 & 0 & 2 \end{vmatrix}$.

【解】 选第三列展开.

$$\begin{vmatrix} 1 & -1 & 0 & 2 \\ 2 & 1 & 0 & 3 \\ 1 & 2 & 3 & 1 \\ 3 & 1 & 0 & 2 \end{vmatrix} = 3 \times (-1)^{3+3} \begin{vmatrix} 1 & -1 & 2 \\ 2 & 1 & 3 \\ 3 & 1 & 2 \end{vmatrix}$$

$$= 3 \times \left[1 \times (-1)^{1+1} \begin{vmatrix} 1 & 3 \\ 1 & 2 \end{vmatrix} + (-1) \times (-1)^{1+2} \begin{vmatrix} 2 & 3 \\ 3 & 2 \end{vmatrix} + 2 \times (-1)^{1+3} \begin{vmatrix} 2 & 1 \\ 3 & 1 \end{vmatrix} \right]$$

$$= 3 \times (-1 - 5 - 2) = -24$$

由行列式的定义可知:

定理 8.1 行列式中若有某行(列)元素全是 0,则此行列式的值为 0.

8.1.5 三角行列式

主对角线以上(下)元素都为 0 的行列式称为三角行列式. 例如,行列式

$$\begin{vmatrix} a_{11} & a_{12} & \cdots & a_{1n} \\ 0 & a_{22} & \cdots & a_{2n} \\ \vdots & \vdots & & \vdots \\ 0 & 0 & \cdots & a_{nn} \end{vmatrix}$$

称为上三角形行列式. 由行列式的定义容易得到上三角行列式的值等于其主对角线上元素的乘积,即

$$\begin{vmatrix} a_{11} & a_{12} & \cdots & a_{1n} \\ 0 & a_{22} & \cdots & a_{2n} \\ \vdots & \vdots & & \vdots \\ 0 & 0 & \cdots & a_{nn} \end{vmatrix} = a_{11}a_{22}\cdots a_{nn}$$

同理可得，下三角形行列式的值也等于其主对角线上元素的乘积，即

$$\begin{vmatrix} a_{11} & 0 & \cdots & 0 \\ a_{21} & a_{22} & \cdots & 0 \\ \vdots & \vdots & & \vdots \\ a_{n1} & a_{n2} & \cdots & a_{nn} \end{vmatrix} = a_{11}a_{22}\cdots a_{nn}$$

【同步训练 8.1】

1. 计算下列行列式.

(1) $\begin{vmatrix} -1 & 0 \\ 3 & 6 \end{vmatrix}$　(2) $\begin{vmatrix} \sin\alpha & \sin\beta \\ \cos\alpha & \cos\beta \end{vmatrix}$　(3) $\begin{vmatrix} 2 & 0 & 0 \\ -1 & 3 & 0 \\ 3 & 0 & -1 \end{vmatrix}$

(4) $\begin{vmatrix} 0 & a & 0 \\ b & 0 & c \\ 0 & d & 0 \end{vmatrix}$　(5) $\begin{vmatrix} -1 & 3 & 2 \\ 3 & 5 & -1 \\ 2 & -1 & 6 \end{vmatrix}$

2. 写出行列式 $D = \begin{vmatrix} -1 & 3 & 2 \\ 2 & 0 & 6 \\ -1 & 1 & -4 \end{vmatrix}$ 中元素 a_{21}，a_{23} 的代数余子式，并求行列式 D 的值.

8.2 行列式的性质及应用

8.2.1 行列式的性质

利用行列式的定义可以证明行列式的以下性质，这些性质常常用于简化行列式的计算.

设 n 阶行列式

$$D = \begin{vmatrix} a_{11} & a_{12} & \cdots & a_{1n} \\ a_{21} & a_{22} & \cdots & a_{2n} \\ \vdots & \vdots & & \vdots \\ a_{n1} & a_{n2} & \cdots & a_{nn} \end{vmatrix}$$

将 D 的行列互换，得到新的行列式

$$D^{T} = \begin{vmatrix} a_{11} & a_{21} & \cdots & a_{n1} \\ a_{12} & a_{22} & \cdots & a_{n2} \\ \vdots & \vdots & & \vdots \\ a_{1n} & a_{2n} & \cdots & a_{nn} \end{vmatrix}$$

称为 D 的转置行列式.

行列式有如下性质:

性质1 行列式与它的转置行列式的值相等,即 $D=D^{\mathrm{T}}$.

这个性质说明行列式中行与列具有相同的地位,因此行列式中凡是对于行成立的性质,对于列也成立,反之亦然.

性质2 互换行列式中任意两行(列)的位置,行列式的值改变符号.

为了讨论问题方便,以后用记号 r_i 表示行列式的第 i 行,用 c_i 表示行列式的第 i 列,用"$r_i \leftrightarrow r_j$"表示将第 i 行与第 j 行交换,用"$c_i \leftrightarrow c_j$"表示将第 i 列与第 j 列交换,如

$$\begin{vmatrix} 1 & 3 & 2 \\ 4 & 1 & 1 \\ 2 & -3 & 1 \end{vmatrix} \xlongequal{r_1 \leftrightarrow r_3} -\begin{vmatrix} 2 & -3 & 1 \\ 4 & 1 & 1 \\ 1 & 3 & 2 \end{vmatrix}$$

对性质2,有如下推论:

推论1 如果行列式中有两行(列)的对应元素完全相同,则行列式的值为零.

证明:设行列式 D 中有某两行相同,交换这两行,据性质2知 $D=-D$,故 $D=0$.

性质3 行列式的某一行(列)中所有的元素都乘以同一个数 k,等于用数 k 乘这个行列式,即

$$\begin{vmatrix} a_{11} & a_{12} & \cdots & a_{1n} \\ \vdots & \vdots & & \vdots \\ ka_{i1} & ka_{i2} & \cdots & ka_{in} \\ \vdots & \vdots & & \vdots \\ a_{n1} & a_{n2} & \cdots & a_{nn} \end{vmatrix} = k\begin{vmatrix} a_{11} & a_{12} & \cdots & a_{1n} \\ \vdots & \vdots & & \vdots \\ a_{i1} & a_{i2} & \cdots & a_{in} \\ \vdots & \vdots & & \vdots \\ a_{n1} & a_{n2} & \cdots & a_{nn} \end{vmatrix}$$

通常情况下,用 $kr_i(kc_j)$ 表示以数 k 乘以行列式中的第 i 行(第 j 列).

对性质3,有如下推论:

推论2 行列式的某一行(列)中所有元素的公因子可以提到行列式符号的外面. 例如

$$\begin{vmatrix} 1 & 3 & 2 \\ 4\times 2 & 1\times 2 & 1\times 2 \\ 2 & -3 & 1 \end{vmatrix} = 2\begin{vmatrix} 1 & 3 & 2 \\ 4 & 1 & 1 \\ 2 & -3 & 1 \end{vmatrix}$$

性质4 行列式中如果有两行(列)对应元素成比例,则此行列式的值为零,即

$$\begin{vmatrix} a_{11} & a_{12} & \cdots & a_{1n} \\ \vdots & \vdots & & \vdots \\ a_{i1} & a_{i2} & \cdots & a_{in} \\ \vdots & \vdots & & \vdots \\ ka_{i1} & ka_{i2} & \cdots & ka_{in} \\ \vdots & \vdots & & \vdots \\ a_{n1} & a_{n2} & \cdots & a_{nn} \end{vmatrix} = k\begin{vmatrix} a_{11} & a_{12} & \cdots & a_{1n} \\ \vdots & \vdots & & \vdots \\ a_{i1} & a_{i2} & \cdots & a_{in} \\ \vdots & \vdots & & \vdots \\ a_{i1} & a_{i2} & \cdots & a_{in} \\ \vdots & \vdots & & \vdots \\ a_{n1} & a_{n2} & \cdots & a_{nn} \end{vmatrix} = 0$$

性质5 若行列式的某一行(列)的元素都是两数之和,则此行列式等于两个行列式的和,且这两个行列式除这一行(列)以外,其余元素与原行列式的对应元素相同. 例如

$$\begin{vmatrix} a_{11} & a_{12} & \cdots & (a_{1i}+a'_{1i}) & \cdots & a_{1n} \\ a_{21} & a_{22} & \cdots & (a_{2i}+a'_{2i}) & \cdots & a_{2n} \\ \vdots & \vdots & & \vdots & & \vdots \\ a_{n1} & a_{n2} & \cdots & (a_{ni}+a'_{ni}) & \cdots & a_{nn} \end{vmatrix} = \begin{vmatrix} a_{11} & \cdots & a_{1i} & \cdots & a_{1n} \\ a_{21} & \cdots & a_{2i} & \cdots & a_{2n} \\ \vdots & & \vdots & & \vdots \\ a_{n1} & \cdots & a_{ni} & \cdots & a_{nn} \end{vmatrix} + \begin{vmatrix} a_{11} & \cdots & a'_{1i} & \cdots & a_{1n} \\ a_{21} & \cdots & a'_{2i} & \cdots & a_{2n} \\ \vdots & & \vdots & & \vdots \\ a_{n1} & \cdots & a'_{ni} & \cdots & a_{nn} \end{vmatrix}$$

性质6　把行列式的某一行(列)的各元素乘以同一数然后加到另一行(列)对应的元素上去,行列式的值不变.

将第 i 行(列)的各元素乘数 k 后加到第 j 行(列)上记作 $r_j+kr_i(c_j+kc_i)$,则

$$\begin{vmatrix} a_{11} & \cdots & a_{1i} & \cdots & a_{1j} & \cdots & a_{1n} \\ a_{21} & \cdots & a_{2i} & \cdots & a_{2j} & \cdots & a_{2n} \\ \vdots & & \vdots & & \vdots & & \vdots \\ a_{n1} & \cdots & a_{ni} & \cdots & a_{nj} & \cdots & a_{nn} \end{vmatrix} \xlongequal{c_j+kc_i} \begin{vmatrix} a_{11} & \cdots & a_{1i} & \cdots & ka_{1i}+a_{1j} & \cdots & a_{1n} \\ a_{21} & \cdots & a_{2i} & \cdots & ka_{2i}+a_{2j} & \cdots & a_{2n} \\ \vdots & & \vdots & & \vdots & & \vdots \\ a_{n1} & \cdots & a_{ni} & \cdots & ka_{ni}+a_{nj} & \cdots & a_{nn} \end{vmatrix}$$

8.2.2　行列式性质的应用

【例8.5】　计算行列式 $\begin{vmatrix} 1 & 2 & 0 & 1 \\ 1 & 3 & 5 & 0 \\ 0 & 1 & 5 & 6 \\ 1 & 2 & 3 & 4 \end{vmatrix}$.

【解】

$$\begin{vmatrix} 1 & 2 & 0 & 1 \\ 1 & 3 & 5 & 0 \\ 0 & 1 & 5 & 6 \\ 1 & 2 & 3 & 4 \end{vmatrix} \xlongequal[r_4-r_1]{r_2-r_1} \begin{vmatrix} 1 & 2 & 0 & 1 \\ 0 & 1 & 5 & -1 \\ 0 & 1 & 5 & 6 \\ 0 & 0 & 3 & 3 \end{vmatrix} \xlongequal{r_3-r_2} \begin{vmatrix} 1 & 2 & 0 & 1 \\ 0 & 1 & 5 & -1 \\ 0 & 0 & 0 & 7 \\ 0 & 0 & 3 & 3 \end{vmatrix} \xlongequal{r_3\leftrightarrow r_4}$$

$$-\begin{vmatrix} 1 & 2 & 0 & 1 \\ 0 & 1 & 5 & -1 \\ 0 & 0 & 3 & 3 \\ 0 & 0 & 0 & 7 \end{vmatrix} = -21$$

【例8.6】　解方程 $\begin{vmatrix} 1 & 4 & 3 & 2 \\ 2 & x+4 & 6 & 4 \\ 3 & -2 & x & 1 \\ -3 & 2 & 5 & -1 \end{vmatrix}=0.$

【解】

$$\begin{vmatrix} 1 & 4 & 3 & 2 \\ 2 & x+4 & 6 & 4 \\ 3 & -2 & x & 1 \\ -3 & 2 & 5 & -1 \end{vmatrix} \xlongequal[r_3+r_4]{r_2-2r_1} \begin{vmatrix} 1 & 4 & 3 & 2 \\ 0 & x-4 & 0 & 0 \\ 0 & 0 & x+5 & 0 \\ -3 & 2 & 5 & -1 \end{vmatrix}$$

$$=(x-4)\times(-1)^{2+2}\begin{vmatrix} 1 & 3 & 2 \\ 0 & x+5 & 0 \\ -3 & 5 & -1 \end{vmatrix}$$

$$=(x-4)(x+5)\times(-1)^{2+2}\begin{vmatrix} 1 & 2 \\ -3 & -1 \end{vmatrix}$$

$$=5(x-4)(x+5)$$

由 $5(x-4)(x+5)=0$，得 $x_1=4, x_2=-5$.

【例 8.7】 计算 n 阶行列式 $D=\begin{vmatrix} x & a & \cdots & a \\ a & x & \cdots & a \\ \vdots & \vdots & & \vdots \\ a & a & \cdots & x \end{vmatrix}$.

【解】 将第 2,3,4,…,n 列加到第 1 列，提取公因子后，再把第 1 列乘以 $-a$ 分别加到第 2,3,4,…,n 列，即

$$D \xlongequal{c_1+\sum_{j=2}^{n}c_j} \begin{vmatrix} x+(n-1)a & a & \cdots & a \\ x+(n-1)a & x & \cdots & a \\ \vdots & \vdots & & \vdots \\ x+(n-1)a & a & \cdots & x \end{vmatrix} = [x+(n-1)a]\begin{vmatrix} 1 & a & \cdots & a \\ 1 & x & \cdots & a \\ \vdots & \vdots & & \vdots \\ 1 & a & \cdots & x \end{vmatrix}$$

$$\xlongequal[(j=2,3,\cdots,n)]{c_j-ac_1} [x+(n-1)a]\begin{vmatrix} 1 & 0 & \cdots & 0 \\ 1 & x-a & \cdots & 0 \\ \vdots & \vdots & & \vdots \\ 1 & 0 & \cdots & x-a \end{vmatrix}$$

$$=[x+(n-1)a](x-a)^{n-1}$$

【同步训练 8.2】

(1) $\begin{vmatrix} -1 & 3 & 2 \\ 3 & 5 & -1 \\ 2 & -1 & 6 \end{vmatrix}$

(2) $\begin{vmatrix} 3 & 1 & -1 & 2 \\ -5 & 1 & 3 & -4 \\ 2 & 0 & 1 & -1 \\ 1 & -5 & 3 & -3 \end{vmatrix}$

(3) $\begin{vmatrix} a & b & b & b \\ b & a & b & b \\ b & b & a & b \\ b & b & b & a \end{vmatrix}$

(4) $\begin{vmatrix} 2 & 3 & 0 & 0 \\ -1 & 4 & 0 & 0 \\ 23 & 540 & 1 & 0 \\ 431 & 1\,012 & 112 & 3 \end{vmatrix}$

8.3 克莱姆法则

8.3.1 线性方程组的一些概念

数学中，我们称未知量的次数都是 1 的方程(组)为线性方程(组). 显然，二元一次方程组与三元一次方程组都是线性方程组.

一般地，含 n 个未知量，m 个方程的线性方程组可写为

$$\begin{cases} a_{11}x_1+a_{12}x_2+\cdots+a_{1n}x_n=b_1 \\ a_{21}x_1+a_{22}x_2+\cdots+a_{2n}x_n=b_2 \\ \qquad\vdots \\ a_{m1}x_1+a_{m2}x_2+\cdots+a_{mn}x_n=b_m \end{cases}$$

其中，$a_{ij}(i=1,2,\cdots,m;j=1,2,\cdots,n)$是方程组的系数，$b_i(i=1,2,\cdots,m)$是方程组的常数项，$x_1,x_2,\cdots,x_n$ 是方程组的未知量.

常数项全为0的线性方程组称为齐次线性方程组，$b_i(i=1,2,\cdots,m)$中至少有一个不为0的线性方程组称为非齐次线性方程组.

如果将方程组中的 $x_1,x_2,\cdots,x_n$ 用常数 $c_1,c_2,\cdots,c_n$ 依次代替，线性方程组中的每个方程均成立，则称 $c_1,c_2,\cdots,c_n$ 为线性方程组的一个解. 线性方程组的全部解构成的集合称为它的解集合. 解线性方程组就是要确定它的解集合. 解集合相等的两个线性方程组称为同解线性方程组. 若任何常数 $c_1,c_2,\cdots,c_n$ 都不能使线性方程组的全部方程成立，则称线性方程组为无解线性方程组.

显然，齐次线性方程组至少有一个解，就是零解.

8.3.2 克莱姆法则

与二元一次方程组和三元一次方程组的解可用行列式表示相似，一般地，可得出以下定理.

定理 8.1（克莱姆法则） 含有 n 个方程、n 个未知量的线性方程组的一般形式为

$$\begin{cases}a_{11}x_1+a_{12}x_2+\cdots+a_{1n}x_n=b_1\\ a_{21}x_1+a_{22}x_2+\cdots+a_{2n}x_n=b_2\\ \qquad\vdots\\ a_{n1}x_1+a_{n2}x_2+\cdots+a_{nn}x_n=b_n\end{cases}$$

当其未知量的系数排成的 n 阶行列式（称为系数行列式）

$$D=\begin{vmatrix}a_{11}&a_{12}&\cdots&a_{1n}\\ a_{21}&a_{22}&\cdots&a_{2n}\\ \vdots&\vdots&&\vdots\\ a_{n1}&a_{n2}&\cdots&a_{nn}\end{vmatrix}\neq0$$

时，线性方程组有唯一解

$$x_j=\frac{D_j}{D}\quad(j=1,2,3,\cdots,n)$$

其中，$D_j(j=1,2,3,\cdots,n)$是将系数行列式 D 中的第 j 列的元素 $a_{1j},a_{2j},\cdots,a_{nj}$对应地换为方程组右端的常数项 $b_1,b_2,\cdots,b_n$ 后得到的行列式.

【例 8.8】 用克莱姆法则解方程组$\begin{cases}2x_1+x_2-5x_3+x_4=8\\ x_1-3x_2-6x_4=9\\ 2x_2-x_3+2x_4=-5\\ x_1+4x_2-7x_3+6x_4=0\end{cases}$.

【解】 因为该方程组的系数行列式

$$D=\begin{vmatrix}2&1&-5&1\\ 1&-3&0&-6\\ 0&2&-1&2\\ 1&4&-7&6\end{vmatrix}=27\neq0$$

故方程组有唯一解. 又因为

$$D_1=\begin{vmatrix}8&1&-5&1\\9&-3&0&-6\\-5&2&-1&2\\0&4&-7&6\end{vmatrix}=81\qquad D_2=\begin{vmatrix}2&8&-5&1\\1&9&0&-6\\0&-5&-1&2\\1&0&-7&6\end{vmatrix}=-108$$

$$D_3=\begin{vmatrix}2&1&8&1\\1&-3&9&-6\\0&2&-5&2\\1&4&0&6\end{vmatrix}=-27\qquad D_4=\begin{vmatrix}2&1&-5&8\\1&-3&0&9\\0&2&-1&-5\\1&4&-7&0\end{vmatrix}=27$$

由克莱姆法则得方程组的解为

$$\begin{cases}x_1=3\\x_2=-4\\x_3=-1\\x_4=1\end{cases}$$

由克莱姆法则,容易得到下面的定理及推论.

定理 8.2 如果线性方程组无解或有两个不同的解,则它的系数行列式必为 0.

推论 3 如果齐次线性方程组的系数行列式 $D\neq0$,则齐次线性方程组只有唯一零解.

推论 4 如果齐次线性方程组有非零解,则它的系数行列式 $D=0$.

【同步训练 8.3】

用克莱姆法则解下列线性方程组.

(1) $\begin{cases}2x+5y=1\\3x+7y=4\end{cases}$

(2) $\begin{cases}x+y-2z=-3\\5x-2y+7z=22\\2x-5y+4z=4\end{cases}$

(3) $\begin{cases}x+2y+4z=31\\5x+y+2z=29\\3x-y+z=10\end{cases}$

(4) $\begin{cases}x_1-2x_2=-1\\3x_2+3x_3+2x_4=8\\x_2-2x_3=-1\\4x_3-3x_4=1\end{cases}$

第 9 章　矩阵

矩阵是高等代数学中的常见工具，广泛应用于统计分析、电路学、力学、光学、量子物理、计算机科学、心理学、生物科学、社会科学等. 本章着重介绍矩阵的概念、矩阵的运算、逆矩阵、矩阵的初等变换和矩阵的秩等内容.

9.1　矩阵的概念

9.1.1　引例

矩阵是线性代数中的一个基本概念，为了建立矩阵的概念，我们先来看下面两个实际问题.

【引例 1】　三元一次方程组 $\begin{cases}2x-y+z=3\\x+y-2z=1\\x+3z=0\end{cases}$ 的解完全取决于其系数和常数项，为了讨论问题方便，可以把它的系数和常数项从方程组中分离出来，写成一个如下的 3 行 4 列矩形数表：

$$\begin{pmatrix}2 & -1 & 1 & 3\\1 & 1 & -2 & 1\\1 & 0 & 3 & 0\end{pmatrix}$$

【引例 2】　某工厂生产的 3 种产品来在 3 个销售地销售的产品数量如表 9.1 所示.

表 9.1　某工厂在 3 个主要销售地销售产品数量表　　单位：t

年份	2017 年			2018 年		
销售地	地区 1	地区 2	地区 3	地区 1	地区 2	地区 3
产品 1	98	24	42	55	19	44
产品 2	39	15	22	43	53	38
产品 3	22	15	17	11	40	20

为了便于描述这家工厂 3 种产品在 3 个销售地的销售情况和变化规律，我们可以将这两年的相关数据分别写成如下两个 3 行 3 列的矩形数表：

$$\begin{pmatrix}98 & 24 & 42\\39 & 15 & 22\\22 & 15 & 17\end{pmatrix} \quad 与 \quad \begin{pmatrix}55 & 19 & 44\\43 & 53 & 38\\11 & 40 & 20\end{pmatrix}$$

从以上两个引例可以看出，不同的问题可以用不同的矩形数表来表示，对于这样的数表，我们给出下面的定义.

9.1.2 矩阵的定义

定义 9.1 由 $m \times n$ 个数 $a_{ij}(i=1,2,\cdots,m;j=1,2,\cdots,n)$ 排列成的 m 行 n 列矩形数表

$$\begin{pmatrix} a_{11} & a_{12} & \cdots & a_{1n} \\ a_{21} & a_{22} & \cdots & a_{2n} \\ \vdots & \vdots & & \vdots \\ a_{m1} & a_{m2} & \cdots & a_{mn} \end{pmatrix}$$

称为一个 m 行 n 列矩阵，简称 $m \times n$ 矩阵. 称矩阵的横排为行，纵排为列，其中的每一个数 a_{ij} 称为矩阵的元素，下标中的 i 表示第 i 行，j 表示第 j 列.

通常用字母 $\boldsymbol{A},\boldsymbol{B},\boldsymbol{C}\cdots$ 表示矩阵. 为了更清楚地表明矩阵的行数和列数，有时矩阵也记作 $\boldsymbol{A}_{m\times n}$ 或 $\boldsymbol{A}=(a_{ij})_{m\times n}$.

9.1.3 几种特殊矩阵

只有一行的矩阵称为行矩阵，行矩阵可写成

$$(a_1,a_2,\cdots,a_n)$$

只有一列的矩阵称为列矩阵，列矩阵可写成

$$\begin{pmatrix} a_1 \\ a_2 \\ \vdots \\ a_m \end{pmatrix}$$

元素全为 0 的矩阵称为零矩阵，记作 $\boldsymbol{0}$. 注意：这不是一个 0，而是 $m \times n$ 个 0.

行数和列数均为 n 的矩阵称为 n 阶方阵，n 称为方阵的阶数. 方阵中从左上角到右下角的直线称为方阵的主对角线.

主对角线上的元素全为 1，主对角线以外的元素全为 0 的方阵称为单位矩阵，记作 $\boldsymbol{E}$ 或 $\boldsymbol{E}_n$，即

$$\boldsymbol{E}_n=\begin{pmatrix} 1 & 0 & \cdots & 0 \\ 0 & 1 & \cdots & 0 \\ \vdots & \vdots & & \vdots \\ 0 & 0 & \cdots & 1 \end{pmatrix}$$

主对角线以外的元素全为 0 的方阵称为对角矩阵.

主对角线以上的元素全为 0 的方阵称为下三角矩阵，主对角线以下的元素全为 0 的方阵称为上三角矩阵. 下三角矩阵与上三角矩阵合称为三角矩阵.

如果两个矩阵的行数、列数分别相等，则称它们为同型矩阵.

如果同型矩阵 $\boldsymbol{A}$ 与 $\boldsymbol{B}$ 的所有对应位置上的元素都分别相等，则称矩阵 $\boldsymbol{A}$ 与 $\boldsymbol{B}$ 相等，记作 $\boldsymbol{A}=\boldsymbol{B}$.

【同步训练 9.1】

设矩阵 $\boldsymbol{A}=\begin{pmatrix}1&2&5\\1&4&7\\1&0&5\end{pmatrix}$，$\boldsymbol{B}=\begin{pmatrix}1&2&5\\1&4&7\\a&0&b\end{pmatrix}$，若 $\boldsymbol{A}=\boldsymbol{B}$，则 $a=$________，$b=$________.

9.2　矩阵的运算

9.2.1　矩阵的线性运算

在【引例 2】中，要分别计算该工厂的 3 种产品 2017 年与 2018 年在 3 个销售地的销量和，可按如下方法进行：

$$\begin{pmatrix}98+55&24+19&42+44\\39+43&15+53&22+38\\22+11&15+40&17+20\end{pmatrix}=\begin{pmatrix}153&43&86\\82&68&60\\33&55&37\end{pmatrix}$$

定义 9.2　设有两个同型的 $m\times n$ 矩阵 $\boldsymbol{A}=(a_{ij})$，$\boldsymbol{B}=(b_{ij})$，将它们对应位置上的元素分别相加得到的 $m\times n$ 矩阵，称为矩阵 $\boldsymbol{A}$ 与 $\boldsymbol{B}$ 的和，记作 $\boldsymbol{A}+\boldsymbol{B}$，即

$$\boldsymbol{A}+\boldsymbol{B}=(a_{ij})_{m\times n}+(b_{ij})_{m\times n}=(a_{ij}+b_{ij})_{m\times n}$$

矩阵的加法满足下列运算规律：

(1)交换律：$\boldsymbol{A}+\boldsymbol{B}=\boldsymbol{B}+\boldsymbol{A}$；

(2)结合律：$(\boldsymbol{A}+\boldsymbol{B})+\boldsymbol{C}=\boldsymbol{A}+(\boldsymbol{B}+\boldsymbol{C})$.

定义 9.3　设有两个同型的 $m\times n$ 矩阵 $\boldsymbol{A}=(a_{ij})$，$\boldsymbol{B}=(b_{ij})$，将它们对应位置上的元素分别相减得到的 $m\times n$ 矩阵，称为矩阵 $\boldsymbol{A}$ 与 $\boldsymbol{B}$ 的差，记作 $\boldsymbol{A}-\boldsymbol{B}$，即

$$\boldsymbol{A}-\boldsymbol{B}=(a_{ij})_{m\times n}-(b_{ij})_{m\times n}=(a_{ij}-b_{ij})_{m\times n}$$

【例 9.1】　设矩阵 $\boldsymbol{A}=\begin{pmatrix}-1&3&5\\6&4&-8\end{pmatrix}$，$\boldsymbol{B}=\begin{pmatrix}7&5&2\\-1&2&5\end{pmatrix}$，求 $\boldsymbol{A}+\boldsymbol{B}$ 和 $\boldsymbol{A}-\boldsymbol{B}$.

【解】　$\boldsymbol{A}+\boldsymbol{B}=\begin{pmatrix}-1+7&3+5&5+2\\6+(-1)&4+2&-8+5\end{pmatrix}=\begin{pmatrix}6&8&7\\5&6&-3\end{pmatrix}$

$\boldsymbol{A}-\boldsymbol{B}=\begin{pmatrix}-1-7&3-5&5-2\\6-(-1)&4-2&-8-5\end{pmatrix}=\begin{pmatrix}-8&-2&3\\7&2&-13\end{pmatrix}$

在【引例 2】中，若该工厂计划 2019 年 3 种产品在 3 个销售地的销量比 2018 年都增长 10%，则 2019 年这 3 种产品在 3 个销售地的销量可按如下方法进行：

$$\begin{pmatrix}55(1+10\%)&19(1+10\%)&44(1+10\%)\\43(1+10\%)&53(1+10\%)&38(1+10\%)\\11(1+10\%)&40(1+10\%)&20(1+10\%)\end{pmatrix}=\begin{pmatrix}60.5&20.9&48.4\\47.3&58.3&41.8\\12.1&44&22\end{pmatrix}$$

定义 9.4　用数 λ 乘矩阵 $\boldsymbol{A}$ 的每一个元素所得到的矩阵，称为数 λ 与矩阵 $\boldsymbol{A}$ 的积，简称数乘，记作 $\lambda\boldsymbol{A}$. 即如果 $\boldsymbol{A}=(a_{ij})_{m\times n}$，则

$$\lambda\boldsymbol{A}=(\lambda a_{ij})_{m\times n}$$

特别地,称$(-1)\cdot \boldsymbol{A}=-\boldsymbol{A}$为矩阵$\boldsymbol{A}$的负矩阵,有

$$\boldsymbol{A}-\boldsymbol{B}=\boldsymbol{A}+(-\boldsymbol{B})$$

这说明两个矩阵的差可以看成是一个矩阵与另一个矩阵的负矩阵的和.

数乘矩阵满足下列运算性质(设$\boldsymbol{A},\boldsymbol{B},\boldsymbol{C}$都是$m\times n$矩阵,$k,l$为常数):

(1)分配律:$k(\boldsymbol{A}+\boldsymbol{B})=k\boldsymbol{A}+k\boldsymbol{B}$,$(k+l)\boldsymbol{A}=k\boldsymbol{A}+l\boldsymbol{A}$;

(2)结合律:$k(l\boldsymbol{A})=(kl)\boldsymbol{A}$.

矩阵的加(减)法和数乘运算统称为矩阵的线性运算.

【例9.2】 设矩阵$\boldsymbol{A}=\begin{pmatrix}2&-6&3\\5&0&-4\end{pmatrix}$,$\boldsymbol{B}=\begin{pmatrix}6&2&-1\\2&5&-2\end{pmatrix}$,求$3\boldsymbol{A}+2\boldsymbol{B}$.

【解】 $3\boldsymbol{A}+2\boldsymbol{B}=\begin{pmatrix}6&-18&9\\15&0&-12\end{pmatrix}+\begin{pmatrix}12&4&-2\\4&10&-4\end{pmatrix}=\begin{pmatrix}18&-14&7\\19&10&-16\end{pmatrix}$

9.2.2 矩阵的乘法

在【引例2】中,假设该工厂2018年的3种产品的单价分别为1,2,2万元/t,纯利润分别为0.1,0.1,0.2万元/t,若将这些数据用矩阵表示为

$$\begin{pmatrix}1&0.1\\2&0.1\\2&0.2\end{pmatrix}$$

那么2018年该工厂3种产品在3个销售地的销售额与纯利润就可用矩阵表示为

$$\begin{pmatrix}55\times1+19\times2+44\times2&55\times0.1+19\times0.1+44\times0.2\\43\times1+53\times2+38\times2&43\times0.1+53\times0.1+38\times0.2\\11\times1+40\times2+20\times2&11\times0.1+40\times0.1+20\times0.2\end{pmatrix}=\begin{pmatrix}181&16.2\\225&17.2\\131&9.1\end{pmatrix}$$

定义9.5 设矩阵$\boldsymbol{A}=(a_{ij})_{m\times l}$的列数与矩阵$\boldsymbol{B}=(b_{ij})_{l\times n}$的行数相同,称由元素

$$c_{ij}=a_{i1}b_{1j}+a_{i2}b_{2j}+\cdots+a_{in}b_{nj}\quad(i=1,2,\cdots,m;\ j=1,2,\cdots,n)$$

构成的m行n列矩阵$\boldsymbol{C}=(c_{ij})_{m\times n}$为矩阵$\boldsymbol{A}$与矩阵$\boldsymbol{B}$的乘积,记作$\boldsymbol{AB}$.

从矩阵乘积的定义可知:只有矩阵$\boldsymbol{A}$的列数等于矩阵$\boldsymbol{B}$的行数时,$\boldsymbol{AB}$才有意义;$\boldsymbol{AB}$的第i行第j列的元素恰是矩阵$\boldsymbol{A}$的第i行的元素与矩阵$\boldsymbol{B}$的第j列的元素对应相乘再相加的结果;$\boldsymbol{AB}$的行数为矩阵$\boldsymbol{A}$的行数,列数等于矩阵$\boldsymbol{B}$的列数.

【例9.3】 多媒体技术中,彩色视频图像编码的过程是:首先把外部输入的R,G,B信号进行坐标变换,从R,G,B彩色空间变为Y,U,V彩色空间,其变换公式为

$$\begin{cases}Y=0.299R+0.587G+0.114B\\U=-0.169R-0.332G+0.5B\\V=0.5R-0.419G-0.081B\end{cases}$$

这个公式可用矩阵乘法表示为

$$\begin{pmatrix}Y\\U\\V\end{pmatrix}=\begin{pmatrix}0.299&0.587&0.114\\-0.169&-0.332&0.500\\0.500&-0.419&-0.081\end{pmatrix}\begin{pmatrix}R\\G\\B\end{pmatrix}$$

【例 9.4】　设矩阵 $\boldsymbol{A}=\begin{pmatrix}1 & -2 & 3\\5 & 0 & 4\end{pmatrix}$，$\boldsymbol{B}=\begin{pmatrix}2 & -1\\1 & 3\\2 & 0\end{pmatrix}$，求 $\boldsymbol{AB}$.

【解】　$\boldsymbol{AB}=\begin{pmatrix}1\times2+(-2)\times1+3\times2 & 1\times(-1)+(-2)\times3+3\times0\\5\times2+0\times1+4\times2 & 5\times(-1)+0\times3+4\times0\end{pmatrix}=\begin{pmatrix}6 & -7\\18 & -5\end{pmatrix}$

【例 9.5】　已知矩阵 $\boldsymbol{A}=(a_1,a_2,\cdots,a_n)$，$\boldsymbol{B}=\begin{pmatrix}b_1\\b_2\\\vdots\\b_n\end{pmatrix}$，求 $\boldsymbol{AB}$ 与 $\boldsymbol{BA}$.

【解】　$\boldsymbol{AB}=(a_1,a_2,\cdots,a_n)\begin{pmatrix}b_1\\b_2\\\vdots\\b_n\end{pmatrix}=a_1b_1+a_2b_2+\cdots+a_nb_n$

$$\boldsymbol{BA}=\begin{pmatrix}b_1\\b_2\\\vdots\\b_n\end{pmatrix}(a_1,a_2,\cdots,a_n)=\begin{pmatrix}b_1a_1 & b_1a_2 & \cdots & b_1a_n\\b_2a_1 & b_2a_2 & \cdots & b_2a_n\\\vdots & \vdots & & \vdots\\b_na_1 & b_na_2 & \cdots & b_na_n\end{pmatrix}$$

由【例 9.5】可知，矩阵的乘法一般不满足交换律，即一般情况下 $\boldsymbol{AB}\neq\boldsymbol{BA}$. 若 $\boldsymbol{AB}=\boldsymbol{BA}$，则称 $\boldsymbol{A}$ 与 $\boldsymbol{B}$ 是可交换的矩阵.

可以证明：$\boldsymbol{E}_m\boldsymbol{A}_{m\times n}=\boldsymbol{A}_{m\times n}$，$\boldsymbol{A}_{m\times n}\boldsymbol{E}_n=\boldsymbol{A}_{m\times n}$. 可见，单位矩阵 $\boldsymbol{E}$ 在矩阵乘法中的作用相当于数 1 在数的乘法中的作用.

【例 9.6】　已知矩阵 $\boldsymbol{A}=\begin{pmatrix}1 & -1\\-1 & 1\end{pmatrix}$，$\boldsymbol{B}=\begin{pmatrix}1 & 1\\-1 & -1\end{pmatrix}$，$\boldsymbol{C}=\begin{pmatrix}2 & 1\\0 & -1\end{pmatrix}$，求 $\boldsymbol{AB}$，$\boldsymbol{AC}$，$\boldsymbol{BA}$.

【解】　$\boldsymbol{AB}=\begin{pmatrix}1 & -1\\-1 & 1\end{pmatrix}\begin{pmatrix}1 & 1\\-1 & -1\end{pmatrix}=\begin{pmatrix}2 & 2\\-2 & -2\end{pmatrix}$

$\boldsymbol{AC}=\begin{pmatrix}1 & -1\\-1 & 1\end{pmatrix}\begin{pmatrix}2 & 1\\0 & -1\end{pmatrix}=\begin{pmatrix}2 & 2\\-2 & -2\end{pmatrix}$

$\boldsymbol{BA}=\begin{pmatrix}1 & 1\\1 & -1\end{pmatrix}\begin{pmatrix}1 & -1\\-1 & 1\end{pmatrix}=\begin{pmatrix}0 & 0\\0 & 0\end{pmatrix}$

由【例 9.6】可知，矩阵的乘法一般不满足消去律，即不能因为 $\boldsymbol{AB}=\boldsymbol{AC}$ 而得到 $\boldsymbol{B}=\boldsymbol{C}$. 同样，由 $\boldsymbol{BA}=0$ 也不能推出 $\boldsymbol{A}=0$ 或 $\boldsymbol{B}=0$.

【例 9.7】　设矩阵 $\boldsymbol{A}=\begin{pmatrix}3 & 0 & 5\\-2 & 4 & 1\end{pmatrix}$，$\boldsymbol{B}=\begin{pmatrix}-1 & 1 & 4 & 0\\3 & -2 & 5 & -3\\2 & 0 & -6 & 4\end{pmatrix}$，$\boldsymbol{C}=\begin{pmatrix}1\\1\\1\\1\end{pmatrix}$，求 $(\boldsymbol{AB})\boldsymbol{C}$ 与 $\boldsymbol{A}(\boldsymbol{BC})$.

【解】 $(AB)C=\begin{pmatrix}7 & 3 & -18 & 20\\ 16 & -10 & 6 & -8\end{pmatrix}\begin{pmatrix}1\\1\\1\\1\end{pmatrix}=\begin{pmatrix}12\\4\end{pmatrix}$

$$A(BC)=\begin{pmatrix}3 & 0 & 5\\ -2 & 4 & 1\end{pmatrix}\begin{pmatrix}4\\3\\0\end{pmatrix}=\begin{pmatrix}12\\4\end{pmatrix}$$

可以证明矩阵的乘法满足下列运算律：

(1)结合律：$(AB)C=A(BC)$；

(2)左分配律：$A(B+C)=AB+AC$；

(3)右分配律：$(A+B)C=AC+BC$.

9.2.3 线性方程组的矩阵表示

对于线性方程组

$$\begin{cases}a_{11}x_1+a_{12}x_2+\cdots+a_{1n}x_n=b_1\\ a_{21}x_1+a_{22}x_2+\cdots+a_{2n}x_n=b_2\\ \qquad\vdots\\ a_{m1}x_1+a_{m2}x_2+\cdots+a_{mn}x_n=b_m\end{cases}$$

设 $A=\begin{pmatrix}a_{11} & a_{12} & \cdots & a_{1n}\\ a_{21} & a_{22} & \cdots & a_{2n}\\ \vdots & \vdots & & \vdots\\ a_{m1} & a_{m2} & \cdots & a_{mn}\end{pmatrix}$, $X=\begin{pmatrix}x_1\\x_2\\ \vdots\\x_n\end{pmatrix}$, $b=\begin{pmatrix}b_1\\b_2\\ \vdots\\b_m\end{pmatrix}$.

则利用矩阵乘法，线性方程组可用矩阵表示为

$$\begin{pmatrix}a_{11} & a_{12} & \cdots & a_{1n}\\ a_{21} & a_{22} & \cdots & a_{2n}\\ \vdots & \vdots & & \vdots\\ a_{m1} & a_{m2} & \cdots & a_{mn}\end{pmatrix}\begin{pmatrix}x_1\\x_2\\ \vdots\\x_n\end{pmatrix}=\begin{pmatrix}b_1\\b_2\\ \vdots\\b_m\end{pmatrix}$$

可简写成

$$AX=b$$

其中，矩阵 A 称为线性方程组的系数矩阵，矩阵（向量）b 称为线性方程组的常数项矩阵（列向量），X 称为线性方程组的未知矩阵（或未知向量）.

方程组的系数与常数组成的矩阵称为线性方程组的增广矩阵，记为 $\overline{A}$，即

$$\overline{A}=\begin{pmatrix}a_{11} & a_{12} & \cdots & a_{1n} & b_1\\ a_{21} & a_{22} & \cdots & a_{2n} & b_2\\ \vdots & \vdots & & \vdots & \vdots\\ a_{m1} & a_{m2} & \cdots & a_{mn} & b_m\end{pmatrix}$$

例如，线性方程组

$$\begin{cases}x_1+2x_2-3x_3+4x_4=-1\\4x_1+x_3+2x_4=2\\3x_1+4x_2-x_3-2x_4=5\\2x_1+3x_2+x_3=0\end{cases}$$

设 $\boldsymbol{A}=\begin{pmatrix}1&2&-3&4\\4&0&1&2\\3&4&-1&-2\\2&3&1&0\end{pmatrix}$, $\boldsymbol{X}=\begin{pmatrix}x_1\\x_2\\x_3\\x_4\end{pmatrix}$, $\boldsymbol{b}=\begin{pmatrix}-1\\2\\5\\0\end{pmatrix}$.

因为 $\boldsymbol{AX}=\boldsymbol{b}$,所以该线性方程组可表示为

$$\begin{pmatrix}1&2&-3&4\\4&0&1&2\\3&4&-1&-2\\2&3&1&0\end{pmatrix}\begin{pmatrix}x_1\\x_2\\x_3\\x_4\end{pmatrix}=\begin{pmatrix}-1\\2\\5\\0\end{pmatrix}$$

9.2.4　方阵的幂运算

定义 9.6　设 $\boldsymbol{A}$ 为 n 阶方阵,k 为正整数,则称 $\boldsymbol{A}^k=\underbrace{\boldsymbol{AA}\cdots\boldsymbol{A}}_{k个}$为矩阵 $\boldsymbol{A}$ 的 k 次幂.

我们约定 $\boldsymbol{A}^0=\boldsymbol{E}$.

容易证明:

(1) $\boldsymbol{A}^m\boldsymbol{A}^n=\boldsymbol{A}^{m+n}$;

(2) $(\boldsymbol{A}^m)^n=\boldsymbol{A}^{mn}$;

(3) $(\lambda\boldsymbol{A})^k=\lambda^k\boldsymbol{A}^k$;

(4) $\boldsymbol{E}^n=\boldsymbol{E}$.

【例 9.8】　计算 $\begin{pmatrix}1&1\\0&1\end{pmatrix}^{10}$.

【解】　$\begin{pmatrix}1&1\\0&1\end{pmatrix}^2=\begin{pmatrix}1&2\\0&1\end{pmatrix}$, $\begin{pmatrix}1&1\\0&1\end{pmatrix}^3=\begin{pmatrix}1&3\\0&1\end{pmatrix}$, $\begin{pmatrix}1&1\\0&1\end{pmatrix}^4=\begin{pmatrix}1&4\\0&1\end{pmatrix}$,…

则有

$$\begin{pmatrix}1&1\\0&1\end{pmatrix}^{10}=\begin{pmatrix}1&10\\0&1\end{pmatrix}$$

9.2.5　矩阵的转置

定义 9.7　将 $m\times n$ 矩阵 $\boldsymbol{A}$ 的行依次换成相应的列而得到的 $n\times m$ 矩阵称为矩阵 $\boldsymbol{A}$ 的转置矩阵,记作 $\boldsymbol{A}^{\mathrm{T}}$. 即如果

$$\boldsymbol{A}=\begin{pmatrix}a_{11}&a_{12}&\cdots&a_{1n}\\a_{21}&a_{22}&\cdots&a_{2n}\\\vdots&\vdots&&\vdots\\a_{m1}&a_{m2}&\cdots&a_{mn}\end{pmatrix}$$

则

$$A^{\mathrm{T}}=\begin{pmatrix} a_{11} & a_{21} & \cdots & a_{m1} \\ a_{12} & a_{22} & \cdots & a_{m2} \\ \vdots & \vdots & & \vdots \\ a_{1n} & a_{2n} & \cdots & a_{mn} \end{pmatrix}$$

矩阵的转置运算满足以下运算规律：

(1) $(\boldsymbol{A}^{\mathrm{T}})^{\mathrm{T}}=\boldsymbol{A}$；

(2) $(\boldsymbol{A}\pm\boldsymbol{B})^{\mathrm{T}}=\boldsymbol{A}^{\mathrm{T}}\pm\boldsymbol{B}^{\mathrm{T}}$；

(3) $(\lambda\boldsymbol{A})^{\mathrm{T}}=\lambda\boldsymbol{A}^{\mathrm{T}}$（$\lambda$ 为常数）；

(4) $(\boldsymbol{AB})^{\mathrm{T}}=\boldsymbol{B}^{\mathrm{T}}\boldsymbol{A}^{\mathrm{T}}$.

【例 9.9】 已知矩阵 $\boldsymbol{A}=\begin{pmatrix} 0 & -1 \\ 3 & 2 \end{pmatrix}$，$\boldsymbol{B}=\begin{pmatrix} 1 & 7 & 2 \\ 4 & 2 & 0 \end{pmatrix}$，求 $(\boldsymbol{AB})^{\mathrm{T}}$.

【解】 解法 1：

$$\boldsymbol{AB}=\begin{pmatrix} -4 & -2 & 0 \\ 11 & 25 & 6 \end{pmatrix} \qquad (\boldsymbol{AB})^{\mathrm{T}}=\begin{pmatrix} -4 & 11 \\ -2 & 25 \\ 0 & 6 \end{pmatrix}$$

解法 2：

$$(\boldsymbol{AB})^{\mathrm{T}}=\boldsymbol{B}^{\mathrm{T}}\boldsymbol{A}^{\mathrm{T}}=\begin{pmatrix} 1 & 4 \\ 7 & 2 \\ 2 & 0 \end{pmatrix}\begin{pmatrix} 0 & 3 \\ -1 & 2 \end{pmatrix}=\begin{pmatrix} -4 & 11 \\ -2 & 25 \\ 0 & 6 \end{pmatrix}$$

9.2.6 对称矩阵

定义 9.8 若 n 阶方阵 $\boldsymbol{A}$ 满足 $\boldsymbol{A}^{\mathrm{T}}=\boldsymbol{A}$，即 $a_{ij}=a_{ji}(i,j=1,2,\cdots,n)$，则称矩阵 $\boldsymbol{A}$ 为对称矩阵；若 n 阶方阵 $\boldsymbol{A}$ 满足 $\boldsymbol{A}^{\mathrm{T}}=-\boldsymbol{A}$，即 $a_{ij}=-a_{ji}(i,j=1,2,\cdots,n)$，特别地 $a_{ii}=0$ $(i=1,2,\cdots,n)$，则称矩阵 $\boldsymbol{A}$ 为反对称矩阵.

例如，$\boldsymbol{A}=\begin{pmatrix} 1 & 2 & -4 \\ 2 & 3 & 9 \\ -4 & 9 & 0 \end{pmatrix}$是对称矩阵，$\boldsymbol{B}=\begin{pmatrix} 0 & 1 \\ -1 & 0 \end{pmatrix}$是反对称矩阵，$\boldsymbol{A}=\begin{pmatrix} 1 & 2 & 5 \\ 6 & 3 & 9 \\ -4 & 9 & 0 \end{pmatrix}$既不是对称矩阵也不是反对称矩阵.

9.2.7 方阵的行列式

设有 n 阶方阵 $\boldsymbol{A}$，由 $\boldsymbol{A}$ 的元素（行列次序不变）所构成的行列式称为方阵 $\boldsymbol{A}$ 的行列式，记作 $|\boldsymbol{A}|$ 或者 $\det\boldsymbol{A}$. 若 $|\boldsymbol{A}|\neq 0$，则称方阵 $\boldsymbol{A}$ 为非奇异矩阵，否则称为奇异矩阵.

设 $\boldsymbol{A},\boldsymbol{B}$ 均为 n 阶方阵，则有下列运算法则：

(1) $|\boldsymbol{A}^{\mathrm{T}}|=|\boldsymbol{A}|$；

(2) $|\boldsymbol{AB}|=|\boldsymbol{A}|\cdot|\boldsymbol{B}|$，更一般地，$|\boldsymbol{A}^n|=|\boldsymbol{A}|^n$；

(3) $|k\boldsymbol{A}|=k^n|\boldsymbol{A}|$（$k$ 为常数）.

【例 9.10】 设矩阵 $A=\begin{pmatrix}1&0&1\\2&1&-1\\0&1&1\end{pmatrix}$,求 $|A^3|$.

【解】 因为 $|A|=4$,所以 $|A^3|=|A|^3=64$.

【例 9.11】 设 A 为【例 9.10】中的矩阵,求 $|2A|$.

【解】 因为 $|A|=4$,所以 $|2A|=2^3|A|=32$.

【同步训练 9.2】

1. 填空题.

(1)已知矩阵 $A=\begin{pmatrix}0&3\\1&-2\end{pmatrix}$,$B=\begin{pmatrix}2&5\\0&4\end{pmatrix}$,则 $A+B=$________________.

(2)设 A 为 $n\times m$,B 为 $s\times t$ 矩阵,则 AB 有意义的条件是________________________.

(3)已知矩阵 A 的转置矩阵 A^T,则 $(A^T)^T=$________.

(4)设 $A=(1\quad -1\quad 2)$,$B=\begin{pmatrix}1\\2\\3\end{pmatrix}$,则 $AB=$________________.

(5)设矩阵 $A=\begin{pmatrix}1&2&7\\3&8&0\\2&6&4\\7&9&0\end{pmatrix}$,则 $A^T=$________________.

(6)已知矩阵 $A=\begin{pmatrix}1&2\\3&4\end{pmatrix}$,且 $|AB|=4$,则 $|2B|=$________.

2. 解答题.

(1)设矩阵 $A=\begin{pmatrix}1&2\\0&-3\\-4&0\end{pmatrix}$,$B=\begin{pmatrix}0&1\\-3&6\\-2&5\end{pmatrix}$,求 $A-B$.

(2)设矩阵 $A=\begin{pmatrix}3&2\\0&-3\\2&0\end{pmatrix}$,$B=\begin{pmatrix}1&-2&0\\-3&-1&5\end{pmatrix}$,求 AB.

(3)设矩阵 $A=\begin{pmatrix}1&-2\\3&0\\2&3\end{pmatrix}$,求矩阵 AA^T.

(4)计算 $\begin{pmatrix}5&1\\2&3\end{pmatrix}\begin{pmatrix}1&2\\4&0\end{pmatrix}-\begin{pmatrix}7&0\\5&3\end{pmatrix}$.

(5)计算 $\begin{pmatrix}1&2&0\\4&6&2\\2&0&1\end{pmatrix}\begin{pmatrix}1&0&4\\3&2&1\\0&3&1\end{pmatrix}$.

(6)计算$\begin{pmatrix} -2 & 1 & 1 \\ 4 & -2 & 0 \end{pmatrix}\begin{pmatrix} 1 & 1 & 0 \\ 0 & 3 & 6 \\ 2 & 0 & 1 \end{pmatrix}$.

3. 设$\boldsymbol{A}=\begin{pmatrix} 1 & 0 \\ 1 & 2 \end{pmatrix}$,$\boldsymbol{B}=\begin{pmatrix} 1 & 2 \\ 1 & 3 \end{pmatrix}$.

(1)$\boldsymbol{AB}=\boldsymbol{BA}$吗？为什么？

(2)$(\boldsymbol{A}+\boldsymbol{B})^2=\boldsymbol{A}^2+2\boldsymbol{AB}+\boldsymbol{B}^2$吗？为什么？

(3)$(\boldsymbol{A}+\boldsymbol{B})(\boldsymbol{A}-\boldsymbol{B})=\boldsymbol{A}^2-\boldsymbol{B}^2$吗？为什么？

9.3 逆矩阵

9.3.1 逆矩阵的概念

在初等数学中,若a,b为两个非零常数,且$ab=ba=1$,则称数a与b互为倒数,并把其中一个称为另一个的倒数,a的倒数也称为a的逆,记为$\frac{1}{a}$或a^{-1}. 对于矩阵,也有类似的概念.

定义 9.9 若同阶方阵$\boldsymbol{A}$与$\boldsymbol{B}$满足条件

$$\boldsymbol{AB}=\boldsymbol{BA}=\boldsymbol{E}$$

其中,$\boldsymbol{E}$为单位矩阵,则称方阵$\boldsymbol{A}$与$\boldsymbol{B}$互为逆矩阵,并把$\boldsymbol{A}$与$\boldsymbol{B}$中的一个称为另一个的逆矩阵. $\boldsymbol{A}$的逆矩阵记为$\boldsymbol{A}^{-1}$,于是

$$\boldsymbol{A}^{-1}=\boldsymbol{B},\boldsymbol{B}^{-1}=\boldsymbol{A}$$

若矩阵$\boldsymbol{A}$可逆,由逆矩阵的定义有

$$\boldsymbol{AA}^{-1}=\boldsymbol{A}^{-1}\boldsymbol{A}=\boldsymbol{E}$$

例如,多媒体技术中,外部输入的R,G,B彩色空间变为Y,U,V彩色空间可表示为

$$\begin{pmatrix} Y \\ U \\ V \end{pmatrix}=\begin{pmatrix} 0.299 & 0.587 & 0.114 \\ -0.169 & -0.332 & 0.500 \\ 0.500 & -0.419 & -0.081 \end{pmatrix}\begin{pmatrix} R \\ G \\ B \end{pmatrix}$$

反过来, 外部输入的R,G,B彩色空间可用Y,U,V彩色空间表示为

$$\begin{pmatrix} R \\ G \\ B \end{pmatrix}=\begin{pmatrix} 0.299 & 0.587 & 0.114 \\ -0.169 & -0.332 & 0.500 \\ 0.500 & -0.419 & -0.081 \end{pmatrix}^{-1}\begin{pmatrix} Y \\ U \\ V \end{pmatrix}$$

由定义 9.9 可以看出:

(1)由于矩阵$\boldsymbol{A}$与$\boldsymbol{B}$可交换,因此可逆矩阵一定是方阵. 换句话说,如果矩阵$\boldsymbol{A}$不是方阵,则它一定不可逆.

(2)如果矩阵$\boldsymbol{A}$可逆,则它的逆矩阵$\boldsymbol{A}^{-1}$是唯一的.

9.3.2 逆矩阵的性质

方阵的逆矩阵具有以下运算性质:

(1)若$\boldsymbol{A}$可逆,则$\boldsymbol{A}^{-1}$也可逆,且$(\boldsymbol{A}^{-1})^{-1}=\boldsymbol{A}$;

(2)若$\boldsymbol{A}$可逆,常数$\lambda\neq0$,则$\lambda\boldsymbol{A}$也可逆,且$(\lambda\boldsymbol{A})^{-1}=\frac{1}{\lambda}\boldsymbol{A}^{-1}$;

(3)若同阶方阵$\boldsymbol{A}$与$\boldsymbol{B}$可逆,则$\boldsymbol{AB}$也可逆,且$(\boldsymbol{AB})^{-1}=\boldsymbol{B}^{-1}\boldsymbol{A}^{-1}$;

(4)若$\boldsymbol{A}$可逆,则$\boldsymbol{A}^{\mathrm{T}}$也可逆,且$(\boldsymbol{A}^{\mathrm{T}})^{-1}=(\boldsymbol{A}^{-1})^{\mathrm{T}}$;

(5)若$\boldsymbol{A}$可逆,则$|\boldsymbol{A}^{-1}|=|\boldsymbol{A}|^{-1}$.

9.3.3 伴随矩阵

定义 9.10 由行列式$|\boldsymbol{A}|=\begin{vmatrix}a_{11}&a_{12}&\cdots&a_{1n}\\a_{21}&a_{22}&\cdots&a_{2n}\\\vdots&\vdots&&\vdots\\a_{n1}&a_{n2}&\cdots&a_{nn}\end{vmatrix}$各个元素的代数余子式构成的矩阵

$$\begin{pmatrix}A_{11}&A_{12}&\cdots&A_{1n}\\A_{21}&A_{22}&\cdots&A_{2n}\\\vdots&\vdots&&\vdots\\A_{n1}&A_{n2}&\cdots&A_{nn}\end{pmatrix}^{\mathrm{T}}$$

称为方阵$\boldsymbol{A}$的伴随矩阵,记为$\boldsymbol{A}^*$.

【例 9.12】 求方阵$\boldsymbol{A}=\begin{pmatrix}3&7&-3\\-2&-5&2\\-4&-10&3\end{pmatrix}$的伴随矩阵.

【解】 $A_{11}=\begin{vmatrix}-5&2\\-10&3\end{vmatrix}=5$ $A_{12}=-\begin{vmatrix}-2&2\\-4&3\end{vmatrix}=-2$ $A_{13}=\begin{vmatrix}-2&-5\\-4&-10\end{vmatrix}=0$

$A_{21}=-\begin{vmatrix}7&-3\\-10&3\end{vmatrix}=9$ $A_{22}=\begin{vmatrix}3&-3\\-4&3\end{vmatrix}=-3$ $A_{23}=-\begin{vmatrix}3&7\\-4&-10\end{vmatrix}=2$

$A_{31}=\begin{vmatrix}7&-3\\-5&2\end{vmatrix}=-1$ $A_{32}=-\begin{vmatrix}3&-3\\-2&2\end{vmatrix}=0$ $A_{33}=\begin{vmatrix}3&7\\-2&-5\end{vmatrix}=-1$

故方阵$\boldsymbol{A}$的伴随矩阵为

$$\boldsymbol{A}^*=\begin{pmatrix}5&-2&0\\9&-3&2\\-1&0&-1\end{pmatrix}^{\mathrm{T}}=\begin{pmatrix}5&9&-1\\-2&-3&0\\0&2&-1\end{pmatrix}$$

9.3.4 伴随矩阵法求逆矩阵

定理 9.1 方阵$\boldsymbol{A}$可逆的充分必要条件是$|\boldsymbol{A}|\neq0$,且$\boldsymbol{A}^{-1}=\frac{\boldsymbol{A}^*}{|\boldsymbol{A}|}$,其中$\boldsymbol{A}^*$为方阵$\boldsymbol{A}$的伴随矩阵.

这种求逆矩阵的方法称为伴随矩阵法.

【例 9.13】 判断【例 9.12】中的方阵是否可逆,如果可逆,求出$\boldsymbol{A}^{-1}$.

【解】 因为$|A|=1\neq0$,所以方阵A可逆.

由$A^*=\begin{pmatrix}5&9&-1\\-2&-3&0\\0&2&-1\end{pmatrix}$得

$$A^{-1}=\frac{A^*}{|A|}=\begin{pmatrix}5&9&-1\\-2&-3&0\\0&2&-1\end{pmatrix}$$

【例 9.14】 判断矩阵$A=\begin{pmatrix}1&-1&-2\\-1&2&2\\2&3&-4\end{pmatrix}$是否可逆?

【解】 因为$|A|=\begin{vmatrix}1&-1&-2\\-1&2&2\\2&3&-4\end{vmatrix}=0$,所以矩阵$A$不可逆.

9.3.5 矩阵方程

定义 9.11 称含有未知矩阵的等式为矩阵方程.

下面举例说明常见的两种矩阵方程的求解方法.

【例 9.15】 解矩阵方程$\begin{pmatrix}2&5\\1&3\end{pmatrix}X=\begin{pmatrix}4&-6\\2&1\end{pmatrix}$.

【解】 设$A=\begin{pmatrix}2&5\\1&3\end{pmatrix}$,$B=\begin{pmatrix}4&-6\\2&1\end{pmatrix}$,则原方程可写作$AX=B$.若矩阵$A$可逆,则$X=A^{-1}B$.

因为$|A|=\begin{vmatrix}2&5\\1&3\end{vmatrix}=1\neq0$,则$A$可逆,且$A^{-1}=\begin{pmatrix}3&-5\\-1&2\end{pmatrix}$,所以

$$X=A^{-1}B=\begin{pmatrix}3&-5\\-1&2\end{pmatrix}\begin{pmatrix}4&-6\\2&1\end{pmatrix}=\begin{pmatrix}2&-23\\0&8\end{pmatrix}$$

【例 9.16】 设$A=\begin{pmatrix}1&-1&1\\1&1&0\\2&1&1\end{pmatrix}$,$B=\begin{pmatrix}1&0\\0&2\\1&1\end{pmatrix}$,解矩阵方程$AX=B$与$XA=B^{\mathrm{T}}$.

【解】 利用逆矩阵的计算方法可得

$$A^{-1}=\begin{pmatrix}1&2&-1\\-1&-1&1\\-1&-3&2\end{pmatrix}$$

给等式$AX=B$的两端同时左乘以A^{-1},得

$$X=A^{-1}B=\begin{pmatrix}1&2&-1\\-1&-1&1\\-1&-3&2\end{pmatrix}\begin{pmatrix}1&0\\0&2\\1&1\end{pmatrix}=\begin{pmatrix}0&3\\0&-1\\1&-4\end{pmatrix}$$

给等式$XA=B^{\mathrm{T}}$的两端同时右乘以A^{-1},得

$$X=B^{T}A^{-1}=\begin{pmatrix}1&0&1\\0&2&1\end{pmatrix}\begin{pmatrix}1&2&-1\\-1&-1&1\\-1&-3&2\end{pmatrix}=\begin{pmatrix}0&-1&1\\-3&-5&4\end{pmatrix}$$

【同步训练 9.3】

1. 设 A 是三阶方阵，且 $|A|=-2$，则 $|A^{-1}|=$ (　　).

A. $-\frac{1}{2}$　　B. -2　　C. $\frac{1}{2}$　　D. 2

2. 设 A,B,C 为同阶可逆矩阵，则 $(ABC)^{-1}=$________.

3. 设 A,B 是三阶方阵，且 $|A|=2$，$|B|=3$，则 $|-3AB^{-1}|=$________.

4. 求下列方阵的逆矩阵.

(1) $\begin{pmatrix}1&-2\\0&1\end{pmatrix}$　　(2) $\begin{pmatrix}1&2\\3&5\end{pmatrix}$

(3) $\begin{pmatrix}1&0&0\\1&1&0\\1&1&1\end{pmatrix}$　　(4) $\begin{pmatrix}1&1&1\\2&-1&1\\1&2&0\end{pmatrix}$

(5) $\begin{pmatrix}1&0&0&0\\0&2&0&0\\0&0&3&0\\0&0&0&4\end{pmatrix}$　　(6) $\begin{pmatrix}3&-2&0&0\\5&-3&0&0\\0&0&3&4\\0&0&1&1\end{pmatrix}$

5. 解下列矩阵方程.

(1) $X\begin{pmatrix}2&1&-1\\2&1&0\\1&-1&1\end{pmatrix}=\begin{pmatrix}1&-1&3\\0&2&0\end{pmatrix}$　　(2) $\begin{pmatrix}2&5\\1&3\end{pmatrix}X\begin{pmatrix}2&5\\1&3\end{pmatrix}=\begin{pmatrix}4&-6\\2&1\end{pmatrix}$

6. 证明：若 n 阶方阵 A 可逆，则 A 的伴随矩阵 A^* 也可逆.

9.4　矩阵的初等变换

9.4.1　初等变换的概念

矩阵的初等变换是研究矩阵理论的重要内容，它是求解逆矩阵、计算矩阵的秩、求解线性方程组的重要工具.

下面先介绍用加减消元法求解线性方程组的问题. 在用加减消元法求解线性方程组时，经常反复使用以下 3 个步骤：

(1)互换方程组中两个方程的位置；

(2)给一个方程的两边同时乘以一个非零常数；

(3)将一个方程的两边乘以一个数加到另一个方程.

显然，这 3 个步骤不会改变方程组的解，但却可以使方程组的增广矩阵发生改变.

例如,三元一次方程组$\begin{cases}2x-y+z=3\\ \frac{1}{2}x+\frac{2}{3}z=1\\ x-y+3z=0\end{cases}$,其增广矩阵为

$$\overline{A}=\begin{pmatrix}2 & -1 & 1 & 3\\ \frac{1}{2} & 0 & \frac{2}{3} & 1\\ 1 & -1 & 3 & 0\end{pmatrix}$$

如果互换上面方程组中第1、第3两个方程的位置,相当于互换其增广矩阵中第1行、第3行的位置,即

$$\overline{A}=\begin{pmatrix}2 & -1 & 1 & 3\\ \frac{1}{2} & 0 & \frac{2}{3} & 1\\ 1 & -1 & 3 & 0\end{pmatrix}\to\begin{pmatrix}1 & -1 & 3 & 0\\ \frac{1}{2} & 0 & \frac{2}{3} & 1\\ 2 & -1 & 1 & 3\end{pmatrix}$$

如果将上面方程组的第2个方程的两边同时乘以6(去分母),相当于将增广矩阵中第2行的每一个元素都乘以6,即

$$\overline{A}=\begin{pmatrix}2 & -1 & 1 & 3\\ \frac{1}{2} & 0 & \frac{2}{3} & 1\\ 1 & -1 & 3 & 0\end{pmatrix}\to\begin{pmatrix}2 & -1 & 1 & 3\\ 3 & 0 & 4 & 6\\ 1 & -1 & 3 & 0\end{pmatrix}$$

如果将上面方程组的第3个方程的两边乘以-2加到第1个方程(加减消元),相当于将增广矩阵中第3行的元素都乘以-2再加到第1行,即

$$\overline{A}=\begin{pmatrix}2 & -1 & 1 & 3\\ \frac{1}{2} & 0 & \frac{2}{3} & 1\\ 1 & -1 & 3 & 0\end{pmatrix}\to\begin{pmatrix}0 & 1 & -5 & 3\\ \frac{1}{2} & 0 & \frac{2}{3} & 1\\ 1 & -1 & 3 & 0\end{pmatrix}$$

定义 9.12 矩阵的下列3种变换:

(1)互换矩阵中任意两行的位置(简称互换);

(2)给矩阵的某一行的所有元素乘以一个不为0的数(简称数乘);

(3)将矩阵中某一行的倍数加到另一行(简称倍加).

称为矩阵的初等行变换.若将初等行变换中的行变成列,则称为初等列变换.初等行变换与初等列变换统称为初等变换.

为了讨论问题的方便,我们用r_i表示矩阵的第i行,用c_i表示矩阵的第i列.用"$r_i \leftrightarrow r_j$"表示将矩阵的第i行与第j行交换,用"$c_i \leftrightarrow c_j$"表示将矩阵的第i列与第j列交换.用kr_i表示将矩阵的第i行乘$k(k\neq0)$,kc_i表示将矩阵的第i列乘k.将矩阵的第i行乘k加到第j行记为r_j+kr_i,将第i列乘k加到第j列记为c_j+kc_i.

显然,3种初等变换都是可逆的,且其逆变换是同一类的初等变换:互换变换$r_i \leftrightarrow r_j$的逆变换就是其本身;数乘变换$kr_i(k\neq0)$的逆变换就是$\frac{1}{k}r_i$;倍加变换r_j+kr_i的逆变换就是

$r_j+(-k)r_i$.

结合实例可知:初等变换可以使矩阵发生改变,但不改变矩阵的本质特征.

9.4.2　矩阵的等价

定义 9.13　如果矩阵 $\boldsymbol{A}$ 经过有限次初等变换变成矩阵 $\boldsymbol{B}$,称矩阵 $\boldsymbol{A}$ 与矩阵 $\boldsymbol{B}$ 等价,记作 $\boldsymbol{A}\sim\boldsymbol{B}$.

矩阵之间的等价关系具有下列性质:

(1)反身性:$\boldsymbol{A}\sim\boldsymbol{A}$;

(2)对称性:若 $\boldsymbol{A}\sim\boldsymbol{B}$,则 $\boldsymbol{B}\sim\boldsymbol{A}$;

(3)传递性:若 $\boldsymbol{A}\sim\boldsymbol{B},\boldsymbol{B}\sim\boldsymbol{C}$,则 $\boldsymbol{A}\sim\boldsymbol{C}$.

【例 9.17】　利用初等变换将矩阵$\begin{pmatrix}1&2&4\\2&2&3\\-2&1&6\end{pmatrix}$化为上三角矩阵.

【解】

$$\begin{pmatrix}1&2&4\\2&2&3\\-2&1&6\end{pmatrix}\xrightarrow[r_3+2r_1]{r_2+(-2)r_1}\begin{pmatrix}1&2&4\\0&-2&-5\\0&5&14\end{pmatrix}\xrightarrow{r_3+\frac{5}{2}r_2}\begin{pmatrix}1&2&4\\0&2&-5\\0&0&\frac{3}{2}\end{pmatrix}$$

注:例【9.17】的结果不是唯一的,与选用的初等变换有关.

【例 9.18】　证明$\begin{pmatrix}2&1&2&3\\4&1&3&5\\2&0&1&2\end{pmatrix}\sim\begin{pmatrix}1&0&0&0\\0&1&0&0\\0&0&0&0\end{pmatrix}$.

【证明】

$$\begin{pmatrix}2&1&2&3\\4&1&3&5\\2&0&1&2\end{pmatrix}\xrightarrow{r_1\leftrightarrow r_3}\begin{pmatrix}2&0&1&2\\4&1&3&5\\2&1&2&3\end{pmatrix}\xrightarrow[r_3+(-1)r_1]{r_2+(-2)r_1}\begin{pmatrix}2&0&1&2\\0&1&1&1\\0&1&1&1\end{pmatrix}\xrightarrow{r_3+(-1)r_2}$$

$$\begin{pmatrix}2&0&1&2\\0&1&1&1\\0&0&0&0\end{pmatrix}\xrightarrow[c_4+(-1)c_2]{c_3+(-1)c_2}\begin{pmatrix}2&0&1&2\\0&1&0&0\\0&0&0&0\end{pmatrix}\xrightarrow[c_4+(-1)c_1]{c_3+(-\frac{1}{2})c_1}\begin{pmatrix}2&0&0&0\\0&1&0&0\\0&0&0&0\end{pmatrix}\xrightarrow{\frac{1}{2}c_1}$$

$$\begin{pmatrix}1&0&0&0\\0&1&0&0\\0&0&0&0\end{pmatrix}$$

【例 9.19】　利用初等行变换解线性方程组$\begin{cases}2x+y+z=2\\x+3y+z=5\\x+y+5z=-7\end{cases}$.

【解】　该方程组的增广矩阵为$\overline{\boldsymbol{A}}=\begin{pmatrix}2&1&1&2\\1&3&1&5\\1&1&5&-7\end{pmatrix}$,作如下初等行变换:

$$\overline{\boldsymbol{A}}=\begin{pmatrix}2&1&1&2\\1&3&1&5\\1&1&5&-7\end{pmatrix}\xrightarrow{r_1\leftrightarrow r_2}\begin{pmatrix}1&3&1&5\\2&1&1&2\\1&1&5&-7\end{pmatrix}\xrightarrow[r_3+(-1)r_1]{r_2+(-2)r_1}$$

$$\begin{pmatrix}1&3&1&5\\0&-5&-1&-8\\0&-2&4&-12\end{pmatrix}\xrightarrow{(-\frac{1}{2})r_3\leftrightarrow r_2}\begin{pmatrix}1&3&1&5\\0&1&-2&6\\0&-5&-1&-8\end{pmatrix}\xrightarrow{r_3+5r_2}$$

$$\begin{pmatrix}1&3&1&5\\0&1&-2&6\\0&0&-11&22\end{pmatrix}\xrightarrow{(-\frac{1}{11})r_3}\begin{pmatrix}1&3&1&5\\0&1&-2&6\\0&0&1&-2\end{pmatrix}\xrightarrow[r_1+(-1)r_3]{r_2+2r_3}$$

$$\begin{pmatrix}1&3&0&7\\0&1&0&2\\0&0&1&-2\end{pmatrix}\xrightarrow{r_1+(-3)r_2}\begin{pmatrix}1&0&0&1\\0&1&0&2\\0&0&1&-2\end{pmatrix}$$

由于初等变换不改变方程组的解，所以方程组的解为$\begin{cases}x=1\\y=2\\z=-2\end{cases}$.

9.4.3 行阶梯形矩阵

定义 9.14 满足下列两个条件的矩阵称为行阶梯形矩阵：

(1)矩阵的零行位于矩阵的最下方(或无零行)；

(2)首非零元(即非零行的第一个不为零的元素)的列标随着行标的增加而严格增加.

例如，矩阵

$$\boldsymbol{A}=\begin{pmatrix}1&0&-2&0&0\\0&0&4&1&2\\0&0&0&0&3\\0&0&0&0&0\end{pmatrix}\quad \boldsymbol{B}=\begin{pmatrix}2&1&3&5\\0&1&4&2\\0&0&7&1\end{pmatrix}\quad \boldsymbol{C}=\begin{pmatrix}1&5&0&0\\0&0&1&0\\0&0&0&1\end{pmatrix}$$

都是行阶梯形矩阵，而矩阵

$$\boldsymbol{D}=\begin{pmatrix}2&1&1&4\\0&3&2&6\\0&1&1&2\\0&0&0&0\end{pmatrix}\quad \boldsymbol{E}=\begin{pmatrix}1&0&1\\0&0&0\\0&1&1\end{pmatrix}$$

都不是行阶梯形矩阵.

行阶梯形矩阵的特点：可画出一条阶梯线，线的下方全为0；每个台阶只有一行，台阶数即是非零行的行数，阶梯线的竖线(每段竖线的长度为一行)后面的第一个元素为非零元.

定义 9.15 如果行阶梯形矩阵还满足下列两个条件：

(1)各非零行的首非零元都是1；

(2)每个首非零元所在列的其余元素都是0.

则称其为行简化阶梯形矩阵.

例如，$\begin{pmatrix}1&-3&0&0\\0&0&1&0\\0&0&0&1\end{pmatrix}$是行简化阶梯形矩阵，而$\begin{pmatrix}1&-3&0&-4\\0&0&1&2\\0&0&0&1\end{pmatrix}$不是行简化阶梯形矩阵.

【例 9.20】　在下列矩阵中，将(1)化为行阶梯形矩阵，将(2)化为行简化阶梯形矩阵.

(1) $\begin{pmatrix} 1 & 3 & -2 & 2 \\ 0 & 2 & -1 & 3 \\ -2 & 0 & 1 & 5 \end{pmatrix}$　　(2) $\begin{pmatrix} 2 & 2 & 0 \\ 1 & 1 & -1 \\ -1 & -1 & 3 \\ 3 & 3 & 1 \end{pmatrix}$

【解】　(1) $\begin{pmatrix} 1 & 3 & -2 & 2 \\ 0 & 2 & -1 & 3 \\ -2 & 0 & 1 & 5 \end{pmatrix} \xrightarrow{r_3+2r_1} \begin{pmatrix} 1 & 3 & -2 & 2 \\ 0 & 2 & -1 & 3 \\ 0 & 6 & -3 & 9 \end{pmatrix} \xrightarrow{r_3+(-3)r_2} \begin{pmatrix} 1 & 3 & -2 & 2 \\ 0 & 2 & -1 & 3 \\ 0 & 0 & 0 & 0 \end{pmatrix}$

(2) $\begin{pmatrix} 2 & 2 & 0 \\ 1 & 1 & -1 \\ -1 & -1 & 3 \\ 3 & 3 & 1 \end{pmatrix} \xrightarrow{r_1 \leftrightarrow r_2} \begin{pmatrix} 1 & 1 & -1 \\ 2 & 2 & 0 \\ -1 & -1 & 3 \\ 3 & 3 & 1 \end{pmatrix} \xrightarrow[\substack{r_3+r_1 \\ r_4+(-3)r_1}]{r_2+(-2)r_1} \begin{pmatrix} 1 & 1 & -1 \\ 0 & 0 & 2 \\ 0 & 0 & 2 \\ 0 & 0 & 4 \end{pmatrix} \xrightarrow[r_4+(-2)r_2]{r_3+(-1)r_2}$

$\begin{pmatrix} 1 & 1 & -1 \\ 0 & 0 & 2 \\ 0 & 0 & 0 \\ 0 & 0 & 0 \end{pmatrix} \xrightarrow{\frac{1}{2}r_2} \begin{pmatrix} 1 & 1 & -1 \\ 0 & 0 & 1 \\ 0 & 0 & 0 \\ 0 & 0 & 0 \end{pmatrix} \xrightarrow{r_1+r_2} \begin{pmatrix} 1 & 1 & 0 \\ 0 & 0 & 1 \\ 0 & 0 & 0 \\ 0 & 0 & 0 \end{pmatrix}$

9.4.4　初等矩阵

定义 9.16　由单位矩阵 $\boldsymbol{E}$ 经过一次初等变换得到的矩阵称为初等矩阵，也称为初等方阵.

对应于 3 种初等变换，可以得到 3 类初等矩阵. 例如，对于三阶单位矩阵

$$\boldsymbol{E}_3 = \begin{pmatrix} 1 & 0 & 0 \\ 0 & 1 & 0 \\ 0 & 0 & 1 \end{pmatrix}$$

交换 E_3 的第 1,2 行(或第 1,2 列)，得到第一类初等矩阵，记作

$$\boldsymbol{P}(1,2) = \begin{pmatrix} 0 & 1 & 0 \\ 1 & 0 & 0 \\ 0 & 0 & 1 \end{pmatrix}$$

用(-2)乘以 $\boldsymbol{E}_3$ 的第 3 行(或第 3 列)，得到第二类初等矩阵，记作

$$\boldsymbol{P}(3(-2)) = \begin{pmatrix} 1 & 0 & 0 \\ 0 & 1 & 0 \\ 0 & 0 & -2 \end{pmatrix}$$

将 $\boldsymbol{E}_3$ 第 1 行的 3 倍加到第 2 行(或第 2 列的 3 倍加到第 1 列)，得到第三类初等矩阵，记作

$$\boldsymbol{P}(1(3),2) = \begin{pmatrix} 1 & 0 & 0 \\ 3 & 1 & 0 \\ 0 & 0 & 1 \end{pmatrix}$$

类似地，将 n 阶单位矩阵 $\boldsymbol{E}$ 经过一次初等变换得到的 3 类初等矩阵依次记作

$$\boldsymbol{P}(i,j),\boldsymbol{P}(i(k))\text{和}\boldsymbol{P}(i(k),j)$$

需要注意的是：三阶初等矩阵的记号 $\boldsymbol{P}(1(3),2)$，既表示将单位矩阵第 1 行的 3 倍加到第 2 行，同时也表示将单位矩阵第 2 列的 3 倍加到第 1 列所得到的初等矩阵.

因此，n 阶初等矩阵的记号 $\boldsymbol{P}(i(k),j)$，既表示将 n 阶单位矩阵 $\boldsymbol{E}$ 第 i 行的 k 倍加到第 j 行，同时也表示将 $\boldsymbol{E}$ 第 j 列的 k 倍加到第 i 列所得到的初等矩阵. 在使用时要注意区别.

【例 9.21】 设矩阵 $\boldsymbol{A}=\begin{pmatrix}1&2&3\\4&5&6\end{pmatrix}$.

(1)分别用下列初等矩阵左乘矩阵 $\boldsymbol{A}$：

$$\boldsymbol{P}_1=\begin{pmatrix}0&1\\1&0\end{pmatrix}\qquad \boldsymbol{P}_2=\begin{pmatrix}1&0\\0&\dfrac{1}{2}\end{pmatrix}\qquad \boldsymbol{P}_3=\begin{pmatrix}1&0\\-4&1\end{pmatrix}$$

(2)分别用下列初等矩阵右乘矩阵 $\boldsymbol{A}$：

$$\boldsymbol{Q}_1=\begin{pmatrix}0&1&0\\1&0&0\\0&0&1\end{pmatrix}\qquad \boldsymbol{Q}_2=\begin{pmatrix}1&0&0\\0&1&0\\0&0&\dfrac{1}{3}\end{pmatrix}\qquad \boldsymbol{Q}_3=\begin{pmatrix}1&-2&0\\0&1&0\\0&0&1\end{pmatrix}$$

【解】 (1)$\boldsymbol{P}_1\boldsymbol{A}=\begin{pmatrix}0&1\\1&0\end{pmatrix}\begin{pmatrix}1&2&3\\4&5&6\end{pmatrix}=\begin{pmatrix}4&5&6\\1&2&3\end{pmatrix}$

$$\boldsymbol{P}_2\boldsymbol{A}=\begin{pmatrix}1&0\\0&\dfrac{1}{2}\end{pmatrix}\begin{pmatrix}1&2&3\\4&5&6\end{pmatrix}=\begin{pmatrix}1&2&3\\2&\dfrac{5}{2}&3\end{pmatrix}$$

$$\boldsymbol{P}_3\boldsymbol{A}=\begin{pmatrix}1&0\\-4&1\end{pmatrix}\begin{pmatrix}1&2&3\\4&5&6\end{pmatrix}=\begin{pmatrix}1&2&3\\0&-3&-6\end{pmatrix}$$

(2)$\boldsymbol{A}\boldsymbol{Q}_1=\begin{pmatrix}1&2&3\\4&5&6\end{pmatrix}\begin{pmatrix}0&1&0\\1&0&0\\0&0&1\end{pmatrix}=\begin{pmatrix}2&1&3\\5&4&6\end{pmatrix}$

$$\boldsymbol{A}\boldsymbol{Q}_2=\begin{pmatrix}1&2&3\\4&5&6\end{pmatrix}\begin{pmatrix}1&0&0\\0&1&0\\0&0&\dfrac{1}{3}\end{pmatrix}=\begin{pmatrix}1&2&1\\4&5&2\end{pmatrix}$$

$$\boldsymbol{A}\boldsymbol{Q}_3=\begin{pmatrix}1&2&3\\4&5&6\end{pmatrix}\begin{pmatrix}1&-2&0\\0&1&0\\0&0&1\end{pmatrix}=\begin{pmatrix}1&0&3\\4&-3&6\end{pmatrix}$$

由【例 9.21】可以看出矩阵的初等变换和初等矩阵之间的关系，总结如下：

性质 1 设 $\boldsymbol{A}$ 是一个 $m\times n$ 矩阵，对矩阵 $\boldsymbol{A}$ 施行一次初等行变换，相当于在矩阵 $\boldsymbol{A}$ 的左边乘相应的 m 阶初等矩阵；对矩阵 $\boldsymbol{A}$ 施行一次初等列变换，相当于在矩阵 $\boldsymbol{A}$ 的右边乘相应的 n 阶初等矩阵.

性质2　方阵 $\boldsymbol{A}$ 可逆的充分必要条件是存在有限个初等矩阵 $\boldsymbol{P}_1,\boldsymbol{P}_2,\cdots,\boldsymbol{P}_l$,使 $\boldsymbol{A}=\boldsymbol{P}_1\cdot\boldsymbol{P}_2\cdot\cdots\cdot\boldsymbol{P}_l$.

性质3　方阵 $\boldsymbol{A}$ 可逆的充分必要条件是 $\boldsymbol{A}\sim\boldsymbol{E}$.

9.4.5　初等变换求逆矩阵

由性质2和性质3可得到下面的结论.

对可逆矩阵 $\boldsymbol{A}$ 与同阶的单位矩阵 $\boldsymbol{E}$ 作相同的初等行变换,如果矩阵 $\boldsymbol{A}$ 变换为 $\boldsymbol{E}$,则 $\boldsymbol{E}$ 就变换为 $\boldsymbol{A}^{-1}$.

因此,用初等行变换求矩阵 $\boldsymbol{A}$ 的逆矩阵时,只需在矩阵 $\boldsymbol{A}$ 的右边添上一个同阶的单位矩阵构成一个新矩阵 $(\boldsymbol{A}\mid\boldsymbol{E})$,则用初等行变换将 $(\boldsymbol{A}\mid\boldsymbol{E})$ 中的 $\boldsymbol{A}$ 变换为 $\boldsymbol{E}$ 的同时,$\boldsymbol{E}$ 就变换为 $\boldsymbol{A}^{-1}$,即

$$(\boldsymbol{A}\mid\boldsymbol{E})\xrightarrow{\text{初等行变换}}(\boldsymbol{E}\mid\boldsymbol{A}^{-1})$$

【例9.22】　用初等变换求矩阵 $\boldsymbol{A}=\begin{pmatrix}3&7&-3\\-2&-5&2\\-4&-10&3\end{pmatrix}$ 的逆矩阵.

【解】　$$(\boldsymbol{A}\mid\boldsymbol{E})=\left(\begin{array}{ccc|ccc}3&7&-3&1&0&0\\-2&-5&2&0&1&0\\-4&-10&3&0&0&1\end{array}\right)\xrightarrow{r_1+r_2}$$

$$\left(\begin{array}{ccc|ccc}1&2&-1&1&1&0\\-2&-5&2&0&1&0\\-4&-10&3&0&0&1\end{array}\right)\xrightarrow[r_3+4r_1]{r_2+2r_1}$$

$$\left(\begin{array}{ccc|ccc}1&2&-1&1&1&0\\0&-1&0&2&3&0\\0&-2&-1&4&4&1\end{array}\right)\xrightarrow{r_3+(-2)r_2}$$

$$\left(\begin{array}{ccc|ccc}1&2&-1&1&1&0\\0&-1&0&2&3&0\\0&0&-1&0&-2&1\end{array}\right)\xrightarrow[r_1+2r_2]{r_1+(-1)r_3}$$

$$\left(\begin{array}{ccc|ccc}1&0&0&5&9&-1\\0&-1&0&2&3&0\\0&0&-1&0&-2&1\end{array}\right)\xrightarrow[(-1)r_3]{(-1)r_2}$$

$$\left(\begin{array}{ccc|ccc}1&0&0&5&9&-1\\0&1&0&-2&-3&0\\0&0&1&0&2&-1\end{array}\right)$$

因此,$\boldsymbol{A}^{-1}=\begin{pmatrix}5&9&-1\\-2&-3&0\\0&2&-1\end{pmatrix}$.

9.4.6 初等变换求矩阵方程的解

由 9.3.5 节的内容可知，若矩阵 $\boldsymbol{A}$ 可逆，则求解矩阵方程 $\boldsymbol{AX}=\boldsymbol{B}$ 等价于求矩阵 $\boldsymbol{X}=\boldsymbol{A}^{-1}\boldsymbol{B}$. 因此，可采用类似初等行变换求逆矩阵的方法，构造矩阵$(\boldsymbol{A}\mid\boldsymbol{B})$，对其施以初等行变换，将矩阵 $\boldsymbol{A}$ 化为单位矩阵 $\boldsymbol{E}$，则上述初等行变换同时也将矩阵 $\boldsymbol{B}$ 化为 $\boldsymbol{A}^{-1}\boldsymbol{B}$，即

$$(\boldsymbol{A}\mid\boldsymbol{B})\xrightarrow{\text{初等行变换}}(\boldsymbol{E}\mid\boldsymbol{A}^{-1}\boldsymbol{B})$$

这样就得出了用初等行变换求解矩阵方程 $\boldsymbol{AX}=\boldsymbol{B}$ 的方法.

同理，求解矩阵方程 $\boldsymbol{XA}=\boldsymbol{B}$，通过转置运算化为 $\boldsymbol{A}^{\mathrm{T}}\boldsymbol{X}^{\mathrm{T}}=\boldsymbol{B}^{\mathrm{T}}$，用初等行变换求出 $\boldsymbol{X}^{\mathrm{T}}$，再转置得出 $\boldsymbol{X}$，即 $\boldsymbol{X}=(\boldsymbol{X}^{\mathrm{T}})^{\mathrm{T}}$.

【例 9.23】 设 $\boldsymbol{A}=\begin{pmatrix}1&-1&1\\1&1&0\\2&1&1\end{pmatrix}$，$\boldsymbol{B}=\begin{pmatrix}1&0\\0&2\\1&1\end{pmatrix}$，解矩阵方程 $\boldsymbol{AX}=\boldsymbol{B}$ 与 $\boldsymbol{XA}=\boldsymbol{B}^{\mathrm{T}}$.

【解】 对于方程 $\boldsymbol{AX}=\boldsymbol{B}$ 有

$$(\boldsymbol{A}\mid\boldsymbol{B})=\left(\begin{array}{ccc|cc}1&-1&1&1&0\\1&1&0&0&2\\2&1&1&1&1\end{array}\right)\xrightarrow[r_3+(-2)r_1]{r_2+(-1)r_1}\left(\begin{array}{ccc|cc}1&-1&1&1&0\\0&2&-1&-1&2\\0&3&-1&-1&1\end{array}\right)\xrightarrow{r_2+(-1)r_3}$$

$$\left(\begin{array}{ccc|cc}1&-1&1&1&0\\0&-1&0&0&1\\0&3&-1&-1&1\end{array}\right)\xrightarrow{r_3+3r_2}\left(\begin{array}{ccc|cc}1&-1&1&1&0\\0&-1&0&0&1\\0&0&-1&-1&4\end{array}\right)\xrightarrow[(-1)r_2]{(-1)r_3}$$

$$\left(\begin{array}{ccc|cc}1&-1&1&1&0\\0&1&0&0&-1\\0&0&1&1&-4\end{array}\right)\xrightarrow[r_1+r_2]{r_1+(-1)r_3}\left(\begin{array}{ccc|cc}1&0&0&0&3\\0&1&0&0&-1\\0&0&1&1&-4\end{array}\right)$$

得

$$X=\begin{pmatrix}0&3\\0&-1\\1&-4\end{pmatrix}$$

对于方程 $\boldsymbol{XA}=\boldsymbol{B}^{\mathrm{T}}$，有$(\boldsymbol{XA})^{\mathrm{T}}=(\boldsymbol{B}^{\mathrm{T}})^{\mathrm{T}}$，即 $\boldsymbol{A}^{\mathrm{T}}\boldsymbol{X}^{\mathrm{T}}=\boldsymbol{B}$，那么有

$$(\boldsymbol{A}^{\mathrm{T}}\mid\boldsymbol{B})=\left(\begin{array}{ccc|cc}1&1&2&1&0\\-1&1&1&0&2\\1&0&1&1&1\end{array}\right)\xrightarrow[r_3+(-1)r_1]{r_2+r_1}\left(\begin{array}{ccc|cc}1&1&2&1&0\\0&2&3&1&2\\0&-1&-1&0&1\end{array}\right)\xrightarrow{r_2\leftrightarrow r_3}$$

$$\left(\begin{array}{ccc|cc}1&1&2&1&0\\0&-1&-1&0&1\\0&2&3&1&2\end{array}\right)\xrightarrow{r_3+2r_2}\left(\begin{array}{ccc|cc}1&1&2&1&0\\0&-1&-1&0&1\\0&0&1&1&4\end{array}\right)\xrightarrow[r_1+(-2)r_3]{r_2+r_3}$$

$$\left(\begin{array}{ccc|cc}1&1&0&-1&-8\\0&-1&0&1&5\\0&0&1&1&4\end{array}\right)\xrightarrow[(-1)r_2]{r_1+r_2}\left(\begin{array}{ccc|cc}1&0&0&0&-3\\0&1&0&-1&-5\\0&0&1&1&4\end{array}\right)$$

得

$$\boldsymbol{X}^{\mathrm{T}}=\begin{pmatrix}0&-3\\-1&-5\\1&4\end{pmatrix}$$

则
$$X=(X^{T})^{T}=\begin{pmatrix}0 & 1 & 1\\ -3 & -5 & 4\end{pmatrix}$$

【同步训练 9.4】

1. 用初等变换将下列矩阵化为下三角矩阵.

(1) $\begin{pmatrix}1 & 4\\ -2 & 1\end{pmatrix}$　　(2) $\begin{pmatrix}3 & 5\\ -2 & 0\end{pmatrix}$

(3) $\begin{pmatrix}1 & 1 & 1\\ -2 & 1 & 1\\ -3 & -3 & 3\end{pmatrix}$　　(4) $\begin{pmatrix}2 & 3 & 5\\ 1 & 2 & 3\\ 3 & 4 & -3\end{pmatrix}$

2. 设矩阵 $A=\begin{pmatrix}1 & 2 & 3\\ 2 & 2 & 1\\ 3 & 4 & 3\end{pmatrix}$,证明 $A\sim E$.

3. 用初等变换求矩阵 $A=\begin{pmatrix}1 & 2 & -3\\ 0 & 1 & 2\\ 0 & 0 & 1\end{pmatrix}$ 的逆矩阵.

4. 用初等行变换解下列方程组.

(1) $\begin{cases}x+y-2z=-3\\ 5x-2y+7z=22\\ 2x-5y+4z=4\end{cases}$

(2) $\begin{cases}x_1+x_2+x_3+x_4=5\\ x_1+2x_2-x_3+4x_4=-2\\ 2x_1-3x_2-x_3-5x_4=-2\\ 3x_1+x_2+2x_3+11x_4=0\end{cases}$

9.5 矩阵的秩

9.5.1 矩阵的秩的概念

矩阵的秩是矩阵的一个非常重要的本质特征,在给出矩阵的秩的定义之前,先来介绍子式的概念.

定义 9.17 在矩阵 A 中,位于任意选定的 k 行 k 列交叉处的 k^2 个元素,按照原来的次序组成的 k 阶矩阵的行列式,称为 A 的一个 k 阶子式. 如果子式的值不为零,则称为非零子式.

例如,矩阵
$$A=\begin{pmatrix}1 & -2 & 3 & 5\\ 0 & 1 & 2 & 1\\ 1 & -1 & 5 & 6\end{pmatrix}$$

在第 1,2 行与第 1,2 列交点处的 4 个元素,按照原来的次序组成的行列式$\begin{vmatrix}1 & -2\\0 & 1\end{vmatrix}$就是 A 的一个二阶子式,且它是一个非零子式.

定义 9.18　设 $\boldsymbol{A}$ 是 $m\times n$ 矩阵,如果 $\boldsymbol{A}$ 中非零子式的最高阶数为 r,即存在 r 阶子式不为零,而任何 $r+1$ 阶子式全为零,则称数 r 为矩阵 $\boldsymbol{A}$ 的秩,记作 $R(\boldsymbol{A})=r$ 或 $r(\boldsymbol{A})=r$.

规定零矩阵的秩为 0.

【例 9.24】　求矩阵 $\boldsymbol{A}=\begin{pmatrix}1 & -2 & 3 & 5\\0 & 1 & 2 & 1\\1 & -1 & 5 & 6\end{pmatrix}$的秩.

【解】　显然$\begin{vmatrix}1 & -2\\0 & 1\end{vmatrix}=1\neq0$,因此矩阵 $\boldsymbol{A}$ 的非零子式的最高阶数至少是 2. $\boldsymbol{A}$ 的三阶子式共有 4 个,分别是

$$\begin{vmatrix}1 & -2 & 3\\0 & 1 & 2\\1 & -1 & 5\end{vmatrix}=0\qquad\begin{vmatrix}1 & -2 & 5\\0 & 1 & 1\\1 & -1 & 6\end{vmatrix}=0\qquad\begin{vmatrix}-2 & 3 & 5\\1 & 2 & 1\\-1 & 5 & 6\end{vmatrix}=0\qquad\begin{vmatrix}1 & 3 & 5\\0 & 2 & 1\\1 & 5 & 6\end{vmatrix}=0$$

即所有的三阶子式都为 0,于是 $r(\boldsymbol{A})=2$.

定义 9.19　若 $m\times n$ 矩阵 $\boldsymbol{A}$ 的秩 $r(\boldsymbol{A})=\min\{m,n\}$,则称矩阵 $\boldsymbol{A}$ 为满秩矩阵. 若 $r(\boldsymbol{A})=m$,则矩阵 $\boldsymbol{A}$ 是行满秩;若 $r(\boldsymbol{A})=n$,则矩阵 $\boldsymbol{A}$ 是列满秩;若既是行满秩又是列满秩,则矩阵 $\boldsymbol{A}$ 一定是方阵. 满秩矩阵也称为非奇异矩阵,否则称为降秩矩阵或奇异矩阵.

9.5.2　矩阵的秩的性质

性质 1　$0\leqslant r(\boldsymbol{A}_{m\times n})\leqslant\min\{m,n\}$.

性质 2　$r(\boldsymbol{A}^{\mathrm{T}})=r(\boldsymbol{A})$.

性质 3　等价的矩阵具有相同的秩,即若 $\boldsymbol{A}\sim\boldsymbol{B}$,则 $r(\boldsymbol{A})=r(\boldsymbol{B})$.

性质 4　若 $\boldsymbol{P},\boldsymbol{Q}$ 可逆,则 $r(\boldsymbol{PAQ})=r(\boldsymbol{A})$.

9.5.3　初等变换求矩阵的秩

由矩阵的秩的定义可以看出,用秩的定义来确定矩阵的秩是很困难的,而阶梯形矩阵的秩正好是阶梯矩阵中非零行的行数.

根据秩的性质 3,要计算矩阵的秩,只需用初等变换将矩阵 $\boldsymbol{A}$ 化为行阶梯形矩阵,则阶梯形矩阵中非零行的行数就是矩阵 $\boldsymbol{A}$ 的秩.

【例 9.25】　设 $\boldsymbol{A}=\begin{pmatrix}1 & -1 & 2 & 1 & 0\\2 & -2 & 4 & -2 & 0\\3 & 0 & 6 & -1 & 1\\2 & 1 & 4 & 2 & 1\end{pmatrix}$,求 $r(\boldsymbol{A})$.

【解】 $A=\begin{pmatrix}1&-1&2&1&0\\2&-2&4&-2&0\\3&0&6&-1&1\\2&1&4&2&1\end{pmatrix}\xrightarrow[r_4+(-2)r_1]{\substack{r_2+(-2)r_1\\r_3+(-3)r_1}}\begin{pmatrix}1&-1&2&1&0\\0&0&0&-4&0\\0&3&0&-4&1\\0&3&0&0&1\end{pmatrix}\xrightarrow{r_3+(-1)r_2}$

$\begin{pmatrix}1&-1&2&1&0\\0&0&0&-4&0\\0&3&0&0&1\\0&3&0&0&1\end{pmatrix}\xrightarrow{r_4+(-1)r_3}\begin{pmatrix}1&-1&2&1&0\\0&0&0&-4&0\\0&3&0&0&1\\0&0&0&0&0\end{pmatrix}\xrightarrow{r_2\leftrightarrow r_3}$

$\begin{pmatrix}1&-1&2&1&0\\0&3&0&0&1\\0&0&0&-4&0\\0&0&0&0&0\end{pmatrix}$

由于阶梯形矩阵中的非零行数为3，故 $r(A)=3$.

【例9.26】 判断矩阵 $A=\begin{pmatrix}0&2&-1\\1&1&2\\-1&-1&-1\end{pmatrix}$是否为满秩矩阵.

【解】 因为 $A=\begin{pmatrix}0&2&-1\\1&1&2\\-1&-1&-1\end{pmatrix}\xrightarrow{r_1\leftrightarrow r_2}\begin{pmatrix}1&1&2\\0&2&-1\\-1&-1&-1\end{pmatrix}\xrightarrow{r_3+r_1}\begin{pmatrix}1&1&2\\0&2&-1\\0&0&1\end{pmatrix}$，可得 $r(A)=3$，所以 A 是满秩矩阵.

对于【例9.26】初等变换后的最后一个矩阵，接着进行初等行变换：

$$\begin{pmatrix}1&1&2\\0&2&-1\\0&0&1\end{pmatrix}\xrightarrow[r_1+(-2)r_3]{r_2+r_3}\begin{pmatrix}1&1&0\\0&2&0\\0&0&1\end{pmatrix}\xrightarrow{\frac{1}{2}r_2}\begin{pmatrix}1&1&0\\0&1&0\\0&0&1\end{pmatrix}\xrightarrow{r_1+(-1)r_2}\begin{pmatrix}1&0&0\\0&1&0\\0&0&1\end{pmatrix}$$

可得到以下定理：

定理9.2　若 n 阶方阵 A 为满秩矩阵，则 $A\sim E$.

【例9.27】 求矩阵 $A=\begin{pmatrix}1&-3&5&-2&1\\-2&1&-3&1&-4\\-1&-7&9&-3&-7\\3&-14&22&-9&1\end{pmatrix}$的秩及一个最高阶非零子式.

【解】 用初等行变换将 A 化为行阶梯形矩阵：

$$A=\begin{pmatrix}1&-3&5&-2&1\\-2&1&-3&1&-4\\-1&-7&9&-3&-7\\3&-14&22&-9&1\end{pmatrix}\xrightarrow[r_4+(-3)r_1]{\substack{r_2+2r_1\\r_3+r_1}}\begin{pmatrix}1&-3&5&-2&1\\0&-5&7&-3&-2\\0&-10&14&-5&-6\\0&-5&7&-3&-2\end{pmatrix}\xrightarrow[r_4+(-1)r_2]{r_3+(-2)r_2}$$

$$\begin{pmatrix} 1 & -3 & 5 & -2 & 1 \\ 0 & -5 & 7 & -3 & -2 \\ 0 & 0 & 0 & 1 & -2 \\ 0 & 0 & 0 & 0 & 0 \end{pmatrix} = \boldsymbol{B}$$

可得 $r(\boldsymbol{A})=3$,则 $\boldsymbol{A}$ 的最高阶非零子式的阶数是 3.

因为 $\boldsymbol{A}$ 经过初等行变换变为 $\boldsymbol{B}$ 时,没有经过初等列变换,行阶梯形矩阵 $\boldsymbol{B}$ 的首个非零元素出现在第 1,2,4 列,不妨考察矩阵 $\boldsymbol{A}$ 的第 1,2,4 列和 1,2,3 行元素所构成的子式 $\begin{vmatrix} 1 & -3 & -2 \\ -2 & 1 & 1 \\ -1 & -7 & -3 \end{vmatrix} = -5 \neq 0$,则该三阶子式即为所求的一个最高阶非零子式.

【同步训练 9.5】

1. 求下列矩阵的秩,并求一个最高阶非零子式.

(1) $\begin{pmatrix} 1 & 1 & 2 & 2 & 1 \\ 0 & 2 & 1 & 5 & -1 \\ 2 & 0 & 3 & -1 & 3 \\ 1 & 1 & 0 & 4 & -1 \end{pmatrix}$ (2) $\begin{pmatrix} 2 & 3 & 11 & 5 \\ 1 & 1 & 5 & 2 \\ 0 & -1 & -7 & 0 \\ 0 & 0 & -2 & 2 \end{pmatrix}$

(3) $\begin{pmatrix} 1 & 1 & 0 & 1 & 1 & 0 & 1 \\ 1 & 1 & 1 & 0 & 1 & 1 & 0 \\ 2 & 2 & 1 & 1 & 0 & 0 & 1 \end{pmatrix}$ (4) $\begin{pmatrix} 1 & 0 & 0 \\ 0 & 1 & 0 \\ 1 & 0 & 2 \\ 0 & 1 & 3 \\ 1 & 0 & 4 \end{pmatrix}$

2. 求 λ 的值,使矩阵 $\boldsymbol{A} = \begin{pmatrix} 1 & 2 & 4 \\ 2 & \lambda & 1 \\ 1 & 1 & 0 \end{pmatrix}$ 的秩有最小值.

3. 能否选取适当的 k,使矩阵 $\boldsymbol{A} = \begin{pmatrix} 1 & 2 & 3 & 2 \\ 3 & 6 & 9 & 6 \\ 4 & 8 & 12 & k \end{pmatrix}$,有 (1) $r(\boldsymbol{A})=1$; (2) $r(\boldsymbol{A})=2$; (3) $r(\boldsymbol{A})=3$.

9.6 投入产出模型

在经济学里,投入产出模型是研究经济系统中投入与产出关系的经济分析方法. 经济学家列昂捷夫因提出了投入产出分析方法,而备受西方经济学界的推崇,并于 1973 年获得诺贝尔经济学奖. 该方法由最初研究一个国家的国民经济各部门,发展到可深入分析和计量一个地区、一个部门甚至一个公司的经济活动. 利用投入产出分析方法还可以研究国际经济关系.

9.6.1　投入产出表

【引例 3】　某地区的经济系统划分为工业、农业、其他产业 3 个部门. 2018 年度 3 个部门的生产与消耗情况如表 9. 2 所示,试对它的结构进行分析.

分析:表中工业、农业和其他产业 3 个部门即是生产部门又是消费部门. 因此,生产部门对应的三行与消费部门对应的三列交叉处的数字有双重意义. 例如,生产部门中的工业部门所在行与消费部门中的其他部门所在列交叉处的数字 70,一方面表示工业部门作为生产部门,为其他部门提供了 70 亿元;另一方面表示其他部门作为消费部门,消耗了工业部门 70 亿元.

表 9. 2　投入产出表　　　　单位:亿元

生产部门	消费部门			最终产品	总产出
	工业	农业	其他		
工业	196	102	70	182	560
农业	84	68	42	146	340
其他	112	34	28	106	280
创造价值	168	136	140		
总投入	560	340	280		

考虑某个经济系统由 n 个部门组成,每一个部门都有双重身份. 一方面,作为生产者将自己的产品分配给各部门,并提供最终产品,它们的和即为此部门的总产出;另一方面,作为消费者消耗各部门的产品,即接收部门的投入,同时创造价值,它们之和即为对此部门的总投入. 当然,一个部门的总产出应该等于对它的总投入. 表 9. 3 是价值型投入产出表.

表 9. 3　价值型投入产出表

生产部门	消费部门				最终产品	总产出
	部门 1	部门 2	…	部门 n		
部门 1	x_{11}	x_{12}	…	x_{1n}	y_1	x_1
部门 2	x_{21}	x_{22}	…	x_{2n}	y_2	x_2
⋮	⋮	⋮		⋮	⋮	⋮
部门 n	x_{n1}	x_{n2}	…	x_{nn}	y_n	x_n
创造价值	z_1	z_2	…	z_n		
总投入	x_1	x_2	…	x_n		

把第 j 部门消耗第 i 部门的产品 x_{ij} 在对第 j 部门的总投入 x_j 中所占的比例,称为第 j 部门对第 i 部门的直接消耗系数,记作

$$a_{ij}=\frac{x_{ij}}{x_j}(i=1,2,\cdots,n;j=1,2,\cdots,n)$$

例如,在表 9.2 中,工业部门的总产品价值为 560 亿元,即 $x_1=560$. 而工业部门在生产过程中消耗了农业部门 84 亿元,即 $x_{21}=84$. 则工业部门对农业部门的直接消耗系数为 $a_{21}=\frac{x_{21}}{x_1}=\frac{84}{560}=\frac{3}{20}$,也就是说工业部门每生产价值 1 元的产品,需直接消耗农业部门$\frac{3}{20}=0.15$(元)的产品.

n 阶矩阵 $\boldsymbol{A}=(a_{ij})$ 称为直接消耗系数矩阵.

直接消耗系数是技术性的,是相对稳定的,在短期内变化很小.

9.6.2 投入产出模型

在表 9.3 中,每一行都存在一个等式,即每一个部门作为生产部门分配给各部门用于生产消耗的产品,加上它本部门的最终产品,应等于它的总产品,即

$$\begin{cases}x_1=x_{11}+x_{12}+\cdots+x_{1n}+y_1\\x_2=x_{21}+x_{22}+\cdots+x_{2n}+y_2\\\qquad\vdots\\x_n=x_{n1}+x_{n2}+\cdots+x_{nn}+y_n\end{cases}\tag{1}$$

式(1)称为分配平衡方程组.

由 $a_{ij}=\frac{x_{ij}}{x_j}$,得 $x_{ij}=a_{ij}x_j(i=1,2,\cdots,n;j=1,2,\cdots,n)$,将其代入式(1),得

$$\begin{cases}x_1=a_{11}x_1+a_{12}x_2+\cdots+a_{1n}x_n+y_1\\x_2=a_{21}x_1+a_{22}x_2+\cdots+a_{2n}x_n+y_2\\\qquad\vdots\\x_n=a_{n1}x_1+a_{n2}x_2+\cdots+a_{nn}x_n+y_n\end{cases}$$

即

$$\begin{cases}y_1=(1-a_{11})x_1-a_{12}x_2-\cdots-a_{1n}x_n\\y_2=-a_{21}x_1+(1-a_{22})x_2-\cdots-a_{2n}x_n\\\qquad\vdots\\y_n=-a_{n1}x_1-a_{n2}x_2-\cdots+(1-a_{nn})x_n\end{cases}$$

记 $\boldsymbol{X}=\begin{pmatrix}x_1\\x_2\\\vdots\\x_n\end{pmatrix},\boldsymbol{Y}=\begin{pmatrix}y_1\\y_2\\\vdots\\y_n\end{pmatrix},\boldsymbol{E}=\begin{pmatrix}1&0&\cdots&0\\0&1&\cdots&0\\\vdots&\vdots&&\vdots\\0&0&\cdots&1\end{pmatrix}$,则方程组(1)可表示为矩阵形式

$$(\boldsymbol{E}-\boldsymbol{A})\boldsymbol{X}=\boldsymbol{Y}\tag{2}$$

若已知总产品 $\boldsymbol{X}$,则由式(2)可求得最终产品 $\boldsymbol{Y}$;若已知最终产品 $\boldsymbol{Y}$,也可求得总产品 $\boldsymbol{X}$,即

$$\boldsymbol{X}=(\boldsymbol{E}-\boldsymbol{A})^{-1}\boldsymbol{Y}\tag{3}$$

方程组的经济含义是若各部门在计划期内向市场提供的商品量为 $y_1, y_2, \cdots, y_n$，则应向各生产部门下达生产计划指标 $x_1, x_2, \cdots, x_n$.

在表 9.3 中，每一列也存在一个等式，即每一个部门作为消费部门，消耗各部门的产品价值，加上它本部门新创造的价值，应等于它的总产值，即

$$\begin{cases} x_1 = x_{11} + x_{21} + \cdots + x_{n1} + z_1 \\ x_2 = x_{12} + x_{22} + \cdots + x_{n2} + z_2 \\ \qquad \vdots \\ x_n = x_{1n} + x_{2n} + \cdots + x_{nn} + z_n \end{cases} \tag{4}$$

式(4)称为消耗平衡方程组.

同理，将 $x_{ij} = a_{ij}x_j (i = 1, 2, \cdots, n; j = 1, 2, \cdots, n)$ 代入式(4)中，得

$$\begin{cases} x_1 = a_{11}x_1 + a_{21}x_1 + \cdots + a_{n1}x_1 + z_1 \\ x_2 = a_{12}x_2 + a_{22}x_2 + \cdots + a_{n2}x_2 + z_2 \\ \qquad \vdots \\ x_n = a_{1n}x_n + a_{2n}x_n + \cdots + a_{nn}x_n + z_n \end{cases}$$

记 $\boldsymbol{D} = \begin{pmatrix} \sum_{i=1}^{n} a_{i1} & 0 & \cdots & 0 \\ 0 & \sum_{i=1}^{n} a_{i2} & \cdots & 0 \\ \vdots & \vdots & & \vdots \\ 0 & 0 & \cdots & \sum_{i=1}^{n} a_{in} \end{pmatrix}$，$\boldsymbol{Z} = \begin{pmatrix} z_1 \\ z_2 \\ \vdots \\ z_n \end{pmatrix}$，则消耗平衡方程组(4) 可表示成矩阵形式 $\boldsymbol{DX} + \boldsymbol{Z} = \boldsymbol{X}$，即

$$(\boldsymbol{E} - \boldsymbol{D})\boldsymbol{X} = \boldsymbol{Z} \tag{5}$$

若已知总产品 $\boldsymbol{X}$，则由式(5)可求得创造的价值 $\boldsymbol{Z}$；若已知新创造的价值 $\boldsymbol{Z}$，也可求得总产品 $\boldsymbol{X}$，即

$$\boldsymbol{X} = (\boldsymbol{E} - \boldsymbol{D})^{-1}\boldsymbol{Z} \tag{6}$$

9.6.3 投入产出模型的经济应用

通常，只要经济系统各部门的生产技术条件没有变化，就可将报告期的投入产出模型直接应用于计划期的经济工作.

【例 9.28】 已知一个经济系统包括 3 个部门，报告期的投入产出平衡表如表 9.4 所示. 试求：

(1)直接消耗系数矩阵 $\boldsymbol{A}$；

(2)若各部门在计划期内的最终产品 $y_1 = 280, y_2 = 190, y_3 = 90$，预测各部门在计划期内的总产出 x_1, x_2, x_3.

【解】 (1)直接消耗系数矩阵为

$$A=\begin{pmatrix}\frac{30}{300} & \frac{40}{200} & \frac{15}{150}\\ \frac{30}{300} & \frac{20}{200} & \frac{30}{150}\\ \frac{30}{300} & \frac{20}{200} & \frac{30}{150}\end{pmatrix}=\begin{pmatrix}0.1 & 0.2 & 0.1\\ 0.1 & 0.1 & 0.2\\ 0.1 & 0.1 & 0.2\end{pmatrix}$$

表 9.4　投入产出平衡表　　　　单位:亿元

生产部门	消费部门			最终产品	总产出
	1	2	3		
1	30	40	15	215	300
2	30	20	30	120	200
3	30	20	30	70	150
创造价值	210	120	75		
总投入	300	200	150		

(2)由直接消耗系数矩阵得产品分配平衡方程组$(\boldsymbol{E}-\boldsymbol{A})\boldsymbol{X}=\boldsymbol{Y}$,即

$$\begin{aligned}\boldsymbol{X}&=(\boldsymbol{E}-\boldsymbol{A})^{-1}\boldsymbol{Y}\\&=\begin{pmatrix}0.9 & -0.2 & -0.1\\ -0.1 & 0.9 & -0.2\\ -0.1 & -0.1 & 0.8\end{pmatrix}^{-1}\begin{pmatrix}280\\190\\90\end{pmatrix}\\&=\begin{pmatrix}400\\300\\200\end{pmatrix}\end{aligned}$$

则各部门在计划期内总产出的预测值为$x_1=400,x_2=300,x_3=200$. 这个结果说明:若各部门在计划期内向市场提供的商品量为$y_1=280,y_2=190,y_3=90$,则应向各生产部门下达生产计划指标$x_1=400,x_2=300,x_3=200$.

【例 9.29】　假定在计划期内,【引例 3】所示经济系统的工业部门由于产品积压,需减少 9.5 亿元最终产品;农业部门为了扩大出口,需增加 6 亿元最终产品. 那么原计划应如何调整?

【解】　将该系统计划期的总产品调整量和最终产品调整量分别记为$\Delta\boldsymbol{X}$和$\Delta\boldsymbol{Y}$. 调整后该系统的总产品$\boldsymbol{X}+\Delta\boldsymbol{X}$与最终产品$\boldsymbol{Y}+\Delta\boldsymbol{Y}$应满足式(3),即

$$\boldsymbol{X}+\Delta\boldsymbol{X}=(\boldsymbol{E}-\boldsymbol{A})^{-1}(\boldsymbol{Y}+\Delta\boldsymbol{Y})=(\boldsymbol{E}-\boldsymbol{A})^{-1}\boldsymbol{Y}+(\boldsymbol{E}-\boldsymbol{A})^{-1}\Delta\boldsymbol{Y}$$

由该系统原计划的平衡性可知$\boldsymbol{X}=(\boldsymbol{E}-\boldsymbol{A})^{-1}\boldsymbol{Y}$,于是得到总产品调整量$\Delta\boldsymbol{X}$与最终产品调整量$\Delta\boldsymbol{Y}$之间的关系$\Delta\boldsymbol{X}=(\boldsymbol{E}-\boldsymbol{A})^{-1}\Delta\boldsymbol{Y}$.

计划期的最终产品调整量$\Delta\boldsymbol{Y}=\begin{pmatrix}-9.5\\6\\0\end{pmatrix}$,将其代入$\Delta\boldsymbol{X}=(\boldsymbol{E}-\boldsymbol{A})^{-1}\Delta\boldsymbol{Y}$,可得

$$\Delta X=\begin{pmatrix}0.9 & -0.2 & -0.1\\ -0.1 & 0.9 & -0.2\\ -0.1 & -0.1 & 0.8\end{pmatrix}^{-1}\begin{pmatrix}-9.5\\ 6\\ 0\end{pmatrix}=\begin{pmatrix}-13.5\\ 4.5\\ -2.5\end{pmatrix}$$

【同步训练 9.6】

1. 某经济系统在一个生产周期内的直接消耗系数矩阵 $A=\begin{pmatrix}0.25 & 0.2 & 0.1\\ 0.1 & 0.2 & 0.1\\ 0.2 & 0.1 & 0.3\end{pmatrix}$,总产品 $X=\begin{pmatrix}400\\ 300\\ 200\end{pmatrix}$,求各部门的最终产品.

2. 某经济系统在某种生产周期的直接消耗系数矩阵 $A=\begin{pmatrix}0.25 & 0.2 & 0.1\\ 0.1 & 0.2 & 0.1\\ 0.2 & 0.1 & 0.3\end{pmatrix}$,最终产品 $Y=\begin{pmatrix}220\\ 180\\ 30\end{pmatrix}$,求该系统在这一生产周期内的总产品 X.

3. 假设某企业生产甲、乙两种产品,在生产过程中,甲、乙两种产品的产品量、可提供的商品量及互相提供消耗的数量关系见表 9.5(表中第 1 列的两个数分别表示生产 250 t 甲产品时,甲产品和乙产品的消耗量;第 2 列的两个数分别表示生产 100 m^3 乙产品时,甲产品和乙产品的消耗量).

表 9.5 生产消耗表

生产状况	消耗状况		商品量(Y)	总产量(X)
	甲	乙		
甲	50 t	125 t	75 t	250 t
乙	35 m^3	25m^3	40 m^3	100 m^3

(1)假设在下一个生产周期内,设备和技术条件不变,商品需求量增加. 其中甲增加到 85 t,乙增加到 50 m^3. 应该如何计划甲、乙两种产品的总产量才能满足市场需求?

(2)假设下一个生产周期计划总产量甲为 260 t,乙为 110 m^3,那么可提供给市场的商品量各是多少?

(3)假设在下一个生产周期内,设备和技术条件不变,甲商品需求量增加 25 t,乙商品需求量减少 10 m^3. 那么原计划应如何调整?

第 10 章 线性方程组

线性方程组是最简单也是最重要的一类代数方程组. 大量的科学技术问题,最终往往归结为解线性方程组. 本章着重介绍向量的概念、向量组的线性相关性、线性方程组解的判定、线性方程组的基础解系与解的结构.

10.1 向量组的线性相关性

10.1.1 n 维向量的概念

在初等数学中,平面向量可用 2 个实数组成的有序实数组(x,y)来表示,称为二维向量;空间向量可用 3 个实数组成的有序实数组(x,y,z)来表示,称为三维向量. 在生产实践中,有许多研究对象还需要用更多的实数组成的有序实数组来表示,如要观察某天温度的变化情况,可以每逢整点记录一次温度,这样就会得到 24 个实数构成的有序实数组;又如要分析某工厂一年 12 个月利润的变化情况,就可以将该工厂 12 个月的利润构成一个有序数组.

定义 10.1 由 n 个实数 $a_1,a_2,\cdots,a_n$ 组成的有序实数组$(a_1,a_2,\cdots,a_n)$称为一个 n 维向量,其中实数 $a_i(i=1,2,\cdots,n)$称为 n 维向量第 i 个分量.

n 维向量常简称为向量. n 维向量一般用黑体小写字母 $\boldsymbol{a},\boldsymbol{b},\cdots$或黑体希腊字母 $\boldsymbol{\alpha},\boldsymbol{\beta},\cdots$表示,其分量用小写字母 $a,b,\cdots$表示.

n 维向量也可写成$\begin{pmatrix} a_1 \\ a_2 \\ \vdots \\ a_n \end{pmatrix}$,为区别起见,称$(a_1,a_2,\cdots,a_n)$为行向量,而把$\begin{pmatrix} a_1 \\ a_2 \\ \vdots \\ a_n \end{pmatrix}$称为列向量.

称分量全为 0 的向量为零向量,记为 $\mathbf{0}$.

定义 10.2 若两个向量 $\boldsymbol{\alpha}=(a_1,a_2,\cdots,a_n)$,$\boldsymbol{\beta}=(b_1,b_2,\cdots,b_n)$对应的分量都相等,则称向量 $\boldsymbol{\alpha}$ 与 $\boldsymbol{\beta}$ 相等,记为 $\boldsymbol{\alpha}=\boldsymbol{\beta}$.

10.1.2 向量的运算

依照二维向量和三维向量的运算方法和规则,可以规定 n 维向量的运算方法和规则.

1)向量的加法与减法

定义 10.3 设向量 $\boldsymbol{\alpha}=(a_1,a_2,\cdots,a_n)$,$\boldsymbol{\beta}=(b_1,b_2,\cdots,b_n)$,称向量

$$(a_1+b_1,a_2+b_2,\cdots,a_n+b_n)$$

为向量 $\boldsymbol{\alpha}$ 与 $\boldsymbol{\beta}$ 的和,记为 $\boldsymbol{\alpha}+\boldsymbol{\beta}$. 称向量

$$(a_1-b_1,a_2-b_2,\cdots,a_n-b_n)$$

为向量 $\boldsymbol{\alpha}$ 与 $\boldsymbol{\beta}$ 的差,记为 $\boldsymbol{\alpha}-\boldsymbol{\beta}$.

容易验证向量的加法满足交换律与结合律,即

$$\boldsymbol{\alpha}+\boldsymbol{\beta}=\boldsymbol{\beta}+\boldsymbol{\alpha}$$

$$(\boldsymbol{\alpha}+\boldsymbol{\beta})+\boldsymbol{\gamma}=\boldsymbol{\alpha}+(\boldsymbol{\beta}+\boldsymbol{\gamma})$$

【例 10.1】　设向量 $\boldsymbol{\alpha}=(2,4,-1,5)$,$\boldsymbol{\beta}=(-3,2,1,3)$,求 $\boldsymbol{\alpha}+\boldsymbol{\beta}$ 与 $\boldsymbol{\alpha}-\boldsymbol{\beta}$.

【解】　$\boldsymbol{\alpha}+\boldsymbol{\beta}=(2-3,4+2,-1+1,5+3)=(-1,6,0,8)$

$\boldsymbol{\alpha}-\boldsymbol{\beta}=(2+3,4-2,-1-1,5-3)=(5,2,-2,2)$

2)数与向量相乘

定义 10.4　设向量 $\boldsymbol{\alpha}=(a_1,a_2,\cdots,a_n)$,$k$ 是一个数,称向量

$$(ka_1,ka_2,\cdots,ka_n)$$

为数 k 与向量 $\boldsymbol{\alpha}$ 的乘积,记为 $k\boldsymbol{\alpha}$.

利用数与向量相乘的定义可以验证以下结论:

$k(l\boldsymbol{\alpha})=(kl)\boldsymbol{\alpha}$　　数与向量相乘可结合

$(k+l)\boldsymbol{\alpha}=k\boldsymbol{\alpha}+l\boldsymbol{\alpha}$　　向量对数可分配

$k(\boldsymbol{\alpha}+\boldsymbol{\beta})=k\boldsymbol{\alpha}+k\boldsymbol{\beta}$　　数对向量可分配

【例 10.2】　设向量 $\boldsymbol{\alpha}=(1,-1,2)$,$\boldsymbol{\beta}=(2,-2,1)$,$\boldsymbol{\gamma}=(-3,3,0)$,求 $3\boldsymbol{\alpha}+2\boldsymbol{\beta}-\boldsymbol{\gamma}$.

【解】

$$\begin{aligned}3\boldsymbol{\alpha}+2\boldsymbol{\beta}-\boldsymbol{\gamma}&=(3,-3,6)+(4,-4,2)-(-3,3,0)\\&=(7,-7,8)-(-3,3,0)\\&=(10,-10,8)\end{aligned}$$

3)向量的转置

定义 10.5　设向量 $\boldsymbol{\alpha}=(a_1,a_2,\cdots,a_n)$,称向量

$$\begin{pmatrix}a_1\\a_2\\\vdots\\a_n\end{pmatrix}$$

为向量 $\boldsymbol{\alpha}$ 的转置,记为 $\boldsymbol{\alpha}^{\mathrm{T}}$. 显然

$$(\boldsymbol{\alpha}+\boldsymbol{\beta})^{\mathrm{T}}=\boldsymbol{\alpha}^{\mathrm{T}}+\boldsymbol{\beta}^{\mathrm{T}}$$

$$(\boldsymbol{\alpha}-\boldsymbol{\beta})^{\mathrm{T}}=\boldsymbol{\alpha}^{\mathrm{T}}-\boldsymbol{\beta}^{\mathrm{T}}$$

$$(k\boldsymbol{\alpha})^{\mathrm{T}}=k\boldsymbol{\alpha}^{\mathrm{T}}$$

$$(\boldsymbol{\alpha}^{\mathrm{T}})^{\mathrm{T}}=\boldsymbol{\alpha}$$

10.1.3　向量组的线性组合

定义 10.6　设 $\boldsymbol{\alpha}_1,\boldsymbol{\alpha}_2,\cdots,\boldsymbol{\alpha}_m$ 是 m 个向量,$k_1,k_2,\cdots,k_m$ 是 m 个数,称向量

$$k_1\boldsymbol{\alpha}_1+k_2\boldsymbol{\alpha}_2+\cdots+k_m\boldsymbol{\alpha}_m$$

为向量组 $\boldsymbol{\alpha}_1,\boldsymbol{\alpha}_2,\cdots,\boldsymbol{\alpha}_m$ 的一个线性组合. 若向量 $\boldsymbol{\alpha}$ 可以用 $\boldsymbol{\alpha}_1,\boldsymbol{\alpha}_2,\cdots,\boldsymbol{\alpha}_m$ 的一个线性组合来表示,即

$$\boldsymbol{\alpha}=k_1\boldsymbol{\alpha}_1+k_2\boldsymbol{\alpha}_2+\cdots+k_m\boldsymbol{\alpha}_m$$

则称向量 $\boldsymbol{\alpha}$ 是 $\boldsymbol{\alpha}_1,\boldsymbol{\alpha}_2,\cdots,\boldsymbol{\alpha}_m$ 的一个线性组合,或称向量 $\boldsymbol{\alpha}$ 由 $\boldsymbol{\alpha}_1,\boldsymbol{\alpha}_2,\cdots,\boldsymbol{\alpha}_m$ 线性表出.

【例 10.3】 设向量 $\boldsymbol{\alpha}=(4,-1,1,0),\boldsymbol{\beta}=(1,-1,1,0),\boldsymbol{\gamma}=(2,1,-1,0)$. 证明:向量 $\boldsymbol{\alpha},\boldsymbol{\beta},\boldsymbol{\gamma}$ 中的任一个都可由另两个线性表出.

【证明】 设 $\boldsymbol{\alpha}=k\boldsymbol{\beta}+l\boldsymbol{\gamma}$,则

$$(4,-1,1,0)=(k+2l,-k+l,k-l,0)$$

解得 $k=2,l=1$,于是 $\boldsymbol{\alpha}=2\boldsymbol{\beta}+\boldsymbol{\gamma}$.

由 $\boldsymbol{\alpha}=2\boldsymbol{\beta}+\boldsymbol{\gamma}$ 得,$\boldsymbol{\beta}=\frac{1}{2}\boldsymbol{\alpha}-\frac{1}{2}\boldsymbol{\gamma},\boldsymbol{\gamma}=\boldsymbol{\alpha}-2\boldsymbol{\beta}$.

10.1.4 向量组的线性相关性

定义 10.7 设 $\boldsymbol{\alpha}_1,\boldsymbol{\alpha}_2,\cdots,\boldsymbol{\alpha}_m$ 是 m 个向量,若存在 m 个不全为零的数 $k_1,k_2,\cdots,k_m$ 使得

$$k_1\boldsymbol{\alpha}_1+k_2\boldsymbol{\alpha}_2+\cdots+k_m\boldsymbol{\alpha}_m=0$$

则称向量组 $\boldsymbol{\alpha}_1,\boldsymbol{\alpha}_2,\cdots,\boldsymbol{\alpha}_m$ 线性相关. 若只有 $k_1=k_2=\cdots=k_m=0$ 时,

$$k_1\boldsymbol{\alpha}_1+k_2\boldsymbol{\alpha}_2+\cdots+k_m\boldsymbol{\alpha}_m=0$$

才成立,则称向量组 $\boldsymbol{\alpha}_1,\boldsymbol{\alpha}_2,\cdots,\boldsymbol{\alpha}_m$ 线性无关.

【例 10.4】 讨论向量组 $\boldsymbol{\alpha}_1=(1,0,-2),\boldsymbol{\alpha}_2=(2,0,-4),\boldsymbol{\alpha}_3=(3,-2,1)$ 的线性关系.

【解】 由于 $\boldsymbol{\alpha}_2=2\boldsymbol{\alpha}_1$,于是 $2\boldsymbol{\alpha}_1-\boldsymbol{\alpha}_2+0\cdot\boldsymbol{\alpha}_3=0$,故向量组 $\boldsymbol{\alpha}_1,\boldsymbol{\alpha}_2,\boldsymbol{\alpha}_3$ 线性相关.

【例 10.5】 讨论向量组 $\boldsymbol{\alpha}_1=(1,-1,2),\boldsymbol{\alpha}_2=(1,1,1),\boldsymbol{\alpha}_3=(0,2,1)$ 的线性关系.

【解】 作线性组合 $k_1\boldsymbol{\alpha}_1+k_2\boldsymbol{\alpha}_2+k_3\boldsymbol{\alpha}_3=0$,于是可得

$$\begin{cases}k_1+k_2=0\\-k_1+k_2+2k_3=0\\2k_1+k_2+k_3=0\end{cases}$$

解得 $k_1=k_2=k_3=0$,故向量组 $\boldsymbol{\alpha}_1,\boldsymbol{\alpha}_2,\boldsymbol{\alpha}_3$ 线性无关.

【例 10.6】 证明:向量组 $\begin{cases}\boldsymbol{e}_1=(1,0,0,\cdots,0)\\\boldsymbol{e}_2=(0,1,0,\cdots,0)\\\quad\vdots\\\boldsymbol{e}_n=(0,0,0,\cdots,1)\end{cases}$ 线性无关.

【证明】 设有一组数 $k_1,k_2,\cdots,k_n$ 使得

$$k_1\boldsymbol{e}_1+k_2\boldsymbol{e}_2+\cdots+k_n\boldsymbol{e}_n=0$$

则有

$$\begin{cases}k_1+0\cdot k_2+\cdots+0\cdot k_n=0\\0\cdot k_1+k_2+\cdots+0\cdot k_n=0\\\quad\vdots\\0\cdot k_1+0\cdot k_2+\cdots+k_n=0\end{cases}$$

于是只有 $k_1=k_2=\cdots=k_n=0$，故向量组 $\boldsymbol{e}_1,\boldsymbol{e}_2,\cdots,\boldsymbol{e}_n$ 线性无关.

数学中，称向量组 $\boldsymbol{e}_1,\boldsymbol{e}_2,\cdots,\boldsymbol{e}_n$ 为 n 维基本向量组.

定理 10.1　向量组 $\boldsymbol{\alpha}_1,\boldsymbol{\alpha}_2,\cdots,\boldsymbol{\alpha}_m$ 线性相关的充分必要条件是该向量组中至少有一个向量可以被其他向量线性表出.

10.1.5　向量组的秩

定义 10.8　在向量组 $\boldsymbol{\alpha}_1,\boldsymbol{\alpha}_2,\cdots,\boldsymbol{\alpha}_m$ 中，若有 $r(r\leqslant m)$ 个向量线性无关，而任意 $r+1$ 个向量都线性相关，则称这 r 个向量为向量组 $\boldsymbol{\alpha}_1,\boldsymbol{\alpha}_2,\cdots,\boldsymbol{\alpha}_m$ 的一个极大线性无关组，简称极大无关组.

例如，【例 10.4】中的 3 个向量中，$\boldsymbol{\alpha}_1,\boldsymbol{\alpha}_3$ 是它的一个极大无关组，$\boldsymbol{\alpha}_2,\boldsymbol{\alpha}_3$ 也是它的一个极大无关组.

一般地，向量组的极大无关组可能不止一个，但不同的极大无关组所包含的向量的个数却是相同的.

定义 10.9　向量组 $\boldsymbol{\alpha}_1,\boldsymbol{\alpha}_2,\cdots,\boldsymbol{\alpha}_m$ 的极大无关组所包含向量的个数称为该向量组的秩，记为 $r(\boldsymbol{\alpha}_1,\boldsymbol{\alpha}_2,\cdots,\boldsymbol{\alpha}_m)$.

例如，【例 10.4】中，$r(\boldsymbol{\alpha}_1,\boldsymbol{\alpha}_2,\boldsymbol{\alpha}_3)=2$；【例 10.5】中，$r(\boldsymbol{\alpha}_1,\boldsymbol{\alpha}_2,\boldsymbol{\alpha}_3)=3$；而 n 维基本向量组的秩为 n.

定理 10.2　向量组 $\boldsymbol{\alpha}_1,\boldsymbol{\alpha}_2,\cdots,\boldsymbol{\alpha}_m$ 线性无关的充分必要条件是 $r(\boldsymbol{\alpha}_1,\boldsymbol{\alpha}_2,\cdots,\boldsymbol{\alpha}_m)=m$.

下面讨论矩阵的秩与向量组的秩的关系.

由矩阵与向量的概念可以看出，一个 $m\times n$ 矩阵 $\boldsymbol{A}=\begin{pmatrix} a_{11} & a_{12} & \cdots & a_{1n} \\ a_{21} & a_{22} & \cdots & a_{2n} \\ \vdots & \vdots & & \vdots \\ a_{m1} & a_{m2} & \cdots & a_{mn} \end{pmatrix}$ 的每一行都是一个 n 维行向量，故矩阵 $\boldsymbol{A}$ 有 m 个行向量：

$$\boldsymbol{\alpha}_1=(a_{11},a_{12},\cdots,a_{1n})$$
$$\boldsymbol{\alpha}_2=(a_{21},a_{22},\cdots,a_{2n})$$
$$\vdots$$
$$\boldsymbol{\alpha}_m=(a_{m1},a_{m2},\cdots,a_{mn})$$

称为矩阵 $\boldsymbol{A}$ 的行向量组. 同样，$m\times n$ 矩阵 $\boldsymbol{A}$ 的每一列都是一个 m 维列向量，故矩阵 $\boldsymbol{A}$ 有 n 个列向量：

$$\boldsymbol{\beta}_1=\begin{pmatrix} a_{11} \\ a_{21} \\ \vdots \\ a_{m1} \end{pmatrix},\boldsymbol{\beta}_2=\begin{pmatrix} a_{12} \\ a_{22} \\ \vdots \\ a_{m2} \end{pmatrix},\cdots,\boldsymbol{\beta}_n=\begin{pmatrix} a_{1n} \\ a_{2n} \\ \vdots \\ a_{mn} \end{pmatrix}$$

称为矩阵 $\boldsymbol{A}$ 的列向量组.

定理 10.3　矩阵的行向量组的秩、列向量组的秩与矩阵的秩是相等的.

根据定理 10.3，可以将向量组的秩的计算转化为求矩阵的秩.

【例 10.7】 求下面向量组的秩并判定其线性关系

$$\boldsymbol{\alpha}_1=(1,1,1,1,1,2)$$
$$\boldsymbol{\alpha}_2=(1,0,2,2,6,6)$$
$$\boldsymbol{\alpha}_3=(2,3,1,1,-3,0)$$
$$\boldsymbol{\alpha}_4=(4,5,3,3,-1,4)$$

【解】 先把 $\boldsymbol{\alpha}_1,\boldsymbol{\alpha}_2,\boldsymbol{\alpha}_3,\boldsymbol{\alpha}_4$ 按行向量构成一个矩阵 $\boldsymbol{A}$，然后利用初等变换求出矩阵 $\boldsymbol{A}$ 的秩，即

$$\boldsymbol{A}=\begin{pmatrix}\boldsymbol{\alpha}_1\\\boldsymbol{\alpha}_2\\\boldsymbol{\alpha}_3\\\boldsymbol{\alpha}_4\end{pmatrix}=\begin{pmatrix}1&1&1&1&1&2\\1&0&2&2&6&6\\2&3&1&1&-3&0\\4&5&3&3&-1&4\end{pmatrix}\xrightarrow[r_4-4r_1]{\substack{r_2-r_1\\r_3-2r_1}}$$

$$\begin{pmatrix}1&1&1&1&1&2\\0&-1&1&1&5&4\\0&1&-1&-1&-5&-4\\0&1&-1&-1&-5&-4\end{pmatrix}\xrightarrow[r_4+r_2]{r_3+r_2}\begin{pmatrix}1&1&1&1&1&2\\0&-1&1&1&5&4\\0&0&0&0&0&0\\0&0&0&0&0&0\end{pmatrix}$$

于是 $r(\boldsymbol{\alpha}_1,\boldsymbol{\alpha}_2,\boldsymbol{\alpha}_3,\boldsymbol{\alpha}_4)=2$. 因为 $r(\boldsymbol{\alpha}_1,\boldsymbol{\alpha}_2,\boldsymbol{\alpha}_3,\boldsymbol{\alpha}_4)=2\neq4$，所以向量组 $\boldsymbol{\alpha}_1,\boldsymbol{\alpha}_2,\boldsymbol{\alpha}_3,\boldsymbol{\alpha}_4$ 线性相关.

【例 10.8】 讨论向量组 $\boldsymbol{\alpha}_1=(1,2,3,4),\boldsymbol{\alpha}_2=(-1,0,2,0),\boldsymbol{\alpha}_3=(-2,3,0,1),\boldsymbol{\alpha}_4=(2,1,4,0)$ 的线性关系.

【解】 构造以 $\boldsymbol{\alpha}_1,\boldsymbol{\alpha}_2,\boldsymbol{\alpha}_3,\boldsymbol{\alpha}_4$ 为行向量的矩阵 $\boldsymbol{A}$，则

$$\boldsymbol{A}=\begin{pmatrix}1&2&3&4\\-1&0&2&0\\-2&-3&0&1\\2&1&4&0\end{pmatrix}\xrightarrow[r_4-2r_1]{\substack{r_2+r_1\\r_3+2r_1}}\begin{pmatrix}1&2&3&4\\0&2&5&4\\0&1&6&9\\0&-3&-2&-8\end{pmatrix}\xrightarrow{r_2\leftrightarrow r_3}\begin{pmatrix}1&2&3&4\\0&1&6&9\\0&2&5&4\\0&-3&-2&-8\end{pmatrix}\xrightarrow[r_4+3r_2]{r_3-2r_2}$$

$$\begin{pmatrix}1&2&3&4\\0&1&6&9\\0&0&-7&-14\\0&0&16&19\end{pmatrix}\xrightarrow[r_4-16r_3]{r_3\times(-\frac{1}{7})}\begin{pmatrix}1&2&3&4\\0&1&6&9\\0&0&1&2\\0&0&0&-13\end{pmatrix}$$

于是 $r(\boldsymbol{\alpha}_1,\boldsymbol{\alpha}_2,\boldsymbol{\alpha}_3,\boldsymbol{\alpha}_4)=4$，因此向量组 $\boldsymbol{\alpha}_1,\boldsymbol{\alpha}_2,\boldsymbol{\alpha}_3,\boldsymbol{\alpha}_4$ 线性无关.

【同步训练 10.1】

1. 设向量 $\boldsymbol{\alpha}=(1,\ -1,\ 1,\ 0)$，$\boldsymbol{\beta}=(0,\ 1,\ 0,\ 1)$，求 $\boldsymbol{\alpha}+\boldsymbol{\beta}$ 与 $2\boldsymbol{\alpha}-3\boldsymbol{\beta}$.

2. 判断下列命题是否正确.

(1) $\boldsymbol{\alpha}_1,\boldsymbol{\alpha}_2,\cdots,\boldsymbol{\alpha}_m(m>2)$ 线性无关的充分必要条件是任意两个向量线性无关. (　　)

(2) $\boldsymbol{\alpha}_1,\boldsymbol{\alpha}_2,\cdots,\boldsymbol{\alpha}_m(m>2)$ 线性相关的充分必要条件是有 $m-1$ 个向量线性相关. (　　)

(3) 若向量组 $\boldsymbol{\alpha}_1,\boldsymbol{\alpha}_2,\boldsymbol{\alpha}_3$ 线性无关，则 $\boldsymbol{\alpha}_1,\boldsymbol{\alpha}_1+\boldsymbol{\alpha}_2,\boldsymbol{\alpha}_1+\boldsymbol{\alpha}_2+\boldsymbol{\alpha}_3$ 线性无关. (　　)

(4)若向量组 $\boldsymbol{\alpha}_1,\boldsymbol{\alpha}_2,\boldsymbol{\alpha}_3$ 线性无关，则 $\boldsymbol{\alpha}_1+\boldsymbol{\alpha}_2,\boldsymbol{\alpha}_2+\boldsymbol{\alpha}_3,\boldsymbol{\alpha}_3+\boldsymbol{\alpha}_1$ 线性无关. (　　)

(5)$\boldsymbol{\alpha}_1,\boldsymbol{\alpha}_2,\cdots,\boldsymbol{\alpha}_m(m>2)$线性无关的充分必要条件是任意一个向量都不能由其余的向量线性表示. (　　)

3. 求下列向量组的秩及其一个极大无关组.

(1)$\boldsymbol{\alpha}_1=(1,2,0,0),\boldsymbol{\alpha}_2=(3,-1,2,4),\boldsymbol{\alpha}_3=(3,6,0,0)$

(2)$\boldsymbol{\alpha}_1=(2,2,7,-1),\boldsymbol{\alpha}_2=(1,2,3,4),\boldsymbol{\alpha}_3=(1,1,3,1)$

4. 判定向量组 $\boldsymbol{\alpha}_1=\begin{pmatrix}1\\2\\-1\\2\\2\end{pmatrix},\boldsymbol{\alpha}_2=\begin{pmatrix}0\\1\\0\\-3\\1\end{pmatrix},\boldsymbol{\alpha}_3=\begin{pmatrix}2\\1\\0\\2\\1\end{pmatrix},\boldsymbol{\alpha}_4=\begin{pmatrix}0\\2\\0\\-6\\2\end{pmatrix}$的线性关系.

10.2　线性方程组的解

10.2.1　线性方程组解的判定

在解析几何中，二元一次方程组$\begin{cases}a_1x+b_1y=c_1\\a_2x+b_2y=c_2\end{cases}$的解可以看成是平面上两条直线的交点. 当两条直线相交时，交点是唯一的，因此方程组的解也是唯一的；当两条直线重合时，交点有无穷多个，因此方程组的解也有无穷多个；当两条直线平行时，直线没有交点，因此方程组就没有解. 对于一般的线性方程组，它的解的情况是不是与二元一次方程组的解的情况一样呢？

设有 n 元线性方程组

$$\begin{cases}a_{11}x_1+a_{12}x_2+\cdots+a_{1n}x_n=b_1\\a_{21}x_1+a_{22}x_2+\cdots+a_{2n}x_n=b_2\\\qquad\vdots\\a_{m1}x_1+a_{m2}x_2+\cdots+a_{mn}x_n=b_m\end{cases}\tag{1}$$

记

$$\boldsymbol{A}=\begin{pmatrix}a_{11}&a_{12}&\cdots&a_{1n}\\a_{21}&a_{22}&\cdots&a_{2n}\\\vdots&\vdots&&\vdots\\a_{m1}&a_{m2}&\cdots&a_{mn}\end{pmatrix}\qquad\overline{\boldsymbol{A}}=\begin{pmatrix}a_{11}&a_{12}&\cdots&a_{1n}&b_1\\a_{21}&a_{22}&\cdots&a_{2n}&b_2\\\vdots&\vdots&&\vdots&\vdots\\a_{m1}&a_{m2}&\cdots&a_{mn}&b_m\end{pmatrix}$$

$$\boldsymbol{X}=\begin{pmatrix}x_1\\x_2\\\vdots\\x_n\end{pmatrix}\qquad\boldsymbol{b}=\begin{pmatrix}b_1\\b_2\\\vdots\\b_m\end{pmatrix}$$

则线性方程组(1)可改写成矩阵形式

$$\boldsymbol{AX}=\boldsymbol{b} \tag{2}$$

其中,称 $\boldsymbol{A}$ 为非齐次线性方程组(1)的系数矩阵,$\overline{\boldsymbol{A}}$ 为增广矩阵,$\boldsymbol{X}$ 为未知向量,若 $x_1=\xi_{11}$, $x_2=\xi_{21},\cdots,x_n=\xi_{n1}$ 为(1)的解,则 $\boldsymbol{X}=\boldsymbol{\xi}_1=(\xi_{11},\xi_{21},\cdots,\xi_{n1})^{\mathrm{T}}$ 称为方程组(1)的解向量,它也是矩阵方程(2)的解.

当 $\boldsymbol{b}\neq\boldsymbol{0}$(零向量)时,式(2)称为非齐次线性方程组;当 $\boldsymbol{b}=\boldsymbol{0}$(零向量)时,式(2)变形为

$$\boldsymbol{AX}=\boldsymbol{0} \tag{3}$$

称为齐次线性方程组.

根据矩阵方程(2)和(3),我们来讨论解向量的性质.

性质1 若 $\boldsymbol{X}=\boldsymbol{\xi}_1,\boldsymbol{X}=\boldsymbol{\xi}_2$ 为矩阵方程(3)的解,则 $\boldsymbol{X}=\boldsymbol{\xi}_1+\boldsymbol{\xi}_2$ 也是矩阵方程(3)的解.

性质2 若 $\boldsymbol{X}=\boldsymbol{\xi}$ 为矩阵方程(3)的解,k 为实数,则 $\boldsymbol{X}=k\boldsymbol{\xi}$ 也是矩阵方程(3)的解.

性质3 若 $\boldsymbol{X}=\boldsymbol{\eta}_1,\boldsymbol{X}=\boldsymbol{\eta}_2$ 为矩阵方程(2)的解,则 $\boldsymbol{X}=\boldsymbol{\eta}_1-\boldsymbol{\eta}_2$ 为对应的齐次线性方程组(3)的解.

性质4 若 $\boldsymbol{X}=\boldsymbol{\eta}$ 为矩阵方程(2)的解,$\boldsymbol{X}=\boldsymbol{\xi}$ 为矩阵方程(3)的解,则 $\boldsymbol{X}=\boldsymbol{\xi}+\boldsymbol{\eta}$ 仍是矩阵方程(2)的解.

证明:

性质1:$\boldsymbol{A}(\boldsymbol{\xi}_1+\boldsymbol{\xi}_2)=\boldsymbol{A\xi}_1+\boldsymbol{A\xi}_2=\boldsymbol{0}+\boldsymbol{0}=\boldsymbol{0}$,即 $\boldsymbol{X}=\boldsymbol{\xi}_1+\boldsymbol{\xi}_2$ 也是矩阵方程(3)的解.

性质2:$\boldsymbol{A}(k\boldsymbol{\xi})=k(\boldsymbol{A\xi})=k\boldsymbol{0}=\boldsymbol{0}$,即 $\boldsymbol{X}=k\boldsymbol{\xi}$ 也是矩阵方程(3)的解.

性质3:$\boldsymbol{A}(\boldsymbol{\eta}_1-\boldsymbol{\eta}_2)=\boldsymbol{A\eta}_1-\boldsymbol{A\eta}_2=\boldsymbol{b}-\boldsymbol{b}=\boldsymbol{0}$,即 $\boldsymbol{X}=\boldsymbol{\eta}_1-\boldsymbol{\eta}_2$ 为对应的齐次线性方程组(3)的解.

性质4:$\boldsymbol{A}(\boldsymbol{\xi}+\boldsymbol{\eta})=\boldsymbol{A\xi}+\boldsymbol{A\eta}=\boldsymbol{0}+\boldsymbol{b}=\boldsymbol{b}$,即 $\boldsymbol{X}=\boldsymbol{\xi}+\boldsymbol{\eta}$ 仍是矩阵方程(2)的解.

运用系数矩阵与增广矩阵的秩,可以讨论线性方程组是否有解以及有解时解是否唯一等问题,其结论如下:

定理10.4 含有 m 个方程的 n 元线性方程组 $\boldsymbol{AX}=\boldsymbol{b}$ 中,若

(1)若 $r(\boldsymbol{A})=r(\overline{\boldsymbol{A}})=n$,则 $\boldsymbol{AX}=\boldsymbol{b}$ 有唯一解;

若 $r(\boldsymbol{A})=r(\overline{\boldsymbol{A}})<n$,则 $\boldsymbol{AX}=\boldsymbol{b}$ 有无穷多解.

(2)若 $r(\boldsymbol{A})\neq r(\overline{\boldsymbol{A}})$,则 $\boldsymbol{AX}=\boldsymbol{b}$ 无解.

【例10.9】 判定方程组 $\begin{cases}x_1+2x_2+3x_3-x_4=2\\3x_1+2x_2+x_3-x_4=4\\x_1-2x_2-5x_3+x_4=0\end{cases}$ 的解的情况.

【解】 $\overline{\boldsymbol{A}}=\begin{pmatrix}1&2&3&-1&2\\3&2&1&-1&4\\1&-2&-5&1&0\end{pmatrix}\xrightarrow[r_3-r_1]{r_2-3r_1}\begin{pmatrix}1&2&3&-1&2\\0&-4&-8&2&-2\\0&-4&-8&2&-2\end{pmatrix}\xrightarrow{r_3-r_2}$

$\begin{pmatrix}1&2&3&-1&2\\0&-4&-8&2&-2\\0&0&0&0&0\end{pmatrix}$

因为 $r(\boldsymbol{A})=r(\overline{\boldsymbol{A}})=2<4$,故方程组有无穷多解.

【例 10.10】 判定方程组$\begin{cases}x_1-5x_2+2x_3+x_4=-1\\2x_1+6x_2-3x_3-3x_4=a+5\\-x_1-11x_2+5x_3+4x_4=-4\\3x_1+x_2-x_3-2x_4=2\end{cases}$的解的情况.

【解】 $\overline{A}=\begin{pmatrix}1&-5&2&1&-1\\2&6&-3&-3&a+5\\-1&-11&5&4&-4\\3&1&-1&-2&2\end{pmatrix}\xrightarrow[r_4-3r_1]{\substack{r_2-2r_1\\r_3+r_1}}\begin{pmatrix}1&-5&2&1&-1\\0&16&-7&-5&a+7\\0&-16&7&5&-5\\0&16&-7&-5&5\end{pmatrix}\xrightarrow[r_3+r_2]{r_4+r_3}$

$\begin{pmatrix}1&-5&2&1&-1\\0&16&-7&-5&5\\0&0&0&0&a+2\\0&0&0&0&0\end{pmatrix}$

当 $a=-2$ 时,方程组有无穷多解;当 $a\neq-2$ 时,方程组无解.

10.2.2　线性方程组的解的结构

前面讨论了线性方程组有解无解的问题. 那么在方程组有解的情况下,特别是有无穷多解时,如何去求出这些解呢? 这无穷多个解之间又有什么关系? 怎样去表述这些解? 这就需要讨论解的结构问题.

1)齐次线性方程组的解的结构

定理 10.5　若 $\boldsymbol{X}_1,\boldsymbol{X}_2,\cdots,\boldsymbol{X}_s$ 是齐次线性方程组 $\boldsymbol{AX}=\mathbf{0}$ 的解向量,则 $\boldsymbol{X}_1,\boldsymbol{X}_2,\cdots,\boldsymbol{X}_s$ 的线性组合 $k_1\boldsymbol{X}_1+k_2\boldsymbol{X}_2+\cdots+k_s\boldsymbol{X}_s$($k_1,k_2,\cdots,k_s$ 为常数)也是 $\boldsymbol{AX}=\mathbf{0}$ 的解向量.

定义 10.10　若齐次线性方程组 $\boldsymbol{AX}=\mathbf{0}$ 的 s 个解 $\boldsymbol{\eta}_1,\boldsymbol{\eta}_2,\cdots,\boldsymbol{\eta}_s$ 满足

(1)$\boldsymbol{\eta}_1,\boldsymbol{\eta}_2,\cdots,\boldsymbol{\eta}_s$ 线性无关;

(2)齐次线性方程组 $\boldsymbol{AX}=\mathbf{0}$ 的任意一个解 $\boldsymbol{\eta}$ 均可由 $\boldsymbol{\eta}_1,\boldsymbol{\eta}_2,\cdots,\boldsymbol{\eta}_s$ 线性表出.

则称 $\boldsymbol{\eta}_1,\boldsymbol{\eta}_2,\cdots,\boldsymbol{\eta}_s$ 为 $\boldsymbol{AX}=\mathbf{0}$ 的一个基础解系. 从而 $\boldsymbol{\eta}=k_1\boldsymbol{\eta}_1+k_2\boldsymbol{\eta}_2+\cdots+k_s\boldsymbol{\eta}_s$($k_1,k_2,\cdots,k_s$ 为任意常数)称为齐次线性方程组 $\boldsymbol{AX}=\mathbf{0}$ 的通解.

定理 10.6　若齐次线性方程组 $\boldsymbol{AX}=\mathbf{0}$ 的系数矩阵 $\boldsymbol{A}$ 的秩 $r(\boldsymbol{A})=s<n$,则 $\boldsymbol{AX}=\mathbf{0}$ 的基础解系存在,并且基础解系中含有 $n-s$ 个解向量.

由定理 10.6 可知:齐次线性方程组的基础解系不是唯一的,但基础解系中所包含的解的个数却是一定的,因此,齐次线性方程组的任意 $n-s$ 个线性无关的解都可以是齐次线性方程组的基础解系.

【例 10.11】 求齐次线性方程组$\begin{cases}x_1-x_2+5x_3-x_4=0\\x_1+x_2-2x_3+3x_4=0\\3x_1-x_2+8x_3+x_4=0\\x_1+3x_2-9x_3+7x_4=0\end{cases}$的一个基础解系.

【解】 写出该方程组的增广矩阵 $\overline{A}$,并作如下初等变换:

$$\overline{A}=\begin{pmatrix}1&-1&5&-1&0\\1&1&-2&3&0\\3&-1&8&1&0\\1&3&-9&7&0\end{pmatrix}\xrightarrow[r_4-r_1]{\substack{r_2-r_1\\r_3-3r_1}}\begin{pmatrix}1&-1&5&-1&0\\0&2&-7&4&0\\0&2&-7&4&0\\0&4&-14&8&0\end{pmatrix}\xrightarrow[r_4-2r_2]{r_3-r_2}$$

$$\begin{pmatrix}1&-1&5&-1&0\\0&2&-7&4&0\\0&0&0&0&0\\0&0&0&0&0\end{pmatrix}\xrightarrow{\frac{1}{2}r_2}\begin{pmatrix}1&-1&5&-1&0\\0&1&-\frac{7}{2}&2&0\\0&0&0&0&0\\0&0&0&0&0\end{pmatrix}\xrightarrow{r_1+r_2}$$

$$\begin{pmatrix}1&0&\frac{3}{2}&1&0\\0&1&-\frac{7}{2}&2&0\\0&0&0&0&0\\0&0&0&0&0\end{pmatrix}$$

于是,原方程组的同解方程组为

$$\begin{cases}x_1=-\frac{3}{2}x_3-x_4\\x_2=\frac{7}{2}x_3-2x_4\end{cases}$$

显然,在这一方程组中,x_3与x_4每取定一个值,就可以对应得到x_1与x_2,进而就可以得到原方程组的一个解,称这个解为线性方程组的一个特解. x_3与x_4取不同的值,就得到线性方程组不同的解,故称x_3与x_4为方程组的自由未知量.

令$x_3=1,x_4=0$,可得方程组的一个特解为$\boldsymbol{\eta}_1=\begin{pmatrix}-\frac{3}{2}\\\frac{7}{2}\\1\\0\end{pmatrix}$.

令$x_3=0,x_4=1$,可得方程组的另一个特解为$\boldsymbol{\eta}_2=\begin{pmatrix}-1\\-2\\0\\1\end{pmatrix}$.

显然$\boldsymbol{\eta}_1,\boldsymbol{\eta}_2$线性无关,它们就是方程组的一个基础解系. 利用方程组的基础解系,该方程组的全部解$\boldsymbol{\eta}$可表示为

$$\boldsymbol{\eta}=C_1\begin{pmatrix}-\frac{3}{2}\\ \frac{7}{2}\\ 1\\ 0\end{pmatrix}+C_2\begin{pmatrix}-1\\ -2\\ 0\\ 1\end{pmatrix}(\text{其中 } C_1, C_2 \text{ 为任意常数})$$

【例 10.12】 当 λ 为何值时，齐次线性方程组 $\begin{cases}x_1+2x_2+\lambda x_3=0\\ 2x_1+5x_2-x_3=0\\ x_1+x_2+10x_3=0\end{cases}$ 有非零解，并求出其解.

【解】 $\overline{\boldsymbol{A}}=\begin{pmatrix}1&2&\lambda&0\\ 2&5&-1&0\\ 1&1&10&0\end{pmatrix}\xrightarrow[r_3-r_1]{r_2-2r_1}\begin{pmatrix}1&2&\lambda&0\\ 0&1&-1-2\lambda&0\\ 0&-1&10-\lambda&0\end{pmatrix}\xrightarrow{r_3+r_2}\begin{pmatrix}1&2&\lambda&0\\ 0&1&-1-2\lambda&0\\ 0&0&9-3\lambda&0\end{pmatrix}$

当 $\lambda=3$ 时，方程组有非零解. 此时

$$\overline{\boldsymbol{A}}\to\begin{pmatrix}1&2&3&0\\ 0&1&-7&0\\ 0&0&0&0\end{pmatrix}\xrightarrow{r_1-2r_2}\begin{pmatrix}1&0&17&0\\ 0&1&-7&0\\ 0&0&0&0\end{pmatrix}$$

于是，原方程组可变换为

$$\begin{cases}x_1=-17x_3\\ x_2=7x_3\end{cases}(\text{其中 } x_3 \text{ 为自由未知量})$$

令 $x_3=1$，得方程组的基础解系为 $\boldsymbol{\eta}_1=(-17,\ \ 7,\ \ 1)^{\mathrm{T}}$，于是方程组的通解为

$$\boldsymbol{\eta}=C\boldsymbol{\eta}_1=C(-17,\ \ 7,\ \ 1)^{\mathrm{T}}(C \text{ 为任意常数})$$

2)非齐次线性方程组的解的结构

定义 10.11 称齐次线性方程组 $\boldsymbol{AX}=\boldsymbol{0}$ 为对应的非齐次线性方程组 $\boldsymbol{AX}=\boldsymbol{b}$ 的导出组.

定理 10.7 若 $\boldsymbol{X}_1$ 是非齐次线性方程组 $\boldsymbol{AX}=\boldsymbol{b}$ 的一个特解，$\boldsymbol{\eta}$ 是 $\boldsymbol{AX}=\boldsymbol{b}$ 的导出组 $\boldsymbol{AX}=\boldsymbol{0}$ 的全部解，则非齐次线性方程组 $\boldsymbol{AX}=\boldsymbol{b}$ 的全部解 $\boldsymbol{X}$ 可表示为

$$\boldsymbol{X}=\boldsymbol{X}_1+\boldsymbol{\eta}$$

【例 10.13】 解线性方程组 $\begin{cases}x_1+3x_2-2x_3-x_4=3\\ 2x_1+6x_2-3x_3=13\\ 3x_1+9x_2-9x_3-5x_4=8\end{cases}$.

【解】 $\overline{\boldsymbol{A}}=\begin{pmatrix}1&3&-2&-1&3\\ 2&6&-3&0&13\\ 3&9&-9&-5&8\end{pmatrix}\xrightarrow[r_3-3r_1]{r_2-2r_1}\begin{pmatrix}1&3&-2&-1&3\\ 0&0&1&2&7\\ 0&0&-3&-2&-1\end{pmatrix}\xrightarrow{r_3+3r_2}$

$$\begin{pmatrix}1&3&-2&-1&3\\0&0&1&2&7\\0&0&0&4&20\end{pmatrix}\xrightarrow{\frac{1}{4}r_3}\begin{pmatrix}1&3&-2&-1&3\\0&0&1&2&7\\0&0&0&1&5\end{pmatrix}$$

于是阶梯形矩阵所对应的方程组为

$$\begin{cases}x_1+3x_2-2x_3-x_4=3\\x_3+2x_4=7\\x_4=5\end{cases}$$

将 $x_4=5$ 依次迭代并移项可得

$$\begin{cases}x_1=2-3x_2\\x_3=-3\\x_4=5\end{cases}\quad（其中 x_2 为自由未知量）$$

令 $x_2=0$，可得方程组的一个特解为 $\boldsymbol{X}_1=(2,\ 0,\ -3,\ 5)^{\mathrm{T}}$.

在方程组的导出组

$$\begin{cases}x_1=-3x_2\\x_3=0\\x_4=0\end{cases}$$

中，令 $x_2=1$，可得其基础解系为 $\boldsymbol{\eta}_1=(-3,\ 1,\ 0,\ 0)^{\mathrm{T}}$，于是方程组的全部解是

$$\boldsymbol{X}=(2,\ 0,\ -3,\ 5)^{\mathrm{T}}+C(-3,\ 1,\ 0,\ 0)^{\mathrm{T}}（C 为任意常数）$$

在熟练的情况下，求解方程组的过程可适当简化.

【例 10.14】 解线性方程组 $\begin{cases}x_1+x_2+x_3+x_4=3\\x_1+3x_2+2x_3+4x_4=6.\\2x_1+x_3-x_4=3\end{cases}$

【解】 $$\overline{\boldsymbol{A}}=\begin{pmatrix}1&1&1&1&3\\1&3&2&4&6\\2&0&1&-1&3\end{pmatrix}\xrightarrow[r_3-2r_1]{r_2-r_1}\begin{pmatrix}1&1&1&1&3\\0&2&1&3&3\\0&-2&-1&-3&-3\end{pmatrix}\xrightarrow{r_3+r_2}$$

$$\begin{pmatrix}1&1&1&1&3\\0&2&1&3&3\\0&0&0&0&0\end{pmatrix}\xrightarrow{\frac{1}{2}r_2}\begin{pmatrix}1&1&1&1&3\\0&1&\frac{1}{2}&\frac{3}{2}&\frac{3}{2}\\0&0&0&0&0\end{pmatrix}\xrightarrow{r_1-r_2}\begin{pmatrix}1&0&\frac{1}{2}&-\frac{1}{2}&\frac{3}{2}\\0&1&\frac{1}{2}&\frac{3}{2}&\frac{3}{2}\\0&0&0&0&0\end{pmatrix}$$

于是原方程组变换为

$$\begin{cases}x_1=-\frac{1}{2}x_3+\frac{1}{2}x_4+\frac{3}{2}\\x_2=-\frac{1}{2}x_3-\frac{3}{2}x_4+\frac{3}{2}\end{cases}（其中 x_3,x_4 为自由未知量）$$

令 $x_3=C_1,x_4=C_2$（C_1,C_2 为任意常数），可得方程组的解为

$$\begin{cases} x_1 = -\dfrac{1}{2}C_1 + \dfrac{1}{2}C_2 + \dfrac{3}{2} \\ x_2 = -\dfrac{1}{2}C_1 - \dfrac{3}{2}C_2 + \dfrac{3}{2} \end{cases}$$

写成向量的形式,得方程组的全部解为

$$\boldsymbol{X} = \begin{pmatrix} \dfrac{3}{2} \\ \dfrac{3}{2} \\ 0 \\ 0 \end{pmatrix} + C_1 \begin{pmatrix} -\dfrac{1}{2} \\ -\dfrac{1}{2} \\ 1 \\ 0 \end{pmatrix} + C_2 \begin{pmatrix} \dfrac{1}{2} \\ -\dfrac{3}{2} \\ 0 \\ 1 \end{pmatrix} \text{(其中 } C_1, C_2 \text{ 为任意常数)}$$

这里,$\left(\dfrac{3}{2},\dfrac{3}{2},0,0\right)^{\mathrm{T}}$ 是方程组的一个特解,而$\left(-\dfrac{1}{2},-\dfrac{1}{2},1,0\right)^{\mathrm{T}}$ 与$\left(\dfrac{1}{2},-\dfrac{3}{2},0,1\right)^{\mathrm{T}}$ 是其导出组的基础解系.

【同步训练 10.2】

1. 解下列线性方程组.

(1) $\begin{cases} x_1 - 2x_2 + 3x_3 + 5x_4 = 0 \\ x_2 + 2x_3 + x_4 = 0 \\ x_1 - x_2 + 5x_3 + 6x_4 = 0 \end{cases}$　　(2) $\begin{cases} x_1 - x_2 + x_3 - x_4 = 1 \\ x_1 - x_2 - x_3 - x_4 = 0 \\ 2x_1 - 2x_2 - 4x_3 + 4x_4 = -1 \end{cases}$

2. 当 λ 为何值时,线性方程组 $\begin{cases} x_1 - 3x_2 + 4x_3 = 1 \\ 2x_1 - x_2 + 3x_3 = 2 \\ x_1 - 2x_2 + 3x_3 = \lambda - 1 \end{cases}$ 有解?如有解,请求解.

3. 设线性方程组为 $\begin{cases} 3x_1 + 2x_2 + x_3 + x_4 - 3x_5 = a \\ x_1 + x_2 + x_3 + x_4 + x_5 = 1 \\ x_2 + 2x_3 + 2x_4 + 6x_5 = 3 \\ 5x_1 + 4x_2 + 3x_3 + 3x_4 - x_5 = b \end{cases}$

讨论 a,b 为何值时,方程组有解.

10.3 运输问题

10.3.1 运输问题实例

【实例 1】 中国煤炭主要产地有内蒙古、山西、贵州 3 个地方,用卡车向煤产量较少的 4 个地方(天津、广东、湖北、西藏)运煤,由于运输费用是主要的花费,管理部门需要研究出一种方案来尽可能减少运输费用. 煤炭的单位运价(元/t)、各产地的产量与各销地的销量如表 10.1 所示,问如何调运,才能使总运费最省?

表 10.1　煤炭产量、销量、单位运价表

产地	销地				
	天津	湖北	西藏	广东	产量/t
内蒙古	3	1	4	5	50
山西	7	3	8	6	45
贵州	2	3	9	2	80
销量/t	40	55	60	20	175

用 Z 代表总的运输费用，用 $x_{ij}(i=1,2,3;j=1,2,3,4)$ 表示从 i 产地到 j 销地的煤炭运输数量. 因此，我们的目标就是选择 x_{ij} 这 12 个变量的值，使 Z 值最小.

$$\begin{aligned}\min Z = & 3x_{11}+x_{12}+4x_{13}+5x_{14}+7x_{21}+3x_{22}+8x_{23}+6x_{24}+ \\ & 2x_{31}+3x_{32}+9x_{33}+2x_{34}\end{aligned}$$

$$\text{约束条件}\begin{cases}x_{11}+x_{12}+x_{13}+x_{14}=50\\x_{21}+x_{22}+x_{23}+x_{24}=45\\x_{31}+x_{32}+x_{33}+x_{34}=80\\x_{11}+x_{21}+x_{31}=40\\x_{12}+x_{22}+x_{32}=55\\x_{13}+x_{23}+x_{33}=60\\x_{14}+x_{24}+x_{34}=20\\x_{ij}\geqslant 0(i=1,2,3;j=1,2,3,4)\end{cases}$$

10.3.2　运输问题模型

设某种物资有 m 个生产点 $S_1,S_2,\cdots,S_m$，其生产量分别为 $s_1,s_2,\cdots,s_m$，有 n 个销地 $D_1,D_2,\cdots,D_n$，其销售量分别为 $d_1,d_2,\cdots,d_n$，从产地运往销地的产品单位运价为 c_{ij}，将上述数据做成表 10.2，求总运费最小的调运方案.

表 10.2　产量、销量、单位运价表

产地	销地				
	D_1	D_2	$\cdots$	D_n	产量
S_1	c_{11}	c_{12}	$\cdots$	c_{1n}	s_1
S_2	c_{21}	c_{22}	$\cdots$	c_{2n}	s_2
$\vdots$	$\vdots$	$\vdots$	$\cdots$	$\vdots$	$\vdots$
S_m	c_{m1}	c_{m2}	$\cdots$	c_{mn}	s_m
销量	d_1	d_2	$\cdots$	d_n	

作如下假设：所有产地的产量总和等于所有销地的销量总和，运输费用与调运物资数量成正比. 设 $x_{ij}(i=1,2,\cdots,m;j=1,2,\cdots,n)$ 为产地 S_i 向销地 D_j 调运物资的数量，总费用为 Z，则运输问题数学模型的一般形式为

$$\min Z = \sum_{i=1}^{m}\sum_{j=1}^{n} c_{ij}x_{ij}$$

$$\text{约束条件}\begin{cases}\sum\limits_{j=1}^{n} x_{ij} = s_i & (i = 1,2,\cdots,m)\\ \sum\limits_{i=1}^{m} x_{ij} = d_j & (j = 1,2,\cdots,n)\\ x_{ij} \geqslant 0 & (i = 1,2,\cdots,m;j = 1,2,\cdots,n)\end{cases}$$

【实例2】　假设有3个物资产地 A_1,A_2,A_3 和4个物资销地 B_1,B_2,B_3,B_4，其产销量及单位运价如表10.3所示，试写出总运费最小的数学模型.

表10.3　产量、销量、单位运价表

产地	销地				
	B_1	B_2	B_3	B_4	产量/t
A_1	2	11	6	4	17
A_2	8	3	5	7	15
A_3	7	9	1	2	14
销量/t	13	12	16	11	

【解】　设 $x_{ij}(i=1,2,3;j=1,2,3,4)$ 表示第 i 个产地向第 j 个销地的运输量，Z 表示总运费. 由题意得

$$\min Z = 2x_{11}+11x_{12}+6x_{13}+4x_{14}+8x_{21}+3x_{22}+5x_{23}+7x_{24}+7x_{31}+9x_{32}+x_{33}+2x_{34}$$

$$\text{约束条件}\begin{cases}x_{11}+x_{12}+x_{13}+x_{14}=17\\ x_{21}+x_{22}+x_{23}+x_{24}=15\\ x_{31}+x_{32}+x_{33}+x_{34}=14\\ x_{11}+x_{21}+x_{31}=13\\ x_{12}+x_{22}+x_{32}=12\\ x_{13}+x_{23}+x_{33}=16\\ x_{14}+x_{24}+x_{34}=11\\ x_{ij}\geqslant 0(i=1,2,3;j=1,2,3,4)\end{cases}$$

【同步训练10.3】

1. 已知运价及供求关系如表10.4所示，试求使总运费最小的数学模型(单位：元).

表 10.4　产量、销量、单位运价表

产地	销地				
	B_1	B_2	B_3	B_4	产量/t
A_1	9	2	4	1	6
A_2	9	3	8	5	8
A_3	2	2	1	6	6
销量/t	5	5	4	6	20

2. 已知运价及供求关系如表 10.5 所示,试求使总运费最小的数学模型(单位:元).

表 10.5　产量、销量、单位运价表

产地	销地				
	B_1	B_2	B_3	B_4	产量/t
A_1	2	5	6	4	40
A_2	7	4	8	5	50
A_3	10	3	5	2	60
销量/t	20	15	40	45	

综合练习题 5

1. 选择题

(1)设 $\begin{vmatrix} a_1 & a_2 & a_3 \\ b_1 & b_2 & b_3 \\ c_1 & c_2 & c_3 \end{vmatrix}=2$,则 $\begin{vmatrix} a_1 & a_2 & a_3 \\ 2a_1-3b_1 & 2a_2-3b_2 & 2a_3-3b_3 \\ c_1 & c_2 & c_3 \end{vmatrix}=$(　　).

A. -4　　B. 4　　C. 6　　D. -6

(2)已知行列式 $D=\begin{vmatrix} 8 & 3 & 2 \\ 7 & 5 & 6 \\ 0 & 9 & -4 \end{vmatrix}$,则 $A_{21}=$(　　).

A. -30　　B. 6　　C. 30　　D. -6

(3)设 $\boldsymbol{A}$ 是三阶方阵,且 $|\boldsymbol{A}|=-2$,则 $|\boldsymbol{A}^{-1}|=$(　　).

A $-\frac{1}{2}$　　B. -2　　C. $\frac{1}{2}$　　D. 2

(4)设 $\boldsymbol{A}$ 为 3×2 矩阵,$\boldsymbol{B}$ 为 2×2 矩阵,则下列运算成立的是(　　).

A. $\boldsymbol{AB}$　　B. $\boldsymbol{A}^{\mathrm{T}}\boldsymbol{B}$　　C. $\boldsymbol{BA}$　　D. $\boldsymbol{B}^{\mathrm{T}}\boldsymbol{A}$

(5)对任意 n 阶方阵 $\boldsymbol{A},\boldsymbol{B}$ 总有(　　).

A. $\boldsymbol{AB}=\boldsymbol{BA}$　　B. $(\boldsymbol{AB})^{\mathrm{T}}=\boldsymbol{A}^{\mathrm{T}}\boldsymbol{B}^{\mathrm{T}}$

C. $|\boldsymbol{AB}|=|\boldsymbol{BA}|$　　D. $(\boldsymbol{AB})^2=\boldsymbol{A}^2\boldsymbol{B}^2$

(6)若 $\boldsymbol{A}$ 为方阵且 $\boldsymbol{AA}^{\mathrm{T}}=\boldsymbol{E}$,则下列等式不成立的是(　　).

A. $|\boldsymbol{A}|=1$　　B. $|\boldsymbol{A}^2|=1$　　C. $|\boldsymbol{A}^{-1}|=|\boldsymbol{A}|$　　D. $|(\boldsymbol{A}^{-1})^2|=1$

(7)若 $\boldsymbol{A}$ 为可逆方阵,则矩阵方程 $\boldsymbol{AX}=\boldsymbol{B}+\boldsymbol{C}$ 的解 $\boldsymbol{X}=$(　　).

A. $\boldsymbol{A}^{-1}\boldsymbol{B}+\boldsymbol{C}$　　B. $\boldsymbol{B}+\boldsymbol{A}^{-1}\boldsymbol{C}$　　C. $\boldsymbol{A}^{-1}\boldsymbol{B}+\boldsymbol{A}^{-1}\boldsymbol{C}$　　D. $\boldsymbol{BA}^{-1}+\boldsymbol{CA}^{-1}$

(8)若某个线性方程组对应的齐次线性方程组只有零解,则该线性方程组(　　).

A. 可能无解　　B. 有唯一解　　C. 有无穷多解　　D. 无解

2. 填空题

(1)设矩阵 $\boldsymbol{A}=\begin{pmatrix}1 & -1\\0 & 2\end{pmatrix}$,$\boldsymbol{B}=\begin{pmatrix}3 & 2\\1 & 1\end{pmatrix}$,则 $2\boldsymbol{A}+\boldsymbol{B}=$________,$\boldsymbol{A}-\boldsymbol{B}^{\mathrm{T}}=$________.

(2)设 $\boldsymbol{A},\boldsymbol{B}$ 同为三阶方阵,且 $|\boldsymbol{A}|=-1$,$|\boldsymbol{B}|=2$,则 $\left|\dfrac{1}{2}\boldsymbol{A}^{\mathrm{T}}\boldsymbol{B}\right|=$________________.

(3)设矩阵 $\boldsymbol{A}=\begin{pmatrix}1 & 0 & 0\\0 & 3 & 0\\0 & 0 & -2\end{pmatrix}$,则 $\boldsymbol{A}^{-1}=$________________.

(4)三阶行列式 $\begin{vmatrix}2 & 0 & -1\\1 & -4 & 1\\4 & -2 & -2\end{vmatrix}$ 的值为________________.

(5)设向量 $\boldsymbol{\alpha}_1=(1,0,0)$,$\boldsymbol{\alpha}_2=(1,1,0)$,$\boldsymbol{\alpha}_3=(1,1,1)$,$\boldsymbol{\beta}=(1,-2,3)$,将 $\boldsymbol{\beta}$ 用 $\boldsymbol{\alpha}_1$,$\boldsymbol{\alpha}_2$,$\boldsymbol{\alpha}_3$ 线性表出________________.

(6)向量组 $\boldsymbol{\alpha}_1=\begin{pmatrix}2\\-1\\3\end{pmatrix}$,$\boldsymbol{\alpha}_2=\begin{pmatrix}2\\1\\1\end{pmatrix}$,$\boldsymbol{\alpha}_3=\begin{pmatrix}4\\1\\2\end{pmatrix}$ 的秩为________________.

3. 计算题

(1)设矩阵 $\boldsymbol{A}=\begin{pmatrix}1 & -1 & 2\\2 & -3 & 5\\3 & -2 & 4\end{pmatrix}$,求 $\boldsymbol{A}^{-1}$.

(2)计算 $\begin{pmatrix}2 & 0 & 1\\1 & 3 & 1\end{pmatrix}\begin{pmatrix}1 & 2 & 0\\0 & 1 & 5\\3 & 0 & 1\end{pmatrix}$.

(3)计算 $\begin{pmatrix}1 & 1 & 0\\0 & 3 & 4\\6 & 1 & 2\end{pmatrix}\begin{pmatrix}2 & 0 & 2\\4 & 3 & 1\\0 & 2 & 4\end{pmatrix}$.

(4)设矩阵 $\boldsymbol{A}=\begin{pmatrix}1 & 1 & 1 & 4\\1 & -1 & 3 & -2\\2 & 1 & 3 & 5\\3 & 1 & 5 & 4\end{pmatrix}$,求 $r(\boldsymbol{A})$.

(5)解线性方程组$\begin{cases} x_1+2x_2+x_3-x_4=4 \\ 3x_1+6x_2-x_3-3x_4=8 \\ 5x_1+10x_2+x_3-5x_4=16 \end{cases}$.

4. 应用题

已知运价及供求关系如表 10.6 所示,试求使总运费最小的数学模型(单位:元).

表 10.6　产量、销量、单位运价表

产地	销地				
	B_1	B_2	B_3	B_4	产量/t
A_1	3	1	4	5	60
A_2	7	3	8	6	52
A_3	2	3	9	2	58
销量/t	40	53	62	20	

模块 6
概率初步

在日常生活和经济领域中会遇到许多随机现象，即便对获得的信息进行彻底研究，未来的不确定性依然存在. 比如，签订的合约能保证不变更吗？明天的股票指数是否会上升？下个月人民币会升值吗？对于随机现象，就个别而言，其结果事先是无法预知的，出现哪一个结果纯属偶然. 但是，在大量重复试验下，其出现的结果会呈现某种规律性. 概率与数理统计就是对现实世界中随机现象的这种规律性进行量化研究的一门数学学科，它已被广泛地应用到各个经济领域及生活领域.

第 11 章　概率初步

概率论是研究随机现象数量规律的数学分支，是近代数学的一个重要组成部分，它在社会生活和科学研究中有着广泛的应用. 概率是概率论中的一个重要概念。随机变量是概率论中的另一个重要概念，有了随机变量后，就可以用变量、函数以及微积分等工具来研究随机现象。本章主要介绍概率的定义、条件概率、事件的独立性、概率的加法公式与乘法公式、随机变量的概念、离散型随机变量的分布列、连续型随机变量的概率密度函数、随机变量的分布函数以及数学期望和方差等。

11.1　概率基本知识

11.1.1　随机事件

1)随机现象

在一定条件下，重复进行某种试验或观察，其结果总是确定的，这类现象称为确定性现象. 在一定条件下，重复进行某种试验或观察，出现的结果不止一个，而事先又无法知道哪一个结果会出现，这类现象称为随机现象(不确定现象).

2)随机试验与随机事件

若试验满足下列条件：

(1)可以在相同条件下重复进行；

(2)每次试验的可能结果不止一个，但所有可能的结果是明确的；

(3)每次试验之前不能确定会出现哪种结果.

具有以上 3 个特征的试验称为随机试验，简称试验.

随机试验的每一个可能出现的结果称为随机事件，简称事件，习惯用 $A,B,C,\cdots$ 来表示. 事件可分为基本事件和复合事件.

随机试验的每一个可能出现的基本结果称为基本事件(样本点)；由两个或两个以上基本事件合并在一起，构成的事件称为复合事件；全体基本事件组成的集合，称为基本事件空间(样本空间)，记为 Ω.

在每次试验中一定发生的事件称为必然事件，习惯用 Ω 表示必然事件；一定不会发生的事件称为不可能事件，习惯用 $\varnothing$ 表示不可能事件.

3)事件间的关系与运算

(1)包含关系. 若事件 A 发生必然导致事件 B 发生，即属于 A 的每一个样本点也都属

于 B,则称事件 B 包含事件 A,或称事件 A 包含于事件 B,记作 $B\supset A$ 或 $A\subset B$.

(2)相等关系. 若 $A\subset B$,且 $B\subset A$,则称事件 A 与事件 B 相等,记作 $A=B$.

(3)事件的和(并). 事件 A 与事件 B 至少有一个发生,这一事件称为事件 A 与事件 B 的和(并),记作 $A+B$ 或 $A\cup B$.

(4)事件的积(交). 事件 A 与事件 B 同时发生,这一事件称为事件 A 与事件 B 的积(交),记作 AB 或 $A\cap B$.

(5)事件的差. 事件 A 发生而事件 B 不发生,这一事件称为事件 A 与事件 B 的差,记作 $A-B$.

(6)互不相容事件. 若事件 A 与事件 B 不能同时发生,即 $A\cap B=\varnothing$,则称事件 A 与事件 B 为互不相容(或互斥)事件.

(7)逆事件. 若事件 A 与事件 B 不可能同时发生,且其中一个不发生另一个必然发生,即 $A\cap B=\varnothing$,$A\cup B=\Omega$,则称事件 A 与事件 B 互为逆(对立)事件. 事件 A 的逆事件记作 $\overline{A}$,表示事件 A 不发生.

11.1.2　事件的运算律

与集合的运算相对应,事件也有相应的运算律.

交换律:$A\cup B=B\cup A$,$A\cap B=B\cap A$.

结合律:$(A\cup B)\cup C=A\cup(B\cup C)$,$(A\cap B)\cap C=A\cap(B\cap C)$.

分配律:$(A\cup B)\cap C=(A\cap C)\cup(B\cap C)$,$(A\cap B)\cup C=(A\cup C)\cap(B\cup C)$.

对偶律:$\overline{A\cup B}=\overline{A}\cap\overline{B}$,$\overline{A\cap B}=\overline{A}\cup\overline{B}$.

11.1.3　随机事件的概率

1)概率的统计定义

在相同条件下进行 n 次重复试验,若在这 n 次试验中,事件 A 发生了 m 次,则称 m 为事件 A 在这 n 次试验中发生的频数. 比值 $\frac{m}{n}$ 称为事件 A 发生的频率,记作 $f_n(A)$,即 $f_n(A)=\frac{m}{n}$.

在相同的条件下,重复做 n 次试验,如果事件 A 发生的频率稳定地在某一数值 p 的附近波动,而且一般来说随着 n 的增大,其波动的幅度越来越小,则称数值 p 为事件 A 的概率,记为 $P(A)=p$.

概率具有以下性质:

(1)对于任何一个事件 A,有 $0\leqslant P(A)\leqslant 1$.

(2)必然事件的概率等于 1,即 $P(\Omega)=1$;不可能事件的概率等于 0,即 $P(\varnothing)=0$.

2)概率的古典定义

若进行的随机试验具有下面两个特点:

(1)试验只有有限个可能的结果;

(2)每一个基本事件发生的可能性相等.

则称试验为古典概型.

定义 11.1(概率的古典定义) 设Ω是古典概型的样本空间,其中基本事件总数为n,若随机事件A所含的基本事件数为r,则事件A的概率为

$$P(A)=\frac{A\text{包含的基本事件数}}{\text{基本事件总数}}=\frac{r}{n}$$

这样在古典概型中确定事件A的概率问题就转化为计算基本事件总数及事件A所包含的基本事件的个数.

11.1.4 条件概率与乘法公式

1)条件概率

设A,B为两个事件,且$P(B)>0$,则称$\frac{P(AB)}{P(B)}$为事件B发生的条件下事件A发生的条件概率,记为$P(A|B)$,即$P(A|B)=\frac{P(AB)}{P(B)},P(B)>0$.

2)乘法公式

由条件概率定义可得两个事件同时发生的概率公式,称为概率的乘法公式:

$$P(AB)=P(A)P(B|A)=P(B)P(A|B)$$

对于3个事件A,B,C,若$P(AB)>0$,则有

$$P(ABC)=P(A)P(B|A)P(C|AB)$$

3)事件的独立性

对任意两个事件A,B,且$P(B)>0$,若$P(A|B)=P(A)$,则称事件A与B相互独立,简称A与B独立.

关于独立性有如下性质:

(1)事件A与事件B独立的充分必要条件是$P(AB)=P(A)P(B)$.

(2)若事件A与B独立,则$\overline{A}$与B,A与$\overline{B}$,$\overline{A}$与$\overline{B}$也相互独立.

11.1.5 全概率公式

如果事件满足下列条件:

(1)事件$A_1,A_2,\cdots,A_n$两两互不相容;

(2)$A_1+A_2+\cdots+A_n=\Omega$.

则称事件组$A_1,A_2,\cdots,A_n$为完备事件组.

定理 11.1 如果事件$A_1,A_2,\cdots,A_n$是一个完备事件组,且$P(A_i)>0$,则对于任一事件B,有

$$P(B)=\sum_{i=1}^{n}P(A_i)P(B|A_i)\quad(i=1,2,\cdots,n)$$

此公式称为全概率公式.

11.1.6 贝叶斯公式

如果事件$A_1,A_2,\cdots,A_n$是一个完备事件组,且$P(A_i)>0$,则对于任一事件B,只要

$P(B)>0$,都有

$$P(A_i|B)=\frac{P(A_i)P(B|A_i)}{\sum_{i=1}^{n}P(A_i)P(B|A_i)}\quad(i=1,2,\cdots,n)$$

此公式称为贝叶斯公式.

11.1.7　伯努利试验

只有两个可能结果的试验称为伯努利试验. 在相同的条件下,将伯努利试验独立地重复进行 n 次,则称这 n 次试验为 n 重伯努利试验.

定理 11.2(伯努利定理)　在 n 重伯努利试验中,设事件 A 在每次试验中发生的概率为 $p(0<p<1)$,则在 n 次试验中,事件 A 恰好发生 k 次的概率为

$$P_n(k)=C_n^kp^k(1-p)^{n-k}\quad(k=0,1,2,\cdots,n)$$

此公式也称为二项概率公式.

【同步训练 11.1】

1. 以 A 表示"甲种产品畅销,乙种产品滞销",则其对立事件为(　　).

A. 甲乙产品均畅销　B. 甲滞销,乙畅销　C. 甲畅销　D. 甲滞销或乙畅销

2. 设 A,B 是两个随机事件且 $A\subset B$,则有(　　).

A. A,B 同时发生　B. B 发生,A 必不发生

C. B 发生,A 必发生　D. A 发生,B 必发生

3. 设 $A=\{3$ 个产品全是正品$\}$,$B=\{3$ 个产品不全是正品$\}$,$C=\{3$ 个产品恰有 1 个正品$\}$,则有(　　).

A. $A=C$　B. $A=B$　C. $B=C$　D. $\overline{B}=A$

4. 一口袋中装有 5 张卡片,分别写有数码 1,2,3,4,5,从口袋中任意依次取出两张组成一个二位数,$A=\{$组成的数是一偶数$\}$,$B=\{$组成的数含有数字 2$\}$,$C=\{$组成的数含有数字 4$\}$,则下列关系正确的是(　　).

A. $A\subseteq B$　B. B,C 互不相容　C. $A=B+C$　D. $BC\subseteq A$

5. 设事件 A,B 相互独立,则(　　).

A. A,B 互不相容　B. $A,\overline{B}$ 互不相容

C. $P(A+B)=P(A)+P(B)$　D. $P(AB)=P(A)P(B)$

6. 有甲、乙两台机床. 已知甲机床出故障的概率为 0.06,乙机床出故障的概率为 0.07,则甲、乙两台机床至少有一台发生故障的概率为(　　).

A. 0.125 8　B. 0.12 2　C. 0.004 2　D. 0.13

7. 有甲、乙两台机床,已知甲机床出故障的概率为 0.06,乙机床出故障的概率为 0.07,则甲、乙两台机床都正常工作的概率为(　　).

A. 0.874 2　B. 0.87 8　C. 0.995 8　D. 0.87

8. 一个工人生产了 4 个零件,以事件 A_i 表示他生产的第 i 个零件是正品$(1\leqslant i\leqslant 4)$,用 A_i 表示下列事件:

(1)没有一个零件是次品;

(2)至少有一个零件不是次品;

(3)仅有一个零件是次品;

(4)至少有 2 个零件不是次品.

9. 加工某一零件共需要 4 道工序,设第 1、第 2、第 3、第 4 道工序的次品率分别为 2%,3%,5%,3%,假定各道工序的加工互不影响,求加工出零件的次品率是多少?

10. 面对试卷上的 5 道四选一的选择题,某考生心存侥幸,试图用抽签的方法答题,试求下列事件的概率:

(1)恰好有两题回答正确;

(2)至少有两题回答正确;

(3)无一题回答正确;

(4)全部回答正确.

11. 人寿保险业务非常关注某一年龄的投保人的死亡率,假如一个投保人能活到 75 岁的概率为 0.6,试求:

(1)3 个投保人全部活到 75 岁的概率;

(2)3 个投保人有 2 个活到 75 岁的概率;

(3)3 个投保人有 1 个活到 75 岁的概率;

(4)3 个投保人都活不到 75 岁的概率.

12. 假设在某图书馆中只存放技术书与数学书,任一读者借技术书的概率为 0.2,而借数学书的概率为 0.8,设每人只借一本书,有 5 名读者依次借书,求最多有两人借数学书的概率.

11.2 随机变量与分布函数

11.2.1 随机变量

前面学习了随机事件及其概率,可以发现很多随机试验的结果都可以用数量来表示.例如,某一段时间内车间正在工作的车床数目,抽样检查产品质量时出现的废品个数,掷骰子出现的点数等. 对于那些没有用数量表示的事件,也可以赋予数量表示. 例如,某工人"完成工作量"记为 1,"没有完成工作量"记为 0;生产的产品是"正品"记为 2,是"次品"记为 1,是"废品"记为 0,等等. 这样一来,随机试验的结果就都可以用数量来表示. 一般来说,把随机试验中那些随着试验结果的变化而变化的量,称为随机变量,其定义如下:

定义 11.2 如果对于随机试验的基本事件空间 Ω 中的每一基本事件 ω,都有一个实数 X 与之对应,则称 X 为一个随机变量. 常用大写字母 X,Y,Z 等表示随机变量,其取值用小写字母 x,y,z 等表示.

例如,从一批正品为 18 件、次品为 3 件的产品中任取 3 件,其中所含的次品数 X;某本书中印刷错误的个数 Y;某网站某天被网民点击的次数 Z 等,都是随机变量.

随机变量的分布是随机变量研究中的一个重要概念,一旦求得随机变量的分布,那么随机试验中任一事件的概率也就可以确定. 不仅如此,随机变量的更大好处在于能用高等数学这一有力的工具来研究随机现象的统计规律性.

11.2.2 随机变量的分布函数

定义 11.3 设 X 是一随机变量,对于一个实数 x,函数

$$F(x)=P(X\leqslant x)\quad(-\infty<x<+\infty)$$

称为随机变量 X 的分布函数.

由定义可知,若 $F(x)$ 是 X 的分布函数,则

$$P(a<X\leqslant b)=P(X\leqslant b)-P(X\leqslant a)=F(b)-F(a)$$

该式对 $(-\infty,+\infty)$ 内任意实数 $a,b(a\leqslant b)$ 均成立,常用来计算有关事件的概率.
特别地

$$P(X>a)=1-P(X\leqslant a)=1-F(a)$$

分布函数具有如下性质:

(1) $0\leqslant F(x)\leqslant 1\quad x\in(-\infty,+\infty)$;

(2) $F(-\infty)=\lim\limits_{x\to-\infty}F(x)=0,F(+\infty)=\lim\limits_{x\to+\infty}F(x)=1$;

(3) $F(x)$ 是 x 的单调不减函数,即当 $x_1<x_2$ 时,$F(x_1)\leqslant F(x_2)$;

(4) $F(x)$ 是右连续函数,即对任意实数 x_0,有 $\lim\limits_{x\to x_0^+}F(x)=F(x_0)$;

(5) 对每个 x_0,$P\{X=x_0\}=F(x_0)-\lim\limits_{x\to x_0^-}F(x)$.

【例 11.1】 设随机变量 X 的分布函数为 $F(x)=\begin{cases}0 & x<0\\ Ax^2 & 0\leqslant x\leqslant 1\\ 1 & x>1\end{cases}$,求:

(1) 常数 A;(2) 随机变量 X 落在 $(0.3,0.7]$ 内的概率.

【解】 (1) 由分布函数的右连续性,即 $\lim\limits_{x\to1^+}F(x)=F(1)=1$,则 $A=1$.

(2) $P\{0.3<X\leqslant 0.7\}=F(0.7)-F(0.3)=0.7^2-0.3^2=0.4$

【同步训练 11.2】

1. 设随机变量 X 的分布列见表 11.1,则 $F(0.5)=($ $)$.

表 11.1 随机变量 X 的分布列

X	-1	0	1
P	0.3	0.2	0.5

A. 0.2 B. 0.3 C. 0.7 D. 0.5

2. 设 $F(X)$ 为随机变量 X 的分布函数,则对任意的 $X_1,X_2(X_1<X_2)$ 有 $F(X_2)-F(X_1)=$ ( ).

A. $P(X_1<X<X_2)$ B. $P(X_1<X\leqslant X_2)$

C. $P(X_1\leqslant X<X_2)$ D. $P(X_1\leqslant X\leqslant X_2)$

3. 设随机变量 X 的分布函数为 $F(x)=\begin{cases}0 & x<0\\ Ax^2 & 0\leqslant x\leqslant 2\\ 1 & x>2\end{cases}$,求:

(1)常数 A;(2)随机变量 X 落在(1,2)内的概率.

11.3 离散型随机变量

定义 11.4 若随机变量的一切可能取值为有限个或可列无穷个(指个数无穷多,但可以一个一个列举出来),则称 X 为离散型随机变量.

要全面描述一个随机变量,仅知道它的全部可能取值是不够的,还需要知道它以多大的概率取这些值,为此引入下面的定义:

定义 11.5 设 X 为离散型随机变量,它的一切可能的取值 $x_k(k=1,2,\cdots)$ 与其所对应的概率 $p_k=P\{X=x_k\}(k=1,2,\cdots)$,称为随机变量 X 的概率分布,也称为 X 的分布列或分布律.

由概率的定义可知,p_k 应满足:(1)$0\leqslant p_k\leqslant 1$;(2)$\sum_{k=1}^{n} p_k=1$

为了直观地表示离散型随机变量的概率分布,常列表表示,见表 11.2.

表 11.2 离散型随机变量的概率分布

X	x_1	x_2	$\cdots$	x_k	$\cdots$
P	p_1	p_2	$\cdots$	p_k	$\cdots$

称此表为随机变量 X 的概率分布表.

对于离散型随机变量 X,其分布函数为

$$F(x)=P\{X\leqslant x\}=\sum_{x_k\leqslant x}^{n} p_k$$

【例 11.2】 设有一批产品 10 件,其中有 3 件次品,从中任意抽取 2 件,抽到的次品数为 X,试求:(1)X 的概率分布;(2)X 的分布函数 $F(X)$.

【解】 (1)X 的可能取值为 0,1,2,而取每个值的概率为

$$P\{X=0\}=\frac{7}{15},P\{X=1\}=\frac{7}{15},P\{X=2\}=\frac{1}{15}$$

所以,X 的概率分布为 $P\{X=i\}=\dfrac{C_7^{2-i}C_3^i}{C_{10}^2}(i=0,1,2)$,列表表示,见表 11.3.

表 11.3 X 的概率分布

X	0	1	2
P	$\frac{7}{15}$	$\frac{7}{15}$	$\frac{1}{15}$

(2)当 $x<0$ 时,$\{X\leqslant x\}$ 为不可能事件,因此 $F(x)=P\{X\leqslant x\}=0$.

当 $0\leqslant x<1$ 时,$\{X\leqslant x\}=\{X=0\}$,因此

$$F(x)=P\{X\leqslant x\}=\frac{7}{15}$$

当 $1\leqslant x<2$ 时，$\{X\leqslant x\}=\{X=0\}\cup\{X=1\}$，因此

$$F(x)=P\{X\leqslant x\}=P\{X=0\}+P\{X=1\}=\frac{7}{15}+\frac{7}{15}=\frac{14}{15}$$

当 $x\geqslant 2$ 时，$\{X\leqslant x\}=\{X=0\}\cup\{X=1\}\cup\{X=2\}$，因此

$$F(x)=P\{X\leqslant x\}=P\{X=0\}+P\{X=1\}+P\{X=2\}=1$$

因此其分布函数为

$$F(x)=\begin{cases}0 & x<0\\ \frac{7}{15} & 0\leqslant x<1\\ \frac{14}{15} & 1\leqslant x<2\\ 1 & x\geqslant 2\end{cases}$$

下面介绍3种常见的离散型随机变量的分布.

两点分布(0-1分布)　若随机变量 X 只能取0和1两个值，且它们的概率分布为 $P\{X=1\}=p,P\{X=0\}=q(p+q=1)$，则称 X 服从两点(0-1)分布或称具有0-1分布.

二项分布　若随机变量 X 的分布列为 $P\{X=k\}=C_n^kp^k(1-p)^{n-k}(k=0,1,2,\cdots,n)$，其中 $0\leqslant p\leqslant 1$，n 为正整数，则称 X 服从参数为 n,p 的二项分布，记为 $X\sim B(n,p)$.

二项分布实际上就是伯努利概型的概率分布，当 $n=1$ 时，二项分布即为两点分布.

泊松分布　如果一个随机变量 X 的概率分布为

$$P\{X=k\}=\frac{\lambda^k e^{-\lambda}}{k!}\quad(k=0,1,2,\cdots)$$

其中 $\lambda>0$ 为参数，则称 X 服从参数为 λ 的泊松分布，记作 $X\sim P(\lambda)$.

泊松分布在管理科学中具有很重要的地位，例如某学校学生生日为国庆节的人数，电话交换台在一给定时间内收到用户的呼叫次数，售票口到达的顾客人数，某地区年龄在百岁以上的人数，到某商店去的顾客人数等，大都服从泊松分布.

若随机变量 $X\sim P(\lambda)$，X 取各可能值的概率可以通过泊松分布表(附录3)查得. 该表显示的是对不同的 λ,k 由 x 到 $+\infty$ 的概率总和. 泊松分布表适合于查

$$P\{X\geqslant k\}=\sum_{n=k}^{\infty}\frac{\lambda^k e^{-\lambda}}{k!}\quad(k=0,1,2,\cdots)$$

这一类型的概率，因此有

$$P\{X=k\}=P\{X\geqslant k\}-P\{X\geqslant k+1\}\qquad P\{X\leqslant k\}=1-P\{X\geqslant k+1\}$$

可以证明，泊松分布是二项分布的极限，即

$$\lim_{n\to\infty}C_n^kp^k(1-p)^{n-k}=\frac{\lambda^k e^{-\lambda}}{k!}(\text{其中 }\lambda=np)$$

定理11.3(泊松定理)　设 $\lambda>0$ 是常数，n 为任意正整数，记 $np=\lambda$，则对任一固定的非负整数 k，有

$$P=\{X=k\}=C_n^kp^k(1-p)^{n-k}\approx\frac{\lambda^k e^{-\lambda}}{k!}(\text{其中 }\lambda=np)$$

在实际应用中,当 $n\geqslant 30,p\leqslant 0.1$ 时,可用公式来近似计算.

【例 11.3】 设某年龄段的人在正常情形下死亡率为 0.005,现在某保险公司有此年龄段 1 000 人参加了人寿保险. 试求在未来一年中,投保人里恰有 10 人死亡的概率以及不超过 10 人死亡的概率.

【解】 设此年龄段的死亡人数为随机变量 X,因此 $X\sim b(1\,000,0.005)$. 则 1 000 名投保人里恰有 10 人死亡的概率为

$$P\{X=10\}=C_{1\,000}^{10}0.005^{10}(1-0.005)^{990}$$

而 1 000 名投保人里不超过 10 人死亡的概率为

$$P\{X\leqslant 10\}=\sum_{k=0}^{10}C_{1\,000}^{k}0.005^{k}(1-0.005)^{1\,000-k}$$

此计算很繁冗,实际上死亡人数 X 也近似地服从参数为 $\lambda=np=1\,000\times 0.005=5$ 的泊松分布,因此有

$$P\{X=10\}\approx\frac{5^{10}}{10!}\mathrm{e}^{-5}=0.018\,13$$

$$P\{X\leqslant 10\}\approx\sum_{k=0}^{10}\frac{5^{k}}{k!}\mathrm{e}^{-5}=\mathrm{e}^{-5}\left(1+5+\frac{5^{2}}{2!}+\frac{5^{3}}{3!}+\cdots+\frac{5^{10}}{10!}\right)=0.986\,2$$

【例 11.4】 设 X 的分布列见表 11.4.

表 11.4 X 的分布列

X	-2	-1	0	1	2
P	$\frac{1}{5}$	$\frac{1}{6}$	$\frac{1}{5}$	$\frac{1}{15}$	$\frac{11}{30}$

求 $Y=X^2+1$ 的分布列.

【解】 Y 的分布列见表 11.5.

表 11.5 Y 的分布列

Y	1	2	5
P	$\frac{1}{5}$	$\frac{7}{30}$	$\frac{17}{30}$

【同步训练 11.3】

1. 设随机变量 X 服从泊松分布. 若 $P(X=1)=P(X=3)$,则 $P(X=4)=($ $)$.

A. $\frac{2}{3}\mathrm{e}^{-\sqrt{6}}$ B. $\frac{2}{3}\mathrm{e}^{\sqrt{6}}$ C. $\frac{3}{2}\mathrm{e}^{-\sqrt{6}}$ D. $\frac{3}{2}\mathrm{e}^{\sqrt{6}}$

2. 设随机变量 X 的分布列为 $P\{X=k\}=\frac{a}{n}(k=1,2,\cdots,n)$,则 $a=($ $)$.

A. -1 B. 0.5 C. 1 D. 1.5

3. 设随机变量 X 的概率分布为 $P\{X=k\}=\frac{k}{15}(k=1,2,3,4,5)$，则 $P\{\frac{1}{2}<X<\frac{5}{2}\}=$ (　　).

A. $\frac{3}{5}$　　B. $\frac{1}{5}$　　C. $\frac{2}{5}$　　D. $\frac{4}{5}$

4. 一部电话交换台每分钟接到的呼唤次数 X 服从 $\lambda=4$ 的泊松分布，那么每分钟接到的呼唤次数大于 20 的概率为(　　).

A. $\frac{4^{20}}{20!}e^{-4}$　　B. $\sum_{k=20}^{\infty}\frac{4^k}{k!}e^{-4}$　　C. $\sum_{k=21}^{\infty}\frac{4^k}{k!}e^{-4}$　　D. $\sum_{k=20}^{\infty}\frac{4^k}{20!}e^{-4}$

5. 某保险公司有 2 500 个人参加了同一种人寿保险，在一年里每个人死亡的概率为 0.002，每个参加保险的人在这一年的 1 月 1 日付 12 元保险费，而在死亡时家属可向公司领取 2 000 元，求保险公司亏本的概率，已知 $\sum_{k=0}^{15}\frac{5^k}{k!}e^{-5}=0.999\ 931$.

11.4　连续型随机变量

11.4.1　连续型随机变量的概念与分布函数

离散型随机变量的主要特征是其可能取值为有限个或可列无穷个. 但是，有些随机变量的取值是某一个区间内的数值，例如测量的误差、温度的变化等.

定义 11.6　设 X 是随机变量，如果存在一个非负可积函数 $f(x)$，使对任意实数 a,b $(a<b)$，有 $P\{a<X\leqslant b\}=\int_a^b f(x)\,dx$，则称 X 为连续型随机变量，$f(x)$ 称为 X 的概率密度函数，简称密度函数.

由定义 11.6 可知，连续型随机变量 X 的密度函数具有以下性质：

(1) $f(x)\geqslant 0\ (x\in\mathbf{R})$

(2) $\int_{-\infty}^{+\infty}f(x)\,dx=1$

(3) $P\{X=a\}=\int_a^a f(x)\,dx=0$

(4) $P\{a<X\leqslant b\}=P\{a\leqslant X\leqslant b\}=P\{a<X<b\}=P\{a\leqslant X<b\}=\int_a^b f(x)\,dx$

对于连续型随机变量，其密度函数为 $f(x)$，则 X 的分布函数为

$$F(x)=P\{X\leqslant x\}=\int_{-\infty}^{x}f(t)\,dt\quad(-\infty<x<+\infty)$$

且当 $f(x)$ 在 x 处连续时有 $F'(x)=f(x)$.

【例 11.5】　设连续型随机变量 X 的密度函数为

$$f(x)=\begin{cases}Ax & 0\leqslant x<1\\ A(2-x) & 1\leqslant x\leqslant 2\\ 0 & \text{其他}\end{cases}$$

试求：(1)常数 A；(2)X 的分布函数 $F(x)$；(3)$P\{\frac{1}{3}<X\leqslant\frac{1}{2}\}$

【解】 (1) $\int_{-\infty}^{+\infty}f(x)\mathrm{d}x=\int_0^1Ax\mathrm{d}x+\int_1^2A(2-x)\mathrm{d}x=\frac{A}{2}x^2\Big|_0^1+A\left(2x-\frac{x^2}{2}\right)\Big|_1^2=A$

由 $\int_{-\infty}^{+\infty}f(x)\mathrm{d}x=1$，得 $A=1$.

(2) 当 $x<0$ 时，

$$F(x)=\int_{-\infty}^{x}f(t)\mathrm{d}t=\int_{-\infty}^{0}0\mathrm{d}t=0$$

当 $0\leqslant x<1$ 时，

$$F(x)=\int_{-\infty}^{x}f(t)\mathrm{d}t=\int_{-\infty}^{0}0\mathrm{d}t+\int_0^x t\mathrm{d}t=\frac{x^2}{2}$$

当 $1\leqslant x<2$ 时，

$$\begin{aligned}F(x)&=\int_{-\infty}^{x}f(t)\mathrm{d}t=\int_{-\infty}^{0}0\mathrm{d}t+\int_0^1t\mathrm{d}t+\int_1^x(2-t)\mathrm{d}t\\&=0+\frac{t^2}{2}\Big|_0^1+\left(2t-\frac{1}{2}t^2\right)\Big|_1^x\\&=-\frac{x^2}{2}+2x-1\end{aligned}$$

当 $x\geqslant 2$ 时，

$$\begin{aligned}F(x)&=\int_{-\infty}^{x}f(t)\mathrm{d}t=\int_{-\infty}^{0}0\mathrm{d}t+\int_0^1t\mathrm{d}t+\int_1^2(2-t)\mathrm{d}t+\int_2^x0\mathrm{d}t\\&=0+\frac{t^2}{2}\Big|_0^1+\left(2t-\frac{t^2}{2}\right)\Big|_1^2+0=1\end{aligned}$$

则 X 的分布函数为

$$F(x)=\begin{cases}0 & x<0\\ \frac{x^2}{2} & 0\leqslant x<1\\ -\frac{x^2}{2}+2x-1 & 1\leqslant x<2\\ 1 & x\geqslant 2\end{cases}$$

(3) $P\{\frac{1}{3}<X\leqslant\frac{1}{2}\}=F(\frac{1}{2})-F(\frac{1}{3})\approx 0.070\ 6$

【例 11.6】 某线路公共汽车每隔 6 min 开出一辆，乘客到车站候车时间 X 是一个随机变量，且 X 在 $[0,6]$ 上任一子区间内取值的概率与该区间长度成正比，求 X 的分布函数 $F(x)$ 及密度函数 $f(x)$.

【解】 X 取且仅取 $[0,6]$ 上的实数，即 $0\leqslant X\leqslant 6$ 是必然事件. 因此

$$P\{0\leqslant X\leqslant 6\}=1$$

若 $[c,d]\subset[0,6]$，有 $P\{c\leqslant X\leqslant d\}=\lambda(d-c)$，$\lambda$ 为比例系数.

特别地，当 $c=0,d=6$ 时，$P\{0\leqslant X\leqslant 6\}=\lambda(6-0)=6\lambda=1$，得 $\lambda=\frac{1}{6}$. 因此

$$F(x)=\begin{cases}0 & x<0\\ \dfrac{x}{6} & 0\leqslant x<6\\ 1 & x\geqslant 6\end{cases}$$

对 $F(x)$ 求导数得密度函数为

$$f(x)=\begin{cases}\dfrac{1}{6} & 0\leqslant x<6\\ 0 & 其他\end{cases}$$

11.4.2　几个常见的连续型随机变量的分布

1)均匀分布

定义 11.7　若连续型随机变量 X 具有概率密度函数

$$f(x)=\begin{cases}\dfrac{1}{b-a} & a\leqslant x\leqslant b\\ 0 & 其他\end{cases}$$

则称 X 在 $[a,b]$ 上服从均匀分布，记为 $X\sim U[a,b]$.

如果随机变量 $X\sim U[a,b]$，那么对于任意实数 $c,d((a\leqslant c<d\leqslant b)$，有

$$P\{c<X\leqslant d\}=\int_c^d f(x)\,\mathrm{d}x=\int_c^d\frac{1}{b-a}\mathrm{d}x=\frac{d-c}{b-a}$$

上式表明，X 落在 $[a,b]$ 内任一子区间 (c,d) 上的概率与该子区间的长度成正比，与该子区间的位置无关.

【例 11.7】　某公交车站从上午 7:00 起，每 15 min 来一班车. 某乘客在 7:00 到 7:30 之间随机到达该站，试求他的候车时间不超过 5 min 的概率.

【解】　设该乘客于 7:00 过 X 分到达车站，则 $X\sim U[0,30]$. 事件“候车时间不超过 5 min”可表示为 $\{10\leqslant X\leqslant 15\}$ 或 $\{25\leqslant X\leqslant 30\}$，故所求事件的概率为

$$P\{10\leqslant X\leqslant 15\}+P\{25\leqslant X\leqslant 30\}=\int_{10}^{15}\frac{1}{30}\mathrm{d}x+\int_{25}^{30}\frac{1}{30}\mathrm{d}x=\frac{1}{3}$$

2)指数分布

定义 11.8　如果连续型随机变量 X 的概率密度函数为

$$f(x)=\begin{cases}\lambda\mathrm{e}^{-\lambda x} & x>0\\ 0 & x\leqslant 0\end{cases}\quad(其中\ \lambda>0)$$

则称 X 服从参数为 λ 的指数分布，记为 $X\sim E(\lambda)$.

指数分布的实际背景是各种消耗性产品的“寿命”. 正因为如此，指数分布常用来描述各种寿命问题.

【例 11.8】　电子元件的寿命 X(年)服从参数为 3 的指数分布.

(1)求该电子元件寿命超过 2 年的概率；

(2)已知该电子元件已经使用 1.5 年，求它还能使用 2 年的概率为多少？

【解】 由已知得密度函数$f(x)=\begin{cases}3e^{-3x} & x>0\\0 & x\leqslant 0\end{cases}$

$(1)P\{X>2\}=\int_2^{+\infty}3e^{-3x}dx=e^{-6}$

$(2)P\{X>3.5\mid X>1.5\}=\dfrac{P\{X>3.5\cap X>1.5\}}{P\{x>1.5\}}$

$$=\frac{P\{x>3.5\}}{P\{x>1.5\}}=\frac{\int_{3.5}^{+\infty}3e^{-3x}dx}{\int_{1.5}^{+\infty}3e^{-3x}dx}=e^{-6}$$

3)正态分布

正态分布是应用最为广泛,在理论上研究最多的分布之一.在正常情况下各种产品的质量指标,例如零件的尺寸、纤维的长度和强力;某学校学生的体重、身高;农作物的产量等,都服从或近似服从正态分布.这些量可以看成是许多微小的、独立的随机因素作用的结果,而每一种因素都不起主导作用.具有这种特点的随机变量,一般可以认为服从正态分布.正态分布在概率统计中占有特别重要的地位.

定义 11.9 如果连续型随机变量 X 的概率密度函数为$f(x)=\dfrac{1}{\sqrt{2\pi}\sigma}e^{-\frac{(x-\mu)^2}{2\sigma^2}}(-\infty<x<+\infty)$,其中 μ,σ 为实数,$\sigma>0$,则称 X 服从参数为 μ,σ^2 的正态分布,记为 $X\sim N(\mu,\sigma^2)$.

正态密度函数$f(x)$的图形称为正态曲线,图形呈钟形,关于直线 $x=\mu$ 对称,在 $\mu\pm\sigma$ 处有拐点,当 $x\to\pm\infty$ 时,曲线以 $y=0$ 为渐进线,如图 11.1 所示;参数 σ 确定图形的形状,σ 大时曲线平缓,σ 小时曲线陡峭,函数在 $x=\mu$ 处达到最大值,如图 11.2 所示.

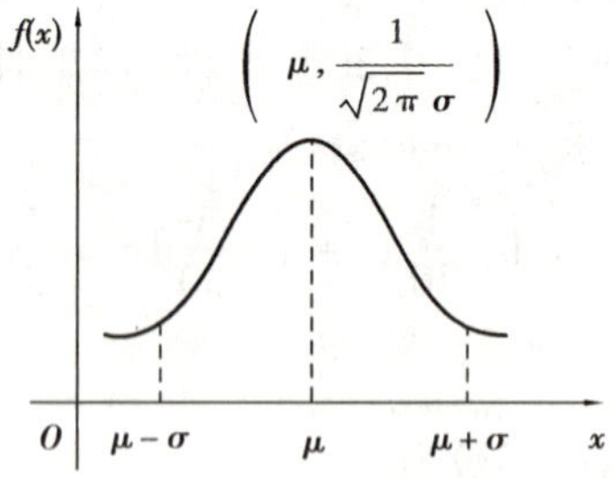

图 11.1

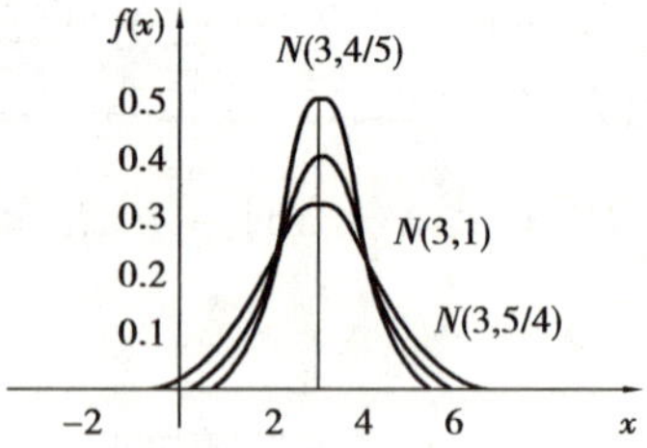

图 11.2

参数 $\mu=0,\sigma^2=1$ 的正态分布称为标准正态分布,记作 $X\sim N(0,1)$.其密度函数为

$$\varphi(x)=\frac{1}{\sqrt{2\pi}}e^{-\frac{x^2}{2}}\quad(-\infty<x<+\infty)$$

其分布函数为 $$\Phi(x)=\frac{1}{\sqrt{2\pi}}\int_{-\infty}^{x}e^{-\frac{t^2}{2}}dt(-\infty<x<+\infty)$$

$\Phi(x)=\dfrac{1}{\sqrt{2\pi}}\int_{-\infty}^{x}e^{-\frac{t^2}{2}}dt$ 无法用一般方法计算,需要查询标准正态分布表(见附录 4).

由标准正态分布的密度函数的图形对称性可得

$$\Phi(-x)=1-\Phi(x)$$

定理 11.4　设 $X\sim N(0,1)$，对任意实数 $a,b,c(a<b,c>0)$，有

(1)$P\{X>x\}=1-P(X\leqslant x)=1-\Phi(x)$；

(2)$P\{a<X\leqslant b\}=\Phi(b)-\Phi(a)$；

(3)$P\{|X|<c\}=2\Phi(c)-1$.

【例 11.9】　设 $X\sim N(0,1)$，试求：$P\{1<X<2\}$，$P\{|X|<1\}$，$P\{X\leqslant -1\}$，$P\{|X|>2\}$.

【解】　$P\{1<X<2\}=\Phi(2)-\Phi(1)=0.977\,2-0.841\,3=0.135\,9$

$$P\{|X|<1\}=P\{-1<X<1\}=\Phi(1)-\Phi(-1)$$
$$=2\Phi(1)-1=2\times 0.841\,3-1=0.682\,6$$

$$P\{X\leqslant -1\}=\Phi(-1)=1-\Phi(1)=1-0.841\,3=0.158\,7$$

$$P\{|X|>2\}=P\{X>2\}+P\{X<-2\}=1-\Phi(2)+\Phi(-2)$$
$$=2-2\Phi(2)=2-2\times 0.977\,2=0.045\,6$$

正态分布与标准正态分布之间有如下定理：

定理 11.5　设 $X\sim N(\mu,\sigma^2)$，则 $Y=\dfrac{X-\mu}{\sigma}\sim N(0,1)$，且

(1)$P\{X<x\}=\Phi\left(\dfrac{X-\mu}{\sigma}\right)$；

(2)$P\{a\leqslant X<b\}=\Phi\left(\dfrac{b-\mu}{\sigma}\right)-\Phi\left(\dfrac{a-\mu}{\sigma}\right)$.

【例 11.10】　设 $X\sim N(1.5,4)$，计算 $P\{X\leqslant 3.5\}$，$P\{X>2.5\}$，$P\{|X|<3\}$.

【解】　$P\{X\leqslant 3.5\}=F(3.5)=\Phi\left(\dfrac{3.5-1.5}{2}\right)=\Phi(1)=0.841\,3$

$$P\{X>2.5\}=1-P\{X\leqslant 2.5\}=1-\Phi\left(\frac{2.5-1.5}{2}\right)$$
$$=1-\Phi(0.5)=1-0.691\,5=0.308\,5$$

$$P\{|X|<3\}=P\{-3<X<3\}=\Phi\left(\frac{3-1.5}{2}\right)-\Phi\left(\frac{-3-1.5}{2}\right)$$
$$=\Phi(0.75)-\Phi(-2.25)=\Phi(0.75)+\Phi(2.25)-1$$
$$=0.773\,4+0.987\,8-1=0.761\,2$$

【同步训练 11.4】

1. 设 $P(x)$ 为连续型随机变量 X 的密度函数，则下列正确的是(　　).

A. $0\leqslant P(x)\leqslant 1$　　　B. $P\{a<X<b\}=P(b)-P(a)$

C. $\lim\limits_{x\to-\infty}P(x)=0$　　　D. $\int_{-\infty}^{+\infty}P(x)\,\mathrm{d}x=1$

2. 设随机变量 $X\sim N(10,2^2)$，则 $P\{10<X<13\}=($　　$)$，其中 $\Phi(X)$ 为标准正态分布的分布函数.

A. $\Phi(0)$　　B. $\Phi(1.5)$　　C. $1-\Phi(1.5)$　　D. $\Phi(1.5)-\Phi(0)$

3. 已知连续型随机变量 X 的密度函数为

$$f(x)=\begin{cases}\frac{kx}{2} & 0\leqslant x<4\\ 0 & 其他\end{cases}$$

求:(1)常数 k;(2)$P\{1.5<X<2.5\}$.

4. 假设某地区成年男子的身高(单位:cm)$X\sim N(170,7.69^2)$,求该地区成年男子的身高超过 175 cm 的概率.(保留两位小数)

5. 设 $X\sim N(3,3^2)$,求:(1)$P\{2<X<5\}$;(2)$P\{X>0\}$;(3)$P\{|X-3|>6\}$.(保留两位小数)

11.5 随机变量的数字特征

随机变量的概率分布能够完整地表示随机变量的统计规律,但是要求出随机变量的概率分布往往比较困难.在实际问题中,并不需要全面考察随机变量的变化情况,只要知道它的某些数字特征就够了.所谓随机变量的数字特征,就是用数字来表示它的某些分布特点,其中最常用的就是数学期望和方差.

11.5.1 随机变量的数学期望

1)离散型随机变量的数学期望

【引例】 某公司考虑一项投资计划,该计划在市场状况良好时,能获利 100 万元;市场状况一般时,获利 30 万元;市场状况较差时,该项投资将亏损 50 万元.已知明年市场状况良好的概率为 0.5,市场状况一般的概率为 0.3,市场状况较差的概率为 0.2.试问,该投资计划的期望收益是多少?

将投资收益视为随机变量,这即是求随机变量平均值的一个案例.

投资收益 X 的分布列见表 11.6.

表 11.6 投资收益 X 的分布列

获利 X/万元	100	30	-50
概率 p_k	0.5	0.3	0.2

由于各市场状况的概率不等,所以要求的期望收益不是各市场状况下投资收益的算术平均,而应该按概率对收益进行加权平均,即期望收益为

$$0.5\times100+0.3\times30+0.2\times(-50)=49(万元)$$

一般地,可抽象出离散型随机变量的数学期望的定义.

定义 11.10 设离散型随机变量 X 的概率分布 $P\{X=x_k\}=p_k(k=1,2,\cdots,n)$,若级数

$\sum_{k=1}^{n} x_k p_k$ 绝对收敛，则称级数 $\sum_{k=1}^{n} x_k p_k$ 为 X 的数学期望，简称期望或均值，记作 $E(X)$，即

$$E(X) = \sum_{k=1}^{n} x_k p_k$$

离散型随机变量的数学期望是 X 的各可能值与其对应概率乘积之和.

【例 11.11】 为了适应市场需要，某地提出扩大生产的两个方案，一个方案是建大工厂，另一个方案是建小工厂，两个方案的收益值及市场状况的概率见表 11.7.

表 11.7　两个方案的收益值及市场状况的概率

概率	市场状况	建大工厂收益	建小工厂收益
0.7	销路好	200 万元	80 万元
0.3	销路差	-40 万元	60 万元

试问：在不考虑投资成本的情况下，应该选择哪种投资决策？

【解】 由已知的收益及其概率，分别求出两个方案的收益期望值.

建大工厂的收益期望值：$200 \times 0.7 + (-40) \times 0.3 = 128$（万元）.

建小工厂的收益期望值：$80 \times 0.7 + 60 \times 0.3 = 74$（万元）.

显然，建大工厂的预期收益更高，故合理的决策方案是建大工厂.

2）连续型随机变量的数学期望

定义 11.11 设 X 是连续型随机变量，其概率密度函数为 $f(x)$，若积分 $\int_{-\infty}^{+\infty} xf(x)\,\mathrm{d}x$ 绝对收敛，则称该积分为 X 的数学期望，即

$$E(X) = \int_{-\infty}^{+\infty} xf(x)\,\mathrm{d}x$$

【例 11.12】 设随机变量 X 服从 $[a,b]$ 上的均匀分布，即 $X \sim U[a,b]$，求 $E(X)$.

【解】 均匀分布的密度函数为

$$f(x) = \begin{cases} \dfrac{1}{b-a} & a < x < b \\ 0 & \text{其他} \end{cases}$$

则
$$E(X) = \int_{-\infty}^{+\infty} xf(x)\,\mathrm{d}x = \int_a^b \left(x \cdot \frac{1}{b-a}\right)\mathrm{d}x = \frac{1}{b-a} \cdot \frac{x^2}{2}\bigg|_a^b = \frac{a+b}{2}$$

3）数学期望的性质

设 C 为常数，X 和 Y 是两个随机变量，且 $E(X)$ 和 $E(Y)$ 都存在. 那么随机变量的数学期望具有以下性质：

性质 1 $E(C) = C$.

性质 2 $E(CX) = CE(X)$，$E(aX+b) = aE(X) + b$.

性质 3 $E(X \pm Y) = E(X) \pm E(Y)$.

性质 4 若 X,Y 相互独立，则 $E(XY) = E(X)E(Y)$.

性质 5 设 $Y=g(X)$.

(1)若 X 是离散型随机变量,其分布列为 $P(X=x_k)=p_k(k=1,2,\cdots)$,则

$$E(Y)=E[g(X)]=\sum_{k=1}^{\infty}g(x_k)p_k$$

(2)若 X 为连续型随机变量,并有概率密度函数 $f(x)$,则

$$E(Y)=E[g(X)]=\int_{-\infty}^{+\infty}g(x)f(x)\mathrm{d}x$$

【例 11.13】 设 $Y=3X^2+1$,且 X 的分布列见表 11.8,求 $E(X)$ 与 $E(Y)$.

表 11.8 X 的分布列

X	-1	0	1	2	3
P	0.3	0.2	0.1	0.3	0.1

【解】 $E(X)=-1\times0.3+0\times0.2+1\times0.1+2\times0.3+3\times0.1=0.7$

$$E(Y)=[3\times(-1)^2+1]\times0.3+[3\times0^2+1]\times0.2+[3\times1^2+1]\times0.1+[3\times2^2+1]\times0.3+[3\times3^2+1]\times0.1=8.5$$

【例 11.14】 设 $X\sim B(n,p)$,求 $E(X)$.

【解】 设在伯努利试验中事件 A 发生的概率为 $P(A)=p(0<p<1)$,用 X_i 表示在第 i 次试验中事件 A 发生的次数,有

$$X_i=\begin{cases}1 & A\text{ 发生}\\0 & A\text{ 不发生}\end{cases}\quad(i=1,2,\cdots,n)$$

$$E(X_i)=1\times p+0\times(1-p)=p$$

在 n 次试验中事件 A 发生的次数 $X=X_1+X_2+\cdots+X_n$,且 $X_1,X_2,\cdots,X_n$ 相互独立,故 $E(X)=E(X_1)+E(X_2)+\cdots+E(X_n)=np$.

11.5.2 随机变量的方差

在实际问题中,数学期望反映了随机变量的集中程度,但仅有数学期望还不能完整地说明随机变量的分布特征,还必须研究它取值的离散程度.通常关心的是随机变量 X 对期望值 $E(X)$ 偏离的程度.

定义 11.12 设 X 为随机变量,若 $E[X-E(X)]^2$ 存在,则称 $E[X-E(X)]^2$ 为 X 的方差,记为 $D(X)$,即 $D(X)=E[X-E(X)]^2$.而 $\sqrt{D(X)}$ 称为 X 的标准差.

$D(X)$ 反映了 X 的取值与其数学期望 $E(X)$ 的偏离程度;当 X 的取值比较集中时,$D(X)$ 较小;当 X 的取值比较分散时,$D(X)$ 较大.因此,$D(X)$ 刻画了 X 的取值的分散程度.

当 X 是离散型随机变量,其概率分布为 $P(X=x_k)=p_k(k=1,2,\cdots,n)$ 时,有

$$D(X)=E[X-E(X)]^2=\sum_{k=1}^{n}[x_k-E(X)]^2\cdot p_k$$

当 X 是连续型随机变量,其密度函数为 $f(x)$ 时,有

$$D(X)=E[X-E(X)]^2=\int_{-\infty}^{+\infty}[x-E(X)]^2f(x)\mathrm{d}x$$

由方差的定义可得公式

$$D(X)=E(X^2)-[E(X)]^2$$

【例 11.15】 设随机变量 X 服从 0-1 分布,其分布列见表 11.9.

表 11.9 X 的分布列

X	0	1
P	$1-p$	p

求 $D(X)$.

【解】 $E(X)=0\cdot(1-p)+1\cdot p=p$

$E(X^2)=0^2\cdot(1-p)+1^2\cdot p=p$

$D(X)=E(X^2)-[E(X)]^2=p-p^2=p(1-p)$

【例 11.16】 债券 A 的可能收益率分别为 0%,10%,18% 和 30%,它们的可能性分别为 0.3,0.2,0.4 和 0.1,其预期收益率为 12.2%;债券 B 的可能收益率分别为 5%,8%,10%,它们的可能性分别为 0.3,0.4,0.3,其预期收益率为 7.7%. 请比较哪种债券投资的风险比较小.

【解】 债券 A 的风险值为

$$D(X_A)=0.3\times(0\%-12.2\%)^2+0.2\times(10\%-12.2\%)^2+0.4\times(18\%-12.2\%)^2+0.1\times(30\%-12.2\%)^2=0.907\ 6\%$$

$$\sqrt{D(X_A)}=9.5\%$$

同理得 $\sqrt{D(X_B)}=1.95\%$

标准差越小,债券的风险程度也就越小. 通过上面的计算可得债券 B 的标准差明显比债券 A 小,因此债券 B 的投资风险比较小.

1)方差的性质

设 C 为常数,X 和 Y 是两个随机变量,且 $D(X)$ 和 $D(Y)$ 都存在.

性质 1 $D(C)=0$.

性质 2 $D(CX)=C^2D(X)$.

性质 3 $D(aX+b)=a^2D(X)$.

性质 4 若 X 与 Y 是两个相互独立的随机变量,则有

$$D(X+Y)=D(X)+D(Y)$$

性质 4 可以推广至有限个相互独立的随机变量.

2)几种常用随机变量的期望和方差

表 11.10 是几种常用随机变量的分布及其期望和方差.

表 11.10　常用随机变量的分布及其期望和方差

分布名称	分布列或概率密度	期望	方差
0-1 分布	$P(X=1)=p,P(X=0)=1-p$ $0<p<1,p+q=1$	p	pq
二项分布 $X\sim B(n,p)$	$P(X=k)=C_n^k p^k(1-p)^{n-k}$ $(k=0,1,2,\cdots,n)$ $0<p<1,p+q=1$	np	npq
泊松分布 $X\sim P(\lambda)$	$P(X=k)=\frac{\lambda^k}{k!}e^{-\lambda}$ $k=0,1,2,\cdots;\lambda>0$	λ	λ
均匀分布 $X\sim U(a,b)$	$f(x)=\begin{cases}\frac{1}{b-a} & a\leqslant x\leqslant b\\ 0 & 其他\end{cases}$	$\frac{a+b}{2}$	$\frac{(b-a)^2}{12}$
指数分布 $X\sim E(\lambda)$	$f(x)=\begin{cases}\lambda e^{-\lambda x} & x>0\\ 0 & x\leqslant 0\end{cases}$	$\frac{1}{\lambda}$	$\frac{1}{\lambda^2}$
正态分布 $X\sim N(\mu,\sigma^2)$	$f(x)=\frac{1}{\sqrt{2\pi}\sigma}e^{-\frac{(x-\mu)^2}{2\sigma^2}}$	μ	σ^2
标准正态分布 $X\sim N(0,1)$	$f(x)=\frac{1}{\sqrt{2\pi}}e^{-\frac{x^2}{2}}$	0	1

【同步训练 11.5】

1. 设随机变量 $X\sim B(n,p)$，已知 $E(X)=2,D(X)=1.2$，则 $p=$（　　）.

A. 0.3　　B. 0.4　　C. 0.5　　D. 0.6

2. 设随机变量 $X\sim N(\mu,\sigma^2)$，已知 $E(X)=2,D(X)=9$，则 $\sigma=$（　　）.

A. 2　　B. -3　　C. 3　　D. 9

3. 若随机变量 X 的密度函数为 $f(x)=\begin{cases}2x & 0<x<1\\ 0 & 其他\end{cases}$，则 $E(X)=$（　　）.

A. $\frac{1}{3}$　　B. $\frac{2}{3}$　　C. 1　　D. 2

4. 设随机变量 X 的概率分布见表 11.11.

表 11.11　随机变量 X 的概率分布

X	1	2	3	4
P	$\frac{1}{8}$	$\frac{1}{4}$	$\frac{1}{2}$	$\frac{1}{8}$

求 $E(X), E(X^2), E(X+2)^2$.

5. 某种产品共有 10 件,其中有次品 3 件. 现从中任取 3 件,求取出的 3 件产品中次品数 X 的数学期望和方差.

11.6　风险分析

11.6.1　风险的衡量

1) 风险的含义

《现代汉语词典》对"风险"进行了解释,认为风险是"可能发生的危险",似乎风险是危险的一种,是"危险"中"可能发生"的部分. 人们在日常生活中讲的"风险"实际上是指危险,意味着损失或失败,是一种不好的事情.

财务管理中的"风险"和人们在日常生活中讲的"风险"有着不同的含义. 风险最简单的定义是:风险是发生财务损失的可能性. 即发生损失的可能性越大,风险就越大. 它可以用不同结果出现的概率来描述. 结果可能是好的,也可能是坏的,坏结果出现的概率越大,就认为风险越大. 这个定义非常接近日常生活中讲的"风险",主要强调风险可能带来的损失,与危险的含义类似.

在对风险进行深入研究以后,人们发现,风险不仅可能带来超出预期的损失,也可能带来超出预期的收益. 于是,便出现了一个新的定义:风险是预期结果的不确定性. 风险不仅包括负面效应的不确定性,还包括正面效应的不确定性. 新的定义要求区分风险和危险. 危险专指负面效应,是损失发生及其程度的不确定性. 风险的概念要比危险广泛,危险只是风险的一部分. 风险的另一部分即正面效应,可以称为"机会".

2) 风险报酬

企业财务和经营管理活动总是处于或大或小的风险中. 一般来说,高风险伴随着高收益,但同时也伴随着高损失. 因冒风险而得到的超过资金时间价值的报酬,称为风险报酬. 这种报酬是企业因冒风险而得到的额外报酬. 风险报酬用风险报酬率表示. 如果不考虑通货膨胀的话,投资者进行风险投资所要求的或期望的投资报酬率便是资金时间价值(无风险报酬率)与风险报酬率之和,即

$$期望投资报酬率 = 无风险报酬率(资金时间价值) + 风险报酬率$$

假定资金时间价值为 5%,某项投资期望投资报酬率为 15%,如果不考虑通货膨胀因素,该项投资的风险报酬率便是 10%.

【例 11.17】　某公司有两个项目可供选择,A 是一个高科技项目,该领域竞争很激烈,如果经济发展迅速并且该项目搞得好,取得较大市场占有率,利润会很大,否则,利率很小甚至亏本;B 是一个老产品并且是必需品项目,其销售前景可以较准确地预测. 假设未来的经济情况只有 3 种:繁荣、正常、衰退,有关的概率分布和报酬率如表 11.12 所示.

表 11.12　公司未来经济情况表

经济情况	发生概率	A 项目报酬率	B 项目报酬率
繁荣	0.3	90%	20%
正常	0.4	15%	15%
衰退	0.3	-50%	20%
合计	1		

问:(1)A,B 项目期望报酬率的预测值(数学期望)分别为多少?

(2)A,B 项目期望报酬率的方差为多少?

(3)你会选择 A 项目还是 B 项目?请说明理由.

【解】 (1)设 A 项目报酬率的取值为随机变量 X,B 项目报酬率的取值为随机变量 Y,则随机变量 X,Y 的分布列分别见表 11.13 和表 11.14.

表 11.13　X 的分布列

X	90%	15%	-50%
P	0.3	0.4	0.3

表 11.14　Y 的分布列

Y	20%	15%	20%
P	0.3	0.4	0.3

由数学期望公式:$E(X) = \sum_{i=1}^{n} x_i p_i$ 得

A 项目期望报酬率的预测:

$$E(X) = 90\% \times 0.3 + 15\% \times 0.4 + (-50\%) \times 0.3 = 18\%$$

B 项目期望报酬率的预测:

$$E(Y) = 20\% \times 0.3 + 15\% \times 0.4 + 20\% \times 0.3 = 18\%$$

两者的期望报酬率相同,但其概率分布不同,A 项目的报酬率变动范围大,变动范围在 -50% ~90%;B 项目的报酬率变动范围小,变动范围在 15% ~20%. 这说明两个项目的期望报酬率相同,但风险却不一样,风险的大小由方差的大小决定.

(2)由方差公式

$$D(X) = E[X - E(X)]^2 = \sum_{i=1}^{n} [X_i - E(X)]^2 p_i$$

可得

$$D(X) = (90\% - 18\%)^2 \times 0.3 + (15\% - 18\%)^2 \times 0.4 + (-50\% - 18\%)^2 \times 0.3 = 0.294\ 6$$

$$D(Y) = (20\% - 18\%)^2 \times 0.3 + (15\% - 18\%)^2 \times 0.4 + (20\% - 18\%)^2 \times 0.3 = 0.000\ 6$$

(3)因为 A 项目的方差是 29.46%,B 项目的方差是 0.06%,所以 B 项目的风险比 A 项目的风险小,故选择 B 项目.

11.6.2　随机型存贮问题

【例 11.18】　某日历经销商,假设经营(进货与销售)日历的最小单位为 1 万本,每售出 1 万本可获利 10 万元,如果在新年期间不能售出,必须削价处理,这时每 1 万本将损失 5 万元,根据以往的统计和主观估计,市场需求量的概率分布如表 11.15 所示.

表 11.15　市场需求量的概率分布

需求量/万本	0	1	2	3	4	5
概率	0.05	0.10	0.25	0.35	0.15	0.10

试求日历的定货量为多少时,损失的期望值最小?

【解】　设需求量(销售量)为随机变量 D,进货量为 S.

当进货量大于需求量时,则因滞销而遭受损失,称为滞销损失费(相当于库存费用),记作 C_h. 则 $C_h=(S-D)C_1$,其中 $C_1=5$ 万元/万本.

滞销损失费的期望值为

$$\sum_{D=0}^{S} C_1(S-D)P(D)$$

当进货量小于需求量时,则因缺货而蒙受失去销售机会的损失,称为缺货损失费,记作 C_b. 则 $C_b=(D-S)C_2$,其中 $C_2=10$ 万元/万本.

缺货损失费的期望值为

$$\sum_{D=S+1}^{\infty} C_2(D-S)P(D)$$

于是总损失费的期望值为

$$\sum_{D=0}^{S} C_1(S-D)P(D)+\sum_{D=S+1}^{\infty} C_2(D-S)P(D)$$

例如,当进货量 $S=2$ 万本时,由于需求量是随机的,所以损失费也是事先不能确定的,因此也是随机的.

滞销损失费 $C_h=(S-D)C_1$,当 $S=2,D=0,1,2$ 时的取值分别为 10,5,0.

缺货损失费 $C_b=(D-S)C_2$,当 $S=2,D=3,4,5$ 的取值分别为 10,20,30.

于是总损失费的期望值为

$$\begin{aligned}&\sum_{D=0}^{2} 5(2-D)P(D)+\sum_{D=3}^{5} 10(D-2)P(D)\\&=5\times2\times0.05+5\times1\times0.10+5\times0\times0.25+10\times1\times0.35+\\&\quad 10\times2\times0.15+10\times3\times0.10\\&=10.5(\text{万元})\end{aligned}$$

根据上述算法可得出损失费计算表,见表 11.16

表 11.16 损失费计算表

S	D 损失费/万元						损失费的期望值/万元
	0	1	2	3	4	5	
0	0	10	20	30	40	50	27.5
1	5	0	10	20	30	40	18.25
2	10	5	0	10	20	30	10.5
3	15	10	5	0	10	20	6.5
4	20	15	10	5	0	10	7.75
5	25	20	15	10	5	0	11.25

可以看出进货量为 3 万本时,损失费的期望值最小,为 6.5 万元.

【同步训练 11.6】

1. 某公司有两个投资机会,A 投资机会是物联网项目,该领域竞争激烈,如果经济发展迅速并且该项目搞得好,取得较高的市场占有率,利润会很大,否则,利率很小甚至亏本;B 投资机会是水果产业,其销售前景可以较准确地预测. 假设未来的经济情况只有 3 种:繁荣、正常、衰退,有关的概率分布和报酬率如表 11.17 所示.

表 11.17 公司未来经济情况表

经济情况	发生概率	A 项目报酬率	B 项目报酬率
繁荣	0.3	90%	20%
正常	0.4	15%	15%
衰退	0.3	-60%	10%
合计	1		

问:(1)A,B 项目期望报酬率的预测值(数学期望)分别为多少?

(2)A,B 项目期望报酬率的方差、标准差分别为多少?

(3)你会选择 A 项目还是 B 项目? 请说明理由.

2. 某日历经销商,假设经营(进货与销售)日历的最小单位为 1 万本,每售出 1 万本可获利 10 万元,如果在新年期间不能售出,必须削价处理,这时每 1 万本将损失 5 万元,根据以往的统计和主观估计,市场需求量的概率分布如表 11.18 所示.

表 11.18 市场需求量的概率分布

需求量/万本	0	1	2	3	4	5
概　率	0.1	0.1	0.2	0.15	0.3	0.15

试求日历的订货量为多少时,损失的期望值最小?

综合练习题6

1. 单项选择题

(1)对于任意两个事件 A 和 B,则 $P(A+B)=($　　).

A. $P(A)-P(B)$　　B. $P(A)-P(B)+P(AB)$

C. $P(A)-P(AB)$　　D. $P(A)+P(B)-P(AB)$

(2)设事件 A 与 B 互不相容,且 $P(A)>0$,$P(B)>0$,则有(　　).

A. $P(A\cup B)=P(A)+P(B)$　　B. $P(AB)=P(A)P(B)$

C. $A=\overline{B}$　　D. $P(A|B)=P(A)P(B)$

(3)设 A,B 为两个随机事件,且 $P(A)>0$,则 $P(A\cup B|A)=($　　).

A. $P(AB)$　　B. 1　　C. $P(B)$　　D. $P(A)$

(4)袋中有 6 个白球,4 个黑球,现不放回抽取两次,则第 2 次取得白球的概率为(　　).

A. $\frac{3}{5}$　　B. $\frac{2}{3}$　　C. $\frac{4}{9}$　　D. $\frac{1}{3}$

(5)设随机变量 X 的分布列见表 11.19,则 $F(0.5)=($　　).

表 11.19　随机变量 X 的分布列

X	-1	0	1
P	0.5	0.2	0.3

A. 0.2　　B. 0.3　　C. 0.7　　D. 0.5

(6)设随机变量 X 的概率密度函数为 $f_X(x)$,$Y=-2X+3$ 的概率密度函数为(　　).

A. $-\frac{1}{2}f_X\left(-\frac{y-3}{2}\right)$　　B. $\frac{1}{2}f_X\left(-\frac{y-3}{2}\right)$

C. $-\frac{1}{2}f_X\left(-\frac{y+3}{2}\right)$　　D. $\frac{1}{2}f_X\left(-\frac{y+3}{2}\right)$

(7)设 $\sin x$ 是随机变量 X 的密度函数,则 X 的取值范围可能是(　　).

A. $\left[0,\frac{\pi}{2}\right]$　　B. $[0,\pi]$

C. $\left[-\frac{\pi}{2},\frac{\pi}{2}\right]$　　D. $\left[\pi,\frac{3\pi}{2}\right]$

(8)已知随机变量 X 的概率密度函数为 $f_X(x)$,令 $Y=-2X$,则 Y 的概率密度函数 $f_Y(y)$ 为(　　).

A. $2f_X(-2y)$　　B. $f_X\left(-\frac{y}{2}\right)$　　C. $-\frac{1}{2}f_X\left(-\frac{y}{2}\right)$　　D. $\frac{1}{2}f_X\left(-\frac{y}{2}\right)$

(9)设随机变量 X 的密度函数为 $f(x)=\begin{cases}Ax+B & 0\leqslant x\leqslant 1\\ 0 & 其他\end{cases}$,且 $E(X)=\frac{7}{12}$,则(　　).

A. $A=1,B=-0.5$　　B. $A=-0.5,B=1$

C. $A=0.5,B=1$　　D. $A=1,B=0.5$

(10)设二维随机变量(X,Y)的联合分布为

X \ Y	0	5
0	$\frac{1}{4}$	$\frac{1}{6}$
2	$\frac{1}{3}$	$\frac{1}{4}$

则$P\{XY=0\}=($　　$)$.

A. $\frac{1}{4}$　　B. $\frac{5}{12}$　　C. $\frac{3}{4}$　　D. 1

2. 填空题

(1)若$P(A)=0.8,P(AB)=0.4$,则$P(A-B)=$________.

(2)一射手对同一目标独立进行4次射击,若至少命中1次的概率是$\frac{80}{81}$,则该射手的命中率为________.

(3)设一次试验中,事件A发生的概率为P,又已知3次独立试验中A至少出现一次的概率为$\frac{37}{64}$,则$P=$________.

(4)设A与B相互独立,$P(A)=0.2,P(B)=0.6$,则$P(A|B)=$________.

(5)抛硬币5次,记其中正面向上的次数为X,则$P\{X\leqslant 4\}=$________.

(6)已知随机变量X取$-1,0,1,2$四个数值,其相应概率依次为$\frac{1}{2c},\frac{3}{4c},\frac{5}{8c},\frac{2}{16c}$,则$c=$________.

(7)设X为连续型随机变量,C是一个常数,则$P(X=C)=$________.

3. 计算题

(1)有朋友自远方来访,他乘火车、轮船、汽车和飞机的概率分别为0.3,0.2,0.1,0.4.如果他乘火车、轮船、汽车的话,迟到的概率分别为$\frac{1}{4},\frac{1}{3},\frac{1}{12}$,而乘飞机不会迟到.试求:①朋友迟到的概率;②如果朋友迟到了,那他乘火车的概率是多少?

(2)据统计,某地区癌症患者占人口总数的1%.根据以往的临床记录,癌症患者对某种试验呈阳性反应的概率为0.95,非癌症患者对这种试验呈阳性反应的概率为0.01.若某人对这种试验呈阳性反应,求此人患有癌症的概率.

(3)设随机变量$X\sim f(x)=\frac{a}{\pi(1+x^2)}$,求$a$的值,并计算$P\{|X|<1\}$.

4. 应用题

(1)某公司有两个投资机会,A投资机会是一个机器人发展项目,该领域竞争很激烈,

如果经济发展迅速并且该项目搞得好,取得较大市场占有率,利润会很大,否则,利率很小甚至亏本;B 投资机会是一个蔬菜产业项目,其销售前景可以较准确地预测. 假设未来的经济情况只有 3 种:繁荣、正常、衰退,有关的概率分布和报酬率见表 11.20.

表 11.20 未来经济情况的概率分布和报酬率

经济情况	发生概率	A 项目报酬率	B 项目报酬率
繁荣	0.3	90%	20%
正常	0.4	30%	30%
衰退	0.3	-60%	10%
合计	1		

问:(1)A,B 项目期望报酬率的预测值(数学期望)分别为多少?

(2)A,B 项目期望报酬率的方差、标准差分别为多少?

(3)你会选择 A 项目还是 B 项目? 请说明理由.

(2)某钢材经销商,假设经营(进货与销售)钢材的最小单位为 1 万 t,每售出 1 万 t 可获利 20 万元,如果在新年期间不能售出,必须削价处理,这时每 1 万 t 将损失 3 万元,根据以往的统计和主观估计,市场需求量的概率分布见表 11.21.

表 11.21 市场需求量的概率分布

需求量/万 t	0	1	2	3	4	5
概　率	0.1	0.1	0.2	0.15	0.3	0.15

试求钢材的订货量为多少时,损失的期望值最小?

附　录

附录 1　初等数学常用公式

1）代数公式

（1）绝对值

$|a| = \begin{cases} a & a \geqslant 0 \\ -a & a < 0 \end{cases}$　　$|x| \leqslant a \Leftrightarrow -a \leqslant x \leqslant a$

$|x| \geqslant a \Leftrightarrow x \geqslant a$ 或 $x \leqslant -a$　　$|a| - |b| \leqslant |a \pm b| \leqslant |a| + |b|$

（2）指数公式

$a^m \cdot a^n = a^{m+n}$　　$a^m \div a^n = a^{m-n}$　　$(ab)^m = a^m \cdot b^m$

$a^0 = 1(a \neq 0)$　　$a^{-p} = \dfrac{1}{a^p}$　　$a^{\frac{n}{m}} = \sqrt[m]{a^n}$

（3）对数公式（设 $a>0$ 且 $a \neq 1$）

$a^x = b \Leftrightarrow x = \log_a b$　　$\log_a 1 = 0$　　$\log_a a = 1$

$a^{\log_a N} = N$　　$\log_a b = \dfrac{\log_c b}{\log_c a}(c>0, c \neq 1)$

$\log_a MN = \log_a M + \log_a N$　　$\log_a \dfrac{M}{N} = \log_a M - \log_a N$　　$\log_a M^n = n\log_a M$

（4）乘法公式及因式分解公式

$(a+b)^n = C_n^0 a^n + C_n^1 ab^{n-1} + \cdots + C_n^r a^r b^{n-r} + \cdots + C_n^n b^n$

$(a \pm b)^2 = a^2 \pm 2ab + b^2$　　$(a \pm b)^3 = a^3 \pm 3a^2 b + 3ab^2 \pm b^3$

$a^n - b^n = (a-b)(a^{n-1} + a^{n-2}b + a^{n-3}b^2 + \cdots + ab^{n-2} + b^{n-1})$

$a^2 - b^2 = (a+b)(a-b)$　　$a^3 \pm b^3 = (a \pm b)(a^2 \mp ab + b^2)$

（5）数列公式

首项为 a_1，公差为 d 的等差数列　$a_n = a_1 + (n-1)d, S_n = \dfrac{n(a_1 + a_n)}{2}$

首项为 a_1，公比为 q 的等比数列　$a_n = a_1 q^{n-1}, S_n = \dfrac{a_1(1-q^n)}{1-q}$

$$1+2+\cdots+n=\frac{n(n+1)}{2}$$

$$1+3+5+\cdots+(2n-1)=n^2$$

$$1^2+2^2+3^2+\cdots+n^2=\frac{n(n+1)(2n+1)}{6}$$

$$1^3+2^3+3^3+\cdots+n^3=\left[\frac{n(n+1)}{2}\right]^2$$

2)三角公式

(1)同角三角函数间的关系

$\sin^2 x+\cos^2 x=1$　　$1+\tan^2 x=\sec^2 x$　　$1+\cot^2 x=\csc^2 x$

$\sin x\csc x=1$　　$\cos x\sec x=1$　　$\tan x\cot x=1$

$\tan x=\dfrac{\sin x}{\cos x}$　　$\cot x=\dfrac{\cos x}{\sin x}$

(2)倍角公式

$\sin 2x=2\sin x\cos x$　　$\cos 2x=\cos^2 x-\sin^2 x=2\cos^2 x-1=1-2\sin^2 x$

$\tan 2x=\dfrac{2\tan x}{1-\tan^2 x}$　　$\sin^2 x=\dfrac{1-\cos 2x}{2}$　　$\cos^2 x=\dfrac{1+\cos 2x}{2}$

积化和差与和差化积:

$\sin\alpha\cos\beta=\dfrac{1}{2}[\sin(\alpha+\beta)+\sin(\alpha-\beta)]$　　$\cos\alpha\sin\beta=\dfrac{1}{2}[\sin(\alpha+\beta)-\sin(\alpha-\beta)]$

$\cos\alpha\cos\beta=\dfrac{1}{2}[\cos(\alpha+\beta)+\cos(\alpha-\beta)]$　　$\sin\alpha\sin\beta=-\dfrac{1}{2}[\cos(\alpha+\beta)-\cos(\alpha-\beta)]$

$\sin\alpha+\sin\beta=2\sin\dfrac{\alpha+\beta}{2}\cos\dfrac{\alpha-\beta}{2}$　　$\sin\alpha-\sin\beta=2\cos\dfrac{\alpha+\beta}{2}\sin\dfrac{\alpha-\beta}{2}$

$\cos\alpha+\cos\beta=2\cos\dfrac{\alpha+\beta}{2}\cos\dfrac{\alpha-\beta}{2}$　　$\cos\alpha-\cos\beta=-2\sin\dfrac{\alpha+\beta}{2}\sin\dfrac{\alpha-\beta}{2}$

正余弦定理及面积公式:

$$\frac{a}{\sin A}=\frac{b}{\sin B}=\frac{c}{\sin C}=2R$$

$a^2=b^2+c^2-2bc\cos A$　　$b^2=a^2+c^2-2ac\cos B$　　$c^2=a^2+b^2-2ab\cos C$

$$S=\frac{1}{2}ab\sin C=\frac{1}{2}bc\sin A=\frac{1}{2}ac\sin B$$

$S=\sqrt{p(p-a)(p-b)(p-c)}$,其中$p=\dfrac{1}{2}(a+b+c)$

3)解析几何公式

两点$P_1(x_1,y_1)$与$P_2(x_2,y_2)$的距离公式　$d=\sqrt{(x_2-x_1)^2+(y_2-y_1)^2}$

经过两点$P_1(x_1,y_1)$与$P_2(x_2,y_2)$的直线的斜率公式　$k=\dfrac{y_2-y_1}{x_2-x_1}$

经过点$P(x_0,y_0)$,斜率为k直线方程为　$y-y_0=k(x-x_0)$

斜率为k,纵截距为b的直线方程为　$y=kx+b$

点$P(x_0,y_0)$到直线$Ax+By+C=0$的距离为　$d=\dfrac{|Ax_0+By_0+C|}{\sqrt{A^2+B^2}}$

附录2　积分表

1)含有 $ax+b$ 的积分($a\neq 0$)

(1) $\int \frac{\mathrm{d}x}{ax+b}=\frac{1}{a}\ln|ax+b|+C$

(2) $\int (ax+b)^{\mu}\mathrm{d}x=\frac{1}{a(\mu+1)}(ax+b)^{\mu+1}+C\quad(\mu\neq -1)$

(3) $\int \frac{x}{ax+b}\mathrm{d}x=\frac{1}{a^2}(ax+b-b\ln|ax+b|)+C$

(4) $\int \frac{x^2}{ax+b}\mathrm{d}x=\frac{1}{a^3}\left[\frac{1}{2}(ax+b)^2-2b(ax+b)+b^2\ln|ax+b|\right]+C$

(5) $\int \frac{\mathrm{d}x}{x(ax+b)}=-\frac{1}{b}\ln\left|\frac{ax+b}{x}\right|+C$

(6) $\int \frac{\mathrm{d}x}{x^2(ax+b)}=-\frac{1}{bx}+\frac{a}{b^2}\ln\left|\frac{ax+b}{x}\right|+C$

(7) $\int \frac{x}{(ax+b)^2}\mathrm{d}x=\frac{1}{a^2}\left(\ln|ax+b|+\frac{b}{ax+b}\right)+C$

(8) $\int \frac{x^2}{(ax+b)^2}\mathrm{d}x=\frac{1}{a^3}\left(ax+b-2b\ln|ax+b|-\frac{b^2}{ax+b}\right)+C$

(9) $\int \frac{\mathrm{d}x}{x(ax+b)^2}=\frac{1}{b(ax+b)}-\frac{1}{b^2}\ln\left|\frac{ax+b}{x}\right|+C$

2)含有 $\sqrt{ax+b}$ 的积分

(10) $\int \sqrt{ax+b}\,\mathrm{d}x=\frac{2}{3a}\sqrt{(ax+b)^3}+C$

(11) $\int x\sqrt{ax+b}\,\mathrm{d}x=\frac{2}{15a^2}(3ax-2b)\sqrt{(ax+b)^3}+C$

(12) $\int x^2\sqrt{ax+b}\,\mathrm{d}x=\frac{2}{105a^3}(15a^2x^2-12abx+8b^2)\sqrt{(ax+b)^3}+C$

(13) $\int \frac{x}{\sqrt{ax+b}}\mathrm{d}x=\frac{2}{3a^2}(ax-2b)\sqrt{ax+b}+C$

(14) $\int \frac{x^2}{\sqrt{ax+b}}\mathrm{d}x=\frac{2}{15a^3}(3a^2x^2-4abx+8b^2)\sqrt{ax+b}+C$

(15) $$\int \frac{\mathrm{d}x}{x\sqrt{ax+b}}=\begin{cases}\frac{1}{\sqrt{b}}\ln\left|\frac{\sqrt{ax+b}-\sqrt{b}}{\sqrt{ax+b}+\sqrt{b}}\right|+C & (b>0)\\ \frac{2}{\sqrt{-b}}\arctan\sqrt{\frac{ax+b}{-b}}+C & (b<0)\end{cases}$$

(16) $\int \frac{dx}{x^2\sqrt{ax+b}} = -\frac{\sqrt{ax+b}}{bx} - \frac{a}{2b}\int \frac{dx}{x\sqrt{ax+b}}$

(17) $\int \frac{\sqrt{ax+b}}{x}dx = 2\sqrt{ax+b} + b\int \frac{dx}{x\sqrt{ax+b}}$

(18) $\int \frac{\sqrt{ax+b}}{x^2}dx = -\frac{\sqrt{ax+b}}{x} + \frac{a}{2}\int \frac{dx}{x\sqrt{ax+b}}$

3）含有 $x^2 \pm a^2$ 的积分

(19) $\int \frac{dx}{x^2+a^2} = \frac{1}{a}\arctan \frac{x}{a} + C$

(20) $\int \frac{dx}{(x^2+a^2)^n} = \frac{x}{2(n-1)a^2(x^2+a^2)^{n-1}} + \frac{2n-3}{2(n-1)a^2}\int \frac{dx}{(x^2+a^2)^{n-1}}$

(21) $\int \frac{dx}{x^2-a^2} = \frac{1}{2a}\ln\left|\frac{x-a}{x+a}\right| + C$

4）含有 $ax^2+b(a>0)$ 的积分

(22) $\int \frac{dx}{ax^2+b} = \begin{cases} \frac{1}{\sqrt{ab}}\arctan\sqrt{\frac{a}{b}}x + C & (b>0) \\ \frac{1}{2\sqrt{-ab}}\ln\left|\frac{\sqrt{a}x-\sqrt{-b}}{\sqrt{a}x+\sqrt{-b}}\right| + C & (b<0) \end{cases}$

(23) $\int \frac{x}{ax^2+b}dx = \frac{1}{2a}\ln|ax^2+b| + C$

(24) $\int \frac{x^2}{ax^2+b}dx = \frac{x}{a} - \frac{b}{a}\int \frac{dx}{ax^2+b}$

(25) $\int \frac{dx}{x(ax^2+b)} = \frac{1}{2b}\ln\frac{x^2}{|ax^2+b|} + C$

(26) $\int \frac{dx}{x^2(ax^2+b)} = -\frac{1}{bx} - \frac{a}{b}\int \frac{dx}{ax^2+b}$

(27) $\int \frac{dx}{x^3(ax^2+b)} = \frac{a}{2b^2}\ln\frac{|ax^2+b|}{x^2} - \frac{1}{2bx^2} + C$

(28) $\int \frac{dx}{(ax^2+b)^2} = \frac{x}{2b(ax^2+b)} + \frac{1}{2b}\int \frac{dx}{ax^2+b}$

5）含有 $ax^2+bx+c(a>0)$ 的积分

(29) $\int \frac{dx}{ax^2+bx+c} = \begin{cases} \frac{2}{\sqrt{4ac-b^2}}\arctan\frac{2ax+b}{\sqrt{4ac-b^2}} + C & (b^2<4ac) \\ \frac{1}{\sqrt{b^2-4ac}}\ln\left|\frac{2ax+b-\sqrt{b^2-4ac}}{2ax+b+\sqrt{b^2-4ac}}\right| + C & (b^2>4ac) \end{cases}$

(30) $\int \frac{x}{ax^2+bx+c}dx = \frac{1}{2a}\ln|ax^2+bx+c| - \frac{b}{2a}\int \frac{dx}{ax^2+bx+c}$

6）含有$\sqrt{x^2+a^2}\ (a>0)$的积分

(31) $\int \frac{dx}{\sqrt{x^2+a^2}} = \ln(x+\sqrt{x^2+a^2})+C$

(32) $\int \frac{dx}{\sqrt{(x^2+a^2)^3}} = \frac{x}{a^2\sqrt{x^2+a^2}}+C$

(33) $\int \frac{x}{\sqrt{x^2+a^2}}dx = \sqrt{x^2+a^2}+C$

(34) $\int \frac{x}{\sqrt{(x^2+a^2)^3}}dx = -\frac{1}{\sqrt{x^2+a^2}}+C$

(35) $\int \frac{x^2}{\sqrt{x^2+a^2}}dx = \frac{x}{2}\sqrt{x^2+a^2}-\frac{a^2}{2}\ln(x+\sqrt{x^2+a^2})+C$

(36) $\int \frac{x^2}{\sqrt{(x^2+a^2)^3}}dx = -\frac{x}{\sqrt{x^2+a^2}}+\ln(x+\sqrt{x^2+a^2})+C$

(37) $\int \frac{dx}{x\sqrt{x^2+a^2}} = \frac{1}{a}\ln\frac{\sqrt{x^2+a^2}-a}{|x|}+C$

(38) $\int \frac{dx}{x^2\sqrt{x^2+a^2}} = -\frac{\sqrt{x^2+a^2}}{a^2x}+C$

(39) $\int \sqrt{x^2+a^2}dx = \frac{x}{2}\sqrt{x^2+a^2}+\frac{a^2}{2}\ln(x+\sqrt{x^2+a^2})+C$

(40) $\int \sqrt{(x^2+a^2)^3}dx = \frac{x}{8}(2x^2+5a^2)\sqrt{x^2+a^2}+\frac{3}{8}a^4\ln(x+\sqrt{x^2+a^2})+C$

(41) $\int x\sqrt{x^2+a^2}dx = \frac{1}{3}\sqrt{(x^2+a^2)^3}+C$

(42) $\int x^2\sqrt{x^2+a^2}dx = \frac{x}{8}(2x^2+a^2)\sqrt{x^2+a^2}-\frac{a^4}{8}\ln(x+\sqrt{x^2+a^2})+C$

(43) $\int \frac{\sqrt{x^2+a^2}}{x}dx = \sqrt{x^2+a^2}+a\ln\frac{\sqrt{x^2+a^2}-a}{|x|}+C$

(44) $\int \frac{\sqrt{x^2+a^2}}{x^2}dx = -\frac{\sqrt{x^2+a^2}}{x}+\ln(x+\sqrt{x^2+a^2})+C$

7）含有$\sqrt{x^2-a^2}\ (a>0)$的积分

(45) $\int \frac{dx}{\sqrt{x^2-a^2}} = \frac{x}{|x|}\text{arch}\frac{|x|}{a}+C_1 = \ln\left|x+\sqrt{x^2-a^2}\right|+C$

(46) $\int \frac{dx}{\sqrt{(x^2-a^2)^3}} = -\frac{x}{a^2\sqrt{x^2-a^2}}+C$

(47) $\int \frac{x}{\sqrt{x^2-a^2}}dx = \sqrt{x^2-a^2}+C$

(48) $\int \frac{x}{\sqrt{(x^2-a^2)^3}}dx = -\frac{1}{\sqrt{x^2-a^2}} + C$

(49) $\int \frac{x^2}{\sqrt{x^2-a^2}}dx = \frac{x}{2}\sqrt{x^2-a^2} + \frac{a^2}{2}\ln\left|x+\sqrt{x^2-a^2}\right| + C$

(50) $\int \frac{x^2}{\sqrt{(x^2-a^2)^3}}dx = -\frac{x}{\sqrt{x^2-a^2}} + \ln\left|x+\sqrt{x^2-a^2}\right| + C$

(51) $\int \frac{dx}{x\sqrt{x^2-a^2}} = \frac{1}{a}\arccos\frac{a}{|x|} + C$

(52) $\int \frac{dx}{x^2\sqrt{x^2-a^2}} = \frac{\sqrt{x^2-a^2}}{a^2x} + C$

(53) $\int \sqrt{x^2-a^2}\,dx = \frac{x}{2}\sqrt{x^2-a^2} - \frac{a^2}{2}\ln\left|x+\sqrt{x^2-a^2}\right| + C$

(54) $\int \sqrt{(x^2-a^2)^3}\,dx = \frac{x}{8}(2x^2-5a^2)\sqrt{x^2-a^2} + \frac{3}{8}a^4\ln\left|x+\sqrt{x^2-a^2}\right| + C$

(55) $\int x\sqrt{x^2-a^2}\,dx = \frac{1}{3}\sqrt{(x^2-a^2)^3} + C$

(56) $\int x^2\sqrt{x^2-a^2}\,dx = \frac{x}{8}(2x^2-a^2)\sqrt{x^2-a^2} - \frac{a^4}{8}\ln\left|x+\sqrt{x^2-a^2}\right| + C$

(57) $\int \frac{\sqrt{x^2-a^2}}{x}dx = \sqrt{x^2-a^2} - a\arccos\frac{a}{|x|} + C$

(58) $\int \frac{\sqrt{x^2-a^2}}{x^2}dx = -\frac{\sqrt{x^2-a^2}}{x} + \ln\left|x+\sqrt{x^2-a^2}\right| + C$

8）含有$\sqrt{a^2-x^2}\,(a>0)$的积分

(59) $\int \frac{dx}{\sqrt{a^2-x^2}} = \arcsin\frac{x}{a} + C$

(60) $\int \frac{dx}{\sqrt{(a^2-x^2)^3}} = \frac{x}{a^2\sqrt{a^2-x^2}} + C$

(61) $\int \frac{x}{\sqrt{a^2-x^2}}dx = -\sqrt{a^2-x^2} + C$

(62) $\int \frac{x}{\sqrt{(a^2-x^2)^3}}dx = \frac{1}{\sqrt{a^2-x^2}} + C$

(63) $\int \frac{x^2}{\sqrt{a^2-x^2}}dx = -\frac{x}{2}\sqrt{a^2-x^2} + \frac{a^2}{2}\arcsin\frac{x}{a} + C$

(64) $\int \frac{x^2}{\sqrt{(a^2-x^2)^3}}dx = \frac{x}{\sqrt{a^2-x^2}} - \arcsin\frac{x}{a} + C$

(65) $\int \frac{dx}{x\sqrt{a^2-x^2}} = \frac{1}{a}\ln\frac{a-\sqrt{a^2-x^2}}{|x|} + C$

(66) $\int \frac{dx}{x^2\sqrt{a^2-x^2}} = -\frac{\sqrt{a^2-x^2}}{a^2 x} + C$

(67) $\int \sqrt{a^2-x^2}\,dx = \frac{x}{2}\sqrt{a^2-x^2} + \frac{a^2}{2}\arcsin\frac{x}{a} + C$

(68) $\int \sqrt{(a^2-x^2)^3}\,dx = \frac{x}{8}(5a^2-2x^2)\sqrt{a^2-x^2} + \frac{3}{8}a^4\arcsin\frac{x}{a} + C$

(69) $\int x\sqrt{a^2-x^2}\,dx = -\frac{1}{3}\sqrt{(a^2-x^2)^3} + C$

(70) $\int x^2\sqrt{a^2-x^2}\,dx = \frac{x}{8}(2x^2-a^2)\sqrt{a^2-x^2} + \frac{a^4}{8}\arcsin\frac{x}{a} + C$

(71) $\int \frac{\sqrt{a^2-x^2}}{x}dx = \sqrt{a^2-x^2} + a\ln\frac{a-\sqrt{a^2-x^2}}{|x|} + C$

(72) $\int \frac{\sqrt{a^2-x^2}}{x^2}dx = -\frac{\sqrt{a^2-x^2}}{x} - \arcsin\frac{x}{a} + C$

9)含有$\sqrt{\pm ax^2+bx+c}\,(a>0)$的积分

(73) $\int \frac{dx}{\sqrt{ax^2+bx+c}} = \frac{1}{\sqrt{a}}\ln\left|2ax+b+2\sqrt{a}\sqrt{ax^2+bx+c}\right| + C$

(74) $\int \sqrt{ax^2+bx+C}\,dx = \frac{2ax+b}{4a}\sqrt{ax^2+bx+C} +$

$\frac{4ac-b^2}{8\sqrt{a^3}}\ln\left|2ax+b+2\sqrt{a}\sqrt{ax^2+bx+c}\right| + C$

(75) $\int \frac{x}{\sqrt{ax^2+bx+c}}dx = \frac{1}{a}\sqrt{ax^2+bx+c} -$

$\frac{b}{2\sqrt{a^3}}\ln\left|2ax+b+2\sqrt{a}\sqrt{ax^2+bx+c}\right| + C$

(76) $\int \frac{dx}{\sqrt{c+bx-ax^2}} = -\frac{1}{\sqrt{a}}\arcsin\frac{2ax-b}{\sqrt{b^2+4ac}} + C$

(77) $\int \sqrt{c+bx-ax^2}\,dx = \frac{2ax-b}{4a}\sqrt{c+bx-ax^2} + \frac{b^2+4ac}{8\sqrt{a^3}}\arcsin\frac{2ax-b}{\sqrt{b^2+4ac}} + C$

(78) $\int \frac{x}{\sqrt{c+bx-ax^2}}dx = -\frac{1}{a}\sqrt{c+bx-ax^2} + \frac{b}{2\sqrt{a^3}}\arcsin\frac{2ax-b}{\sqrt{b^2+4ac}} + C$

10)含有$\sqrt{\pm\frac{x-a}{x-b}}$或$\sqrt{(x-a)(b-x)}$的积分

(79) $\int \sqrt{\frac{x-a}{x-b}}dx = (x-b)\sqrt{\frac{x-a}{x-b}} + (b-a)\ln(\sqrt{|x-a|} + \sqrt{|x-b|}) + C$

(80) $\int \sqrt{\frac{x-a}{b-x}}dx = (x-b)\sqrt{\frac{x-a}{b-x}} + (b-a)\arcsin\sqrt{\frac{x-a}{b-x}} + C$

(81) $\int \frac{dx}{\sqrt{(x-a)(b-x)}} = 2\arcsin\sqrt{\frac{x-a}{b-x}} + C \quad (a < b)$

(82) $\int \sqrt{(x-a)(b-x)}\,dx = \frac{2x-a-b}{4}\sqrt{(x-a)(b-x)} + \frac{(b-a)^2}{4}\arcsin\sqrt{\frac{x-a}{b-x}} + C \quad (a < b)$

11) 含有三角函数的积分

(83) $\int \sin x dx = -\cos x + C$

(84) $\int \cos x dx = \sin x + C$

(85) $\int \tan x dx = -\ln|\cos x| + C$

(86) $\int \cot x dx = \ln|\sin x| + C$

(87) $\int \sec x dx = \ln\left|\tan\left(\frac{\pi}{4}+\frac{x}{2}\right)\right| + C = \ln|\sec x + \tan x| + C$

(88) $\int \csc x dx = \ln\left|\tan\frac{x}{2}\right| + C = \ln\left|\csc x - \cot x\right| + C$

(89) $\int \sec^2 x dx = \tan x + C$

(90) $\int \csc^2 x dx = -\cot x + C$

(91) $\int \sec x \tan x dx = \sec x + C$

(92) $\int \csc x \cot x dx = -\csc x + C$

(93) $\int \sin^2 x dx = \frac{x}{2} - \frac{1}{4}\sin 2x + C$

(94) $\int \cos^2 x dx = \frac{x}{2} + \frac{1}{4}\sin 2x + C$

(95) $\int \sin^n x dx = -\frac{1}{n}\sin^{n-1}x\cos x + \frac{n-1}{n}\int \sin^{n-2}x dx$

(96) $\int \cos^n x dx = \frac{1}{n}\cos^{n-1}x\sin x + \frac{n-1}{n}\int \cos^{n-2}x dx$

(97) $\int \frac{dx}{\sin^n x} = -\frac{1}{n-1}\cdot\frac{\cos x}{\sin^{n-1}x} + \frac{n-2}{n-1}\int\frac{dx}{\sin^{n-2}x}$

(98) $\int \frac{dx}{\cos^n x} = \frac{1}{n-1}\cdot\frac{\sin x}{\cos^{n-1}x} + \frac{n-2}{n-1}\int\frac{dx}{\cos^{n-2}x}$

(99) $\int \cos^m x \sin^n x dx = \frac{1}{m+n}\cos^{m-1}x\sin^{n+1}x + \frac{m-1}{m+n}\int \cos^{m-2}x \sin^n x dx$

$$= -\frac{1}{m+n}\cos^{m+1}x\sin^{n-1}x + \frac{n-1}{m+n}\int\cos^m x\sin^{n-2}x\mathrm{d}x$$

(100) $\int\sin ax\cos bx\mathrm{d}x = -\frac{1}{2(a+b)}\cos(a+b)x - \frac{1}{2(a-b)}\cos(a-b)x + C$

(101) $\int\sin ax\sin bx\mathrm{d}x = -\frac{1}{2(a+b)}\sin(a+b)x + \frac{1}{2(a-b)}\sin(a-b)x + C$

(102) $\int\cos ax\cos bx\mathrm{d}x = \frac{1}{2(a+b)}\sin(a+b)x + \frac{1}{2(a-b)}\sin(a-b)x + C$

(103) $\int\frac{\mathrm{d}x}{a+b\sin x} = \frac{2}{\sqrt{a^2-b^2}}\arctan\frac{a\tan\frac{x}{2}+b}{\sqrt{a^2-b^2}} + C \quad (a^2 > b^2)$

(104) $\int\frac{\mathrm{d}x}{a+b\sin x} = \frac{1}{\sqrt{b^2-a^2}}\ln\left|\frac{a\tan\frac{x}{2}+b-\sqrt{b^2-a^2}}{a\tan\frac{x}{2}+b+\sqrt{b^2-a^2}}\right| + C \quad (a^2 < b^2)$

(105) $\int\frac{\mathrm{d}x}{a+b\cos x} = \frac{2}{a+b}\sqrt{\frac{a+b}{a-b}}\arctan\left(\sqrt{\frac{a-b}{a+b}}\tan\frac{x}{2}\right) + C \quad (a^2 > b^2)$

(106) $\int\frac{\mathrm{d}x}{a+b\cos x} = \frac{1}{a+b}\sqrt{\frac{a+b}{b-a}}\ln\left|\frac{\tan\frac{x}{2}+\sqrt{\frac{a+b}{b-a}}}{\tan\frac{x}{2}-\sqrt{\frac{a+b}{b-a}}}\right| + C \quad (a^2 < b^2)$

(107) $\int\frac{\mathrm{d}x}{a^2\cos^2x+b^2\sin^2x} = \frac{1}{ab}\arctan\left(\frac{b}{a}\tan x\right) + C$

(108) $\int\frac{\mathrm{d}x}{a^2\cos^2x-b^2\sin^2x} = \frac{1}{2ab}\ln\left|\frac{b\tan x+a}{b\tan x-a}\right| + C$

(109) $\int x\sin ax\mathrm{d}x = \frac{1}{a^2}\sin ax - \frac{1}{a}x\cos ax + C$

(110) $\int x^2\sin ax\mathrm{d}x = -\frac{1}{a}x^2\cos ax + \frac{2}{a^2}x\sin ax + \frac{2}{a^3}\cos ax + C$

(111) $\int x\cos ax\mathrm{d}x = \frac{1}{a^2}\cos ax + \frac{1}{a}x\sin ax + C$

(112) $\int x^2\cos ax\mathrm{d}x = \frac{1}{a}x^2\sin ax + \frac{2}{a^2}x\cos ax - \frac{2}{a^3}\sin ax + C$

12）含有反三角函数的积分（其中 $a>0$）

(113) $\int\arcsin\frac{x}{a}\mathrm{d}x = x\arcsin\frac{x}{a} + \sqrt{a^2-x^2} + C$

(114) $\int x\arcsin\frac{x}{a}\mathrm{d}x = \left(\frac{x^2}{2}-\frac{a^2}{4}\right)\arcsin\frac{x}{a} + \frac{x}{4}\sqrt{a^2-x^2} + C$

(115) $\int x^2\arcsin\frac{x}{a}\mathrm{d}x = \frac{x^3}{3}\arcsin\frac{x}{a} + \frac{1}{9}(x^2+2a^2)\sqrt{a^2-x^2} + C$

(116) $\int \arccos \frac{x}{a} dx = x\arccos \frac{x}{a} - \sqrt{a^2 - x^2} + C$

(117) $\int x\arccos \frac{x}{a} dx = \left(\frac{x^2}{2} - \frac{a^2}{4}\right)\arccos \frac{x}{a} - \frac{x}{4}\sqrt{a^2 - x^2} + C$

(118) $\int x^2\arccos \frac{x}{a} dx = \frac{x^3}{3}\arccos \frac{x}{a} - \frac{1}{9}(x^2 + 2a^2)\sqrt{a^2 - x^2} + C$

(119) $\int \arctan \frac{x}{a} dx = x\arctan \frac{x}{a} - \frac{a}{2}\ln(a^2 + x^2) + C$

(120) $\int x\arctan \frac{x}{a} dx = \frac{1}{2}(a^2 + x^2)\arctan \frac{x}{a} - \frac{a}{2}x + C$

(121) $\int x^2\arctan \frac{x}{a} dx = \frac{x^3}{3}\arctan \frac{x}{a} - \frac{a}{6}x^2 + \frac{a^3}{6}\ln(a^2 + x^2) + C$

13) 含有指数函数的积分

(122) $\int a^x dx = \frac{1}{\ln a}a^x + C$

(123) $\int e^{ax} dx = \frac{1}{a}e^{ax} + C$

(124) $\int xe^{ax} dx = \frac{1}{a^2}(ax - 1)e^{ax} + C$

(125) $\int x^n e^{ax} dx = \frac{1}{a}x^n e^{ax} - \frac{n}{a}\int x^{n-1} e^{ax} dx$

(126) $\int xa^x dx = \frac{x}{\ln a}a^x - \frac{1}{(\ln a)^2}a^x + C$

(127) $\int x^n a^x dx = \frac{1}{\ln a}x^n a^x - \frac{n}{\ln a}\int x^{n-1} a^x dx$

(128) $\int e^{ax}\sin bx dx = \frac{1}{a^2 + b^2}e^{ax}(a\sin bx - b\cos bx) + C$

(129) $\int e^{ax}\cos bx dx = \frac{1}{a^2 + b^2}e^{ax}(b\sin bx + a\cos bx) + C$

(130) $\int e^{ax}\sin^n bx dx = \frac{1}{a^2 + b^2n^2}e^{ax}\sin^{n-1} bx(a\sin bx - nb\cos bx) + \frac{n(n-1)b^2}{a^2 + b^2n^2}\int e^{ax}\sin^{n-2} bx dx$

(131) $\int e^{ax}\cos^n bx dx = \frac{1}{a^2 + b^2n^2}e^{ax}\cos^{n-1} bx(a\cos bx + nb\sin bx) + \frac{n(n-1)b^2}{a^2 + b^2n^2}\int e^{ax}\cos^{n-2} bx dx$

14) 含有对数函数的积分

(132) $\int \ln x dx = x\ln x - x + C$

(133) $\int \frac{\mathrm{d}x}{x\ln x} = \ln|\ln x| + C$

(134) $\int x^n \ln x\mathrm{d}x = \frac{1}{n+1}x^{n+1}\left(\ln x - \frac{1}{n+1}\right) + C$

(135) $\int (\ln x)^n \mathrm{d}x = x(\ln x)^n - n\int (\ln x)^{n-1}\mathrm{d}x$

(136) $\int x^m(\ln x)^n \mathrm{d}x = \frac{1}{m+1}x^{m+1}(\ln x)^n - \frac{n}{m+1}\int x^m(\ln x)^{n-1}\mathrm{d}x$

15)含有双曲函数的积分

(137) $\int \mathrm{sh}\, x\mathrm{d}x = \mathrm{ch}\, x + C$

(138) $\int \mathrm{ch}\, x\mathrm{d}x = \mathrm{sh}\, x + C$

(139) $\int \mathrm{th}\, x\mathrm{d}x = \ln\mathrm{ch}\, x + C$

(140) $\int \mathrm{sh}^2 x\mathrm{d}x = -\frac{x}{2} + \frac{1}{4}\mathrm{sh}\, 2x + C$

(141) $\int \mathrm{ch}^2 x\mathrm{d}x = \frac{x}{2} + \frac{1}{4}\mathrm{sh}\, 2x + C$

16)定积分

(142) $\int_{-\pi}^{\pi} \cos nx\mathrm{d}x = \int_{-\pi}^{\pi} \sin nx\mathrm{d}x = 0$

(143) $\int_{-\pi}^{\pi} \cos mx \sin nx\mathrm{d}x = 0$

(144) $\int_{-\pi}^{\pi} \cos mx \cos nx\mathrm{d}x = \begin{cases} 0 & m \neq n \\ \pi & m = n \end{cases}$

(145) $\int_{-\pi}^{\pi} \sin mx \sin nx\mathrm{d}x = \begin{cases} 0 & m \neq n \\ \pi & m = n \end{cases}$

(146) $\int_{0}^{\pi} \sin mx \sin nx\mathrm{d}x = \int_{0}^{\pi} \cos mx \cos nx\mathrm{d}x = \begin{cases} 0 & m \neq n \\ \frac{\pi}{2} & m = n \end{cases}$

(147) $I_n = \int_0^{\frac{\pi}{2}} \sin^n x\mathrm{d}x = \int_0^{\frac{\pi}{2}} \cos^n x\mathrm{d}x$

$I_n = \frac{n-1}{n}I_{n-2}$

$I_n = \frac{n-1}{n}\cdot\frac{n-3}{n-2}\cdot\cdots\cdot\frac{4}{5}\cdot\frac{2}{3}$($n$ 为大于 1 的正奇数),$I_1 = 1$

$I_n = \frac{n-1}{n}\cdot\frac{n-3}{n-2}\cdot\cdots\cdot\frac{3}{4}\cdot\frac{1}{2}\cdot\frac{\pi}{2}$($n$ 为正偶数),$I_0 = \frac{\pi}{2}$

附录 3　泊松分布表

$$1-F(x-1)=\sum_{k=x}^{\infty}\frac{\lambda^k}{k!}e^{-\lambda}$$

x	$\lambda=0.2$	$\lambda=0.3$	$\lambda=0.4$	$\lambda=0.5$	$\lambda=0.6$
0	1.000 000 0	1.000 000 0	1.000 000 0	1.000 000 0	1.000 000 0
1	0.181 269 2	0.259 181 8	0.329 680 0	0.393 469	0.451 188
2	0.017 523 1	0.036 936 3	0.061 551 9	0.090 204	0.121 901
3	0.001 148 5	0.003 599 5	0.007 926 3	0.014 388	0.023 115
4	0.000 056 8	0.000 265 8	0.000 776 3	0.001 752	0.003 358
5	0.000 002 3	0.000 015 8	0.000 061 2	0.000 172	0.000 394
6	0.000 000 1	0.000 000 8	0.000 004 0	0.000 014	0.000 039
7			0.000 000 2	0.000 001	0.000 003

x	$\lambda=0.7$	$\lambda=0.8$	$\lambda=0.9$	$\lambda=1.0$	$\lambda=1.2$
0	1.000 000 0	1.000 000 0	1.000 000 0	1.000 000 0	1.000 000 0
1	0.503 415	0.550 671	0.593 430	0.632 121	0.698 806
2	0.155 805	0.191 208	0.227 518	0.264 241	0.337 373
3	0.034 142	0.047 423	0.062 857	0.080 301	0.120 513
4	0.005 753	0.009 080	0.013 459	0.018 988	0.033 769
5	0.000 786	0.001 411	0.002 344	0.003 660	0.007 746
6	0.000 090	0.000 184	0.000 343	0.000 594	0.001 500
7	0.000 009	0.000 021	0.000 043	0.000 083	0.000 251
8	0.000 001	0.000 002	0.000 005	0.000 010	0.000 037
9				0.000 001	0.000 005
10					0.000 001

x	$\lambda=1.4$	$\lambda=1.6$	$\lambda=1.8$		
0	1.000 000	1.000 000	1.000 000		
1	0.753 403	0.798 103	0.834 701		
2	0.408 167	0.475 069	0.537 163		
3	0.166 502	0.216 642	0.269 379		
4	0.053 725	0.078 313	0.108 708		
5	0.014 253	0.023 682	0.036 407		
6	0.003 201	0.006 040	0.010 378		
7	0.000 622	0.001 336	0.002 569		
8	0.000 107	0.000 260	0.000 562		
9	0.000 016	0.000 045	0.000 110		
10	0.000 002	0.000 007	0.000 019		
11		0.000 001	0.000 003		

续表

x	$\lambda=2.5$	$\lambda=3.0$	$\lambda=3.5$	$\lambda=4.0$	$\lambda=4.5$	$\lambda=5.0$
0	1. 000 000	1. 000 000	1. 000 000	1. 000 000	1. 000 000	1. 000 000
1	0. 917 915	0. 950 213	0. 969 803	0. 981 684	0. 988 891	0. 993 262
2	0. 712 703	0. 800 852	0. 864 112	0. 908 422	0. 938 901	0. 959 572
3	0. 456 187	0. 576 810	0. 679 153	0. 761 897	0. 826 422	0. 875 348
4	0. 242 424	0. 352 768	0. 463 367	0. 566 530	0. 657 704	0. 734 974
5	0. 108 822	0. 184 737	0. 274 555	0. 371 163	0. 467 896	0. 559 507
6	0. 042 021	0. 083 918	0. 142 386	0. 214 870	0. 297 070	0. 384 039
7	0. 014 187	0. 033 509	0. 065 288	0. 110 674	0. 168 949	0. 237 817
8	0. 004 247	0. 011 905	0. 026 739	0. 051 134	0. 086 586	0. 133 372
9	0. 001 140	0. 003 803	0. 009 874	0. 021 363	0. 040 257	0. 068 094
10	0. 000 277	0. 001 102	0. 003 315	0. 008 132	0. 017 093	0. 031 828
11	0. 000 062	0. 000 292	0. 001 019	0. 002 840	0. 000 669	0. 013 695
12	0. 000 013	0. 000 071	0. 000 289	0. 000 915	0. 002 404	0. 005 453
13	0. 000 002	0. 000 016	0. 000 076	0. 000 274	0. 000 805	0. 002 019
14		0. 000 003	0. 000 019	0. 000 076	0. 000 252	0. 000 698
15		0. 000 001	0. 000 004	0. 000 020	0. 000 074	0. 000 226
16			0. 000 001	0. 000 005	0. 000 020	0. 000 069
17				0. 000 001	0. 000 005	0. 000 020
18					0. 000 001	0. 000 005
19						0. 000 001

附录 4　标准正态分布表

$$\Phi(x)=\int_{-\infty}^{x}\frac{1}{\sqrt{2\pi}}e^{-\frac{t^2}{2}}dt=P\{X\leqslant x\}\ (x\geqslant 0)$$

x	0	1	2	3	4	5	6	7	8	9
0.0	0.500 0	0.504 0	0.508 0	0.512 0	0.516 0	0.519 9	0.523 9	0.527 9	0.531 9	0.535 9
0.1	0.539 8	0.543 8	0.547 8	0.551 7	0.555 7	0.559 6	0.563 6	0.567 5	0.571 4	0.575 3
0.2	0.579 3	0.583 2	0.587 1	0.591 0	0.594 8	0.598 7	0.602 6	0.606 4	0.610 3	0.614 1
0.3	0.617 9	0.621 7	0.625 5	0.629 3	0.633 1	0.636 8	0.640 6	0.644 3	0.648 0	0.651 7
0.4	0.655 4	0.659 1	0.662 8	0.666 4	0.670 0	0.673 6	0.677 2	0.680 8	0.684 4	0.687 9
0.5	0.691 5	0.695 0	0.698 5	0.701 9	0.705 4	0.708 8	0.712 3	0.715 7	0.719 0	0.722 4
0.6	0.725 7	0.729 1	0.732 4	0.735 7	0.738 9	0.742 2	0.745 4	0.748 6	0.751 7	0.754 9
0.7	0.758 0	0.761 1	0.764 2	0.767 3	0.770 3	0.773 4	0.776 4	0.779 4	0.782 3	0.785 2
0.8	0.788 1	0.791 0	0.793 9	0.796 7	0.799 5	0.802 3	0.805 1	0.807 8	0.810 6	0.813 3
0.9	0.815 9	0.818 6	0.821 2	0.823 8	0.826 4	0.828 9	0.831 5	0.834 0	0.836 5	0.838 9
1.0	0.841 3	0.843 8	0.846 1	0.848 5	0.850 8	0.853 1	0.855 4	0.857 7	0.859 9	0.862 1
1.1	0.864 3	0.866 5	0.868 6	0.870 8	0.872 9	0.874 9	0.877 0	0.879 0	0.881 0	0.883 0
1.2	0.884 9	0.886 9	0.888 8	0.890 7	0.892 5	0.894 4	0.896 2	0.898 0	0.899 7	0.901 5
1.3	0.903 2	0.904 9	0.906 6	0.908 2	0.909 9	0.911 5	0.913 1	0.914 7	0.916 2	0.917 7
1.4	0.919 2	0.920 7	0.922 2	0.923 6	0.925 1	0.926 5	0.927 8	0.929 2	0.930 6	0.931 9
1.5	0.933 2	0.934 5	0.935 7	0.937 0	0.938 2	0.939 4	0.940 6	0.941 8	0.943 0	0.944 1
1.6	0.945 2	0.946 3	0.947 4	0.948 4	0.949 5	0.950 5	0.951 5	0.952 5	0.953 5	0.954 5
1.7	0.955 4	0.956 4	0.957 3	0.958 2	0.959 1	0.959 9	0.960 8	0.961 6	0.962 5	0.963 3
1.8	0.964 1	0.964 8	0.965 6	0.966 4	0.967 1	0.967 8	0.968 6	0.969 3	0.970 0	0.970 6
1.9	0.971 3	0.971 9	0.972 6	0.973 2	0.973 8	0.974 4	0.975 0	0.975 6	0.976 2	0.976 7
2.0	0.977 2	0.977 8	0.978 3	0.978 8	0.979 3	0.979 8	0.980 3	0.980 8	0.981 2	0.981 7
2.1	0.982 1	0.982 6	0.983 0	0.983 4	0.983 8	0.984 2	0.984 6	0.985 0	0.985 4	0.985 7
2.2	0.986 1	0.986 4	0.986 8	0.987 1	0.987 4	0.987 8	0.988 1	0.988 4	0.988 7	0.989 0
2.3	0.989 3	0.989 6	0.989 8	0.990 1	0.990 4	0.990 6	0.990 9	0.991 1	0.991 3	0.991 6
2.4	0.991 8	0.992 0	0.992 2	0.992 5	0.992 7	0.992 9	0.993 1	0.993 2	0.993 4	0.993 6
2.5	0.993 8	0.994 0	0.994 1	0.994 3	0.994 5	0.994 6	0.994 8	0.994 9	0.995 1	0.995 2
2.6	0.995 3	0.995 5	0.995 6	0.995 7	0.995 9	0.996 0	0.996 1	0.996 2	0.996 3	0.996 4
2.7	0.996 5	0.996 6	0.996 7	0.996 8	0.996 9	0.997 0	0.997 1	0.997 2	0.997 3	0.997 4
2.8	0.997 4	0.997 5	0.997 6	0997 7	0.997 7	0.997 8	0.997 9	0.997 9	0.998 0	0.998 1
2.9	0.998 1	0.998 2	0.998 2	0.998 3	0.998 4	0.998 4	0.998 5	0.998 5	0.998 6	0.998 6
3.0	0.998 7	0.999 0	0.999 3	0.999 5	0.999 7	0.999 8	0.999 8	0.999 9	0.999 9	1.000 0

参考文献

[1] 郑玫,胡春健,胡先富. 高等数学(经管类)[M]. 2 版. 北京:高等教育出版社,2017.

[2] 李宏伟,荆庆林. 高等数学(经管类)[M]. 长春:东北师范大学出版社,2014.

[3] 陈笑缘. 经济数学. [M]. 2 版. 北京:高等教育出版社,2018.

[4] 李伶. 应用数学[M]. 北京:高等教育出版社,2013.

[5] 杨文兰,邬弘毅. 经济应用数学基础[M]. 北京:高等教育出版社,2009.

[6] 余英,李坤琼,汤华丽. 应用高等数学(上册)[M]. 3 版. 重庆:重庆大学出版社,2015.

[7] 刘玉琏,傅沛仁,刘伟,等,数学分析讲义(上册)[M]. 6 版. 北京:高等教育出版社,2019.

[8] 华东师范大学数学系. 数学分析(上册)[M]. 4 版. 北京:高等教育出版社,2010.

参考答案